지속 가능한 평화론

평화론

동북아의 평화체제 구축 모델과 방안

지속 가능한 평화화론

장영권 지음

동북아의 평화체제 구축 모델과 방안

KSI 한국학술정보㈜

서 문

지속 가능한 평화의 길은 무엇인가

평화, 그것은 꿈으로만 존재하는 것인가. 아니면 인류의 지혜로 실현이 가능한 것인가. '지속 가능한 평화', 즉 영구평화를 실현하기 위해서는 새로운 평화의 발명과 실천이 필요하다. 평화가 인류의 미래라는 인식하에 지속 가능한 평화의 길을 모색하는 것이 이제 시대적 과제가 되었다. 이 책은 바로 이러한 목적을 갖고 연구, 집필된 최초의 '평화의 서(書)'이다.

우리 인류는 '뉴밀레니엄' 21세기를 시작하면서 평화의 새 세상을 뜨겁게 갈망했다. 그러나 인류는 평화의 세기를 맞이하기보다는 '테러와의 전쟁' 등 정치군사적 위협, 경제적 착취와 빈곤, 문화적 갈등과 정체성의 혼돈 등 다양하고 복잡한 문제에 직면해 있다. 인류의 미래는 이러한 복합적인 도전들을 극복할 수 있느냐 없느냐에 따라 운명이 좌우된다.

21세기 시작 이후 지난 몇 년간 세계가 정치군사적으로 느낀 가장 큰 평화위협은 무엇이었을까? 그것은 미국 부시 행정부의 일방주의적 대외정책이었다. 미국의 힘에 의한 일방주의적 대외정책은 '테러와의 전쟁'을 수행하며 각종 문제를 야기했고, 세계를 더욱 위태롭게 만들었다. 이로 인해 세계는 신군사주의와 신냉전주의적 요소가 강하게 나타났다.

특히 미국이 테러와의 전쟁을 선언하고 일방주의적 대외정책을

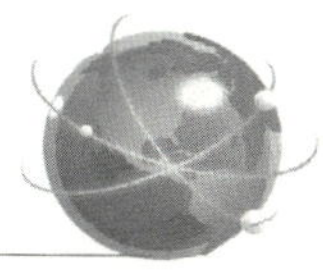

추진하는 동안 아시아권을 비롯한 일부 동구권, 중남미 등에서는 인권과 민주주의를 무시하는 권위주의 정부가 잇달아 등장하여 지구적 차원의 평화위협을 확대시켰다. 이러한 평화위협은 정당성을 잃고 대규모 국민적 저항을 유발하여 인류를 새로운 위기로 몰아가고 있다. 전 지구적으로 민주주의가 쇠퇴하는 현상은 심각한 평화위협이자 전쟁과 폭력을 불러일으키는 도화선이 될 수 있다.

더구나 21세기 전쟁의 본질은 식량·물·에너지 등 경제적 자원의 부족에서 발생할 가능성이 더욱 크다. 중앙아프리카, 중앙아시아, 남미의 안데스 산맥지역에서는 경제적 빈곤과 환경파괴 등으로 인한 내전과 폭력이 끊이지 않고 있다. 이들 지역의 내전과 폭력은 결코 그들만의 문제가 아니다.

인류의 심각한 빈곤과 환경파괴는 인류 전체의 생존 자체를 위협하는 핵심적인 도전이 될 것이다. 원인과 양태는 다르겠지만 머지않아 우리 주변에서 목격하거나 부닥칠 수 있는 끔찍한 현실로 다가올 가능성이 크다. 이것은 전쟁보다 더 무서운 대재앙, 즉 평화의 파멸이다.

인류의 미래를 위협하는 가장 본질적인 것은 무엇일까? 그것은 가치, 정체성 등의 위협으로 인한 갈등과 파괴일 것이다. 사상·종교·이념 등에 의한 문화적 평화위협은 정치군사적, 경제적 평화위협의 근본적인 원인이 된다는 측면에서 문제가 매우 심각하다.

1979년 5월 영국의 마거릿 대처가 총리로 취임하면서 본격 도입한 '신자유주의'는 엄청난 경제적 후폭풍을 몰고 왔다. 신자유주의는 사회적 약자들의 자유를 착취하고 억압하여 소수의 권력자(정치인, 기업가, 언론 등)만이 지배적 독점을 누리게 했다. 이로 인해 신자유주의는 사회 구성원들을 양극화, 분열화시킴으로써 갈등과 증오를 확대시켰다.

더구나 미국과 중국은 권위주의, 국민주의에 대한 호소 그리고 제국주의적 긴장의 부활이라는 측면에서 유사성을 보이며 충돌하는 양상을 보이고 있다. 이는 상생평화의 미래를 위해서는 결코 좋은 징조가 아니다. 신자유주의와 보수주의의 결합은 국가 간의 대결을 조장하고 결과적으로 전쟁이라는 대재앙을 잉태하게 한다.

그렇다면 우리 인류가 파멸인 전쟁을 막고 지속 가능한 평화를 실현하기 위해서는 어떻게 해야 할까? 가장 이상적인 것은 모두가 적극적인 '평화 행위자'가 되는 것이다. 즉 치밀하고 정교하게 지속 가능한 평화체제 구축 모델을 만들어 전략적으로 추진해 나가야 한다. 평화는 홀로 독립된 것이 아니라 모든 관계 속에서 변화, 형성되는 것이다.

그러므로 평화는 개인적, 집단적, 사회적, 국가적, 지구적 차원 등에서 다양하게 접근되고 모색되어야 한다. 그리고 이들 차원 간에도 정치군사적 요인, 경제적 요인, 문화적 요인 등을 복합체적으로 강화

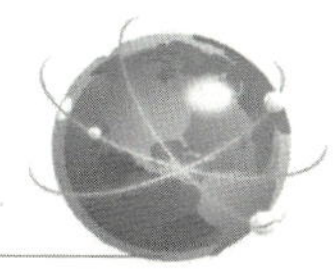

하여 지속 가능한 평화체제를 만들어 나가야 한다. 지속 가능한 평화의 실현은 이처럼 매우 복잡하고 어렵다.

이 책에서는 지속 가능한 평화를 실현하기 위한 평화체제 구축 모델과 방안을 새롭게 제시하고 있다. 특히 21세기 세계적 차원의 인류에 대한 평화위협은 한반도와 동북아 지역에서 강하게 나타나고 있다. 그러므로 전쟁 가능성과 갈등의 수위가 높은 동북아 지역에서 먼저 지속 가능한 평화체제를 구축해야 한다.

한반도 및 동북아의 평화는 세계 전체의 평화문제와 직결되어 있다. 우리 인류가 보다 평화롭고 안정된 가운데 공동번영을 누리려면 새로운 평화의 발명이 필요하다. 새로운 평화의 발명품으로서 평화복합체론에 의한 지속 가능한 평화를 제시하고 이를 통해 인류의 평화비전을 모색하는 것은 매우 중요한 과업이다. 이 책은 이를 위해서 총 6장으로 구성되었다.

제1장에서는 새로운 평화연구로 지속 가능한 평화연구의 의미, 필요성과 목적을 언급한다. 그리고 기존 평화연구의 비판과 복합체적 평화연구, 대안적 평화연구 분석틀의 개발 필요성, 평화연구 대상 및 범위 등에 대하여 서술한다.

제2장에서는 평화와 평화체제 구축에 대한 이론적 논의를 통해 전통적 관점의 평화이론들을 검토해 본다. 소극적 평화이론과 적극적

평화이론 등 전통적 관점의 평화이론들은 모두 지속 가능한 평화와 평화체제의 구축에 부분적인 한계가 있다. 그러므로 지속 가능한 평화와 평화체제 구축을 위해서는 새로운 개념 도출이 필요하다. 전통적 관점의 평화이론의 대안으로서 복합체적 시각의 접근법에 의한 '평화복합체론'을 새롭게 제시한다.

평화복합체론은 지속 가능한 평화를 구축하기 위하여 '지역'과 '평화조건'을 분석틀로 하여 복합체적으로 접근하는 대안적 접근 방법이다. 이것은 평화의 지속성을 강화하기 위해 '지역'이라는 평화복합체 내의 평화구조에서 발생할 수 있는 모든 '평화조건'을 유형화하여 상호 작용을 살펴보는 것이다.

지역 내에서 전쟁을 항구적으로 방지하고, 지속 가능한 평화체제를 구축하기 위해서는 정군평화, 경제평화, 문화평화 등 세 가지 평화조건이 필요 불가결함을 규명해 본다. 이것은 평화는 복합체적인 평화조건들을 실질적으로 이행해 나감으로써 지속성이 확대될 수 있다고 보는 것이다.

제3장에서는 우리가 살고 있는 터전인 동북아의 지속 가능한 평화체제 구축에 대한 환경과 조건을 살펴본다. 동북아의 개념과 관련하여 다양성을 지적하고, 평화복합체론에 의한 동북아의 개념을 새로 규정해 본다. 동북아의 역내 평화에 실질적인 영향을 주고 있는 미

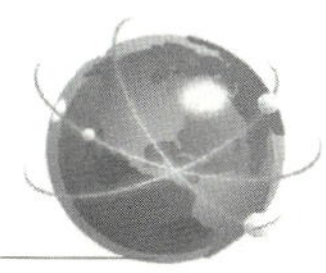

국, 러시아를 포함시켜 지속 가능한 평화를 구현하기 위한 논의를 진전시킨다. 미국은 지리적으로 동북아 역내 국가는 아니지만 정군적, 경제적 평화 영역에서 복합체적으로 밀접하게 관련을 맺고 있기 때문이다.

동북아의 평화체제 구축은 그동안 정치군사적 측면에서 다양하게 제안되어 왔다. 다자안보 중심의 평화체제 구축은 한국, 미국, 중국 등이 각기 자국의 국가전략 차원에서 제안되어 왔지만 실질적인 제도화로 이루어지지 않고 있다. 국제사회가 경제영역을 중시하면서 안보와 경제를 묶는 평화체제 구축도 논의되고 있지만, 동북아에서는 아직 구체화되지 않았다.

특히 동북아 지역은 탈냉전 이후 정군평화의 영역에서 지역패권 경쟁에 따른 국가주권의 위협, 경제평화의 영역에서 국가 간 무역 불균형 및 빈부격차, 문화평화의 영역에서 역사문제와 민족주의 등으로 평화축소 요인이 나타나고 있다. 그리고 동북아 지역은 이러한 갈등 요인에도 불구하고 상호 의존의 심화와 교류협력의 확대라는 평화촉진 요인도 다양하게 나타나고 있음을 살펴본다.

제4장에서는 동북아 지역의 평화조건에 따른 지속 가능한 평화체제 구축의 가능성을 고찰해 보고 평화체제 구축 모델을 제시해 본다. 동북아 지역은 평화조건 간의 조합방식에 따라 다양한 평화체제의 구축

모델이 개발될 수 있다. 평화체제는 평화조건들의 결합방식과 연계에 따라 강도, 가중치, 파급효과에 따라 지속성이 달라진다.

평화조건들의 속성과 특성 등을 분석하여 평화체제의 구축 모델 중 어느 모델이 평화의 지속성을 가장 강화시켜 주는지를 살펴본다. 즉 모델들의 비교분석을 통해 평화체제가 지속화하려면 평화조건이 경제평화, 문화평화, 정군평화의 순으로 단계적, 점증적으로 이행되어야 함을 구체적으로 논증해 본다. 이것은 평화체제의 안정성, 지속성, 항구성을 확보하기 위한 매우 중요한 분석이 될 것이다.

또한 동북아의 평화체제가 유동성과 변화성이라는 특성이 있는 만큼 개별 국가(지도자)들의 평화행위에 따른 평화촉진이 중요함을 논의해 본다. 동북아는 바로 개별 국가들의 평화행위의 수준에 따라 평화구조가 확대 또는 축소로 전이될 수 있기 때문이다. 평화체제의 지속성을 강화하기 위한 방안의 하나로 '평화의 제도화' 문제도 살펴본다. 평화체제의 제도화는 지금까지 형성해 온 체제를 더욱 공고하게 하고, 나아가 평화체제의 지속성을 높여 준다.

제5장에서는 제4장에서 제시한 '지속 가능형 구축 모델'을 중심으로 동북아의 평화체제 4단계 구축 방안을 제시해 본다. 즉 1단계 경제평화 추진, 2단계 문화평화 추진에 대한 타당성과 방안, 추진전략 등을 검토해 본다. 3단계에서 동북아 지역에서 갈등의 수위가 가장

높은 정군적 긴장을 해소하고, 4단계에서 이들을 복합체적으로 연계한 평화공동체 형성 방안을 살펴본다.

마지막 제6장에서는 지금까지의 논의를 요약하고 동북아 지역의 지속 가능한 평화체제의 조속한 구축을 위한 평화행위자들의 실천과제를 제시한다. 이를 통해 평화의 지속성과 영구성이 담보된 평화미래를 적극적으로 제안해 본다.

끝으로 평화연구는 다른 학문과 달리 적극적 실천을 전제로 한다. 이 책은 당초 '박사학위논문'으로 작성된 글을 다소 수정하여 단행본으로 출간하게 되었다. 이 책이 인류의 염원인 지속 가능한 평화를 통한 영구평화의 실현에 소중한 길잡이가 되기를 기대한다.

평화는 인류의 최고의 목표이자 미래이다. 지난 역사가 착취와 갈등, 전쟁의 시기였다면 인류의 미래는 상생협력과 공동번영의 시대가 되어야 한다. 우리는 '독점'보다는 '협력'이 모두의 지속 가능한 평화를 통한 공동번영의 길임을 깨달아야 한다. '평화는 평화를 준비하는 자에게 찾아온다'는 사실을 명심해야 할 것이다.

2010년 8월 20일
한국평화미래연구소 대표 장영권

차 례

평화연구의 의미와 방법

평화연구의 의미와 방법

제1절 평화연구의 의미

우리 인류의 미래는 지속 가능한 평화를 구현하느냐 그렇지 않으냐에 달려 있다. 현대전에 이용되는 무기는 엄청난 파괴력과 살상력을 갖고 있어 승자와 패자가 존재하지 않고 모두의 멸망을 가져오게 하기 때문이다. 그러므로 전쟁으로 인한 인류의 공멸을 막기 위해서는 시급하게 '지속 가능한 평화체제(sustainable peace system)'를 구축해야 한다.

인류사회는 '평화를 위해서 전쟁을 준비하라'고 촉구한 베제티우스의 후예들이 '역사의 주역'이 되어 왔다. 미국의 조지 워싱턴도 "전쟁에 대비하는 것이 평화를 유지하는 가장 효과적인 방법"이라고 말했다. 케네디 역시 그렇게 언급했다. 이 모두는 전쟁을 주도한 사람들의 논리이자 전쟁을 부추기는 호전적 논리이다. 역사 속에서 무력으로 지킨 평화는 진정한 평화가 아니라 긴장의 연속이라는 '차가운 평화(cold peace)'였다.

차가운 평화는 세력균형이 깨지는 순간 바로 전쟁의 참화로 이어졌다. 18세기와 19세기 유럽 제국 간의 전쟁이 그러했고, 제1, 2차 세계대전이 그러했다. 원폭을 만드는 데 결정적으로 기여했지만 제2차 세계대전의 비극을 목격했던 아인슈타인은 "평화는 힘에 의해 유지되는 것이 아니다. 평화는 오로지 이해에 의해서 이루어질 수 있을 뿐이다"라고 말했다.

제2차 세계대전 이후 반세기 동안 국제질서를 지배해 왔던 구조는 냉전체제였다. 냉전체제의 구조적 특징은 미국과 소련의 두 초강대국에 의해 주도되는 동서진영의 정치, 군사, 이데올로기 및 경제적인 면에서의 대결구조였다. 특히 상호 공멸을 의미하는 핵무기를 포함한 치열한 군비경쟁과 동서를 가르는 이념분쟁이었다는 측면에서 말 그대로 '차가운 전쟁'이었다.

냉전체제는 미국과 소련의 두 초강대국 간의 결정적인 파국을 모면했다고 자위할 수 있겠지만 참된 평화를 보장하는 체제는 결코 아니었다. 냉전기 동안 약소국들은 강대국의 폭력적 지배와 억압, 영토분단 그리고 안보를 빌미로 한 독재체제들을 강요당했으며, 내전 등 중소 규모의 끊임없는 분쟁들을 겪어야 했다.

국제사회는 1980년대 말에서 1990년대 초에 걸쳐 동구 사회주의권 국가들의 잇단 몰락과 소련의 해체로 동서진영 간 냉전적 대립구도가 무너지고 탈냉전시대를 맞이했다. 탈냉전은 기본적으로 국제질서의 구조적 모습의 새로운 창출을 의미한다.[1] 즉 미국이 세계 유일 초강대국이 되어 정치, 군사 등 모든 국제질서를 주도하며 재편하고 있다.

---

1) 현인택, "탈냉전과 평화", 이상우 · 하영선 공편, 『현대국제정치학』(서울: 나남, 1992), 233 – 255쪽.

초강대국인 미국 중심의 국제사회는 탈냉전 초기 지녔던 평화에 대한 막연한 희망이 상당 부분 퇴색했다. 그러나 냉전체제로의 복귀가 인류의 대안이 되지는 못한다. 불안정과 혼란 그리고 과거보다 훨씬 어려워진 통제 등이 탈냉전시대의 특징이 되었지만, 인류평화를 향한 '도전 속의 기회'는 여전히 가장 중요한 핵심어로 남아 있다.2)

인류는 전쟁으로 얼룩진 20세기를 '작별'하고 새로운 21세기를 맞이하면서 평화의 세기가 될 것을 갈구했다. 그런데 21세기의 시작과 함께 미국-아프가니스탄 간의 전쟁이 발발했다. 21세기 첫 전쟁으로 기록된 미국-아프가니스탄전은 전 세계에 충격을 줌과 동시에 평화의 소중함을 절실히 깨닫게 해 주었다. 그러나 아프가니스탄 전쟁은 그것이 끝이 아니라 21세기 전쟁의 시작을 알리는 예광탄이었다.

대전환기의 국제질서는 세계사적으로 볼 때 불안정성이 증대되고 갈등이 증폭되었다. 평화를 갈구한 21세기의 시작 과정도 예외는 아니었다. 탈냉전 이후 전 세계적으로 110여 차례의 크고 작은 전쟁이 발발했다.3) 북아프리카의 알제리 내전, 발칸반도의 피의 보복, 중동에서의 걸프전, 아프가니스탄전, 이라크전 등이 잇달아 발생했다. 더구나 지구촌 곳곳에서 테러가 발생하여 국제사회를 더욱 긴장시키고 있다.

2001년 미국 부시 행정부의 등장과 일방주의적 대외정책은 국제적으로 반미주의를 확대시켰고, 급기야는 2001년 9월 11일 뉴욕테러사건이 발생하여 2,700여 명이 희생됐다. 9·11사건 이후 미국은 '테러와의 전쟁'을 선포하고, 그 배후 세력으로 아프가니스탄과 이라

---

2) 신욱희 교수는 냉전의 종식 이후 세계에 대한 전망은 현실주의적 비관론과 자유주의적 낙관론 그리고 새로운 체제에 대한 예측이 혼재되어 있다고 지적하고 있다. 신욱희, "다변화된 2차적 상징: 민주평화론과 동북아시아", 『한국사회과학(제28권 제1·2호)』(서울: 서울대학교 사회과학연구원, 2006), 4-5쪽.

3) http://www.kida.re.kr/woww/(검색일: 2007년 6월 16일)

크 등을 지목하여 대테러전을 일으켰다. 세계는 지금도 '테러와의 전쟁 중'이다.

이라크전은 특히 미국이 '선제공격 독트린'을 선언하고 일으킨 전쟁이어서 국제사회에 커다란 파장을 일으켰다. 국제사회는 미국의 일방주의적 침략전쟁에 대항하여 '반전평화'를 외치며 미국의 군사패권주의에 의한 전쟁을 규탄했다. 이에 따라 탈냉전기는 냉전시대와 다른 측면에서 지속 가능한 평화의 필요성이 강조되고 있다.

더구나 국제사회는 현재 완전한 탈냉전기에 접어든 것이 아니라, 탈냉전기의 과도기적 상황에서 새로운 문제에 직면하고 있다. 즉 국제사회는 냉전적 대립과 갈등이 다소 줄어든 반면에, 전통적 갈등 요소들과 국가를 단위로 한 패권경쟁 구도가 복합체적으로 작용하며 지속적인 불안 요인이 나타나고 있다.

세계 차원에서 세계화와 정보화 혁명, 지역주의의 증가로 협력의 확대에도 불구하고, 환경오염이나 자연재난의 확대 등 새로운 평화위협4) 요인이 등장하고 있다. 더구나 핵무기 등 대량살상무기와 테러리즘의 확산, 인종주의와 민족주의의 발호 등 전통적인 불안정이 계속되고 있다.

세계화와 경제통합의 진척은 국가통합의 확대로 평화의 측면에서 일부 긍정적인 효과가 있다. 그러나 빈부격차 심화 등 경제적 분배 문제의 악화와 이를 둘러싼 국내외적 갈등의 심화로 평화가 위협받

---

4) 평화위협이란 일반적으로 특정의 입장이나 주장을 유지, 관철시키기 위해서 또는 이를 저지하기 위하여 상대방을 위협하는 것으로 갈등, 분쟁이나 전쟁으로 확대될 수 있는 것을 지칭한다. 국제정치적 영역에서 개념을 규정한다면 국제사회의 행위자들이 공식화된 요구를 둘러싸고 추진하거나 이에 반대되는 요구를 제기하기 위하여 위협하는 행위를 말한다. 평화위협에 대해 국제정치 행위자들의 상호 작용에서 외교 등 비폭력적인 것이 동원되는 것이 분쟁이고, 무력적인 것이 동원되는 것을 전쟁이라고 할 수 있다. 그러므로 평화위협은 당사자들의 관계에 있어서 분쟁이나 전쟁으로 확대되지 않도록 위협요인이 평화적으로 해결될 수 있도록 관리할 필요가 있다.

을 가능성이 있다. 국제정세의 불안정과 불확실성의 심화는 동북아 차원에서 보다 뚜렷하게 부각되고 있다.

한반도와 동북아 지역은 정치군사적, 민족주의적 갈등구조가 심화되면서 군비증강이 경쟁적으로 전개되어 새로운 전쟁 불안요소로 대두되고 있다. 동북아의 군사적 대결 현상은 유럽에서 냉전이 종식되어 화해협력이 강화되는 것과 달리 지속적으로 구조화되고 있는 양상이다.

동북아는 북한핵 문제를 비롯하여 군비경쟁, 영토분쟁, 통일과 통합 갈등 등 전통적인 안보문제가 상존하고 있다. 그리고 미·일의 안보협력 강화에 대한 중·러의 전략적 동반자 관계 설정 등 냉전시기 동맹관계에 기초한 전통적 군사적 갈등이 여전히 나타나고 있다. 이와 함께 경제발전 격차, 역사문제와 배타적 민족주의, 상이한 문화 및 인권 등 기본적 가치에 대한 공감대 부재 문제는 역내 국가 간의 평화협력을 저해하는 요인이 되고 있다.

동북아는 역내 국가 간 상호 '전쟁의 고리(ring of the war)'로 연결돼 있어 어느 한쪽이 전쟁을 도발하면 군사동맹 때문에 지역 전체로 퍼질 가능성이 높다. 한국, 일본, 중국, 러시아 등 동북아 국가 간에는 정치군사적 문제들 외에 영토문제·경제갈등·민족주의 문제 등이 난마처럼 얽혀 있어 이들 국가 간의 갈등이 증폭되고 있다.

동북아의 이와 같은 갈등구조의 해결은 한반도는 물론 동북아 및 세계 평화와도 직결되어 있다. 이에 따라 한반도 및 동북아의 지속 가능한 평화의 구축이 지구촌의 다른 어느 지역보다 중요하게 부각되고 있다. 본 저서의 평화연구는 이러한 인식에 기초하여 동북아 지역의 갈등과 전쟁위기 구조를 극복하고 지속 가능한 평화를 실현하기 위한 새로운 포괄적인 틀을 제시하기 위한 의도에서 시작되었다.

전쟁은 한반도에서뿐만 아니라 한반도를 중심으로 한 동북아에서도 일어난 사례가 있고 또 앞으로 일어날 가능성을 배제할 수 없다. 동북아의 대표적 국가인 중국은 평화 지향적 국가가 아니라 전쟁 지향적 국가라 할 수 있다. 이를테면 기원전 1100년의 서주시대(西周時代)부터 1911년경까지의 약 3,000년의 장구한 역사 가운데 중국은 총 3,790회의 국내외 전쟁을 기록했다. 명대에는 연평균 1.12회의 외국과의 전쟁을 수행하기도 했다. 이러한 중국의 전쟁통계는 중국 역사에서 전쟁이 일상적 사건이었다는 것을 보여 주고 있다.[5]

더구나 존스턴(Alastaine Johnston)의 자료[6]에 의하면 1949년부터 1992년까지 중국이 개입된 국가 간 무력분쟁 사례는 모두 118건이고, 이것은 중국이 연평균 2.74건의 국가 간 무력분쟁에 개입했다는 것을 의미한다. 미국도 탈냉전 이후에만 걸프 전쟁(1991년), 유고슬라비아 전쟁(1999년), 아프가니스탄 전쟁(2001년), 이라크 전쟁(2003년) 등 대규모 전쟁만 네 차례나 치렀다.

미국의 연평균 무력분쟁 개입빈도는 3.93으로 가장 높고, 중국은 2.74로 소련의 1.72보다 높게 나타났다. 이런 통계는 동북아에서 무력분쟁이 얼마든지 일어날 수 있음을 보여 주는 것이어서 매우 우려스러운 통계자료라 하지 않을 수 없다. 그리고 일본도 근현대에 청일전쟁, 러일전쟁, 태평양전쟁 등 잇단 전쟁을 일으켜 동북아와 세계의 평화를 심각하게 유린한 역사를 갖고 있다.

그러므로 동북아에서 긴장과 대결을 해소하고 평화를 지속화할 '지속 가능한 평화체제'를 구축하는 일은 매우 절실한 일이다. 동북아뿐만이 아니라 전쟁이 없는 평화의 세상을 실현하는 일은 인류의

---

5) 서진영 외, 『탈냉전기 동북아의 국제관계와 정치변화』(서울: 오름, 2003), 25 - 26쪽.
6) 서진영 외(2003), 25 - 29쪽, 재인용.

지상과제가 되었다고 해도 과언이 아니다. 국가적, 지역적, 세계적 차원에서 전쟁의 구조적 잠재력을 해소하고 평화를 증진시키는 작업은 국제정치 특히 평화를 연구하는 학도들에게 매우 중요하고 궁극적인 책무이다.[7]

본 저서의 평화연구는 이러한 관점에서 인류의 영구평화를 위한 지속 가능한 평화체제를 구축할 수 있는 모델 개발과 이의 구축 방안을 제시하는 것을 가장 큰 목적으로 설정하였다. 즉 본 저서의 평화연구의 목적은 인류의 염원인 '평화'의 본질을 새롭게 규정하고 평화의 지속성을 확보하기 위한 존재론적 영역 접근을 통해 '지속 가능한 평화체제'를 구축할 수 있는 모델 개발과 이의 구축 방안을 제시하는 데 있다.

이러한 평화연구는 국가적, 지역적, 세계적 차원에서 전쟁의 구조적 잠재력을 해소하고 평화를 증진시키는 중요한 작업이다. 한반도 및 동북아뿐만이 아니라 전쟁이 없는 평화의 세상을 실현하는 데 크게 기여할 것으로 생각된다.

제2절 평화연구의 방법

1. 기존 평화연구의 검토

평화는 인류의 오랜 꿈이었지만 이것이 학문의 성격으로 연구되기 시작한 것은 최근의 일이다. 특히 평화가 전쟁에 의해서 유린되지

---

7) 김성주, "마르크스주의의 전쟁과 평화의 정치경제학", 『이론』 제11호, 1995년 봄/여름호(서울: 새길, 1995), 35쪽.

않고 영원히 지속될 수 없을까 하는 문제에 대한 도전은 17세기 무렵부터 시작되었다고 할 수 있다. 철학자 칸트(I. Kant)는 1795년 『영구평화론(Zum ewigen Frieden)』을 집필하고, 영구평화는 이성적으로 필요하며 동시에 이성적으로 가능한 것이라고 주장하였다.[8]

평화연구는 칸트 이전에 단테(Alighieri Dante), 에라스무스(Desiderius Erasmus), 루소(J. J. Rousseau) 등이 있지만 칸트의 저작이 대표적이라 할 수 있다.[9] 칸트의 주장은 상당 부분 공감이 가는 내용이 많으나 지나치게 일반적이고 추상적이며, 절대주의 및 신의 섭리까지 의존하고 있어 현실적으로 실행하기가 매우 힘든 단점이 있다.

더구나 칸트의 경고에도 불구하고 오히려 무솔리니(B. Mussolini) 등 전쟁옹호론자들이 잇달아 등장하여 전쟁의 미덕을 주장하고 나서기도 했다. 전쟁옹호론자들은 전쟁이 추악한 사회악을 깨끗이 청소한다고 격찬하고 또 전쟁이 남자다운 용기를 길러 주고 국민들을 위대하고 기품 있게 만든다고 주장했다.

그리고 많은 종교적 지도자들과 역사가들, 예를 들면 부르크하르트(Jacob Burckhardt), 레오(Heinrich Leo) 등이 이러한 전쟁옹호주의 전통의 영향 아래 있었다. 이 전통들 안에서의 평화개념은 전쟁의 반대개념으로 이해된 것이 아니라 오히려 전쟁을 통한 한 민족의 자기 관철이 평화의 실현으로서 이해되었다.[10]

---

8) 칸트는 1795년 프랑스대혁명에 무력으로 개입한 프러시아가 퇴각하면서 체결된 바셀의 평화협정에 고무되어 『영구평화론』을 출간했다. 칸트는 이 소책자에서 영구평화의 가능성의 조건을 선험주의적으로 재구성했다. 이해영, "전쟁, 정치, 그리고 자본주의", 『이론』봄/여름, 1995년 통권 11호(서울: 새길, 1995), 10쪽. Immanuel Kant, "Perpetual Peace: A Philosophical Sketch", in Hans Reiss(ed.), *Kant's Political Writings*(Cambridge University Press, 1970), pp.95 – 97.

9) 싸셀라 복 지음, 박상섭 옮김, 『평화를 위한 전략』(부천: 도서출판 인간사랑, 1991), 94 – 96쪽.

10) 한신대학교 평화연구소 엮음, 『평화: 이론과 실천의 모색 Ⅱ』(서울: 삼민사, 1992), 159 – 160쪽.

1900년대 중반까지 인류는 제1, 2차 세계대전을 통해 전쟁의 참혹함을 깨닫고, 평화를 인간적인 생활의 최고 목표의 하나로 인식하게 되었다. 그럼에도 불구하고 전쟁에 의하지 않고 국가 간의 갈등을 해결할 수 있는 모델들의 개발을 학문의 중요한 과제로 인식하지 않았다. 전쟁과 분쟁에 대한 연구는 비교적 유럽과 미국에서 활발하게 전개되었지만 평화의 패러다임으로 평화조건과 전제들 그리고 평화에 이르는 방법들에 대한 학문적 연구가 본격화된 것은 1950년대 이후였다.

평화연구가 분쟁규제 또는 분쟁해소에 초점을 둔 정치군사적 이론에서 벗어나 경제적, 사회적, 문화적 영역으로 확대되기 시작한 것은 1960년대부터라고 할 수 있다. 즉 평화는 전쟁의 부재의 형태로서 이루어지기는 하지만 폭력적 갈등의 부재가 반드시 평화를 의미하는 것은 아니라는 사실이 인식되기 시작했다.

1960년대 말 갈퉁(Johan Galtung), 젱하스(Dieter Senghaas) 등 비판적 평화연구가들이 등장하여 종전의 보수적 연구 성향[11]에 반기를 들었다. 이들은 폭력개념의 세분화, 이해관계 개념의 도입, 사회적 상황과 관련된 의제들을 연구하여 새로운 방향을 전환하는 계기를 마련했다. 특히 이들은 '비판적 평화연구(Radical Peace Research)'를 위해서 정치학, 정치경제학, 사회심리학 등 여러 학문 분야의 연구를 동원했다.

1990년대 초 이후 탈냉전 시대의 평화연구는 대체로 전통적 방식

---

11) 보수적 연구 성향의 대표적 학자의 한 명으로 월트(Stephen Walt)를 들 수 있다. 월트는 안보연구는 전쟁의 현상에 관한 것이고, 그것은 '군사력의 위협, 사용 그리고 통제에 관한 연구'로 정의된다고 주장했다. 월트는 안보 영역 외에 일부 경제영역을 그의 안보 영역에서 포함시켰지만, 경제안보 그 자체로서보다는 오히려 그 주제들이 군사문제들과 관련 있을 때에만 허용했다. Stephen M. Walt, "The Renaissance of Security Studies", *International Studies Quarterly*, 35:2(1991), pp.211–239.

인 정치군사적 평화연구에 주력하면서도 비판적 평화연구가들에 의해 부분적으로 경제적, 사회적, 심리적 평화연구가 전개되었다. 이것은 이전보다는 획기적으로 진전된 접근방식이었으나 '평화의 지속화' 또는 '평화의 영속화'라는 측면에서는 한계가 있었다. 왜냐하면 전쟁의 발발 원인이 다양하듯이 이를 방지할 평화연구도 다차원적으로 접근되어야 했기 때문이다.

우리나라의 평화연구는 1990년을 전후하여 연구소가 잇달아 개소되면서 비교적 활발해졌다.[12] 그러나 우리나라의 평화연구는 전통적 접근방식에 얽매여 한반도 전쟁의 방지, 즉 한반도 평화협정의 체결 문제에 집중되었다. 이에 따라 대부분의 평화 또는 평화체제의 연구가 지나치게 정치군사적 측면으로 한정되었다.

더구나 우리나라의 평화연구는 동북아 지역을 포괄하지 않고 단순히 한반도 수준에서 머무르고 있다. 즉 동북아 차원의 지속 가능한 평화체제에 대한 평화연구는 거의 시도되지 않고 있다. 다만 동북아 지역에 대한 경제통합 또는 경제공동체 연구에 어느 정도 성과를 보이고 있다. 정치군사적 안보공동체에 대한 연구는 다자간 안보협력 기구 구성에 집중되어 있으며,[13] 동북아문화공동체 및 아시아공동체에 대한 연구[14]는 최근에 와서 관심을 갖고 다루어지기 시작했다.

---

12) 고려대 평화연구소는 1988년 3월에 출범하여 이 분야의 개척자적 역할을 했다. 창립부터 2010년 8월까지 한반도평화론(이호재 편, 1989) 등 20여 권의 평화 관련 단행본을 발간해 왔다. 이 밖에 (사)평화문제연구소가 1983년 3월에 창립되어 비교적 오랜 역사를 갖고 있고, 2000년 이후에는 동아일보 21세기평화연구소(2000년), 단국대 분쟁해결연구소(2001년), 제주대 평화연구소(2001년), 한국평화미래연구소(2005년) 등이 개설되어 주로 한반도 평화에 대한 연구를 추진하고 있다.

13) 정치군사적 측면의 동북아 평화체제에 관한 연구논문은 이상현의 "동북아 평화체제의 전망"(한국정치학회 2000년도 연례학술회의 발표논문)이 있다. 이 논문은 동북아 평화체제의 구상을 위해 반복 PD게임과 다자적 제도주의를 검토하였다. 이 밖에 박건영의 "동북아 평화체제와 한미동맹"(동아시대위원회 주최 2006년 한반도 평화체제 구축 세미나 발표논문) 등이 있다.

14) 공동체에 관한 연구는 김광억 · 전영평, 『동북아 문화공동체 추진의 비전과 과제(Ⅰ)』(서울:

그런데 20세기의 냉전시대를 종언하고 탈냉전의 21세기에 접어들면서 세계는 인종과 종교 등 새로운 문제로 갈등과 분열의 과정을 겪으면서, 다른 한편으로는 지역적으로 블록화하면서 통합의 방향으로 나아가고 있다. 정치와 군사, 경제, 문화적으로 다차원적이고 복합체적인 분화와 통합은 평화연구에 가일층 어려운 과제를 안겨 주고 있다.

과거의 평화연구는 단순하게 한 나라 또는 지역, 국가 간의 역사, 구조, 질서, 제도 등의 특성에 대한 단면적인 평화연구로 만족했는데, 이제는 보다 '복합체적인 평화연구'를 요구하고 있다. 즉 평화의 본질을 정확히 분석하고, 이의 실질적인 실현 방안을 모색하기 위해서는 전쟁과 폭력의 근원을 찾아 이를 복합체적으로 접근할 필요가 있다.

지역의 평화는 일반적으로 정치·군사, 경제, 문화 등의 요인들이 상호 밀접하게 연결되어 있다. 이 때문에 전통적인 개별 요인 중심의 평화연구는 전체의 특성을 규명하고, 지속 가능한 평화체제를 구축하는 데 한계가 있다. 더구나 이들 요인들은 지역 내에서 상호 연계되어 있기 때문에 한 지역의 평화연구는 지역성과 복합체적 요인을 상호 연계시키지 않으면 평화에 대한 본질적인 파악이 어렵다.

본 저서의 평화연구는 우선 기존의 평화연구의 한계를 극복하고 새로운 포괄적인 분석틀을 모색하여 평화, 특히 '지속 가능한 평화'를 구현하기 위하여 정치·군사, 경제, 문화를 아우르는 영역 접근을 바탕으로 '복합체적 평화연구'를 시도했다. 이러한 복합체적 평화연구는 어느 한 개인이 할 수 있는 것이 아니라 여러 뜻 있는 학자들이

통일연구원, 2004), 오명석 외, 『동북아 문화공동체 형성을 위한 협력적 아시아 인식의 모색』(서울: 통일연구원, 2004), 최송화·권영설 편저, 『21세기 동북아 문화공동체의 구상』(서울: 법문사, 2004), 김재한, 『동북아공동체』(서울: 집문당, 2005), 최영종 외, 『동아시아 공동체: 비전과 전망』(서울: 한양대 출판부, 2005) 등이 있다.

모여서 복합적이고 유기적인 관계 속에서 '학제적인(interdisciplinary) 통합연구'를 통해 구체적으로 접근되어야 할 것이다.

그러나 여러 가지 한계를 무릅쓰고 연구자의 학문적, 실천적 사명감으로 시도하지 않을 수 없었다. 그것은 본 저서의 연구자가 살고 있는 지역인 한반도를 포함한 동북아 지역이 과거 무수한 전쟁을 치렀고, 현재에도 전쟁의 가능성 속에 불안하게 살고 있기 때문이다. 즉 지역의 평화연구, 특히 한반도와 동북아 지역의 평화와 '지속 가능한 평화체제'의 구축 그리고 이와 연관된 평화연구를 하는 데 있어서 시대적인 책임의식을 갖고 도전하게 되었음을 밝히지 않을 수 없다.

2. 대안적 평화연구

한반도와 동북아는 냉전적 국제정치 구조와 이데올로기적 분열 구도가 상존하고 있다. 이로 인해 새로운 군비경쟁, 핵무장 확대 가능성과 미사일 개발 등으로 지구상의 그 어느 지역보다 군사적 분쟁 가능성이 높은 지역이다. 평화는 이제 한반도뿐만 아니라 전 지구적 차원에서 절박하게 구축시켜야 하는 가치가 되고 있다.

인류의 지속 가능한 평화를 위해서는 국가 중심의 20세기적 폐쇄적이고 공격적인 안보 개념에서 탈피하기 위한 새로운 평화체제의 구축 모델 개발이 필요하다. 즉 인류의 '영구평화'를 위한 미래 지향적인 '평화 패러다임'으로 인류의 역사를 새로이 개척하는 평화이론과 전략을 도출할 필요가 있다.

평화체제의 구축 방안은 현실주의적, 자유주의적 시각에 의하여 다양하게 접근될 수 있다. 그러나 이들 접근 방법들은 부분적인 한계가 있기 때문에 대안적 접근 방법이 필요하다. 본 저서의 평화연구에서는 기존의 이론들과 접근 방법을 '복합체'적으로 절충한 복합체적 접근법을 통해 지속 가능한 평화체제의 구축 방안을 모색하고자 한다.

'복합체(complex)'적 접근법이란 평화의 속성이 존재론적으로 둘 이상 복합하여 서로 관련을 맺고 한 몸을 이루어 상호 작용하는 입체적 물체 또는 집합적 현상체라고 인식하고 접근하는 것을 말한다. 존재론적 평화는 단순히 점, 선, 면의 복합이 아니라 이들이 다양하게 복합하여 상호 작용하고 서로의 행동에 영향을 주어 분해하기 어렵게 하는 복합체적 특성을 그대로 인정하는 것이다.

복합체는 많은 내포, 즉 속성이나 내용, 원인, 조건, 부분, 영역들을 가지는 개념이다. 기능이나 속성이 분화되지 않고 또 그 안에 부분을 포함하지 않은 낮은 형태로 구성된 '단순체'와 대비되는 개념이다.

현대사회의 사회과학적 현상은 단순체가 아니라 대부분 복합체라고 할 수 있다. 이러한 의미의 복합체는 이미 실생활에도 깊숙이 침투해 있다. 예를 들면 나노복합체, 분자복합체, DNA복합체, 군산복합체, 산업복합체, 매체복합체, 안보복합체, 습관복합체 등 모든 학문과 생활 영역에서 다양하게 사용되고 있다. 따라서 현대사회는 복합체 사회 또는 복합체 국가라고 할 수 있으며, 사회과학적 인식과 분석도 복합체적 특성을 활발하게 적용하고 있다.

본 저서의 평화연구에서도 평화를 존재론적 측면에서 세 가지 조건, 즉 정치군사(이하 약칭하여 '정군'이라 표현함)적 평화, 경제적 평화(경제평화), 문화적 평화(문화평화) 등이 상호 작용하는 집합체적, 복합체적 현상물로 파악하고 지속 가능한 평화체제를 구축하기

위해 복합체라는 용어를 중요 개념으로 도입했다.[15]

또한 접근 방법에 있어서도 현실주의나 자유주의 등 어느 한 이론을 중심으로 접근하는 것이 아니라 평화의 지속성을 강화하기 위해 필요한 이론들을 부분적으로 절충하는 '이론 절충주의'적 의미로도 복합체라는 말을 사용하고 있다.

본 저서는 평화연구에 대한 새로운 문제의식과 복합체적 접근 방법이란 대안적 분석틀로 다음과 같은 명제(가설)에 대하여 검토하고자 한다.

첫째, 전쟁과 폭력의 근원을 제거하고 지속 가능한 평화(체제)를 구축하기 위해서는 존재론적으로 정군평화, 경제평화, 문화평화 등 세 가지 평화조건이 필요하다. 본 저서의 평화연구에서는 이 명제에 대해 전쟁의 원인과 폭력의 양상을 고찰함으로써 이를 규명하고자 한다.

둘째, 평화체제의 구축에 있어서 평화와 평화체제의 '지속 가능성'을 강화하기 위해서는 정군평화, 경제평화, 문화평화 등 세 가지 평화조건의 복합체적 이행이 필요하다. 이 명제에 대해서 '평화복합체론'을 통해 구체적으로 검증하고자 한다.

셋째, 평화체제의 구축에 있어서 세 가지 평화조건을 복합체적으로 추진할 때 지속성을 강화시켜 주는 모델은 선순환적 구조의 단계형 모델이다. 이 명제에 대해서는 지속 가능한 평화체제의 구축 모델로 동시병행형 모델, 단계형 모델, 지속 가능형 모델로 나누어 고찰해 보고 가장 효율적인 모델을 도출하고자 한다.

---

15) 본 연구에서는 지속 가능한 평화와 평화체제의 조건으로 정치군사적 평화, 경제적 평화, 문화적 평화 등 세 가지의 평화조건을 제시하고 있다. 평화의 한 조건이 되는 정치군사적 조건에 있어서 본 연구에서는 '정치군사(적)'이란 용어와 같은 뜻의 축약어로 '정군(적)'이라고 쓰기로 한다. 또한 정치군사적 평화를 약칭하여 '정군평화(政軍平和)'라고 한다. 그리고 경제적 평화를 '경제평화', 문화적 평화를 '문화평화'라고 각각 표현하기로 한다.

끝으로, 평화체제의 구축에 있어서 안정성과 지속성, 영구성을 강화하기 위해서는 '평화의 제도화'가 필요하다. 제도화에 대한 논의를 통해 평화의 제도화가 평화체제의 지속화를 강화시켜 준다는 점을 검토해 본다.

동북아의 평화와 공동번영을 위한 지속 가능한 평화체제 구축은 유럽에 비하여 더 이질적이고 더 다양하면서 더 어려운 상황이다. 그러므로 유럽의 경험을 동북아에 그대로 적용하기보다는 보다 창조적인 분석과 접근법의 개발을 통해 추진할 필요가 있다. 즉 유럽 등의 경험에서 새로운 접근법을 찾아 이를 창조적으로 동북아 등에 응용해 보아야 할 것이다.

3. 평화연구의 대상과 범위

'지속 가능한 평화'는 평화가 어느 한순간 전쟁과 분쟁 또는 각종 폭력으로 단절되거나 파괴되지 않고 지속적으로 유지되는 것이다. 따라서 평화가 지속적으로 유지, 형성, 구축되도록 하는 규범과 제도를 비롯하여 이를 포괄하는 원리를 '지속 가능한 평화체제'라고 할 수 있다. 이러한 평화체제를 실질적으로 구축하기 위해서는 전쟁의 원인을 비롯하여 다양한 폭력 및 갈등 요인을 파악하여 존재론적, 복합체적으로 접근하는 것이 필수적이다.

평화는 일반적으로 개인의 심적 상태에서 집단, 국가, 지역, 국제체제, 나아가 우주적 질서와 연계되어 있다. 그러므로 평화분석과 평화연구는 매우 복잡하여 학문적으로도 접근하기가 쉽지 않다. 더구나 이를 지속 가능한 체제로 구축하는 것은 더욱 어려운 문제이다.

그러나 평화가 인류의 소망이고 인류가 지향하는 목표이기 때문에 반드시 연구되어야 할 학문적 과제이다.

각 나라마다 강력한 군대를 보유하고 군비를 경쟁적으로 확충하고 있는 상황에서 과연 지속 가능한 평화체제의 구축이 현실성이 있는지에 대해 의문이 제기될 수 있다. 어떻게 보면 이러한 평화논의가 '이상 평화론'에 가까울 수 있다.

그러나 전쟁도 전략이 필요하듯이 평화의 실현도 구상과 전략이 필요하다. 인류는 그동안 전쟁에 대한 구상과 전략을 마련하는 데 상당한 공을 들여 왔다. 이제는 진정한 평화를 구현하기 위한 구상과 전략이 필요하다. 학문적으로도 이러한 평화구상과 전략을 모색하는 시도는 한층 강화될 필요가 있다.

평화체제의 구축 수준은 개인적, 국내적, 국가적, 지역적, 국제적 수준 등으로 '빛의 분사'처럼 확장될 수 있다. 이에 따라 평화체제 구축을 위한 접근은 그 수준에 따라 다양하게 시도될 수 있다. 그러나 평화는 소극적 의미에서 전쟁의 방지를 의미하므로 국가 간의 전쟁을 막는 데 우선적인 초점이 모아져야 할 것이다.[16]

따라서 본 저서의 평화연구는 평화체제의 구축 수준을 국가 간에 향후 일어날 가능성이 있는 전쟁을 예방하고 평화의 지속 가능성을 확보하기 위하여 '하위 지역체제'에 국한하고자 한다. 체계적인 평화연구를 위해서는 세계 및 동북아 지역 그리고 한반도 질서에 존재하는 협력과 갈등 요인을 모두 검토해야 하나 여기서는 동북아를 주요 분석수준으로 설정하였다.

동북아의 평화는 한반도 및 세계평화 문제와도 직결되기 때문에

---

16) Michael P. Sullivan, *International Relations: Theories and Evidence*(Englewood Cliffs: Prentice-Hall, 1976), pp.208-213.

동북아의 평화분석은 매우 중요하다. 한반도의 문제는 사실상 동북아의 문제이자, 국제적인 문제로 되어 있기 때문에 동북아 차원에서 분석하는 것이 보다 실질적일 것이다.

본 저서의 평화연구는 '하위 지역체제'라는 지역적 수준과 함께 평화의 지속화 조건으로 정군평화, 경제평화, 문화평화 등 세 가지 영역으로 나누어 협력 및 갈등 요인을 분석하고자 한다. 평화의 지속 가능성을 강화하기 위해서는 각 평화조건별 갈등과 협력 요인이 분리적으로 나타나고 있기 때문에 이들 조건에 대한 개별적인 분석이 불가피하다.

그리고 이들 세 가지 평화조건 간의 상호 연계를 부각시키고 복합체적으로 실현하여 역내 평화체제를 지속화, 영구화할 수 있는 틀로 '평화복합체론'을 제시하고자 한다. 이를 통해 평화체제의 지속화를 강화하기 위한 평화체제의 구축 모델 개발과 이의 구축 방안을 핵심적으로 논의하고자 한다.

국제정치, 특히 평화연구는 국가 간 갈등을 해소하고 전쟁을 방지하며 평화를 형성, 구축하기 위한 노력이다. 그러나 현실주의론에서 말하는 '힘(국력)'은 그 개념이 모호하고 복잡하여 힘을 중심으로 한 국제평화의 유지에는 한계가 있다. 이에 따라 보다 영구적인 전쟁예방 조치로서 평화복합체에 속한 국가 간의 지속 가능한 평화체제를 구축해야 할 것이다.

동북아 지역의 평화와 복지번영을 위한 지속 가능한 평화체제 구축 작업은 더 이상 미룰 수 없는 중요한 과제이다. 유럽 및 미주 지역 등의 시사점을 통해 동북아도 '열린 통합주의'의 자세로 지역평화공동체를 건설할 필요가 있다. 동북아의 평화체제 구상은 이러한 시대적, 상황적 요청에 부응하여 지역평화공동체 구축을 위한 중장

기적 전략의 수립과 집행을 핵심적인 요체로 추진하는 것이다.

지속 가능한 평화체제란 단지 정군 중심의 안보공동체만을 의미해서는 안 될 것이다. 공동체의 범주에는 의당 정군적 영역(안보) 외에 경제적, 문화적 영역이 포함되어야 할 필요가 있다. 포괄적이고 복합체적 의미의 평화가 담보되어야 비로소 평화공동체의 형성과 유지가 가능하기 때문이다. 그러므로 평화공동체를 구축하기 위해서는 정군 및 경제, 문화 공동체 건설이 복합체적으로 추진되어야 할 것이다.

본 저서의 평화연구의 동북아 지역의 지속 가능한 평화체제 구축 구상은 이 점을 중시하여 정치 및 군사적 협력과 경제적, 문화적 국가협력의 연계를 지역평화체제 구축 작업의 기본 틀로 삼고 있다. 특히 본 저서의 평화연구에서는 동북아 지역의 신냉전을 방지하고 지속 가능한 평화를 실현하여 공동번영을 모색하는 데 중점을 두고자 한다.

먼저 평화와 평화체제의 복합체적 개념을 새로 도입하고 지속 가능한 평화체제 구축을 위한 분석틀과 이에 필요한 평화조건들을 서술하고자 한다. 그리고 동북아의 지속 가능한 평화체제의 구축 환경과 조건, 평화조건에 따른 모델 개발과 이의 추진 방안을 제시하여 영구평화의 실현 가능성을 모색해 보고자 한다.

본 저서의 평화연구는 대체로 2001년 1월 미국 부시 행정부의 등장 이후부터 2009년 1월 오바마 행정부의 출범 이전까지 동북아의 평화구조에 영향을 주는 요인들과 변수들을 주요 고찰 대상으로 삼았다. 초강대국 미국은 세계의 주요 강대국이 모여 있는 동북아에서도 패권적 혹은 중심적 역할로 지역의 평화와 갈등에 중요한 요인으로 작용했기 때문이다. 더욱이 미국 부시 행정부의 대외정책은 과거 냉전 유산의 잔존과 영토적, 역사적 요인 등에 따른 갈등과 대립이 내재하고 있는 동북아의 평화질서 변화구도에 커다란 영향을 주었기 때문이다.

본 저서의 평화연구는 특히 연구방법에서 문헌조사 중심의 연구 한계를 극복하고자 평화문제와 관련된 최근의 사건들이나 이슈들을 많이 추적하였다. 평화이슈들은 평화문제에 대한 새로운 쟁점을 제공하고, 나아가 평화구조의 변화를 추적할 수 있는 귀중한 자료가 된다. 또한 본 연구자와 함께 평화운동현장에서 활동하고 있는 사람들의 면접과 인터뷰 내용도 반영하여 경험적 자료에 기초한 연구를 병행하고자 하였다.

제2장

평화에 관한 이론적 논의

평화에 관한 이론적 논의

제1절 전통적 관점의 평화이론

지속 가능한 평화 및 영구적인 평화 실현에 관한 이론은 현실주의적 접근이론뿐만이 아니라, 자유주의적 접근이론 등 매우 다양하다. 칸트는 공화국과 민주주의를, 자유주의자들은 자유무역과 민주주의를, 마르크스주의자들은 사회적 생산과 교도(教導) 민주주의를, 세계주의자들은 강력한 유엔(UN)을 희망하였지만 영구평화는 실현되지 않았다.

평화와 평화체제에 대한 전통적 분석은 크게 두 가지로 접근할 수 있다.17) 하나는 현실주의적 접근으로 전쟁의 가능성을 힘의 억제나 외교적 장치 등을 통해 전쟁의 발발을 인위적으로 방지하는 '불안정한 평화(unstable peace)', 즉 소극적 평화를 유지하는 것이다.

다른 하나는 자유주의적 접근으로 전쟁 발생의 가능성이 없을 뿐

---

17) Kenneth Boulding, *Unstable Peace*(Austin: University of Texas Press, 1979) 참조.

만 아니라 전쟁을 준비할 필요까지도 없는 '안정된 평화(stable peace)', 즉 적극적 평화를 지향하는 것이다. 이상주의 그리고 최근 주목을 끌고 있는 구성주의도 이 영역에 포함된다. 이처럼 평화와 평화체제에 대한 현실주의적, 자유주의적 관점의 다양한 이론들이 있지만 대부분의 이론들은 '평화의 지속화'라는 측면에서 부분적인 한계를 지니고 있다.

1. 현실주의적 관점의 소극적 평화이론

국제관계를 바라보는 현실주의[18]적 관점은 국제체제를 무정부상태로 상정하고 있어 적극적 평화나 안정된 평화라는 개념은 설자리가 없고, 전쟁은 항상 가능성으로 존재한다. 그렇지만 전쟁이 없는 상태인 소극적 평화나 불안정한 평화에 대한 설명은 강대국의 패권, 힘의 균형(balance of power)이나 공포의 균형(balance of terror), 공통의 적에 대항하는 군사동맹(alliance) 그리고 핵무기에 바탕을 둔 '핵 억지' 등을 통해서 평화가 유지될 수 있다고 본다.

현실주의적 관점에서 전쟁과 평화는 강대국의 흥망성쇠와 밀접한 연관이 있다. 지난 500년 동안 일어난 전쟁의 60% 정도가 강대국 간의 전쟁이었다. 제1, 2차 세계대전을 포함한 20세기의 주요 전쟁

---

18) 많은 학자들은 현실주의를 하나의 통일된 이론이기보다는 같은 뿌리를 갖는 다양한 이론의 집합이거나 하나의 패러다임 정도로 생각해 왔다. 현실주의 이론은 다양성에도 불구하고 대체로 무정부상태, 힘 그리고 안보 등과 같이 국가의 존립과 밀접한 관련이 있는 사항을 공통적인 연구과제로 하면서 ①국제체제의 환경(무정부상태), ②행위자(국가), ③각 단위의 힘(power), ④목적과 동기(생존과 안보) 등 네 요소에 대해 기본적 가정 또는 이론화를 시도한다. Jeffery W. Lergo and Andrew Moravcsik, "Is Anybody Still a Realist?", *International Security* 24:2(1999), p.9. 최영종, "한반도 평화체제에 대한 이론적 고찰", 『탈냉전기 동북아의 국제관계와 정치변화』(서울: 오름, 2003), 57쪽 등 참조.

도 강대국 중심으로 벌어졌다. 따라서 전쟁과 평화를 이해하기 위해서는 강대국에 대한 이해가 선행되어야 한다는 것이다. 강대국은 힘이 아주 강할 때는 '제국주의'의 형태를 띠는데, 이때는 국가 간의 전쟁은 일어나지 않고, 대개 내부적인 갈등과 평화가 문제가 된다.

'패권안정이론'에 따르면 한 국가가 막강한 힘을 가진 패권국가 시대에는 전쟁의 발생 가능성이 줄어든다고 한다. 패권국가가 도전국가에 대해 평화를 강제할 수 있는 힘이 있기 때문이다. 그러나 패권세력 없이 주요 국가(강대국) 간의 세력균형이 펼쳐지면, 평화는 불안정하고 자의적으로 유지되는 경향을 보인다.[19]

미국은 21세기의 패권국가가 될 것이지만 그 패권력이 어느 정도일지, 얼마나 유지될지 그리고 국제체제의 안정에 얼마나 공헌할 수 있을지에 대해서는 불분명하다. 패권국 미국은 군사력에서는 세계 최강이지만 경제력, 문화력 면에서는 패권적 위치를 차지하지 못하고 있다.

미국이 직면한 패러독스는 도전받기에는 너무 크고, 독자적으로 테러리즘이나 핵 확산을 억제하기에는 상당히 제한적인 국력을 갖고 있다. 이 때문에 '팍스 아메리카나(Pax Americana, 미국의 힘을 통한 세계평화)'는 요원할 수밖에 없고, 미국 또한 다른 나라의 협력과 존경을 필요로 한다.

물론 전쟁과 평화는 국력의 배분만으로 결정되지 않는다. 국력이라는 보다 객관적 지표보다는 국력의 목적이 전쟁과 평화를 좌우하는 더 중요한 변수가 될 수 있다. 바꾸어 말하면 패권국의 의도와 의지 그리고 패권국의 국가목표가 규명돼야 전쟁과 평화의 방향을

---

19) Robert Gilpin, *War and Change in World Politics*(New York: Cambridge University Press, 1981), pp.29 - 30.

추적할 수 있다. 미국 부시 행정부가 9·11사건 이후 세운 확전 구상은 궁극적으로는 미국 내의 지지 저하와 국제적인 저항을 가져왔다. 또한 9·11사건 이후 미국에 팽배하고 있는 내셔널리즘도 국제평화에 부정적인 영향을 미친다.

그리고 '억지이론(deterrence theory)'을 국가 간의 전쟁행위에 적용해 본다면 한 국가가 침략행위를 고려할 때, 침략으로부터 얻을 이익과 피침략 국가로부터 받을 보복에서 오는 손실을 비교하여 손실이 이익보다 더 크게 되면 침략행위를 삼가게 된다는 것이다.

억지이론은 브로디(Bernard Brodie)가 주장하고, 월스테터(Albert Wohlstetter), 셸링(Thomas Schelling)과 조지(Alexander George)가 이론화한 것으로 미·소 양 대국 간 핵전쟁을 막는 핵심적 논리가 되었다.[20] 어느 한쪽이 핵무기의 가공할 만한 효력에 의지하여 상대를 공격할 경우 다른 쪽이 핵무기로 보복하게 되면 둘 다 멸망하게 된다는 것을 깨달은 결과, 핵전쟁 도발을 자제했다는 것이다.

그러면 이 억지이론이 모든 경우에 평화를 가져올 수 있는가? 억지이론은 미·소 간, 영국·프랑스·중국 등 5대 핵강대국 간, 핵보유 국가들과 군사동맹 관계에 있는 국가들 간에 핵전쟁과 재래식 전쟁(중·소 간 국경충돌은 예외)을 방지하는 데 효력이 있었다. 유럽에서는 동서 양 진영이 군사적으로 대결하고 있었음에도 불구하고, 소련이 재래식 무기로 서독을 공격하게 될 경우 미국은 핵전쟁으로 보복할 것이며, 그렇게 될 경우 미·소 양국은 핵전쟁을 피할 수 없다는 핵과 재래식 전쟁 간의 상호 연계 때문에 재래식 전쟁도 억제되어 왔다.

그러나 다른 지역의 경우에는 핵무기에 의한 대량보복 가능성이 전

---

20) 한용섭, 『한반도 평화와 군비통제』(서울: 박영사, 2004), 121-124쪽.

쟁을 막지 못한 사례들도 많다. 베트남전쟁에서 미국의 핵 보복 가능성이 월맹과 베트콩의 전쟁의사를 막지 못했다. 아프가니스탄 전쟁에서도 소련의 핵 보복 가능성이 아프가니스탄의 항전의사와 능력을 막지 못했다. 또 이스라엘과 중동 국가 간에는 이스라엘의 핵 억지력에도 불구하고 분쟁이 끊이지 않았으며, 인도와 파키스탄 간에도 카슈미르에서 재래식 분쟁이 발생했다.

더욱이 핵무기와 가공할 재래식 무기를 더 많이 보유함으로써 상대국가에 대량 피해를 끼칠 수 있다는 위협에 근거한 평화보장은 역설적으로 군비경쟁을 더 부추기는 결과를 가져왔다. 그러므로 억지이론이 평화에 미친 영향은 논란의 여지가 많고, 그것도 제한적으로 영향을 미쳤다고 할 수 있다.

한반도 및 동북아의 평화를 현실주의적 입장에서는 세력균형이론, 패권안정이론의 결과로 어느 정도 설명할 수 있을 것이다. 즉 남한과 북한은 분단 이후 세력균형의 붕괴로 북한이 남한을 전면 남침함으로써 한국전쟁이 발발했다. 미국 중심의 유엔의 개입과 중국과 소련의 지원으로 다시 남한과 북한은 세력균형을 회복하여 휴전을 통해 정전체제를 유지해 왔다.

따라서 남한과 북한은 냉전기 동안 정전상태라는 지극히 불안정한 체제하에서도 전쟁은 피할 수 있었다. 남한과 북한은 세력균형이론에 의한 전쟁 방지적 측면 외에 절대강국인 미국의 패권에 의해서도 전쟁이 방지된 면이 있다. 즉 미국은 한미동맹을 체결한 후 북한의 남침을 막고 남한의 북침을 막는 역할도 했다. 이것은 한반도판 '차가운 평화(cold peace)'라고 할 수 있다.

냉전 종식 후 소련의 붕괴로 인한 양극적인 세력균형의 균열로 북한은 생존을 위협받았고, 이를 극복하기 위해서 새로운 도전을 제기

했다. 북한은 핵무기를 개발하는 한편 선군정치를 통해 내적인 군사력을 강화하여 세력균형 회복을 추구했다.

그러나 이러한 한반도를 둘러싼 안보환경은 미국의 동북아에 대한 군사적 패권 강화와 이에 대응하는 중국, 러시아, 북한에 의한 다양한 조합과 전략적 동맹관계를 형성하여 세력균형 움직임이 가속화되고 있기 때문에 한반도 및 동북아의 불안정성이 상당히 높아졌다.[21]

현실주의 입장에서 한반도 및 동북아의 평화 유지를 위해서 다양한, 때로는 다소 극단적인 시나리오가 제기되기도 한다.[22] 하나는 남한과 북한이 생존과 소극적인 평화를 유지하기 위한 전략적 동맹관계를 형성하는 것이다. 중국의 분열적 내란의 발생이나 일본의 우경화로 인한 재침, 남북한의 자주적 평화체제 구축에 대한 미국의 저해 시에 이런 상황을 기대할 수 있으나 현재의 동북아 정세에 비추어 볼 때 남한과 북한이 공통의 적을 갖게 될 가능성은 낮다고 볼 수 있다.

다른 하나는 현실주의에서 가장 확실한 평화유지 수단으로 남한과 북한이 모두 핵무장 국가가 되어 핵무기를 통한 '공포의 균형'이나 '핵 억지'를 추구하는 것이다. 핵무기는 절대적인 전쟁억지 효과를 갖기 때문에 합리적인 행위자인 국가들에 오판이나 모험을 허용하지 않아 평화가 유지된다는 것이다.

그러나 위에서 언급했듯이 핵억지이론에는 한계가 있다. 더구나 한반도의 핵무장은 또 다른 전쟁을 야기하는 '재앙'으로 변질될 수 있으므로 실현 가능성이 거의 없다. 따라서 한반도 및 동북아의 평화를 위한 현실주의적 접근은 소극적 평화유지에는 어느 정도 기여할 수 있으나 '평화의 지속화'에는 많은 한계를 지니고 있다.

---

21) 최영종(2003), 59쪽.
22) 최영종(2003), 59 – 60쪽.

2. 자유주의적 관점의 적극적 평화이론

　현실주의가 힘에 의한 소극적 평화를 유지하는 길을 부분적으로 제시해 준 반면에 자유주의는 정치·경제적 자유가 보장된 개인을 통해 적극적인 의미를 내포하는 평화의 실현 가능성을 제시해 준다.

　국제정치에서 자유주의적 평화이론은 스미스(Adam Smith), 칸트, 로크(John Locke), 흄(David Hume) 등과 같은 다양한 사상가 또는 이론가들로부터 지적 축적물이 계승되고 있고, 그 속에는 다양한 흐름들이 존재한다. 대표적인 자유주의적 평화이론의 예로는 통합이론, 상호 의존이론을 비롯하여 민주주의 평화론, 자본주의 평화론, 자유주의 평화론 등을 들 수 있다.

　먼저 통합이론(integration theory)을 간략히 검토해 보기로 한다. 국제정치의 연구는 국가 간 갈등을 해소하고 전쟁을 방지하며 평화를 유지하기 위한 노력이다. 그러나 힘의 개념이 모호하고 복잡하여 힘을 중심으로 한 현실주의적 평화유지에는 한계가 있다. 이에 따라 보다 영구적인 전쟁 예방조치로서 모색되는 분야가 국가통합이다.23)

　국가통합에 대한 본격적인 관심은 1950년대의 국제정치상의 배경에 연유한다. 유럽공동체 등 국가 외의 행위자의 등장과 미·소 간 냉전의 격화현상을 어떻게 극복할 것이며, 어떻게 하면 세계를 하나의 공동체로 만들 수 있을 것인가 하는 초국가적 시각의 평화연구를 그 출발점으로 하고 있다.

　통합이론은 전쟁 및 분쟁연구에 비하여 일천한 역사를 가지고 있다. 이로 인해 아직도 뚜렷하게 내세울 정립된 이론체계를 마련하고

---

23) Michael P. Sullivan, *International Relations: Theories and Evidence*(Englewood Cliffs: Prentice-Hall, 1976), pp.208-213.

있지 못하다. 그러나 지난 50여 년 동안 많은 사람들이 정력을 기울여 온 결과로 상당한 수준까지 이론화가 진행되고 있다.24)

통합이론의 선구자로는 미트라니(David Mitrany)를 꼽을 수 있으며, 그 밖에 주요 학자로는 하스(Earnst B. Hass), 제이콥(Philip E. Jacob), 린드버그(Leon N. Lindberg), 나이(Joseph S. Nye) 등을 거론할 수 있다.25) 이들이 정의하고 있는 통합의 포괄적 개념은 나뉘어 있거나 흩어져 있는 인간집단이 하나의 공동체를 만들어 가는 과정과 공동체가 된 후 그것을 유지하는 방법이라고 할 수 있다.

따라서 통합이론은 인간이 다 같이 희구하는 평화질서를 전쟁이나 기타 폭력의 사용배제라는 소극적 방법으로서가 아닌 공동체 형성의 인간 본성의 속성을 활용하는 적극적 방법으로 이룩하여 보려는 데서 잉태한 이론이다. 그러므로 통합이론은 권력정치 면에서만 다룰 수 없고 광범위한 인간학, 즉 사회학, 심리학, 커뮤니케이션이론 등이 모두 동원되어야 의미 있게 되는 종합과학의 이론으로 볼 수 있다.

통합이론은 여러 유형 중 기본유형인 기능주의와 그 변형인 신기능주의 그리고 이들과 경쟁하면서 통합이론의 발전에 커다란 기여를 한 '정부간주의(intergovernmentalism)'가 핵심이라고 볼 수 있다. 즉 통합이론의 핵심은 사회기능의 통합에 있고, 이에 따라 통합이론과 기능주의, 행정부와는 밀착되어 있다. 통합행위는 모두 기존의 국가주권을 배제하거나 적어도 약화시키는 결과를 초래하게 되므로 통합의 진전은 곧 국가주권과의 필연적 충돌을 가져오게 된다.

기능주의 통합이론은 국제연합 창설 후 미트라니에 의해 제기되었

---

24) 통합이론에 대한 논의는 매우 다양하게 접근된다. 대표적인 통합이론인 기능주의와 신기능주의 외에 자유주의적 정부간주의, 연방주의, 현실주의, 구성주의 접근 통합이론 등이 있다. 최영종(2005), 26 - 40쪽.

25) 이상우, 『국제관계이론』(서울: 박영사, 1987), 315 - 355쪽.

다. 미트라니는 기능주의적 통합은 "정치적인 분할지역을 국제적 활동과 국제기구로 엉킨 그물로 뒤덮고, 그러는 동안에 모든 나라의 국민들의 이익과 생활이 점차로 통합되게 하는 방법"26)이라고 정의했다.

미트라니는 또한 재래의 정치적 접근 방법에 의한 평화유지 방식과 달리 비정치적인 경제적, 사회적, 기술적, 인도적 분야에서의 협력을 통해 국제통합을 달성할 수 있다고 보았다. 그는 평화란 '폭력이 없는 정태적 상태'가 아니라, '구성원들이 수행하는 기능의 총계'로 정의되는 공동체의 건설을 의미한다고 보고, 지역공동체의 형성이 세계공동체의 형성으로 확대될 것으로 보았다.

신기능주의자들은 기능적 수단을 통해 연방적 목적을 추구하는, 기능주의의 탈을 쓴 연방주의자로 볼 수 있다. 이들은 슈만(R. Schuman)의 '유럽 석탄 및 철강 공동시장 통합계획'을 계기로 생겨났다. 신기능주의 이론은 의도적으로 정치성이 다분하고 정치적으로 중요시되는 영역을 선택하여 이것을 통합의 기술진이 계획할 수 있도록 하고 있고, 톱니바퀴(l'engrenage)처럼 부분적 통합의 확장 논리를 통해 연속적인 통합에 이를 수 있다고 보는 점에서 기능주의와 차이점을 갖는다.

기능주의적 접근법이 초국가적 사회와 제도를 출발점으로 삼는 데 반하여 정부간주의는 국가, 특히 중앙정부, 그중에서 행정부가 분석의 요체이다. 정부간주의에서 가장 중요한 것은 이익 결집, 정부 간 흥정 그리고 집행의 세 과정이다. 이에 대한 가장 중요한 연구는 모라프칙(Moravcsik)에 의해 이루어졌다.27)

---

26) David A. Mitrany, *Working Peace System*(Chicago: Quadrangle Books, 1966), pp.31 - 38.

27) Andrew Moravcsik, "Preference and Power in the European Community: A Liberal Intergovernmental Approach", *The Choice for Europe*(Ithaca: Cornell

　정부간주의에 따르면 남북한이나 동북아 같은 곳에서 지역통합이 지지부진한 것은 통합으로 인해 손해를 볼 집단들의 정치적 영향력이 통합으로 이익을 얻게 될 집단들의 정치적 영향력보다 훨씬 강하다는 점에서 찾을 수 있다.28) 기능주의 통합이론에 의한 성공적인 정치통합은 통합구성 단위들 간에 폭력 없이 그리고 약자만의 양보 없이 전쟁 상황을 해결할 수 있는 능력의 증가에 의해 이룩할 수 있다.

　그런데 실제 지역적 혹은 기타 국제기구의 회원국들은 상호 지리적 인접성과 활발한 교역 등과 같은 변수를 지닌 정치적 단위로 여타의 정치적 단위보다 오히려 폭력적 갈등을 유발시킬 수 있는 확률이 높다.29) 그러므로 통합변수와 폭력적 갈등과의 관계설정은 사실상 불가능하고 오히려 특정한 통합변수의 조합에서보다는 우연에 의한 인간의 학습과 경험을 통해 이룩된다고 보아야 할 것이다.

　기능주의 통합이론은 기능을 강조하여 법, 제도, 권위체를 경시하고, 전쟁의 주원인은 약자가 아니라 강자에 있으며(Kelsen), 통합의 변수와 폭력적 갈등과의 관계설정이 불가능하다(Russett)고 비판받는다. 또한 클라우드(Claude)는 기능주의에 대해 세 가지 측면에서 비판을 가했다.

　즉 첫째, 사회경제적 문제와 정치적 문제를 분리하여 선(先)사회경제 후(後)정치로 보는 도식은 현실에 역행하는 연구방법이다. 둘째, 민족주의와 국가주의가 팽배한 현재의 상태에서 인간의 국가적 충성심이 그대로 국제적 충성심으로 이전하기 어렵다. 그리고 오랜 시간을 요하는 점진적 활동은 통합의 도달점에 이르기 전에 전쟁 등의

University Press, 1998).

28) 최영종(2005), 33－36쪽.

29) Bruce M. Russett, *International Regions and the International System*(Chicago: Rand McNally & Company, 1967), pp.191－192.

장애에 봉착하기 쉽다고 비판하였다.

특히 통합이론에서 소홀히 다루어지고 있는 과제로서 통합에 참여하는 단위들의 자체 안보에 관한 상충되는 이해문제는 물론 호프만(Stanley Hoffmann)이 지적한 것처럼 저차원의 정치(low politics), 즉 복지와 경제는 순조롭다 하더라도 고차원의 정치(high politics), 즉 군사적 통합과 군사력의 역할과 같은 문제는 심한 견해의 차이, 이해상충을 가져와 통합과정을 위기로 몰아넣을 수도 있다.30) 그리고 갈등을 통합의 장애요소로 보는 관념적 편견에서 탈피하여, 갈등이 통합을 촉진시킬 수도 있다고 보아야 한다는 것이다.

이렇게 볼 때 기존의 통합연구에서 제기된 큰 문제는 통합이론은 주로 유럽의 다원화된 사회 중심으로 개발되었기 때문에 유럽과 다른 이질적 사회에서는 제한된 적용밖에 갖지 못하여 보편성이 결여됐다는 비판을 받고 있다. 즉 기능주의적 접근법에 의하면 지역통합은 개인의 정치적, 경제적 자유가 보장된 민주주의 국가 사이에서 성공할 가능성이 높다는 것이다.

지역통합이론은 독립된 주권국가들이 통합된 정치체를 만들어 가는 도구를 제공해 주고 있기 때문에 분단된 남북한이나 중국·대만 간 하나의 통일된 국가라는 목표점에 도달하는 데 상당히 매력적이다. 그러나 개방적이고 개인들의 정치·경제적 자유가 보장된 민주국가로 구성된 유럽과 달리 동북아는 정치, 경제, 문화 등 모든 면에서 국가 간의 이질성이 크기 때문에 통합이론을 그대로 적용하기는 쉽지 않다.

특히 신기능주의적 관점에서 통합의 원동력으로서 크게 주목하고

---

30) Stanley Hoffmann, *Gulliver's Troubles, or the Setting of American Foreign Policy* (New York: McGraw-Hill, 1968), pp.387-458.

있는 초국가적 이해집단이나 관료들의 역할이란 관점에서 볼 때도 문제점이 많다.31) 이에 따라 통합이론은 보다 정치화되고 보편화될 수 있는 이론으로서 정립되거나, 이를 보완하고 대체할 새로운 이론을 모색할 필요가 있다.

상호 의존이론에 대해서도 간략히 검토해 보기로 한다. 세계는 세계화의 심화로 인하여 상호 의존(independence)의 시대에 살고 있다.32) 1960년대 말엽 이후, 지금까지 지배적인 지위에 있던 국가의 안전보장(national security)이라는 용어에 대신하여 상호 의존이라는 용어가 복지국가를 논하는 경우 상투어로 사용하게 되었다.

즉 국제사회에 있어서의 여러 활동을 파악하는 경우 상호 의존을 논의의 출발점으로 하여, 그 맥락에서 이해하려고 하는 풍조가 지배적이었다. 이러한 경향은 실제 정치의 장에 있어서나 또 학계 연구의 장에서나 공통적으로 인정되는 현상이다.33) '상호 의존의 심화가 국제협력을 촉진시킨다'라는 명제는 국제사회의 지배적인 주제로서 주장되고 있다.

상호 의존 연구의 선구자로는 쿠퍼(R. Cooper)와 영(Oran R. Young) 등을 거론할 수 있다. 그리고 이들의 뒤를 이어 국제사회의 연구에 있어서 상호 의존을 분석한 모스(E. Morse), 코헨(Robert O. Keohane)과 나이(Joseph S. Nye) 등이 등장하여 많은 연구물들을 발표했다. 상호 의존의 접근 방법은 국제정치·경제학의 새로운 조류 속에서 지배적인 학파의 하나로 발전하였다.

---

31) 최영종(2005), 40－41쪽. Wayne Sandholtz & John Zysman, "1992: Recasting the European Bargain", *World Politics*, 42(1989), pp.95－128 재인용.

32) Robert O. Keohane & Joseph S. Nye, *Power and Interdependence: World Politics in Transition*(Boston: Little, Brown and Co, 1977), p.3.

33) 최종기, 『현대국제관계론』(서울: 박영사, 1982), 132－148쪽 참조.

세계질서 또는 탈국가라는 개념과 함께 상호 의존이라는 개념 등의 도입은 국제정치의 새로운 추세를 반영하고 있는 것이다. 1960년대 말부터 상호 의존이라는 새로운 개념이 개발된 것은 이 시기부터 국제정치의 구조에 어떠한 변용이 일어나고 있음을 의미한다. 특히 국제관계의 변화를 배경으로 현실주의 패러다임의 비판과 수정을 추구하며 1977년 코헨과 나이가 발표한 '복합체적 상호 의존이론'이 등장했다.

복합체적 상호 의존이론은 우선 현실주의의 기본 가정을 첫째로 국제관계의 주요한 행위자가 응집된 단위체인 국가이다, 둘째로 물리적 힘(force)이 가장 효과적인 정책수단이다, 셋째로 군사안보의 상위정치(high politics)가 경제 및 사회문제의 하위정치(low politics)에 우선하는 이슈의 서열을 상정한다는 것으로 규정하고, 여기서 도출되는 현실주의의 이념형적인 국제관계를 복합체적 상호 의존이란 개념을 통해 수정하고자 했다.

복합체적 상호 의존의 세계는 ①국가 내부의, 초국가 간, 비국가 행위주체 간의 다중채널, ②이슈 간의 서열의 부재, 그리고 ③정책수단으로서 군사력의 부차적 역할을 그 특징으로 한다. 즉 군사력을 중심으로 한 개별 국가의 물리적 자원의 정책수단으로서의 효과가 이슈 영역의 분화와 서열의 부재, 그리고 다양한 행위주체 간의 다중채널의 존재로 인해 제한적이 되었다는 것이다.

복합체적 상호 의존론자들은 국제관계는 단순히 군사력의 우위에 의해 규정되지 않는다고 주장한다. 그들은 중요한 국제관계의 과정에서 초국가 및 초정부적 관계와 국제기구를 활용하여 문제 영역별로 의제를 설정하는 능력 혹은 문제 영역 간의 연계전략을 추진할 수 있는 능력을 주목한다.

상호 의존이론은 지금까지의 연구에 있어서 연구자 상호간의 대화가 대체로 활발하지 못하였다. 한쪽에서는 데이터분석 중심의 초사실주의적 실증분석이 존재하고, 이에 대하여 다른 한쪽에서는 고도로 추상적인 분석개념이 존재한다. 이에 따라 상호 의존연구는 양국분해의 양상을 띠고 있으며, 상호 의존연구의 대상 영역에 대해서도 합의를 이루지 못하고 있다.

상호 의존연구가 보다 생산적인 것이 되기 위해서는 상호 의존 개념을 뒷받침하고 있는 여러 가지 하위개념 창출의 노력 및 상호 의존을 둘러싼 여러 현상에 대한 다양한 가설의 구축·검증의 노력이 불가결할 것이다.

이밖에 자유주의적 평화·평화체제와 관련된 다른 이론들은 민주주의 평화론, 자본주의 평화론, 문화주의 평화론, 제도주의 평화론 등이 있다. 먼저 칸트는 "모든 국가가 민주공화정을 채택할 때 영구평화의 가능성은 높아진다"는 민주주의 평화론(Democratic Peace)[34]에 의한 영구평화를 주창했다.

칸트는 "민주공화정 국가는 법의 지배를 받아들이고 표현의 자유와 시민권을 인정하며 사유재산권을 확고하게 보장한다. 민주공화정 국가는 균형과 경제를 이루는 대의정치를 채택하기 때문에 위정자들은 시민들이 원치 않는 전쟁을 일방적으로 선포할 수 없다"고 주장했다.[35] 러셋도 "민주주의 국가들 사이에는 전쟁이 일어날 가능성이

---

34) 소위 민주평화론이라고 한다. 경우에 따라서는 민주평화론을 '공화적 자유주의(republican liberalism)'라고도 한다.

35) 칸트의 민주평화론 영향으로 20세기 후반에 "민주주의 국가들은 분쟁보다는 평화적 방식으로 국가 간의 문제를 해결하기를 선호하기 때문에 전쟁은 어렵다"는 민주주의적 평화이론이 많이 나오게 되었다. 이에 근거하여 미국 클린턴 행정부는 민주주의의 확산을 위한 개입과 협력전략을 내놓기도 하였다. Jacs S. Levy, "Democratic Politics and War", *Journal of Interdisciplinary History*, 18-4(Spring 1988), pp.653-673; Alex Mintz and Nehemia Geva, "Why Don't Democracies Fight Each Other?", *The Journal of Conflict Resolution*,

낮다"고 주장하며 민주주의 평화론을 옹호했다.36)

그러나 민주주의 평화론에는 한계가 있다. 즉 민주주의 평화론에서 민주주의는 매우 훌륭한 사상 또는 제도이지만 국가 간의 문제와 관련해서는 잘못 이해되는 측면이 있어 왔다. 만약 민주주의가 한 국가 안에서 잘 이행된다면 민주주의는 가능한 범위 안에서 국민들의 기대가 제대로 충족되도록 이끌며, 비교적 국민들을 만족시켜 줄 것이다.

다시 말해 민주주의는 권력과 특권을 위해 서로 경쟁하는 집단들 사이에 비폭력적 조정자로서 기능하며, 원칙적으로 국가 안에 평화가 충만하도록 이끌어야 한다. 민주주의는 국가 간의 체계에서나 세계체계 안에서 보편적이어야 할 것이다.37) 그러나 한 국가 안의 충만한 평화가 국가 간의 체계 안의 평화적 활동으로 이어진다는 보장은 없다.

미국 부시 행정부가 2003년부터 '대중동구상(The Greater Middle East Initiative)'과 함께 추구한 민주주의 평화론은 많은 문제를 파

---

37 – 3(September 1992), pp.484 – 503.

36) 러셋은 1815년 이후 서구에서 민주국가 간의 전쟁(여기에서의 전쟁은 전사자 1,000명 이상의 주권국가 간의 폭력이며, 식민지 전쟁과 내전은 제외된다)이 없었다고 단언한다. 러셋에 의하면 민주국가 간의 평화는 민주제 자체의 성질에 기인한다. 민주제의 구조 · 제도 · 문화 · 규범이 전쟁을 억제한다는 것이다. 그러므로 자유주의 국가 간에 평화연합을 만들어 전쟁을 억제해야 한다(Bruce Russett, *Grasping the Democratic Peace: Principles for a Post – Cold War World*(Princeton: Princeton Press, 1993)). 그러나 자유주의를 위해 싸우는 것이 정당화될 수 있으므로 자유주의 국가가 비자유주의 국가와 전쟁할 가능성은 높아진다(佐佐木 寬, "平和研究の理論的地坪", 『平和研究』第20號(1996), 43쪽). 미국 등 서방 민주주의 국가들이 비자유주의 독재국가로 지목한 제3세계의 '불량국가(Rogue State: 유고, 이라크, 북한 등)'와 '유럽 자유주의 국가의 평화연합' 사이의 전쟁이 탈냉전 시대의 새로운 전쟁양식이 되고 있다. 걸프전(이라크와 서방 다국적군 간의 전쟁), 유고슬라비아와 나토(NATO)군의 전쟁이 여기에 해당된다고 볼 수 있다. 특히 민주주의 국가인 미국은 2003년 3월 민주주의 확산을 명분으로 비민주주의 국가인 이라크를 침공했다. 이것은 민주주의 국가가 독재국가에 대한 정의의 전쟁을 도발하는 논리로 바뀌어 결과적으로 무력행사를 정당화한 대표적 사례로 볼 수 있다.

37) 요한 갈퉁 지음 · 이재봉 외 옮김, 『평화적 수단에 의한 평화』(서울: 들녘, 2000), 23쪽.

생시켰다. 부시 행정부는 중동의 개혁과 민주화, 인간개발을 통해 장기적으로 '테러와의 전쟁'을 성공적으로 수행하기 위해 소위 민주평화론에 근거한 대중동구상을 입안했다. 그러나 민주평화론의 대중동 정책은 실패한 것으로 평가된다.[38]

자유민주주의 국가이고 패권국인 미국이 '자유화와 민주화'를 명분으로 이라크를 침공한 것은 민주평화론과 정면 배치된다. 어떤 국가가 물질적인 이득이나 인권과 민주주의를 확산한다는 명분으로 여타 국가들에 대해 무분별하게 개입한다면, 이는 불필요한 전쟁을 야기하고 국제질서를 훼손시킬 수 있기 때문이다.

그러므로 민주주의라는 이념과 체제가 반드시 평화를 보장하지는 않는다고 할 수 있다. 실질적으로 미국 외의 민주주의 국가들도 국력 또는 군사력의 크기에 따라 다른 국가들보다 더 대외 팽창 지향적이며 국가이익을 위해 무력행사를 불사하는 국가들도 있다. 이 때문에 민주주의적 평화가 보편적 진리라고 받아들이는 데에는 한계가 있다.

유럽 사람들이 세계평화와 안정을 위협하는 국가로 북한보다 미국이 훨씬 더 위협적이라고 생각하고 있다는 것은 이를 반증한다.[39] 정치지도자들에게 고도의 도덕성과 신중한 정치력이 가미되어야 진정한 의미의 평화가 모색될 수 있는 것이다. 설령 민주주의 평화론

---

38) 미국은 이라크, 레바논 등 중동지역 국가들에서 급진주의와 폭력을 막고 민주주의를 확산시키겠다는 의도로 소위 '민주평화론'에 근거한 외교정책을 추진했지만 오히려 실패했다. 더구나 미국은 중동지역의 민주화를 위해 이집트, 요르단, 사우디아라비아 등 독재국가들을 비호하고 더욱 의존하는 현상이 나타나기도 했다. 특히 미국이 민주화 이식에 열심인 이라크가 가장 불안정한 정세를 보이고 있는 것은 미국의 '중동 민주화 정책', 즉 민주평화정책의 문제점으로 지적되고 있다. http://online.wsj.com/public/us(검색일: 2006년 8월 10일)

39) 스웨덴TV가 2006년 10월 29일 스웨덴 국민 1천여 명을 대상으로 조사한 결과 29%가 "미국이 세계평화에 가장 큰 위협이 된다"고 응답했다. 북한은 28%, 이란은 18%, 이스라엘은 6%로 그 뒤를 이었다. 『연합뉴스』, 2006년 10월 30일

이 평화의 가능성을 제시해 준다고 하더라도 현재 북한과 중국 등은 정치적 자유가 보장되어 있지 않기 때문에 한반도 및 동북아에서의 안정된 평화체제의 구축은 매우 어려울 것이다.

그리고 자본주의 평화론40)도 칸트의 지적인 연원에서 비롯되었다. 칸트는 일찍이 경제적인 상호 의존으로 국가 간의 상업적 이해관계가 심화되면 될수록 전쟁의 가능성은 낮아지고 평화의 가능성은 높아진다고 예측했다. 경제적인 상호 의존도가 높은 단계에서 전쟁이 일어나면 상거래를 통해 구축해 놓은 경제적인 부가 일순간에 파괴될 수 있기 때문에 각 나라의 자본가들은 정치적 압력을 가하여 전쟁 방지를 도모한다는 것이다.

사실 자본주의 평화론은 제2차 세계대전 이후 유럽에서 설득력 있게 가시화되었다. 유럽은 자유무역지대 · 관세동맹 · 공동시장 · 경제동맹 · 통화동맹의 경로를 거치며 경제적인 유대와 통합을 강화해 왔다. 이러한 유럽에서 국가 간의 분쟁이 일어날 가능성은 거의 없다. 미국 · 캐나다 · 멕시코로 구성된 북미자유무역지대(NAFTA) 회원국 사이에서도 국가 간 분쟁이 일어날 가능성은 매우 낮다.

그러나 경제적인 상호 의존성의 심화와 경제통합이 반드시 평화를 보장해 주는 것은 아니다. 한국과 중국, 일본의 경제적인 의존관계는 과거 어느 때보다도 심화되고 있지만, 이들 세 국가 간에는 역사 및 영토 등의 갈등으로 분쟁의 소지가 있다. 아시아 국가들, 중미와 남미 국가의 사례도 경제통합이 자동적으로 평화체제를 가져다주지 않는다는 것을 보여 주고 있다.

따라서 시장통합, 경제통합이 평화체제로 전이되기 위해서는 그에 따른 정군적, 문화적 협력이 병행, 보완되어야 할 필요가 있다. 특히

---

40) 자본주의 평화론을 '통상적 자유주의(commercial liberalism)'라고도 한다.

북한의 경우는 개인의 경제적 자유가 제한되어 있기 때문에 자본주의 평화론에 대한 긍정적인 외부효과는 그리 크지 않다. 즉 자본주의적 평화론에 의한 한반도 및 동북아 평화체제의 구축도 큰 기대를 하기 힘들다.

한편 문화주의 평화론41)은 다원적 산업사회들 속에서 행해지는 집단적 생활의 교류협력의 성격을 강조한다. 개인은 다양한 집단 속에서 활동하고, 이와 같은 활동은 통신·교통수단이 발달함에 따라 초국가적으로 확산된다. 교류와 접촉의 확대는 참여자들의 이해관계를 변화시키기도 하고, 또 새로운 정체성을 창출하기도 한다.

초국가적인 교류와 접촉을 통한 초국가적 이해관계나 정체성의 형성은 국익에 대한 인식을 초국가적인 방향으로 변화시켜 평화의 증진을 가져올 수 있다. 사회문화적 교류와 접촉의 확대는 국가의 평화정책 수단으로서 그 유용성이 인정될 수 있다.

문화주의 평화론은 북한을 포용하고 평화체제를 구축해 나가는 데 있어서 관광, 자매도시 결연, 문화교류 등은 중요한 요소로서 작용한다는 점에서 시사점을 찾아볼 수 있다.42) 그러나 거주 이전의 자유가 제한되어 있는 북한과 안정적인 평화관계를 수립하는 데는 상당한 시간이 요구된다.

위에서 살펴본 세 가지의 자유주의 평화론과 다소 흐름이 다른 것으로 제도주의 평화론이 있다. 대표적인 것이 코헨(Robert Keohane)이 제시한 신자유제도주의(neoliberal institutionalism) 평화론이다. 이 이론의 요체는 국제제도가 평화에 대한 협력 혹은 비협력이라는 결과를 설명하는 데 있어서 매우 중요한 역할을 한다는 점이다.43)

---

41) 문화주의 평화론은 '사회학적 자유주의(sociological liberalism)'라고도 한다.

42) 최영종(2003), 62쪽.

제도주의 평화론에서 제도는 국가들의 행위를 좀 더 투명하게 하고, 불확실성과 거래비용을 줄이고, 상호 작용의 시간틀을 연장하여 제한적이나마 평화에 대한 합의가 지켜지도록 통제·집행하는 역할을 한다. 제도주의 평화론이 갖는 장점은 현실주의와 같이 무정부상태, 행위자, 힘의 배분, 이해관계 등이 변하지 않은 상태에서도 평화협력의 가능성이 제도로 인해 증대된다는 점을 보여 주는 것이다.

자유주의는 국제제도나 레짐(regime)에 대한 연구, 특히 제도가 왜, 언제 생기는가에 대한 연구에 있어서 그 유용성이 크다. 국제제도란 제도로부터 커다란 기대이익을 갖게 하는 사회세력들이 잠재적 회원국들 내에 광범하게 존재할 때 생겨날 가능성이 크다. 또 그 결과 생겨날 국제제도의 성격도 각 회원국들의 국내정치를 살펴봄으로써 예측이 가능하다.

그러나 제도란 일단 만들어지면 다양한 이유로 관성을 갖지만 이것이 독립변수로서 갖는 역할은 상당히 제한적이다. 특히 대치상태에 있는 남북한 및 동북아 관계에서는 평화협력으로부터 발생하는 상대적 이득의 배분에 대한 민감성이 매우 크다. 이 때문에 한반도 및 동북아 평화체제 구축을 포함하는 제도의 유용성은 제한적일 수밖에 없다.

현재 북한은 제도를 통해 자신의 생존을 보장받으려는 의도를 강하게 갖고 있다. 북한이 미국과 평화협정이나 평화체제를 체결하고, 미국의 일방적 힘의 행사를 제약하여 생존권을 보장받으려는 것은 제도주의 평화론의 입장을 띤 것으로 볼 수 있다. 그러나 이러한 북한의 의도는 진정한 평화를 위해서라기보다는 오히려 전략적인 필요성 때문이라고 보는 것이 타당할 것이다.

---

43) 최영종(2003), 64 - 67쪽.

제2절 새로운 관점의 평화이론: 평화복합체론

1. 평화연구의 복합체적 관점과 접근법

평화라는 말은 현대에 와서 논자에 따라 달리 정의된다. 이로 인해 평화가치는 대립적, 다원적, 다층적 성격을 띠게 된다. 평화연구에 있어서 중요한 과제는 평화가치의 대립화, 다원화, 다층화를 어떻게 규정하느냐 하는 것이다.

평화연구(평화학)는 전쟁·분쟁의 여러 요인과 평화 구축의 여러 조건을 과학적으로 연구하는 학문이다. 이러한 연구는 탈냉전 이후 매우 활발해지며 커다란 진전을 보이고 있다. 평화연구가 진전을 보이는 요인은 국제사회가 잦은 전쟁으로 인하여 인류의 존재 자체를 위태롭게 하고 있고, 학문적으로 이러한 위기상태를 극복하기 위한 대책을 마련해야 한다는 절박성에서 비롯됐다고 볼 수 있다.

특히 1945년 핵개발의 성공과 최초의 핵무기 사용은 인류에게 새로운 경종을 울렸다. 미국이 일본 히로시마에 원자폭탄을 투하함으로써 촉발된 국제 핵개발 경쟁은 인류의 위기를 더욱 고조시켰고, 이와 함께 평화를 구축하여 인류를 전쟁으로부터 구출하고자 하는 평화연구가 다양하게 전개됐다.

평화학은 무엇보다도 평화가치를 지향하며 반평화적 요인, 즉 군사력의 유지·확대를 꾀하고 핵전쟁 발발의 가능성을 내재화시키는 전략연구(군사연구)에 비판적 연구로서의 영역까지 확대되었다. 따라서 평화연구는 전쟁의 방지, 즉 평화가치를 실천적으로 지향한다고 볼 수 있다. 그러므로 평화는 우선 전쟁과 대치개념으로서 의미가 주어지며, '전쟁의 부재상태'를 의미한다.

그런데 평화학은 몰가치적 과학이 아니라 '평화 실현'이라는 가치와 실천을 지향하는 학문이다. 평화연구가들은 전쟁을 유발할 염려가 있는 여러 요인을 제거할 수 있는 제도나 장치들을 찾기 위해 노력하고 있다. 평화연구가들은 각국이 군사력을 강화하거나 군사화 경향이 고조되면 전쟁이 일어날 가능성이 확대되는 것으로 보고 이를 제어할 기제를 찾기 시작한다.

그렇다면 평화연구의 중요 테마는 무엇일까? 평화연구의 테마는 시대와 상황에 따라 다소 변화된다. 냉전시기에는 핵개발과 이데올로기나 빈곤문제가 중요했지만, 탈냉전기에는 테러, 경제문제, 문화(가치)충돌 등이 새로운 이슈로 등장하고 있다.

지금까지의 평화연구의 목표는 주로 전쟁방지, 즉 '전쟁부재 상태'였다. 물론 전쟁의 부재로서 평화는 매우 중요하다. 한 나라에 있어서 전쟁의 부재로서 평화가 가치가 있다는 것은 그 나라의 국민에게 행복, 복지, 번영 등을 보장할 수 있는 기본 전제가 되기 때문이다.

갈퉁, 생하스(Dieter Senghaas) 등은 평화연구를 국가 간 전쟁방지 중심의 연구로부터 '구조적 폭력의 부재상태(the absence of organized violence)', 즉 '적극적 평화' 연구를 시도했다. 후진국들은 전쟁(내전) 외에 기아·질병·빈곤·불평등·부패, 정치적 불안, 가치의 파괴 등에 직면하고 있어 대다수의 국민들은 비참하게 살아가고 있다.

인도의 다스굽타(Sugata Dasgupta)는 이것을 '평화롭지 않은 상태(peacelessness)'라고 하는 용어로 표현하고 평화연구의 중요한 대상으로 제시하였다.44) 이와 같이 평화가치의 또 다른 의미로 '평화롭지

---

44) Sugata Dasgupta, *Problem of Peace Research: A Third World View*(New Delhi: Council of Peace Research, 1974).

않은 상태', '구조적 폭력의 부재상태' 등의 개념이 제시되기도 한다.

평화를 소극적 평화와 적극적 평화로 구분할 때, 이 둘은 본질적으로 어떠한 연관성을 갖고 있다. 동서관계와 남북관계가 전혀 무관한 것이 아니라 두 관계가 유기적 관계를 형성하며 전체를 구성하고 있다. 그러므로 평화의 문제는 서구적 발상(국가 중심의 안보관)과 대국주의의 관점(강대국 중심의 평화관)에서 접근해서는 안 될 것이다.

즉 평화를 세계 전체라는 전 지구적인 구조를 갖는 체계 속에 위치시키고, 후진국이나 빈국들의 국민의 입장에서 재구성하는 것이 필요하다. 동시에 평화를 변동적, 역사적 시각으로 접근해야 할 것이다. 따라서 평화라는 것은 끊임없이 변동하는 정군적, 경제적, 문화적 조건하에 자유와 삶의 질을 평화적으로 배분하여 가는 과정이라고도 새롭게 정의할 수 있다.

현대적 평화연구의 초점은 국가 간의 전쟁과 폭력의 원인에 관한 것이다. 평화의 조건은 정군적 폭력, 경제적 폭력, 문화적 폭력의 부재상태, 즉 외재적 폭력의 부재상태뿐만 아니라 내재적 폭력인 인간 간의 모든 폭력의 부재상태라고 할 수 있다.

그러므로 진정한 의미의 평화는 첫째로 전쟁에 의해 대표되는 것과 같은 정치적 · 군사적인 직접적 폭력의 해소이고, 둘째로 경제적 빈곤과 억압, 착취와 같은 경제적 폭력의 해소이고, 나아가 가치 · 역사 파괴와 같은 문화적 폭력으로부터 해방되는 것이다. 그리고 외재적 폭력을 유발시키는 내재적 폭력을 근원적으로 치유하는 것이다.

평화연구는 우선적으로 세 가지의 외재적 폭력, 즉 전쟁과 폭력이 없는 인류사회를 창출하기 위한 연구라고 할 수 있다. 넓은 의미에서 보자면 전쟁상태 · 군사위협 - 경제적 가난 · 기아 · 질병 · 각종사고 · 환경문제 - 문화적 가치 · 이념 갈등 - 개인적 고민 - 평화 상태와 같은 일련의 인간사들이 모두 평화와 평화연구로 귀결된다.

결국 평화란 개인적 차원에서는 몸과 마음이 평안한 상태이고, 가정이나 사회의 집단적 차원에서는 사람들 간이나 조직 간에 갈등이 없이 화목한 상태이다. 그리고 국가적 차원에서는 대내적 안정과 대외적 안전이 보장된 상태이다. 세계적 차원에서는 모두가 형제이고 하나의 지구촌 공동체라는 인식하에 전쟁과 재앙이 없이 국가 간 교류와 협력이 상호 원만한 상태라고 할 수 있다. 평화연구는 이의 실현을 위한 초월적, 다영역적, 복합체적 연구라고 할 수 있다.

본 저서의 평화연구에서는 이러한 초월적, 다영역적, 복합체적 평화 또는 평화체제 연구를 위한 개념과 새로운 포괄적인 틀로서 '평화복합체론(peace complexes theory)'을 제시하고자 한다. 현대의 평화연구는 전쟁방지와 관련하여 전통적 평화연구의 핵심 영역이었던 정치와 군사적 조건들이 실질적인 평화를 보장해 주지 못한다는 데 기초하고 있다.

이와 같은 인식은 안보연구에서도 부잔(Barry Buzan), 왜버(Ole Wæver), 윌드(Jaap de Wilde) 등이 의문을 제기하고 있는 것과 같다.45) 부잔은 1983년 안보연구를 하면서 '안보복합체론'을 처음 제시하고 전통적인 정치 · 군사적 영역 외에 경제적, 사회적, 환경적 영역을 추가해야 한다고 주장했다.46) 평화연구는 본질적으로 초월적,

---

45) Barry Buzan, "Regional Security as a Policy Objective: The Case of South and Southwest Asia", in A. Z. Rubinstein(ed.), *The Great Game: The Rivalry in the Persian Gulf and South Asia*(New York: Praeger, 1983), chapter 10. Barry Buzan, et al., "Introduction", in Barry Buzan, Ole Wæver and Jaap de Wilde., *Security: A New Framework for Analysis*(Boulder: Lynne Rienner Publishers, 1998) 등 참조.

46) 부잔이 1983년 처음 표현한 '안보복합체론(Security Complexes Theory)'은 1991년 출판된 『*People, States and Fear*』에서 '고전적(classical)' 안보복합체이론으로 발전하였다. 부잔은 안보복합체를 "무정부적인 국제체제에서 지리적으로 다양하고 상호 의존적인 안보의 형태로 지역적으로 기반을 둔 집단들"이라고 규정했다. 부잔의 안보복합체는 세력배분과 역사적 우호 · 적대에 의해 형성되는 독특한 지역적 유형을 야기하는 국가 간 안보관계의 상대

복합체적 성격을 지니고 있기 때문에 기존의 접근 방법은 한계를 지닐 수밖에 없다.

평화연구에 있어서 핵심 대상이 되는 '평화문제'는 국가 간의 상호 작용에서 발생하는 다양한 평화이슈를 포괄하는 개념이다. 평화문제는 일반적으로 존재론적으로 포괄적이며 동시에 복합체적인 성격을 띠고 있다. 그런 만큼 평화문제에 대한 논의는 자칫하면 어느 일면만을 부각시킴으로써 현실을 왜곡할 가능성이 높다.

특히 평화문제의 특정 이슈에 관한 논의의 경우 그러한 위험이 발생할 소지가 크다. 이를 피하기 위해서는 평화복합체론을 통해 평화문제의 전체적 맥락과 연관성에 대한 이해를 선행한 후에 그 이슈를 접근할 필요가 있다.

평화복합체론은 영구평화를 위한 지속 가능한 평화체제의 구축 조건, 이의 이행을 위한 방법과 전략을 마련하기 위해 국가의 역할을 강조하는 현실주의적 접근법과 통합이론, 상호 의존, 제도주의 등 자유주의적 접근법뿐만이 아니라 부잔의 분석틀과 접근 방법 등을 복합체적으로 원용 또는 응용하여 새롭게 개념화한 것이다.

그러므로 평화복합체론의 핵심은 이론적 절충과 접근 방법의 상호 연계성을 인정하고 복합체화를 시도한 것이라고 할 수 있다. 이것은 어떤 평화이슈를 특정분석 범위 안에만 묶어 두는 접근은 방법론적으로 명료하고 의미가 있을지 몰라도 평화문제에 대한 존재론적인 현실을 그대로 설명하고 근원적인 해결방법을 찾는 데는 한계가 있

적 강도에 관한 것이다. 안보복합체를 형성하는 원동력과 구조는 그 복합체 내의 국가들 ─ 서로에 대한 국가들의 안보인식과 상호 작용 ─ 에 의해서 발생한다. 즉 "안보복합체는 상대적인 지속성을 갖는 안보상의 상호 의존성의 유형 ─ 부정적 또는 긍정적 ─ 에 관심을 두는 개념으로 일차적인 안보 이해가 서로 긴밀하게 연계되어 있어서 현실적으로 각국의 안보가 타국의 안보로부터 분리될 수 없는 일련의 국가군"이라고 정의하고 있다. Barry Buzan, et al(1998). Ibid., pp.10 ─ 15.

다고 보는 것이다.

평화복합체론은 이런 맥락에서 국가 중심의 세력관계(현실주의)와 지역통합과 국제제도(자유주의)는 물론이고 구성주의에 의해 새롭게 조명된 문화 내지 정체성을 모두 고려하는 복합체적 현실 설명 및 문제해결 방법을 시도한 것이다. 비록 이러한 시도가 평화문제에 대한 현상을 간단명료하게 설명하기는 어렵겠지만 평화의 존재론적 실상과 지속 가능한 평화체제 구축의 실질적 모색을 위해서는 필수적인 작업이 아닐 수 없다.

즉 평화복합체론은 기존의 평화 또는 평화체제와 관련된 이론과 접근 방법들이 갖고 있는 부분적인 한계를 보완하고 새로운 포괄적인 대안을 제시하기 위한 것이다. 이를 위해서 영구평화와 지속 가능한 평화체제 구축의 실질적인 평화조건들을 정군평화, 경제평화, 문화평화 등 세 가지로 나누어 접근한다.

그러나 이러한 평화조건들의 분리는 편의주의적 측면이 강하고 실질적으로는 엄격히 구분하는 것보다 '평화의 지속성'을 강화하기 위해 상호 연계성에 의한 선순환적 구조를 추적해 가는 것이다. 이것은 전쟁 방지의 한 대안으로 정군적, 경제적, 문화적 조건의 평화 실현을 통한 국가 간의 점진적인 협력 및 유대 증진은 실질적인 지역평화체제 구축과 국제평화에 기여할 수 있을 것으로 보는 것이다.

2. 평화와 평화복합체론의 개념

1) 평화개념의 확장과 변용

그렇다면 지속 가능한 평화와 평화체제를 구축하기 위해서는 '평

화(平和, Peace)'의 개념은 어떻게 정의해야 하는가? 'Peace'라는 단어는 다양한 기원과 의미를 가지고 있고 또한 다의적, 다면적, 다층적 의미로 사용되기 때문에 평화의 개념을 일반적 정의로 설명하기는 쉽지 않다. 다의적, 다면적, 다층적이라는 것은 그 개념이 다차원의 성분으로 구성되어 있다는 것이다.

따라서 평화는 추상적, 포괄적 개념으로서 그 구체적 의미는 시대, 문화, 지역 혹은 집단에 따라서 다르게 해석될 수밖에 없다. 그러나 사회과학적 의미에서의 'Peace'라는 개념은 메인(Henry Maine)의 표현처럼 역시 '근대의 발명품'이라고 할 수 있다.[47]

일반적으로 어떤 용어의 개념은 대체로 역사적 상황성(역사성)과 더불어 공간적 상황성(공간성)을 갖게 된다.[48] 평화의 개념과 이를 위한 조건도 역사적, 공간적 상황과의 관계 속에서 보다 구체적으로 정의될 수 있다. 그러나 세계화 등으로 상호 의존과 서로의 행동에 영향을 주는 요인이 확대되면 평화의 개념은 특수성, 차별성에서 보편성, 일치성을 가질 수 있다. 이러한 측면에서 평화의 개념이 다의적, 다차원적 성분으로 구성되었다고 해도 어느 정도는 일반화할 수 있을 것이다.

현재 우리가 쓰는 '평화'라는 용어는 여느 다른 사회과학 용어들과 마찬가지로 근대 서구의 개념이 도입되고, 영어 'Peace'가 번역되는 과정에서 등장한 '번역어'로 보는 것이 정확할 것이다. 물론 한자

---

47) "전쟁은 인류의 역사만큼이나 오래되었지만, 평화는 근대의 발명품이다"(Henry Maine) "계몽주의 사상가들에 의해 발명된 평화, 즉 전쟁이 어떠한 역할도 하지 않는 국제질서는 어느 시기에나 미래를 꿈꾸는 이들의 공통된 소망이었다. 하지만 정치지도자들에게 그러한 평화가 실현 가능한 것으로 또 진실로 추구해야 할 목표로서 받아들여지기 시작한 것은 단지 200여 년 사이에 일어난 변화이다" 마이클 하워드, 안두환 옮김, 『평화의 발명: 전쟁과 국제질서에 대한 성찰』(서울: 전통과현대, 2002), 12-14쪽.

48) 김석근, "한국 전통사상에서의 평화 관념", 하영선 편, 『21세기 평화학』(서울: 풀빛, 2002), 73-74쪽.

〈표 2-1〉 평화의 어원적 의미와 문화

←평화를 위해 싸움　　　　　　　　　　　　　　　　　정적주의, 수동적→

문화 ＼ 의미	神意正義	번영	질서	心의 정온
고대 유대교	Shalom(샬롬)			
그리스		Eirene(에이레네)		
로마			Pax(팍스)	
중국(일본)			和平(平和)	
인도				Santi(산티)

출처: 石田雄, 『平和の政治學』(東京: 岩波書店, 1968), p. 35.

어에도 이미 '平和'라는 단어가 있기는 했지만, 그 '平和'가 '**Peace**'의 번역어로 선택됨으로써 본래 지녔던 의미 위에 새로운 근대적인 의미가 덧씌워지게 되었다.[49] 즉 평화의 개념은 의미 확장 또는 의미 변용에 의하여 '의미의 복합체화'가 일어난 것이다.

따라서 평화의 개념을 복합체적으로 규정하기 위해서는 먼저 역사성과 공간성에 따라 서양적 의미와 동양적 의미 등 다양하게 살펴볼 필요가 있다. 평화의 개념은 첫째, 어원적으로는 그리스어의 '에이레네(**Eirene**)', 라틴어의 팍스(**Pax**), 히브리어의 샬롬(**Shalom**), 러시아어의 미르(**mir**), 산스크리트-인도어의 산티(**santi**), 중국어의 화평(和平), 일본어의 '平和', 한국어의 '평화' 등이 있다. 그러나 이들의 구체적 의미는 <표 2-1>에서처럼 문화적 차이에 따라서 그 의미가 모두 동일한 것은 아니다.

둘째, 종교적으로는 물론 기독교, 불교, 유교, 유대교, 이슬람교 등 주요 종교별로 각각의 평화관을 갖고 있다. 셋째, 사상적으로는 서양에

---

49) 서양의 근대적 Peace 개념이 동아시아에 도입되면서, 平和라고 번역하여 본격적으로 쓰이기 시작한 것은 기타무라 토코쿠(北村透谷)가 1889년 '일본평화회'를 창설하고 이어 기관지 『平和』를 창간(1892년)한 이후이며, 한반도에서 '평화'가 '국가 간에 전쟁이 없는 상태'의 의미로 본격적으로 사용된 것은 1890년대 후반부터이다. 하영선 편, 『21세기 평화학』(서울: 풀빛, 2002), 110-115쪽.

있어서 소크라테스, 아우구스티누스, 아퀴나스, 홉스, 루소, 로크, 칸트 등의 평화관 그리고 동양에 있어서 공자, 묵자, 간디 그리고 이황, 안중근 등의 평화관이 있다. 넷째, 그 수준에서는 개인, 가정, 집단(사회), 국가, 국제관계, 세계의 평화 등으로 분류할 수 있다. 다섯째, 그 종류에 있어서는 소극적 평화와 적극적 평화, 외적 평화와 내적 평화 그리고 세속적 평화와 종교적 평화 등으로 다양하게 나눌 수 있다.[50]

한글, 영어, 산스크리트어 등 '평화'를 뜻하는 말은 지구상에 무려 200여 개가 넘는다. 평화는 개인과 국가, 나아가 종교까지 최고의 이념이나 덕목, 소망이 되고 있다. 평화를 상징하는 것은 종, 새, 건축물 등 매우 다양하다. '평화'는 서양에서 어원적으로 그리스 신화의 평화의 여신인 에이레네(Eirene, 평화)에서 유래됐으며, '전쟁의 종식'과 '번영·질서'를 의미한다.[51]

그리고 평화는 모든 존재의 가장 조화적인 상태를 구성하는 기본 실체인 삼각수(threemediètues)에 의거한 조화(harmonia)와 고대 유대교 사상에서 유래하는 '신의 정의(神意正義)', '완성'의 의미로서의 샬롬(Shalom) 등을 의미한다. 또 후대 로마시대로 내려오면서 생성된 '팍스(Pax)'라는 말은 힘에 의한 평화의 의미로 쓰인다.

동양적 평화사상에서 평화는 어원적으로 여러 가지 의미로 표현된다. 우리말 평화의 한자는 '平和'인데, '平'의 갑골문을 보면 지렛대를 세우고 양쪽의 무게를 재는 천칭의 모습이며, '평평하다', '고르다' 등을 의미한다. 그리고 '和'는 '음이 잘 어울린다'는 뜻으로 해석되는데, 중용에서는 '감정을 억제하고 조절하는 것'이라고 했다.

---

50) 박흥순의 글, http://omega.sunmoon.ac.kr/~uti21/Sub/Menu3sub/Dissrtns(검색일: 2004년 4월 5일).

51) 서강대 철학연구소 편, 『평화의 철학』(서울: 철학과현실사, 1995), 19-20쪽. 평화전문 인터넷신문 『평화만들기』, http://peacemaking.co.kr(검색일: 2004년 2월 25일) 등 참조.

平과 和를 합친 평화는 '욕심을 억제하고 밥(米)을 사람들(口)에게 골고루(平) 나누어 주는 것' 또는 '같이 음식을 골고루 나누어 먹음', 즉 '평온하고 화목함' 등을 의미한다.

그러므로 평화는 어원적, 고전적 의미에서뿐만 아니라 현대적 의미에서도 정의가 획일적이지 않고, 다의적으로 사용된다. 이 때문에 평화의 개념은 용어의 사용법과 연구 영역에서 확장과 변용이 발생한다. 평화의 어떤 측면이 중요시되는가는 그때그때의 역사적, 공간적 상황에 따라 달라진다.

국제적 차원의 평화로 한정한다면, 일단 국제평화에 대한 적극적 태도로 규정할 수 있다. 그러나 그것은 국제사회의 아나키성에 대해서는 다소 취약성을 지니게 된다. 오히려 특정의 전쟁에 반대하는 태도 쪽이 확립되기 쉽고 효과적이다.

평화라는 말은 특히 국가의 개념 정의에 큰 영향을 받는다. 개인이나 학자의 평화에 대한 입장은 개인과 사회 수준에 머무를 수 있지만 국가는 곧 정책으로 반영되어 개인과 국가뿐만이 아니라 국제사회에 커다란 영향을 미치기 때문이다. 더구나 평화의 개념이 개인의 입장에 따라 다르듯이 국가의 입장에 따라 다양하게 정의된다.

흔히 강대국들은 평화를 물리적 폭력과 전쟁의 결여상태를 말한다. 반면에 제3세계 등 약소국들은 여러 가지 불공평, 불평등, 억압 등의 구조적 폭력과 착취의 부재상태를 의미한다. 이처럼 가치 대립적인 평화가 실질적인 평화를 가져오게 하려면 새로운 대안적 접근 방법이 필요하다.

2) 대안적 평화개념의 도출 필요성

일반적으로 평화의 개념을 전쟁의 반대 개념으로 인식하고 있다.

그것은 전쟁이 인류의 역사를 사실상 지배해 왔고, 이로 인해 '전쟁이 없는 안온한 세상', 즉 평화를 소망해 왔기 때문이다. 인류는 전쟁을 없애고 평화를 실현하기 위해서 노력했지만 현재까지 전쟁을 막을 '절대반지'를 갖고 있지 못하다.

오히려 '전쟁을 없애기 위한 전쟁'이라고 불리었던 제1차 세계대전(1914~1918년)을 겪고 그로부터 불과 20년 만에 세계는 또다시 역사상 그 유례를 찾을 수 없을 정도로 참혹한 전쟁인 제2차 세계대전(1939~1945년)을 경험해야 했다. 세계대전이 끝난 후에도 세계 곳곳에서는 크고 작은 전쟁 내지 분쟁이 끊일 날이 없다.

평화연구의 개척자인 라이트(Q. Wright)는 그의 고전적 명작 『전쟁의 연구』와 그 후의 논문에서 화약무기를 발명한 1480년부터 1970년 사이에 법적으로 전쟁상태를 선언받거나, 5만 명 이상의 군대가 동원된 전쟁이 모두 311건이 된다고 집계했다. 게다가 육상전에서 1,000명, 해상전에서 500명 이상의 사상자를 포함하는 충돌을 헤아리면 20세기만으로도 무려 1,000건 이상의 전쟁이 발발했다. 라이트의 자료에 의하면 전쟁은 연간 평균 0.59회 발생했는데, 제2차 세계대전 이후에는 1.32회 발생하여 전쟁 횟수가 과거보다 상당히 증가됐다.[52]

『제국의 시대』의 저자이자 마르크스주의 역사가인 홉스봄(Eric Hobsbawm)은 "20세기는 가장 처절하고 살인적인 전쟁의 세기였다"고 규정했다. 그는 1914년부터 1987년 사이에 1억 8,700여만 명이라는 막대한 인명이 전쟁으로 희생됐고, 이는 1913년을 기준으로 한 세계인구의 10%에 해당한다고 지적했다. 20세기를 풍미한 전쟁은

---

52) Q. Wright, *A Study of War*(Chicago: University of Chicago Press, 1965), Appendix XX and C. Q. Wright, "How Hostility Have Ended: Peace Treaty, and Alternatives", *The Annals*, Nov.1970. 등 참조.

주로 국가 간의 전쟁이었다. 이러한 전쟁은 현재까지 계속되고 있고, 앞으로도 당분간 그러할 것이다.

그렇다면 전쟁이란 무엇인가? 전쟁의 개념에 대해 연구가 심화되어 왔지만 이에 대한 일반이론은 아직 존재하지 않는다. 더욱이 전공 분야 간이나 전공 분야 내에서도 개념의 통합이 이루어지지 않았다. 전쟁이론가인 클라우제비츠(Carl von Clausewitz)는 "전쟁은 정치의 연속이며 또 다른 수단이고, 자신의 의지를 관철시키기 위해 적에게 강요하는 폭력행동"이라고 규정했다.53) 마르크스(Karl Mark)는 "전쟁은 생산수단을 소유하고 이를 강화하며 확대하기 위하여 행해지는 사회집단 상호간의 무력투쟁"이라고 개념화했다.

경제학자인 볼딩(K. E. Boulding)은 이론경제학의 방법을 구사해서 전쟁의 유사어인 분쟁의 개념 정의를 시도했다. 즉 "분쟁이란 경쟁이 있는 상황이고, 거기에는 얼마간의 당사자가 잠재적인 장래의 위치가 양립할 수 없음을 의식하고 있으며, 더구나 각 당사자가 다른 당사자의 욕구와 양립할 수 없는 하나의 위치를 차지하려고 욕구하고 있는 것과 같은 경쟁 상황"이라고 정의했다.54)

볼딩의 분쟁 개념은 분쟁 당사자의 이해, 목표 혹은 가치의 비양립성(incompatibility)이라고 할 수 있다. 즉 분쟁은 두 사람의 인간 혹은 국가를 포함하는 인간집단이 상호 양립할 수 없는 행위에 착수하려고 할 때 일어난다는 것이다. 분쟁의 전형적 형태로서의 전쟁은 정치집단 간의 조직적 폭력의 행사를 동반하는 투쟁이다. 다시 말하면 전쟁은 일반적으로 인종, 부족, 민족, 국가 또는 정치단체 등과

---

53) 이에 따라 흔히 '전쟁은 고도의 정치적인 현상'이라고 표현된다.

54) K. E. Boulding, *Conflict and Defence: A General Theory*(Harper & Row, 1962). 일본 평화학회 편집위원회편, 이경희 역, 『평화학 - 이론과 실제』(서울: 문우사, 1987), 54-55쪽.

같은 각종 집단 상호간에서의 무력투쟁을 말한다. 전쟁의 전형적인 것은 국가 상호간, 특히 주권국가 상호간에서 행해지는 조직적인 병력에 의한 투쟁을 의미한다.

그러면 전쟁 또는 분쟁은 대체 어떠한 원인에 의해서 발생되는 것일까? 전쟁의 원인은 시대, 상황에 따라 발생요인이 변함은 물론, 일반적으로 하나가 아니라 다인과적 요인을 갖고 있다.[55] 전쟁의 원인에 대해서는 고대 도시국가에서는 타민족의 정복과 영토 획득이 주목적이었고, 근대와 현대에 와서는 자원 확보나 시장 확장 그리고 이데올로기의 침투와 보존을 위하여 전쟁을 하는 경우가 많았다.

미래에는 무국경 지구촌시대로 정군적 영토전쟁보다는 경제적 이익을 확장하기 위한 '경제적 전쟁'이나 역사, 가치 등을 확보하기 위한 '문화적 전쟁'이 발발할 가능성이 높다.[56] 따라서 전쟁의 원인을 단순히 정군적 혹은 경제적, 문화적 이유만으로 설명할 수 없다. 시대와 상황에 따라 비중과 정도는 다르겠지만 그 원인에 대해서는 여러 가지 복합체적인 요인을 찾아볼 수 있다.

맥닐(E. B. McNeil) 편의 『분쟁의 사회과학』에서는 분쟁의 발생 원인을 두 가지 분석수준으로 나누어 설명하고 있다.[57] 하나는 매크로 분석인데, 사회분쟁과 국제분쟁의 원인과 역학관계, 분쟁과 폭력과의 관계 등에 초점을 맞춘 것이다. 사회학, 인류학, 커뮤니케이션 이론, 정치학, 시스템론 등이 주된 학문 영역이 된다. 또 하나는 마

---

55) 전쟁의 원인, 방지방안에 대한 해답을 찾기 위해 많은 국제정치학자들은 '전쟁과 평화'에 대한 국내·국제적 요인들을 분석하고 나름대로 인식론적, 방법론적 방안들을 제시하였다. 김성주(1995), 36쪽.

56) 미래학자들은 미래의 전쟁은 '정체성 전쟁'이라고 한다. 즉 국가 간 역사, 전통 등을 확보하기 위한 정체성 전쟁이 발발할 가능성이 높다는 것이다. 박영숙·제롬 글렌·테드 고든, 『유엔 미래보고서』(서울: 교보문고, 2006), 41－44쪽.

57) E. B. McNeil, *The Nature of Human Conflict*(Prentice－Hall, 1965).

이크로 분석인데, 공격성, 동물과 인간의 분쟁 행동에 관심을 갖는 것이다. 심리학, 사회심리학, 생물학, 정책결정이론 등이 중핵을 이룬다. 그러나 전쟁의 원인에 대한 분석수준을 보다 다양하게 제기할 수 있다.

첫째로 개인수준의 분석을 통해 전쟁의 원인을 제기하는 것이다. 즉 사회심리학적 분석에서 인간은 본래 영토권에 대한 본능을 갖고 있고, 공격적·권력적이기 때문에 전쟁이 발생한다는 것이다. 인간의 잘못된 지각이 전쟁을 유발시키기도 한다고 한다. 이른바 적자생존의 원리를 기본적인 것으로 보는 '사회적 다윈설(Social Darwinism)'을 지지하는 사람들은 전쟁을 생존경쟁의 하나의 형태로 보고, 인간 진화의 불가피한 현상이라고 주장한다.

그러나 비폭력 정치이론가들은 인간의 본성이 '폭력적'이라는 주장에 반대한다. 비폭력 정치학의 권위자인 페이지(Glenn D. Paige)는 인간은 타고난 동물적 본성 때문에 살인할 수밖에 없다는 가설은 '과학적 오류'라고 반박하고 있다.[58] 그는 이에 관한 예로 천적관계인 쥐와 고양이도 훈련을 받으면 사이좋게 지낸다는 동물실험 결과를 들었다.[59]

둘째로 국가수준의 분석을 통해 전쟁의 원인을 제기하는 것이다. 이 분석은 국가의 탄생 자체가 전쟁에 의해서였고, 국가의 존재 자체가 전쟁을 촉진하고 있다는 전제하에 전쟁의 원인을 설명하는 것이다. 그러나 유럽의 경우는 전쟁을 방지하기 위해서 국가통합, 즉 유럽연합의 결성을 추진하고 있다. 국가 수준에서도 통합을 통한 전

---

58) 미국 세계비폭력센터 글렌 페이지 교수 인터뷰, 『중앙일보』, 2005년 11월 11일.

59) 1986년 세계의 많은 과학자가 '폭력에 관한 성명'을 발표했다. 이 성명의 핵심 내용은 '인간의 폭력적 본성이 유전적으로 생성된다는 것, 인간이 공격적 성향으로 진화됐다는 것, 인간이 폭력적인 두뇌를 지니고 있다는 것' 등은 모두 과학적으로 오류임을 일일이 지적한 것이다.

쟁 방지를 추진하고 있기 때문에 국가에 의한 전쟁원인설도 강한 설명력을 갖고 있는 것은 아니라고 할 수 있다.

셋째로 국제체제 수준의 분석을 통해 전쟁의 원인을 제기하는 것이다. 이 분석은 정책결정자로서의 개인이나 집단 혹은 국가 때문에 전쟁이 발생하는 것이 아니라 국제체제의 발생적 현상으로 전쟁이 발발한다고 설명하는 것이다. 즉 현실주의 시각처럼 국제체제의 무정부적 성격 때문에 전쟁은 불가피하다는 것이다.

국가 간의 권력 분배 상태가 갈등의 요인이 되며, 국제권력의 과도기에 전쟁의 발생률이 높아진다. 세계 자원의 불균등 분배와 강대국의 필요가 전쟁의 원인이 되기도 한다. 이 때문에 무기경쟁의 소용돌이는 멈추지 않고, 전쟁이 야기된다는 것이다.

또한 전쟁을 각 시대에 있어서의 사회적 및 경제적인 여러 관계를 기반으로 해서 발생하는 것으로 보는 시각도 있다. 블레이니(Geoffrey Blainey)는 "전쟁은 국가들 간에 누구의 힘이 더 센가에 대해 논란이 분분할 때 발발한다"고 주장했다.[60] 어떤 국가들 사이에 국력의 차이가 분명하다면 그 나라들 사이에서 야기된 갈등은 전쟁까지 가지 않고 해결될 수 있다는 것이다.

전쟁 원인을 경제적 인과요인으로 분석한 대표적인 학자들은 마르크스주의 정치이론가들이라고 할 수 있고, 그들은 '계급투쟁'을 통해 해결방법을 찾고자 했다. 자본주의가 존재하는 한 갈등의 개념은 지속될 수밖에 없으며, 자본주의의 소멸은 갈등의 해소를 의미하는 것

---

60) 블레이니(G. Blainey)는 인류역사상 발생했던 각종의 전쟁을 개별적으로 연구한 결과 영토나 자원획득을 목적으로 한 경제적 동기의 전쟁, 정치·종교이념의 차이로 인한 이념적 전쟁, 국내 정치적 불안정을 해소하기 위한 모험적 전쟁, 위대한 제국을 지구상에 건설코자 시도하는 정치적 전쟁 등 다양한 원인에 대한 전쟁형태를 발견하였다. G. Blainey, *The Cause of War*(1973).

이었다. 이 밖에도 경제외적인 여러 요인, 이를테면 인종적·종교적인 요인이 전쟁 발생의 직접적인 동기가 되는 경우도 있다.[61]

이와 같이 전쟁의 발발 원인은 매우 다양하며 복잡하다. 전쟁의 원인과 관련하여 볼딩 등의 정의에 맥(R. W. Mack)과 스나이더(R. C. Snyder)의 연구 성과를 빌려 공통 요인을 취하면 다음과 같이 될 것이다.[62] 즉 전쟁의 원인은 ①지위나 자원의 희소성, ②두 당사자 이상의 관여, ③서로 대립하는 행위에 종사, ④강제행동의 행사, ⑤중요한 사회적 결과 등을 들 수 있다.

미국 메릴랜드 대학의 '국제개발 및 분쟁관리센터(CIDCM)'에서는 2005년 복잡한 분쟁의 근본적인 이유를 조사하여 몇 가지로 유형화했다.[63] 즉 정치 불안 전담 프로젝트, 위험에 처한 소수계 프로젝트, 정치형태 등 관련 프로젝트를 통해서 모든 나라(인구 50만 명 이상) 그리고 정치적으로 중요한 전 세계 소수자집단(인구 10만 명 이상)을 조사하여 주요한 분쟁위험 요인을 다섯 가지의 카테고리로 나누었다.

첫째는 삶의 필요에 대한 위협인 '집단의 동기'이다. 이 동기 요인의 카테고리에서 가장 관련이 깊은 세 가지 지표는 '안전문제, 분배 정의, 정체성'이다. 둘째는 경제적·정치적 차별, 문화적 제약, 과거 분쟁의 강도, 지속적인 저항 등 뚜렷한 '집단 정체성'이다.[64]

---

61) 增田俊男, 『日本經濟大好況, 目前!』(東京：アスコム, 2005).
http://bookzip.etnews.co.kr/sub/foreign/bookview.asp?Foreign_No =AL10173(검색일:　2005년 12월 26일).

62) R. W. Mack, and R. c. Snyder, "The Analysis of Social Conflict: Toward an overview and synthesis", *Journal of Conflict Resolution*, No.1, 1957, pp.218－219.

63) M. G. Marshall and T. R. Gurr, *Peace and'Conflict 2005: A Global Survey of Armed Conflict, Self Determination Movement and Democracy*, Center for International Development and Conflict Management, University of Maryland, College Park, 2005, pp.11－15(http://www.cidcm.umd.edu).

셋째는 지역집중도, 집단기관 응집력, 기존집단에 대한 지원감소 등 '집단의 행동역량'이다. 넷째는 독재 혹은 비민주적 정치체제, 정권교체, 욕구에 비해 한정된 자원을 가진 약소국가, 정권 억압의 역사, 인구통계적 스트레스, 험난한 지형, 전화의 급격한 증가 등 '국내 기회요인'이다.

끝으로 동족집단이나 국가로부터의 지원, 국외세력의 정치·경제적 미개입, 국제원조와 무역에의 의존, 인접국가의 폭력분쟁의 파급효과, 인접국가의 분리주의자 동류집단 등 '국외의 단체행동 기회요인'이다.

메릴랜드대학의 CIDCM은 사회전쟁(내전)이 일어나려면 적어도 처음 두 카테고리에 속하는 요인이 반드시 있어야 하며, 역량과 기회요인을 포함한 다섯 가지 카테고리의 요인이 모두 포함되면 사회전쟁이 일어날 가능성이 더욱 높아진다고 지적했다.

지역 및 국제분쟁의 원인론은 이처럼 많은 이론적 분류가 성립되었지만 이것들은 대체로 대동소이하다고 볼 수 있다. 한 예로 로젠(S. J. Rosen)과 존스(W. S. Jones)는 전쟁이론의 원인을 열두 가지로 열거하고 있다.[65]

즉 ①힘의 비대칭성, ②내셔널리즘·분리주의, ③국제적 사회다원주의, ④커뮤니케이션의 실패, ⑤군비경쟁, ⑥외적 분쟁에 의한 내적 결합, ⑦공격본능, ⑧경제적 및 과학적 자극, ⑨군산복합체, ⑩상

---

64) 예를 들어서 각기 다른 민족이나 문화집단의 수 혹은 그들 간의 문화적 차이의 정도는 그 자체로 점점 증가하는 전쟁 위험과 관련이 있는 것은 아니다. 그러한 차이는 단지 삶의 필요가 적절히 충족되지 않을 때에만 관련이 깊어진다. 그러므로 국가 차원의 공식적이든 사회 차원의 비공식적이든 정치·경제적으로 뚜렷이 차별하는 것은 사회적 분쟁이 일어나기 쉬운 환경을 만드는 핵심적인 요소이다.

65) S. J. Rosen, and W. S. Jones, *The Logic International Relational*, 3rd ed., 1980, pp.307－336.

대적 박탈, ⑪인구제도, ⑫분쟁해결 등이다.

분쟁원인 및 행동의 대부분을 이 유형에 의해서 설명할 수 있지만 이것을 크게 정군적 원인, 경제적 원인, 문화적 원인으로 보다 추상화시켜 새롭게 유형화할 수 있을 것이다.66) 정군적 원인은 힘의 비대칭성, 군비경쟁, 외적 분쟁에 의한 내적 결합, 분쟁해결 등과 관련이 깊다.

경제적 원인은 경제적 및 과학적 자극, 군산복합체, 상대적 박탈, 인구제도 등과 연결될 수 있다. 그리고 문화적 원인은 내셔널리즘·분리주의, 국제적 사회다원주의, 커뮤니케이션의 실패, 공격본능 등과 연관시킬 수 있다.

인류의 역사에는 실로 여러 가지 사건이 잇달아 일어나지만, 모든 인간사회의 현상 속에서 전쟁처럼 인류에게 심각한 영향을 미치는 것은 없다. 그런데 제1차 세계대전부터 전쟁은 명백히 국가총력전(total war)의 형태를 취하게 되었다. 현대의 전쟁에서는 국가사회의 전원이 참여하는 형태로 변화되어 오고 있는 것이다.

더구나 현대 전쟁은 핵무기와 같이 인류를 파멸시킬 수 있는 가공할 무기가 사용될 가능성이 있다. 이로 인해 전쟁은 비전투원을 포함한 일반 국민에게도 심각한 생명의 위험과 막대한 피해를 주게 된다. 여기에 전쟁을 막고 평화를 유지, 구축해야 할 중요성과 궁극적인 이유가 있다.

그런데 21세기의 전쟁은 과거의 전쟁과 매우 다른 양상으로 나타날 것이다. 냉전의 종식과 더불어 국가 간의 분쟁은 줄어들고, 그 대신에 국가 내부의 종족이나 집단 간의 갈등이 확산될 것으로 보인다.

---

66) 예를 들어 조선 – 일본 간의 국가전쟁이자 조선·명 – 일본 간의 국제전쟁으로 비화된 '임진 왜란'의 전쟁 원인도 정치군사적 요인, 경제적 요인, 문화적 요인 등 세 가지 요인에 의한 것으로 볼 수 있다.

더욱 문제가 되는 것은 국가 간의 분쟁과 국가 내부 갈등 간의 경계가 모호해진 점이다.

홉스봄은 21세기 갈등은 더욱 복합체적인 성격을 띨 것으로 전망했다.67) 이러한 혼돈 속에서 전쟁 대상이 광역화하고 있는 것은 주목해야 할 점이다. 과거 국가 간의 분쟁에서는 주적(主敵)개념이 비교적 분명했다. 그러나 오늘날 국가안보개념이 광역화, 복합체화하면서 주적개념은 모호해지고 전쟁대상과 전쟁수단도 다양해졌다. '마약과의 전쟁', '범죄와의 전쟁' 따위의 슬로건은 이러한 현상을 상징적으로 보여 주는 것이다. 홉스봄의 지적처럼 이제 전쟁은 사회 분야에서 일상이 되고 있다.68)

전쟁수단도 전쟁 대행업체와 용병에 의해 전개되고, 전쟁무기도 핵무기에서부터 첨단로봇과 무인병기 등이 총동원될 전망이다. 온 인류가 평화를 갈망해 온 21세기는 국가 간의 갈등과 국가 내부의 갈등이 미묘하게 연동된 복합체적 분쟁의 양상이 확산될 가능성이 높다.

그러면 이와 같은 전쟁 또는 분쟁을 어떻게 방지할 수 있을까? 전쟁을 방지하기 위해서는 무엇보다도 그 원인을 분석하여 그것으로부터 방지책을 이끌어 내는 것이 필수적일 것이다. 전쟁의 방지를 위해서는 이를테면 인간의 투쟁 본능을 약화시키는 수단의 강구(스포츠의 장려, 야외극의 실시, 심리적 이완을 가져오게 하는 각종 오락의 장려)에서부터 군비축소, 민족국가와 민족주의의 제한, 경제적 빈

---

67) 문정인, "21세기 세계평화는 과연 올 것인가", 『신동아(통권 509호)』(서울: 동아일보사, 2002년 2월호), 416 - 425쪽.

68) 홉스봄은 최근의 전쟁은 평화와 구분이 어려우며 전쟁과 평화가 혼재하는 모순성을 보이고 있다고 설파했다. 홉스봄은 "평화는 전쟁의 예고가 되고 있다. 전쟁은 오로지 한시적 평화의 가능성만을 지향하고 있어, 전쟁과 평화가 혼재한다. 이러한 모순구조는 무고한 시민의 희생을 극대화시킨다"고 지적했다. 르완다에서 코소보, 수단에서 아프가니스탄, 이라크에 이르기까지 최근 발생한 전쟁은 전투요원의 희생은 최소화하는 반면, 비전투요원인 민간인의 희생을 극대화하는 반인도주의적 성격을 표출하고 있다.

곤과 불평등 해소, 국제협력, 세계정부운동 등 여러 가지 방책이 추진될 수 있다. 이것은 결국 전쟁을 방지하기 위한 평화의 한 행위들로 간주될 수 있다.

전쟁을 항구적으로 방지하고 평화를 견고하게 구축하기 위한 다양한 방안들을 적극적으로 모색하는 것은 시급한 과제가 되었다. 평화연구가 궁극적으로 인류의 공동번영을 위한 '국제적 조화와 인간사회의 통합'을 목표로 하고 '인간성 실현의 종합과학'이기 위해서는 전쟁과 폭력을 극복할 비전을 명시해야 할 것이다. 따라서 전쟁을 방지하고 지속 가능한 평화와 평화체제를 구축하기 위한 평화의 개념을 새롭게 도출할 필요성이 제기되는 것이다.

3) 복합체적 의미의 평화개념

흔히 평화연구자 또는 평화학자들은 평화를 크게 두 가지로 나눈다. 하나는 전쟁을 포함한 직접적 또는 물리적 폭력이 없는 상태를 '소극적 평화(negative peace)'라고 한다. 다른 하나는 간접적 또는 구조적 폭력 및 문화적 폭력까지 없는 상태를 '적극적 평화(positive peace)'라고 한다.[69] 그러나 평화의 개념은 앞에서 지적한 것처럼 역사성과 공간성에 따라 다의적이고, 가치 대립적이어서 정의하기가 매우 어렵다.

더구나 평화의 개념은 탈냉전 이후에 새로운 평화위협 요인이 등장하고 있고, 이를 극복하고 지속 가능한 평화체제를 구축하기 위해서는 새롭게 접근되어야 할 것이다. 즉 평화의 개념을 단일한 의미

---

69) 이재봉 교수는 전자를 '국가안보(national security) 개념의 평화'로, 후자는 '인간안보(human security) 개념의 평화'로 부를 수 있을 것이라고 밝혔다. 요한 갈퉁 지음 · 이재봉 외 옮김(2000), 9쪽.

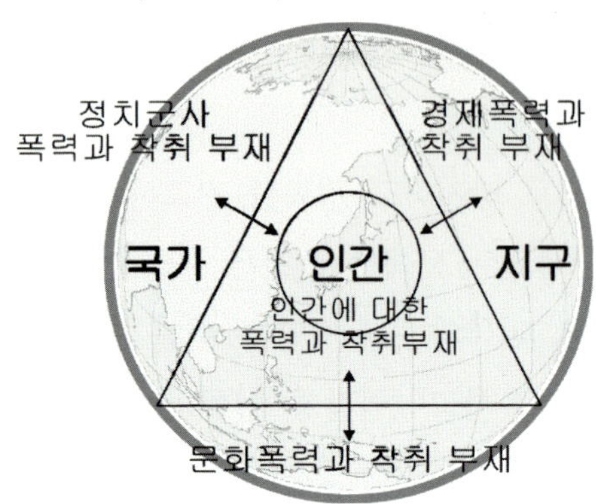

〈그림 2-1〉 복합체적 평화개념[70]

가 아닌 '복합체적' 의미로 고찰할 필요가 있다. 이것은 평화를 '복합체적 구성물'로 파악하고 접근하는 것이다.

복합체적 평화의 개념은 우선 '전쟁의 방지'라는 소극적 개념을 중시한다. 내전을 포함한 전쟁의 부재상태로서의 평화는 국민들에게 삶의 질 확대, 복지의 충실, 번영 등을 보장할 수 있는 기본전제가 되기 때문이다. 그러면서도 국가 간의 이익 추구에 따른 갈등과 국가주권의 침해, 나아가 군사적 경쟁과 위협 등이 없는 상태도 이에 포함시킨다.

따라서 복합체적 의미의 평화란 '인권·자유·정의[71]와 같은 원리에 따라 개인의 삶의 질이 보장되고 인류공동체의 공동번영을 위하여 개별 국가 간에 경제적 이익과 문화적 가치 추구에 따른 갈등, 정치적 주권침해와 군사적 위협, 착취와 이를 위한 폭력(전쟁)이 없는 상태'라고 정의한다(<그림 2-1> 참조).

---

70) 이 그림과 유사한 개념설명이 갈퉁의 폭력개념이다. 갈퉁은 폭력을 직접적 폭력, 구조적 폭력, 문화적 폭력으로 구분했다. 星野昭吉은 이를 '복합적 폭력'이라고 표현했다. 星野昭吉, 『グローバル社會の平和學』(東京: 同文館出版, 2005), 35쪽.

71) '세계인권선언' 서문의 첫 문장은 "인류 모든 구성원들의 본질적인 존엄성과 동등하고 양도할 수 없는 권리들의 인정은 세계에서 자유, 정의, 평화의 기초이다"라고 언급하고 있다.

개별국가와 세계 속에 존재하는 각종 구조적 폭력과 착취의 해소를 추구한다는 점에서 '공동체 평화'라고도 할 수 있다.[72] 이것은 개별 국가 간에 전쟁의 부재와 불간섭뿐만 아니라 갈등·대립·폭력·착취의 근본 원인까지 제거하여 복지와 번영을 위한 인류공동체를 형성해야 지속 가능한 평화와 영구평화가 구축된다고 보는 것이다. 이러한 복합체적 평화개념의 정의는 몇 가지의 의미를 함축하고 있다.

첫째는 평화의 본질은 인권·자유·정의(평등)를 바탕으로 한다는 점이다. 이것은 심적 영역으로서 천부적 권리를 의미한다. 그러므로 인권·자유·정의(평등)가 없으면 진정한 의미의 평화가 구현되었다고 할 수 없을 것이다. 이것은 어원적, 고전적 의미의 평화개념인 정의나 질서의 의미가 포함되어 있고, 마음의 안일과 평온이라는 심적 상태를 중시한 것이다.

둘째는 평화의 목적이 개인의 삶의 질 보장과 인류공동체의 공동번영이라는 점을 명시한 것이다. 개인은 강자만을 의미하는 것이 아니라 약자인 여성, 노인, 아동 등도 차별을 받지 않고 인간답게 살 수 있는 권리를 규정한 것이다.

그리고 개인의 삶의 질을 토대로 하여 공동체가 상호 협력적 관계를 유지하며 공동번영을 지향해야 함을 의미한다. 나아가 개인 자신들이 특유한 문화를 유지해 가는 데에 필요한 최소한 물질적, 정신적 기반이라는 의미로서의 삶, 즉 생존(subsistence)을 보호받고, 나아가 풍요로운 삶을 꿈꿀 수 있는 권리가 있음을 의미한다.

셋째는 평화의 구조를 개인적 수준보다는 국가적 수준으로 파악한

---

72) 공동체(Community)는 인권, 민주주의, 문화, 주권존중 등과 같은 신념이나 가치를 어느 정도 공유해야 하고 또 정부 대표뿐만이 아니라 개인, 기업, 민간단체 등이 직접적이고 다면적으로 긴밀한 교류관계를 가져야 한다. 그리고 구성원들 사이에 상호성이 존재해야 한다. 최영종 외 (2005), 54-55쪽.

것이다. 즉 평화가 유지, 구축되기 위해서는 최소한 국가를 중심으로 하여 국가 사이에 또는 국가와 국가 내부 집단, 국가군 또는 국제기구 사이에 갈등과 대립이 없이 협력관계가 유지되어야 함을 뜻한다. 전쟁은 대부분 민족국가를 단위로 하여 발생되었음을 수용한 것이다. 특히 현재까지는 국가의 폭력화가 가장 큰 문제인 만큼 국가 차원의 폭력 방지를 중시하는 것이다. 이것은 개인이 국가 중심으로 전개되는 외부의 폭력적 간섭을 배척함을 의미한다.

넷째는 평화의 조건(경로)은 정군적 조건, 경제적 조건, 문화적 조건 등 세 가지가 전제되어야 함을 뜻한다. 이것은 전쟁(폭력)의 원인을 크게 정군적 요인, 경제적 요인, 문화적 요인 등 세 가지로 유형화한 데 따른 것이다.[73] 물론 전쟁의 요인을 여러 기준으로 다양하게 분류할 수 있지만 평화를 지속화할 수 있는 존재론적 조건에 따라 전쟁을 방지할 수 요인을 유형화하여 이같이 구분한 것이다.

따라서 복합체적 평화, 즉 인류공동체적 평화를 실현하기 위해서는 '평화의 조건(경로)'이 우선적으로 충족되어야 할 필요가 있다. 평화의 조건이 실현되어야 평화의 구조가 형성되고, 이를 토대로 평화의 목적과 본질에 접근할 수 있기 때문이다. 그러므로 평화의 조건은 '평화의 지속화'를 이룰 수 있는 기본 전제이자 실질적인 핵심이 된다.

평화의 조건은 복합체적 의미의 평화개념과 갈퉁의 이론을 다소 수정, 보완하여 보다 구체적으로 제시할 수 있다. 갈퉁은 냉전이 종식된 1990년대 이후에는 구조적 폭력이 인간의 욕구를 다치게 해도

---

73) 국제분쟁의 동기를 분석한 라이트는 국제정치의 장래의 문제는 남북문제가 동서문제보다 중요하게 될 것이라고 주장했다. 이것은 문화(이념, 가치)문제보다 경제문제가 더 중요한 변수가 됨을 의미한다. 그러나 경중의 차이는 있을지언정 21세기에도 여전이 전쟁과 평화의 문제는 정군적 요인, 경제적 요인, 문화적 요인 등 세 가지의 변수로 작용할 것이다.

가해자가 확실치 않아 그 누구도 책임질 수도 없는 문제라고 보고 직접적 폭력과 구조적 폭력으로 구분했던 것을 확산시켜 직접적 폭력, 구조적 폭력, 문화적 폭력의 삼각관계로 역동한다고 설명했다.[74]

갈퉁이 설명한 외적으로 일어나는 구조적 폭력의 두 가지 주요한 형태는 정치와 경제관계에서 발생하는 억압과 착취이다. 이 두 가지 형태의 폭력은 몸과 마음에 작용하지만 반드시 의도된 것은 아니다. 억압과 착취의 모든 이면에는 '문화적 폭력(cultural violence)'이 존재한다.

문화적 폭력은 모두 상징적인 것으로 종교와 사상, 언어와 예술, 과학과 법, 대중매체와 교육의 내부에 존재한다. 이러한 문화적 폭력의 기능은 매우 간단한데, 직접적 폭력(정군폭력)과 구조적 폭력(경제폭력)을 정당화하는 것이다. 갈퉁은 이와 같이 폭력은 주로 문화적 폭력으로부터 구조적 폭력을 경유하여 직접적 폭력으로 확대되는 경향이 있다고 지적한다.

갈퉁은 폭력보다 넓고, 나아가 평화보다도 넓은 개념으로 '힘'이라는 표현을 쓰고 있다. 그는 힘을 문화적, 경제적, 군사적, 정치적 힘이라는 네 가지 형태의 영역으로 구분하고, 이들은 네 가지 형태의 폭력을 상징하며, 네 가지 형태의 평화를 함축한다고 설명했다.

힘 또는 권력체제에 대해 논란이 일고 있는데 직접적 폭력의 단일 행위는 정치적 결정과 경제적 거래의 구조로부터 일어나며 또한 서로에게 영향을 미친다. 그러나 그 아래에는 어떤 구조와 행위들은 정당화되고, 다른 것들은 불법화되는 문화가 잠복해 있다.

---

74) Johan Galtung, "Nach dem Kalten Krieg gespräch mit Erwin Koller", Zürich(1993), p.54. 박재신, "독일의 평화통알",
http://mail.swu.ac.kr/~swsi/expr/down/%B9%DA%C0%E7%BD%C5.hwp(검색일: 2004년 4월 5일).

〈그림 2-2〉 폭력의 범위와 성격

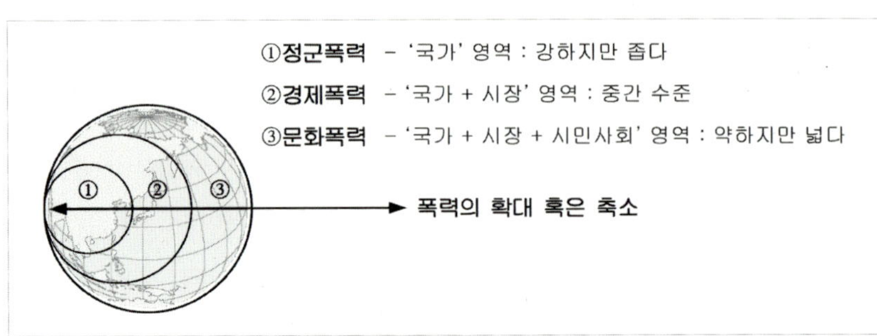

그런데 갈퉁의 구조적 폭력의 개념과 구조적 제국주의론은 갈퉁의 이름을 세계적으로 유명하게 했으나 격심한 비판을 받고 있다.[75] 프랑스의 '전쟁학'의 창시자인 부툴(Gaston Bouthoul)은 "인간의 발육과 완전한 개화를 저해하는 것은 모두가 구조적 폭력"으로 되어 버리기 때문에 갈퉁의 폭력개념은 완전히 혼란된 개념이라고 비판한다.

또한 갈퉁을 위대한 평화연구자라고 인정하는 볼딩도 중대한 유보를 하고 있다. 그는 갈퉁의 개념은 오늘날 세계가 시급히 해결해야 하는 문제의 소재를 분명히 밝히는 데에는 공헌했지만 이 문제에 대한 해결법의 발견을 더욱 어렵게 하였다는 것이다.

따라서 갈퉁의 이러한 폭력 개념은 용어의 추상성과 접근의 모호성을 지니고 있기 때문에 이를 다소 수정할 필요가 있다. 즉 여기서는 갈퉁이 사용한 폭력의 개념과 관련하여 폭력의 목적이 '착취'에 있다고 보고, 정군적 폭력과 착취, 경제적 폭력과 착취, 문화적 폭력과 착취로 나누고 이를 외재적 폭력과 착취로 규정한다.[76]

갈퉁은 폭력의 형태나 영역과 관련하여 정치적 폭력과 군사적 폭

---

75) 渡辺昭夫 외 엮음, 권호연 옮김, 『국제정치이론』(서울: 한울 아카데미, 1992), 219-220쪽.
76) 요한 갈퉁 지음·이재봉 외 옮김(2000), 19-20쪽.

력을 서로 구분했다. 그러나 여기서는 국가의 최고 정책결정자의 '동일 목적'에 대한 '다른 수단'으로 보고 하나의 폭력과 착취 형태로 다루고자 한다. 즉 <그림 2 - 2>에서처럼 '정군적 폭력'은 국가의 영역으로, '경제적 폭력'은 국가와 시장의 영역으로, '문화적 폭력'은 국가, 시장, 시민사회의 영역으로 각각 분류할 수 있다.

정군적 폭력과 착취는 갈퉁의 직접적 폭력과 유사한 개념으로 정군적 탄압, 전쟁 · 테러 등과 이 과정에서 발생하는 폭력과 착취를 의미한다. 경제적 폭력과 착취는 약탈적 경제구조형성과 이를 통한 경제적 수탈과 빈곤, 배분의 왜곡, 고용 · 노동시장 · 소득의 불평등과 불안정을 의미한다.

그리고 문화적 폭력과 착취는 가치 · 역사 · 사상 · 이념 등의 왜곡, 배척을 의미한다. 외재적 폭력과 착취는 '가시적인 것' 또는 '의도적인 것'으로 개별국가와 개별국가 또는 이에 준하는 기구, 국가와 국가 내부 집단 사이에 일어나는 폭력과 착취를 말한다. 외재적 폭력과 착취가 없는 상태를 외재적 평화라고 한다.

외재적 폭력과 착취의 원인 또는 원형이 되는 내재적 폭력과 착취는 '비가시적인 것' 또는 '비의도적인 것'이다. 이것은 개별인간과 개별인간 사이에 있어서 보이지 않게 발생하는 인간의 인간에 대한 폭력과 착취라고 할 수 있다. 욕설, 희롱, 모욕, 폭행, 차별 등의 폭력과 이 과정에서 발생한 인권, 자유의 착취를 지칭한다. 내재적 폭력과 착취가 없는 내재적 평화는 도덕적, 윤리적 측면에서 인간관계와 태도를 특징짓고, 개인의 마음 상태를 결정하는 데서 나타난다.

따라서 복합체적 의미의 평화란 외재적 평화와 내재적 평화로 구분하고, 이 모두를 포괄하는 평화이다. 외재적 평화란 정군적 폭력과 착취, 경제적 폭력과 착취, 문화적 폭력과 착취의 부재상태를 의미한

다. 즉 외재적 평화란 '인권·자유·정의와 같은 원리에 따라 개인의 삶의 질이 보장되고 인류공동체의 공동번영을 위하여 국가 사이에 또는 국가와 국가 내부 집단, 국가군 또는 국제기구 사이에 이익, 가치 추구에 따른 갈등, 군사적 경쟁과 위협, 폭력(전쟁)과 착취가 없는 상태'이다.

외재적 평화란 특히 정군평화, 경제평화, 문화평화가 모두 실현되어 상호 조화를 이룬 상태를 말한다. 그리고 이러한 평화를 추진해 가는 동학을 외재적 '평화복합체(peace complexes)'라고 한다. 인간의 인간에 대한 폭력과 착취, 즉 내재적 폭력과 착취가 없는 상태를 내재적 평화라고 개념화한다. 내재적 평화를 추진해 가는 동학을 내재적 평화복합체라고 한다. 그러므로 외재적 폭력과 착취, 내재적 폭력과 착취가 없는 상태인 온전하고 참된 평화란 평화복합체에 의하여 완전한 평화가 실현된 상태라고 말할 수 있다.

본 저서의 평화연구는 외재적 폭력과 착취의 부재상태, 즉 외재적 평화복합체에 의한 평화의 실현에 대해서만 접근하고자 한다. 왜냐하면 내재적 폭력과 착취는 인간의 심성을 다치게 해도 가해자가 확실치 않아 그 해결 방법을 객관화하기가 쉽지 않기 때문이다. 그렇다고 하여 개별국가나 국제적 기구가 외재적 평화만을 정책목표로 삼게 되면 '평화유지(peace keeping)'에는 어느 정도 실효성이 있으나, 본질적이고 근원적인 평화의 실현이 어려워질 수 있다.

그러므로 지속 가능한 평화와 영구평화를 실현하기 위해서는 개별국가들이 국가 간에 평화적인 수단에 의하여 갈등과 대립, 전쟁, 폭력과 착취를 예방하고, 이를 토대로 외재적, 내재적 평화를 실현하기 위해 부단히 노력하는 것이 중요하다. 내재적 평화구축은 외재적 평화구축보다 힘든 과정이다.

내재적 평화는 창조적인 접근 방법이 필요하며, 목표 지향적이어야 할 것이다. 내재적 폭력과 착취의 제거와 내면적 평화의 실현은 평화교육, 평화대화 등을 통하여 시도될 수 있다. 유네스코는 1945년부터 "전쟁은 인간의 머리로부터 시작되므로 인간의 머릿속에 평화의 준비와 대비가 있어야 한다"는 취지로 평화교육을 중시하고, 이를 실시해 왔다.

물론 한 사람, 한 사람이 평화롭게 생각하고 행동한다면 언젠가는 이 세계가 평화로 가득 차게 될 것이다. 그러나 외재적 폭력과 착취가 있을 때 영구평화의 실현은 쉽지 않다. 인간은 평화를 위협하는 전쟁준비, 전쟁태도, 전쟁조성 등 외재적 폭력과 착취에서 어느 식으로든 도구로 이용될 수 있기 때문이다. 그러므로 평화교육을 통한 평화실현도 외재적 폭력과 착취를 문제화하고, 이를 개선해 나가는 데서부터 시작해야 할 것이다.

인류는 역사를 통해 많은 평화조약 또는 평화협정이 평화라는 이름으로 얼마나 평화롭지 못하고 비인간적인 행위를 했는지를 경험했다. 전쟁 후 체결된 많은 평화조약이 헤게모니를 목적으로 한 조약이어서 약소국가는 예나 지금이나 평화롭지 못하게 살고 있다.

한 사람, 한 사람이 평화롭지 못하면 전쟁은 언제나 가능하다는 평화연구의 테제도 매우 중요하다. '정의의 전쟁론'처럼 전쟁을 평화라는 이름으로 도구화하는 한 전쟁은 언제나 가능할 수 있다. 그러므로 평화에 있어서 보다 중요한 것은 서로 다른 사실과 가치에 대한 상호 인정과 상호 존중이라는 평화공존의 원칙을 지키기 위한 한 사람, 한 사람의 태도와 의지 그리고 행동이라고 할 수 있다.

평화가 지속화되려면 인간이 사회화 과정에서 일상생활을 평화적으로 조성하고, 평화를 이루어 가며, 평화를 지킬 수 있는 능력을 교육

하고 학습하는 태도가 중요하다. 평화는 공공선을 향한 자기희생을 전제로 하며, 가치지향을 넘어 가치 실천적이어야 함을 요구하고 있다.

4) 평화복합체론의 개념

영구평화와 지속 가능한 평화체제의 구축을 위한 접근 논리는 지구적 평화가 서로 관계가 있는 문제라는 사실에서부터 비롯된다.[77] 지구적 평화는 주로 인간 집합체들이 전쟁 위협과 방지의 관점에서 어떻게 상호 관련되어 있는가에 관한 것이다. 따라서 평화는 반드시 광범위한 맥락에서 연구되어야 할 것이다. 가장 광범위한 범위인 지구적 수준은 강대국을 연구하는 데 그리고 세계경제, 국제문화 등에 관해 생각하는 데 유용하다.

평화연구에 있어서 평화분석의 소극적인 입장인 정군적 측면의 전쟁방지를 위한 지구적 평화는 대부분의 분석 단위들에 별 의미가 없다. '평화는 복합체적 경로(조건)를 통해 실현된다'는 평화복합체론의 이론적 근거에 있어서 가장 적절한 규모는 지역적 수준과 복합체적 조건이라 할 수 있다.

세계체계에 있는 모든 국가들은 '평화의 상호 의존(peace interdependence)'이라는 지구적 네트워크에 얽혀 있다. 그러나 대부분의 정군적 폭력(전쟁)과 위협들은 원거리보다는 근거리에서 발생하고, 단일한 평화조건보다는 복합체적 평화조건에 따라 작동하기 때문에 전쟁에 대한 불안은 종종 지리적 근접성과 복합체적 평화조건과 관

---

77) 보다 광범위하게는 '우주적 평화(우주평화론)'까지 확대될 수 있다. 왜냐하면 지구는 우주의 일부이고 또한 인간의 활동도 지구를 넘어 우주로 확대되었기 때문에 이제는 우주적 평화까지 확대될 필요가 있다. 그러나 일단은 지구적 평화만이라도 실현하는 것이 인류의 과제라고 할 수 있다.

련된다.[78)]

결과적으로 지구 전체로서의 국제체계를 가로지르는 평화의 상호 의존은 결코 획일적이지 않다고 볼 수 있다. 다양하고 무정부적인 국제체계에서 상호 의존적인 평화의 전형적인 형태는 지역적, 복합체적 평화조건에 기반을 둔 국가군이 상호 작용하며 평화체제를 구축해 가는 복합체적 집성체 또는 복합체적 동학을 '평화복합체(peace complexes)'라고 규정한다.

평화복합체를 형성하는 역학관계와 관계유형, 평화구조는 그 복합체 내의 국가들, 즉 서로에 대한 국가들의 평화의식과 상호 작용에 의해서 조성된다. 평화복합체로 형성된 평화체제는 정군적 우호성, 경제적 분배성, 문화적 동질성 정도에 의해 형성되는 독특한 지역적, 복합체적 평화조건의 유형을 야기하는 국가 간의 평화관계의 상대성에 따라 그 강도가 결정된다.

따라서 평화복합체는 "지역을 단위로 하여 전쟁을 방지하고 공동 번영을 추구하기 위해 정군적, 경제적, 문화적 평화조건들에 대한 주요 인식과 관심이 깊이 상호 연계되어 국가적 평화문제가 독자적으로는 분석되거나 해결될 수 없는 일련의 국가군이 참여하여 평화조건들을 복합체적으로 이행해 가는 체제"로 정의할 수 있다.

평화복합체는 국가들의 국지적 집단화(local groupings)를 통해 평화체제를 구축해 나가기 때문에, 그 구성 국가들 간의 관계에서 핵심적인 역할을 담당할 뿐만 아니라 보다 강력한 외부의 평화위협 세력들이 그 지역에 어떻게 침투하고, 침투할 수 있는지의 여부를 제약한다.[79)]

---

78) Barry Buzan, Ole Wæver and Jaap de Wilde.(1998), Ibid., pp.10 - 15.
79) 이와 같은 측면에서 평화복합체는 '지역화'와 관련이 있다. 지역화는 "정치 · 경제 · 문화적으

평화복합체의 내적 역학관계는 평화의 상호 의존이 우호 혹은 적대관계에 의해서 추동되었는지에 따라 <그림 2-3>과 같이 한 스펙트럼 내에 배치될 수 있다. 부정적인 극단에는 대립 또는 갈등 체제(conflict system),[80] 중간에는 평화레짐,[81] 긍정적인 극단에는 평화체제(평화공동체)[82]가 위치하고 있다.

평화복합체는 그 자체가 국제체제의 '지역적 하위체제들(regional subsystems)'이고, 그 자체의 독특한 평화구조를 갖고 있다. 즉 평화복합체는 무정부상태의 영구적인 특성이라기보다 전반적으로 지역평화에 대한 지속성이 있기 때문에, 지속 가능한 평화체제의 틀을 제공해 준다. 따라서 평화복합체는 상호 작용의 구조와 유형들을 가진

로 긴밀한 관계를 유지하고 있는 나라들이 상호 의존관계를 제도적으로 고착화시키는 과정 또는 그 과정의 최종적 단계를 일컫는다. 최종적 단계란 제도적으로나 심정적으로 정치적 통합을 이루어 구성원들의 정치적 충성심이 새로운 통합체에 이양되는 단계를 말한다. 〈최영종, "비교지역통합연구와 동아시아 지역협력", 『국제정치논총』 40집 1호(서울: 국제정치학회, 2000), 58-59쪽.〉" 이러한 지역화는 외부에서의 침투를 경계하거나 제약하는 측면이 있으나 평화복합체는 본질적으로 지구적 평화공동체를 지향하는 중간 과정이기 때문에 외부의 참여가 평화의 확대를 가져온다면 개방적인 입장을 취하는 속성이 있다.

80) 여기서의 상호 의존은 전쟁공포, 경쟁, 전쟁위협 등에 대한 상호 인지로부터 발생한다.

81) 평화레짐에서는 안보레짐과 마찬가지로 국가들은 여전히 상대국을 서로 잠재적인 위협으로 취급하지만 그들 간의 평화딜레마를 감소시키기 위해 재보장제도(reassurance arrangements)를 만든다.

82) 평화공동체 안에서 국가들은 그들의 상호 관계에 있어서 더 이상 군사력을 사용한 전쟁을 예상하거나 두려워하지 않는다.

지역적 하부체제로서 지역적, 복합체적 평화조건의 유형들에서의 변화를 확인하고 평가하기 위한 유용한 척도를 제공한다.

평화복합체에서 핵심적 구조는 평화조건에 대한 변화를 평가하는 기준이다. 평화복합체에서 핵심적 구조의 세 가지 중요한 평화의 조건들은 ①정군적 폭력의 부재와 관련된 주요 국가들 간의 국가주권에 따른 세력배분, ②경제적 폭력의 부재와 관련된 국가들의 배열과 그들 간의 불균형, ③문화적 폭력의 부재에 대한 관련국들의 정체성과 적대 관계의 유형이다. 이러한 접근방식을 통해 정태적·역동적인 관점에서 지역평화의 지속 가능성을 분석할 수 있다. 평화복합체의 평화조건들은 관련 국가군들이 이를 이행해 가는 과정에서 끊임없이 변화한다.

어떤 의미에서 평화복합체는 '현실(reality)'에 부여한 이론적, 복합체적 구조물이다. 그러나 이것은 이론 내에서 존재론적 지위를 갖는다. 즉 평화복합체는 세계정치의 현저한 평화의 유형화(patterning)를 반영하므로, 임의대로 구성될 수 없다.

평화복합체론의 중요한 가치는 국가적 평화와 지구적 평화라는 양극단으로부터 관심을 전환시키고, 이 두 극단이 상호 작용하고 대부분의 행위가 발생하는 지역과 평화조건에 초점을 맞추는 것이다. 평화복합체론은 또한 국가들의 국내정치에 의한 내적 조건들, 지역 국가들 사이의 관계, 지역들 간의 관계 그리고 지역들과 세계적으로 활동하는 강대국들 사이의 관계에 대한 연구와 연계시킬 수 있다.

평화복합체론은 독특한 시나리오들을 만들기 위해 그리고 안정과 변화 가능성에 대한 예측뿐만 아니라 그것에 대한 연구를 조직하기 위해서 사용될 수 있다. 이 이론은 정적·동적 분석을 위한 기술적 개념들을 제공하고, 국제적인 평화관계의 구조 내에서 중요한 변화

를 위치시키기 위한 척도들을 제공한다.

지역적, 조건적 평화분석과 지속 가능한 평화체제를 구축하기 위한 평화복합체적 접근법은 한 집단의 단위들을 인접단위들과 구별할 수 없을 정도로 강력한 상호 의존적 평화유형들을 찾는 것이다. 평화복합체들은 그것의 구성단위들 간의 상호 작용에 의해서 내부로부터 형성된다. 평화복합체론은 기본적으로 정군적, 경제적, 문화적 평화조건들에 대한 사고를 위해 체계화하기 때문에 국가들이 이와 깊은 관련성을 맺게 된다.

따라서 평화복합체 내의 지속 가능한 평화체제의 특징은 다음과 같이 정리될 수 있다. 첫째로 평화복합체 내의 평화체제는 둘 혹은 그 이상의 국가들로 구축된다. 둘째로 이러한 국가들은 지리적, 복합체적 평화조건들로 응집된 집합체(grouping)를 구성한다.

셋째로 이들 국가 간의 관계는 평화조건들의 상호 의존에 의해서 특징지어진다. 상호 의존은 긍정적이거나 부정적일 수 있지만 그들과 외부 국가들 간의 그것보다는 그들 간에 훨씬 더 강해야만 한다.

넷째로 평화조건들의 상호 의존 유형은 영구적이지는 아니지만 깊고 지속적이어야만 한다. 다시 말해서, 평화복합체 내의 평화체제는 상대적으로 자율적인 대규모 국제체계의 축소판이고, 국제체제의 하부체제의 한 유형으로 구축된다.

평화복합체론을 탈냉전 이후 변화된 평화조건에 적응시키기 위한 방법은 광범위한 범위의 조건들(conditions)에 그 분석을 복합체화함으로써 가능하다. 평화복합체의 분석에 있어서 중요한 것은 소극적인 전쟁 방지만을 위한 전통적, 국가주의적 입장에 더 이상 집착하지 않는 것이다.

이는 정군적 조건에만 특권을 부여하지 않고, 정군적 평화조건을

포함하여 경제적 평화조건들과 문화적 평화조건들을 상호 복합체적
으로 동시에 또는 단계적으로 실현해 나감으로써 평화체제를 안정화,
지속화, 영구화해 내는 것이다.

3. 평화복합체론에 의한 평화분석과 의의

1) 분석수준: 지역

대부분의 국제관계이론에서 분석수준(level of analysis)에 대한 논
쟁은 지난 1960년대부터 중심적 위치에 있었다. 모든 유형의 평화연
구도 분석수준은 여전히 강한 논쟁이 되고 있다.[83]

본 저서의 평화연구도 지속 가능한 평화체제 구축에 있어서 지역
적 평화이론과 조건(영역) 간, 평화의제 간의 관계에 대한 의문에서
시도됐기 때문에 분석수준에 대한 규정은 매우 중요하다. 평화체제
론을 포함하여 국제관계연구[84]나 평화연구[85] 등에서 가장 빈번하게
사용되는 일반적 분석수준은 다음과 같이 다섯 가지로 구분할 수 있다.

첫째는 국제체제(International systems)이다. 이것은 그 위에 어떠
한 체계수준을 갖지 않는 상호 작용을 하는 혹은 상호 의존적인 단

---

83) 평화를 위해 선호된 목표에 관한 논쟁(개인 대 국가), 전쟁의 원인에 대한 논쟁(체계구조 대
   국가의 본성 대 인간의 본성)은 이를 잘 보여 준다.

84) Barry Buzan, "The Level of Analysis Problem in International Relations Reconsidered",
   in Ken Booth and Steve Smith(eds.), *International Political Theory Today*(London:
   Polity Press, 1994), pp.198 - 216. Barry Buzan, Ole Wæver and Jaap de
   Wilde.(1998), pp.5 - 7.

85) 젱하스는 평화연구의 학문적 분석의 관계 영역을 7가지 체제의 차원들로 분류하고 있다.
   즉 ① 개인들의 내부 심리적 성분들, ② 개인들, ③ 소집단들, ④ 거대한 이익집단들, 정당
   들, 대중매체, 여론, ⑤ 민족국가, ⑥ 국제적 체제의 지역적 하부체제, ⑦ 국제적 혹은 세계
   체제 등으로 분류하고 있다. D. Senghass, "Kompositionsprobleme in der Friedensforschung",
   in: D. Senghass(Hrsg.), Kritische Friedensforschung, a.a. O. p.322.

위들의 가장 큰 규모의 집성체(conglomerates)를 의미한다. 현재의 국제체제는 지구 전체를 포함하는 지구적 체제 또는 세계체제이지만, 과거에는 서로 단절된 몇몇 국제체제가 동시에 존재했었다.

둘째는 국제적인 지역 하위체제(International regional-subsystems)이다. 이것은 국제체제 내 지역 단위들의 집단을 의미한다. 국제적인 지역 하부체제는 서로에 대한 상호 작용 혹은 상호 의존의 특정한 속성이나 강도에 의해서 전체적인 체제, 즉 국제체제와는 구별된다. 이러한 국제적인 지역 하부체제는 영토적으로 밀집되어 있거나, 그렇지 않을 수도 있다.

아세안(ASEAN)이나 아프리카통일기구(OAU, Organization of African Unity)처럼 영토적으로 밀집된 경우를 '지역 하위체제'라고 한다. 그리고 경제협력개발기구(OECD)나 석유수출국기구(OPEC)처럼 그렇지 않은 경우를 '단순 하위체제'라고 한다.[86] 어떤 하부체제이든 개별 국가 간의 교섭이나 기구를 통하여 평화에 접근하려는 국제적 수준의 접근 방법이다.

셋째는 단위국가들(Units)이다. 이것은 다양한 하위집단, 조직, 공동체 그리고 많은 개인들로 구성되는 평화 관련 행위자를 의미한다. 단위는 종족, 초국적 기구처럼 다른 것들과 구별되고 보다 높은 수준에서 지위를 유지할 정도로 충분히 응집력이 있는 독립적인 평화 관련 행위자를 말한다.

단위의 분석수준에서 가장 대표적인 것은 '민족국가'라고 할 수 있다. 이는 전쟁과 평화의 행동주체나 논의의 거점을 국가에 두고 국내의 정치개혁 또는 민주화를 통하여 전쟁을 막고 평화에 접근하려는 접근 방법이다.

---

86) Barry Buzan(1994), p.216.

<그림 2-4> 평화복합체적 평화체제의 분석수준

분석수준	평화조건		
	정군평화	경제평화	문화평화
단위국가들 ↓	← — — — — — — — → 정군공동체	← — — — — — — — → 경제공동체	— — — — — — — — → 문화공동체
↑ 지역 하부체제 (복합체적 평화체제)	← — — — — — — — → 안보·경제공동체		← — — — — — — — → 경제·문화공동체
	← — — — — — — — → 평화복합체적 평화공동체		

넷째는 하부단위(Subunits)이다. 이것은 관료나 이익집단, 정당들, 대중매체, 여론, 비정부기구(NGO)처럼 단위 국가 내에서 단위 국가의 행위에 영향을 미칠 수 있는 혹은 미치고자 노력하는 개인들의 조직화된 국가 내의 집단들을 의미한다.

다섯째는 개인(Individuals)이다. 이는 사회과학에서 대부분 분석의 '가장 중요한 기저(bottom line)'가 된다. 개인적, 인간적 분석수준은 전쟁의 원인을 인간성에 내재해 있다고 보고 인간의 공격성, 전쟁본능을 순화함으로써 내면적 마음의 평화는 물론 국가 간의 전쟁을 막는 데에도 이바지할 수 있다고 보는 접근 방법이다. 개인들의 인간적 본성이나 내부 심리적 속성, 성분을 중시한다.

분석수준은 일반적으로 이론화할 수 있는 틀을 제공한다. 예를 들면 신현실주의는 설명 요인, 즉 구조(structure)를 한 체계수준 내의 중요한 단위수준으로 위치시킨다. 그러나 주어진 한 수준 내에서 행위자들을 정확하게 위치시키는 것이 항상 가능한 것은 아니다. 가령 한국노동조합총연맹과 같은 이익집단은 하부단위에 위치시킬 수 있지만, 그린피스(Greenpeace)나 국제사면위원회(Amnesty International)와 같은 초국적 기구들은 여러 수준에 걸쳐 있다.

국제정치에 있어서 평화체제이론의 분석수준에 대한 논쟁은 신현실주의와 밀접하게 관련되어 있기 때문에 국가중심주의를 반영하는 경향이 있다. 평화복합체론도 이러한 기반 위에서 '분석수준을 이용한 설계(the level-of-analysis scheme)'는 국가중심주의와 평화체제의 전형적인 가정을 강화시킬 수 있다.

즉 지속 가능한 평화체제를 연구하기 위한 분석수준은 <그림 2-4>와 같이 지역 하부체제를 사용한다. 지역 하부체제는 국가의 평화복합체 내의 역할을 중시하고, 아세안(ASEAN)처럼 영토적으로 밀집된 지역의 복합체적인 평화체제 구축 방안의 기본적 틀로 상정한다.

평화체제 구축을 위한 평화분석의 초점으로 지역을 상정하는 것은 과거 연구로부터뿐만 아니라 널리 인정된 가정들에 대한 관심에서 기인한다. 탈냉전시대에서 국제관계가 보다 지역화된 성격을 가질 것이라는 인식을 폭넓게 수용한 것이다. 지역은 분석수준의 관점에서 보면 특정 유형의 하부체제(subsystem)에 속한다.

지역적 국가들의 군집화(clustering)는 연구가치가 있는 국제적인 하부체제의 특징이 될 수 있다. 왜냐하면 국가들은 지역적 군집들을 형성하고 유지하려는 경향을 가지기 때문이다. 이러한 지역들의 경향은 그 자체로 평화연구의 분석대상이 될 수 있다. 지역을 형성하는 구조를 찾아내는 것은 평화연구의 분석에서 하부체제 수준의 지역화된 양상에 주의해야 함을 의미한다.[87]

---

87) 지역적 국가체계(regional state system)에 대한 가장 일반적인 설명은 모우리첸(Hans Mouritzen)의 생각에서 도출될 수 있다. 그는 국가들(단위들)이 '유동적'이라기보다는 오히려 '고정적'이라는 단순하지만 좀처럼 고려되지 않은 사실로 시작한다. 그에 따르면 만일 국가들이 유동적이라면 각 국가의 일반적인 환경은 상당한 시간이 흐른 뒤 체계의 특정한 단편보다는 오히려 체계 자체를 형성한다. 반대로 만일 국가들이 비유동적이라면 각 국가는 지리적 근접성에 있는 주요한 국가들로 구성되는 상대적으로 안정된 지역적 환경에 직면할 것이다. 즉 각 국가는 체계의 구조 내에서 특정한 위치에 의해서 특징지어지게 될 것이다. Hans Mouritzen, "Selecting Explanatory Levels in International Politics: Evaluating

그런데 지역이라는 분석수준에 있어서 영구평화와 지속 가능한 평화체제의 주된 분석단위가 되는 '평화행위자(peace actor)'의 인식과 행위는 매우 중요하다. 평화행위자는 평화조건을 인식하고, 폭력방지와 평화증진을 위해 행동하는 개인, 비정부기구, 정부기구, 국가, 초국적 기구 등 모두를 망라한다.

평화행위자에게 있어서 우선적으로 중요한 것은 무엇이 지속 가능한 평화조건인가를 알아내고, 이를 실현하기 위해 문제화하는 것이다. 평화행위자들은 기본적으로 인간의 평화질서를 위한 교류와 협력의 중요성을 알고 평화를 추구하는 의지를 가지고 있어야 한다.[88]

평화 문제화는 대체로 정치화나 안보화의 보다 극단적인 위치에 배치될 수 있다. 즉 공적인 이슈는 국가가 전혀 개입하지 않는 비정치화로부터 정치화, 안보화, 평화 문제화하는 것까지 배열되는 스펙트럼에 배치될 수 있다. 이러한 접근에서 평화 문제화는 사람들이 의식적으로 생각하는 것이 아니라 어떻게 행동하고, 행동하지 않는지에 달려 있다.

평화 문제화는 이로써 평화행위자 자신이 관계하는 실천이다. 왜냐하면 그 이슈가 평화 문제화하여 평화위협, 즉 폭력을 막고 평화를 증진시키기 위한 실천 속에 놓이기 때문이다. 평화 문제화는 정확한 평화개념과 폭력의 상호 주관적인 배치에 의해 구성된다.

평화조건의 분석에 관여된 단위 사이의 구분을 보다 정확히 할 필요가 있다. 즉 평화 대상 또는 평화 관련 대상은 실재적으로 폭력을

---

a Set of Criteria", Cooperation and Conflict, 15(1980), pp.169－182.

88) 모겐소와 같은 현실주의자들은 인간본성은 이기적이고 권력을 추구하는 욕구(lust for power)를 특징으로 한다고 보고 있다. 이에 따라 국제정치는 각국이 권력으로 정의되는 국익을 추구하는 권력투쟁의 장이고, 국제정치의 이러한 권력투쟁은 보편적 도덕률 또는 여타의 비정치적 기준에 의해 규율되지 않는 독자성을 갖는다고 생각한다.

받는 것으로 보고, 이를 제거하기 위해 평화적인, 합법적인 요구를 하는 단위들이다. 평화행위자는 역시 폭력의 존재나 가능성을 발설하고 이를 제거하기 위해 평화 문제화하며 평화를 촉진하는 행위자를 말한다.

전쟁과 평화의 대상은 전통적으로 '국가(state)'였으며, 보다 근원적인 상태에서는 '민족(nation)'이었다. 국가에 생존은 주권에 관한 것이고, 민족에게는 정체성이었다. 그러나 탈냉전 이후의 평화 대상의 범위와 규모는 변화되고 있다.

현실적으로는 지속적인 평화 대상으로서 '제한된 집합체(limited collectives)'의 중범위(middle scale), 즉 국제체제의 지역 하부단위가 평화조건의 실현에 가장 적합하다. 제한된 집합체인 국가, 민족, 문명, 종교 등은 다른 집합체와 대결 양상을 벌이게 된다. 그런 상호작용은 정체성을 강화시키기 때문에 중범위 시각에서 국가는 여전히 가장 중요하다.

평화복합체 내의 지역평화체제 구축의 주요한 분석단위와 분석수준의 행위자로서 '국가'는 다음과 같이 가정된다. 첫째로 국제체제는 근본적으로 국가들의 체제이지만 이들 국가들은 지역 하부체제에 포함되어 있으며 국가의 운영원리는 기본적으로 평화가치를 지향한다.

둘째로 국가는 현실주의자들이 말하는 국제체제의 민족국가를 포함하나 민족주의를 극복하고 보편적 평화가치를 지향하는 단위이다. 셋째로 국가는 공격성과 폭력성 혹은 전쟁정책을 거부하고 평화정책의 결정적인 영향인자로 규정한다.[89]

---

89) 젱하스는 평화연구의 결정적이고 표준적인 영향인자들로 11가지를 들고 있다. 즉 ① 인간적 본성, ② 이익집단, ③ 지배자 혹은 권력엘리트, ④ 대중매체들과 여론, ⑤ 정치적 체제, 지배적인 민족국가문화, 사회·경제적 체제의 특징들, ⑥ 행정조직 그리고 정치적 결정과정에서의 관료적 기구들의 역할, ⑦ 민족국가적 전략들, ⑧ 갈등 및 위기시대에서 결단의 과정들,

넷째로 국가는 '평화 이성(peace reason)'을 갖고 있고, 국가에 대한 하위단위(NGO 등)나 상위단위(국제평화단체 등)들의 평화요구를 수렴, 정책화한다. 이러한 평화행위자로서 국가는 기본적으로 국가를 힘에 의한 전쟁을 추구하는 '상대적 개념'으로 규정된다.[90]

따라서 본 저서의 평화연구에서는 중범위 시각에서 평화행위자로서 평화가치를 지향하는 국가를 분석의 핵심으로 한다. 이러한 국가는 평화행위자로서 자신의 평화를 지키기 위한 평화대상을 설정하고 평화 문제화하는 특성을 지닌다.[91] 그리고 궁극적으로 국가들은 평화 문제화 주체들 간의 교류와 협력에 의해 갈등이 완화되는 변화, 더 나아가서는 평화공동체의 건설이 가능하다고 믿는다.

물론 국가만의 특권을 부여하지 않고 개인과 하부단위(정부, 비정부, 사회적 집단) 또는 국제체제(국제기구) 등의 역할도 중시할 필요가 있다. 그러나 전쟁 거부 또는 평화 문제화와 이를 해결하기 위한 국가의 역할이 실질적으로 지배적이기 때문에 이들의 역할은 논외로 한다.

또한 단위국가들과 지역 하부체제를 분석틀로 국한했지만, 지속 가능한 평화체제를 구축하기 위하여 궁극적으로는 지구적 평화체제를 지향해 나간다. 지구적 평화체제는 장기적 전망 속에 비전을 갖고 추진해야 하지만 여기서는 전 단계로서 지역적 평화체제를 구축

---

⑨ 국제적 무장경쟁의 상승작용 과정과 결정인자들, ⑩ 초국가적 기구들과 지역적 시스템, ⑪ 세계적 기구들과 국제적 시스템 등이다. Senghass, D. Ibid., p.323.

90) 이러한 가정에 의해서 운영되는 국가를 '평화국가(peace state)'라고 한다. 평화국가는 '전쟁국가(war state)'의 상대 개념이다. 역사적으로 국가는 전쟁 속에서 출현했다. 그러므로 국가는 기본적으로 전쟁 지향적이었다. 그러나 민주주의 국가일수록 평화를 지향하는 속성이 강하다. 이러한 의미에서 평화국가란 국가의 기본 운영원리가 평화를 지향하는 나라이다.

91) 그렇다고 해서 평화분석의 단위로서 국가와 국가 내의 다양한 구성요소들과 국제적으로 구성된 기구들의 평화행위자 역할의 중요성을 부정하는 것은 아니다. 즉 평화와 평화체제 구축을 위한 평화관계에서 국가 내부의 그리고 국가 간, 비국가 행위주체 간의 갈등, 협상, 연합과 타협을 하나의 평화요인으로 설정할 수 있다. 그러나 여기서는 국가의 역할만을 주된 고려의 대상으로 삼았다.

하는 데 초점을 맞춘다.

2) 분석틀: 평화조건

평화와 평화체제 연구에 있어서 평화복합체론의 분석틀로 지역(regions)과 평화조건의 두 축으로 확대하는 것은 지속 가능한 평화체제를 실질적으로 잘 구축하는 데 있다. 냉전기에 기존의 전통적 입장에 따른 소극주의는 평화의제(peace agenda)를 전쟁 방지에만 국한시켜 왔다.

그러나 탈냉전 이후 평화의제가 정군적 평화조건만으로 평화나 평화체제를 구축하는 것은 사실상 불가능해졌다. 왜냐하면 평화를 위협하는 것이 과거에는 주로 정군적 요인이었지만 냉전의 해체로 경제문제, 가치·역사·정체성 등 문화문제 등이 복합체적으로 분출되기 때문이다. 이에 따라 평화체제를 지속적으로 구축해 나가기 위해서는 평화를 위협하는 지역수준의 복합체적인 평화문제들을 새로운 분석틀로 고찰할 필요가 있다.

평화와 평화체제 구축을 위한 새로운 접근 방법인 평화복합체론은 소극적 평화보다 더 폭넓은 범위를 포함하기 위한 평화조건의 확대에서 형성된다. 보다 확대된 평화조건을 추구하는 것은 평화와 평화체제의 의미를 신중히 생각하고, 평화의 역학관계와 다른 범위에 대해 이해하고 적용하는 것이다. 이러한 분석틀에 의한 접근법은 소극주의적 전쟁방지를 배제하는 것은 아니다.

평화복합체론은 기본적으로 상호 연관된 일정한 지역을 단위로 하여 상호 의존적인 정군적 요인, 경제적 요인, 문화적 요인 등 세 개의 주요한 평화조건을 찾아내어 접근하는 방법이다. 평화와 평화체제 연구에 있어서 지역을 단위로 한 '평화복합체적 조건 접근(peace complex condition approach) 방법'은 다음의 세 가지 이유로 새로운 분석틀에 있어서 중요한 의미가 있다.

첫째, 평화복합체적 조건 접근법은 전통적 입장의 소극적 평화연구와 밀접하게 연결되어 있다. 비록 소극적인 평화연구가 어느 정도 단일 조건일지라도, 그것은 확대된 복합체적 조건의 접근체계에 쉽게 부합하도록 한다. 그리하여 평화조건들의 이용은 낡은 틀과 새로운 접근들 사이의 상호 운용성을 유지시켜 준다.

둘째, 평화복합체적 조건 접근법은 평화조건의 대상들, 즉 정군적 평화조건 외에 경제적, 문화적 평화조건을 추가함으로써 사람들이 실제로 인식하고 있는 것을 모두 나타낸다. 이러한 행위는 지속 가능한 평화체제 구축 과정의 중요한 부분이다. 복합체적 조건 접근 방법의 설득력은 결과들이 어떻게 드러날지도 모르는 몇 가지 실마리를 얻기 위한 분석적인 추적조사에 대한 필요성을 낳는다.

셋째, 평화복합체적 조건 접근법은 확대된 의제의 특징을 지닌 평화의 다른 성질들을 이해하는 방법을 제시해 준다. 비록 평화의 몇몇 성질들은 조건들이 서로 교차하는 공통점이 있을지라도 각 조건은 또한 그 자체의 독특한 행위자들, 평화 관련 대상, 역학관계 등을 갖고 있다.

이들 세 개의 평화조건들에 대한 연구과제는 첫째로 결과적으로 평화연구들로 추가될 새로운 또는 다른 평화 특질들을 확인하는 것이고, 둘째로 평화분석에 있어서 지역화 형성의 장소에 대한 의제를 확대하는 중요성을 탐구하는 것이다. 평화복합체적 조건들에 대한 분해는 평화연구에 대한 풍부한 통찰력을 갖게 해 준다. 그러나 그것은 또한 평화연구들을 조직화하는 방법에 대한 문제를 제기한다.

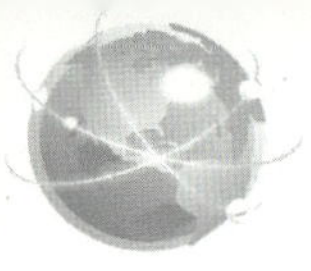

3) 평화복합체론에 의한 분석 의의

평화 또는 평화체제의 구축에 있어서 '평화복합체론'은 지역단위에 평화조건의 확대에 따른 의제를 결합시키는 방법으로 접근한 성과물이다. 정군적, 경제적, 문화적 평화들의 복합체적 결합체 안에서 평화복합체론은 지역화 구조를 예상하기 위한 근거들을 제공하고, 어떻게 이들 구조들이 구축되고 그리고 어떻게 그것들이 외부 세력에 의한 간섭을 조정하는지를 설명해 준다.

평화복합체론에서 평화에 대한 상호 의존은 단위들 밖의 단위들 사이보다 평화복합체 내의 단위들 사이에서 두드러지게 밀착된다. 그리고 평화조건을 검토하는 것은 특정 유형의 상호 작용을 찾아내는 것이다. 평화복합체 내에는 단위들 사이에 정군평화조건, 경제평화조건, 문화평화조건 등 세 가지의 평화조건이 상호 작용을 하면서 평화체제의 구축 강도에 영향을 준다.

정군평화조건은 주권·권위·통치지위 및 승인 등의 관계와 강제적인 억압문제 등에 관한 것이다. 경제평화조건은 교역, 생산, 부의 합리적 분배, 소득균형 문제와 인간활동, 지구생물권 등 자연과의 문제 등에 관한 것이다. 문화평화조건은 집단적인 역사, 이념, 가치의 정체성에 따른 우호성과 증오성의 관계에 관한 것이다. 평화체제는 이들 세 가지의 평화조건 모두에 의해서 형성된 독특한 지역적 모형들을 유도해 내는 상대적인 평화 관계의 긴밀성에 관한 것이다.

평화복합체론에 있어서 국제적인 체제는 지정학적인 구조 블록들, 즉 국가들, 지역평화 복합체, 지구적 평화구조들로 구성되어 있다. 지속 가능한 평화체제의 실현 조건에 있어서 경제적 또는 문화적 문제들이 우위를 차지할 때 지역화 경향은 강해질 수 있다. 그러나 평화복합체론은 지역평화체제의 구축을 위한 전략과 사고와 관련, 세 가지 측면에서 새로운 평화분석의 의의를 갖게 된다.

첫째는 국가들에 의한 영토권의 정치적 수명이 주요하게 구축되는 한, 영토권은 계속 중요할 것이고, 지역화 구조는 강화될 것이다. 다시 말하면 국가들은 자신의 영토를 전제로 정군적 대응들을 구축하기 위한 경향을 갖게 된다.

둘째는 지역평화체제 역학관계는 평화관계가 거리에 의해서 가장 강하게 조정되는 영역, 즉 정군적, 경제적, 문화적 평화와 관련 있는 지역에서 강하게 작용한다. 셋째는 몇몇 경제적, 문화적 평화조건들은 현존하는 지역평화복합체를 강화시키기 위해서 서로 긴밀해진다.

평화복합체론의 중요한 의의는 국가적 평화와 지구적 평화라는 양극단으로부터 관심을 전환시키고, 이 두 극단이 상호 작용하고 대부분의 평화문제 행위가 발생하는 지역에 초점을 맞추는 것이다. 평화복합체론은 또한 국가들의 내적 조건들, 지역 국가들 사이의 관계, 지역들 간의 관계 그리고 지역들과 세계적으로 활동하는 강대국들 사이의 관계에 대한 연구와 연계시킬 수 있다.

평화복합체론에 의한 독특한 지역평화체제 구축 시나리오들을 만들기 위해 그리고 평화와 전쟁 가능성에 대한 예측뿐만 아니라 그것에 대한 연구를 조직하기 위해서도 사용될 수 있다. 평화복합체론에 의해 구축되는 평화체제는 '평화협력'을 통하여 국가 간의 신뢰구축조치, 배분적 균형, 정체성의 동질화를 통해 비도발적 방위체제 구축 등 오로지 비폭력적 수단으로 평화를 실현해 가는 것을 특징으로 하고, 장기간에 걸쳐서 평화구조를 서서히 뿌리내리게 하기 위한 틀이다.

동북아 지역의 평화복합체 내의 평화체제 구축은 평화조건인 정군평화, 경제평화, 문화평화의 복합체적인 실현을 통한 평화공동체를

형성하는 것이다. 즉 지속 가능한 평화체제의 구축은 정군적으로 주권침해 방지, 경제적으로 균등한 경제자원의 분배, 문화적으로 상호 신뢰할 수 있는 이념·가치 등을 복합체적으로 평화공동체를 형성해 가는 것이다.

평화복합체적 조건에 의한 평화체제의 구축은 국가의 자율적 관계라는 점에서 폭력적 수단까지 포함하는 통일92)에 의한 평화체제의 구축과 구별되며, 기존의 통합이론에 의한 통합의 접근 방식과도 다소 차이가 있다. 기존의 통합이론은 대개 사회·심리적인 면이나 정치·제도적인 면의 통합을 강조한 것이다.

그러나 여기서의 평화통합은 평화의 조건인 정군평화, 경제평화, 문화평화 등의 교류협력이라는 경로를 통해 평화적으로 평화복합체 내에서 평화공동체를 이루어 가는 것을 말한다. 평화조건들의 복합체적인 이행에 의한 지속 가능한 평화체제의 구축 핵심은 국가 기능의 평화적 통합에 있고, 이에 따라 평화복합체론과 자유주의적 통합이론은 부분적으로 상호 밀착되어 있다.

평화적 통합 행위는 기존의 국가 간의 정군적, 경제적, 문화적 갈등과 대치를 해소시키거나 적어도 약화시키는 결과를 초래하게 되므로 통합의 진전은 곧 평화와 평화체제의 강화를 가져온다. 이에 따라 한반도 및 동북아에서 지속 가능한 평화체제를 구축하기 위해서는 국가 간의 평화통합이 적극 추진될 필요가 있다.

그러나 평화복합체론에 의한 평화체제 구축은 자유주의에서 주장하는 것과는 다소 차이점이 있다. 자유주의적 입장은 국가가 자국의 이익을 극대화하기 위해서는 오히려 독선적 패권 추구보다는 협력을

---

92) 통일은 일반적으로 무력통일, 흡수통일, 평화통일 등 세 가지로 구분된다. 이 중 평화통일의 개념이 평화통합과 유사하다고 볼 수 있다.

통한 상호 이익 추구를 통한 접근이 바람직하다고 본다.

국가 상호간의 이익과 이익에 근거한 제도의 출현, 제도적 협력의 반복과 제도의 정착 등에 의해 만들어지는 평화질서로 힘에 의한 해결을 제한하고 규범, 규칙 등을 통해 갈등 해결이 가능하다고 접근하는 것이다. 그러나 자유주의적 접근법이 평화 증진에 대한 커다란 시사점을 주지만 존재론적인 평화의 현실을 충분히 반영하고 있지 못한다.

평화복합체론은 평화의 지속 가능성을 구현하기 위해 존재론적인 필요충분조건으로 세 가지의 하위 평화조건, 즉 정군평화, 경제평화, 문화평화로 나누고 각 평화조건별 평화문제의 해결과 복합체적인 이행을 통해 평화체제를 구축해 나가는 접근법이다. 이러한 접근법은 기본적으로 전쟁을 방지하기 위해 전쟁의 원인을 정군적, 경제적, 문화적 평화문제 등 세 가지로 유형화하고, 이의 근원적인 해결책을 강구하여 평화의 지속성을 강화해 나가는 것이다.

평화복합체론에서 강조하는 평화조건들은 시간적, 공간적 상황에 따라 변화하며, 그리고 평화문제는 국가 간의 상호 작용에서 발생하는 다양한 갈등 이슈를 포괄하는 개념이다. 평화복합체론은 기존 이론들에 대한 부분적인 상호 연계성을 인정한다. 그러나 어떤 이슈를 특정분석 범위 안에만 묶어 두는 접근은 방법론적으로 명료하고 의미가 있을지 모르나 존재론적인 평화문제의 현실을 그대로 설명하고 근원적인 해결방법을 찾는 데에는 한계가 있다.

따라서 평화의 존재론적인 현실을 적극적으로 반영하기 위해서는 이론적 절충과 접근 방법의 복합체화가 필요하다. 이런 맥락에서 국가 중심의 세력관계(현실주의)와 국제협력과 제도(자유주의)는 물론이고 구성주의에 의해 새롭게 조명된 문화적 정체성을 모두 고려하는

절충주의적 현실 설명 및 문제해결 방법을 적극 시도할 필요가 있다.

즉 평화복합체론은 자유주의 등 전통적 접근 방법들의 한계를 극복하기 위해 이론적 절충과 접근 방법의 복합체화를 통해 평화체제의 지속성을 강화시켜 나가는 것이다. 비록 이러한 시도가 평화 문제를 간단명료하게 설명하기는 어렵겠지만 존재론적인 평화 실상과 지속 가능한 평화체제 구축의 실질적인 모색을 위해서는 필수적인 작업이라고 본다.

평화복합체론은 평화의 지속화 요인으로 세 가지 평화조건을 제시하여 이들에 대한 균형 있는 분석을 통해 평화체제를 지속화하는 접근법이라고 할 수 있다. 이러한 접근법은 평화의 존재론적인 구현 방법과 전쟁의 실질적인 방지 방법을 제시할 수 있기 때문에 평화의 안정성, 지속성, 영구성 확보에 획기적으로 기여할 수 있을 것이다.

평화복합체론은 궁극적으로 평화 실현에 대한 강대국 중심이론의 한계를 극복할 수 있다는 점에서 유용하다고 할 수 있다. 또한 평화 문제에 대한 세 가지의 평화조건을 모두 분석함으로써 현실세계를 '있는 그대로' 존재론적으로 설명하고, 이를 복합체적으로 접근하므로 평화의 지속성을 높일 수 있다는 데 큰 이점이 있다고 본다.

평화복합체론은 앞에서 거론한 것처럼 전통적 이론들을 부분적으로 응용한 이론 절충주의적 방법으로 접근하고 있다. 그러나 평화복합체론에 의한 국제평화질서는 현실주의적, 자유주의적, 구성주의적 질서와는 다소 차이점이 있다.[93] 평화복합체론에 의한 국제평화구조 및 평화질서의 특성은 다음과 같이 정리된다.

첫째, 평화복합체론의 성격은 국제체제는 복합체적이고 불안정하

---

93) 흔히 국제질서의 유형을 현실주의적 · 도구적 질서, 자유주의적 · 규범적 질서, 구성주의적 · 연대적 질서 등 세 유형으로 구분하기도 한다. 이들은 각각 성격, 영역, 정체성, 목적 등에서 다소 차이가 있다.

다고 본다. 국제체제는 고위정치, 중위정치, 하위정치가 복합체적인 구조로 형성되어 상호 작용하고 있기 때문에 불안정하다. 그러나 정 군적 패권실현 또는 패권방지로는 근원적 평화실현이 불가능하다고 인식한다. 전쟁은 경제적 요인 또는 문화적 요인에 의해서도 발생할 수 있기 때문이다.

둘째, 영역 또는 단위에 있어서 평화행위자로서 국가의 역할을 중시하고, 이를 통해 지속 가능한 평화체제를 구축할 수 있다고 본다. 국가의 역할을 '전쟁 가능'에서 '평화 가능'으로 패러다임을 전환하여 평화가치를 추구하는 데 역점을 두도록 한다. 그리고 국가의 평화 역할을 '국가 → 지역 → 국제'로 단계적으로 확대시켜 나간다.

국가는 기본적으로 국민의 자유, 인권, 복지 등을 위한 평화가치를 중시하며 평화지향정책을 추구하는 기제로 설정한다. 국내 문제가 지역 하위체제의 평화구조에 영향을 주는 것으로 파악한다. 그러나 국내문제에 대한 주권평등, 영토보존 및 내정불간섭의 원칙을 준수하고, 정군적 개입이 아닌 평화 조력을 중시한다.

셋째, 이의 목적은 공동번영의 평화공동체를 건설하는 것이다. 국가 간의 교류와 협력으로 상호 신뢰 강화와 상호 의존을 통해 자유, 인권, 복지가 보장되고 공동번영을 추구하는 평화공동체의 건설을 지향해 나간다. 이의 정체성은 인간의 평화로운 삶의 실현을 위하여 국가가 지역 및 국제 평화공동체 창출에 노력하고, 보편적 가치 창출을 통한 공동발전을 위한 평화공동체를 추구하는 것이다.

넷째, 평화실현 또는 평화 지속화를 위해 규칙, 규범을 중시한다. 평화복합체 내에 공동의 도덕적, 규범적, 법적 틀에 기반을 둔 규칙과 원리가 존재한다. 규범은 협력, 상호 의존, 제도화, 통합, 공동체의 형성을 촉진하는 것으로 파악한다. 규칙, 규범, 국제법 등을 통해

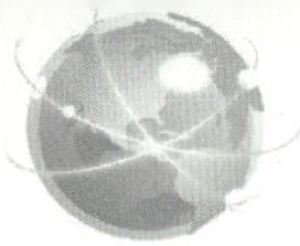

평화체제의 지속화, 영구화를 구축해 나갈 수 있다고 본다. 국제법을 통해 공동체의 모든 행위가 규칙에 의해 규제된다.

다섯째, 평화실현 도구로 교류·협력과 제도, 평화창출사업 등을 강조한다. 교류·협력과 제도, 평화창출사업 등을 통해 폭력성 치유 및 평화의 지속화, 영구화를 실현해 나간다. 전쟁과 폭력을 부정하고 오직 평화적 수단에 의한 갈등 해결로 신뢰를 구축해 간다. 외교는 평화위협 요인을 해소하고 평화를 촉진해 가는 중요한 수단으로 파악한다.

끝으로 전쟁 방지와 평화 실현 방법으로 평화복합체적 접근법에 의해 전쟁의 원인을 근원적으로 해결하여 지속 가능한 평화를 실현한다. 전쟁의 원인, 폭력의 양상을 세 가지로 분석한다. 즉 지속 가능한 평화체제의 조건으로 정군평화, 경제평화, 문화평화를 제시한다.

선순환적 구조 파악과 평화복합체적 추진을 통해 지속 가능한 평화체제를 구축하여 영구평화를 실현해 간다. 경제평화공동체, 문화평화공동체, 정군평화공동체 등 단계적, 점진적 평화공동체의 형성을 통해 지속 가능한 평화체제를 항구적으로 구축해 나간다.

4) 평화복합체적 평화조건의 개념과 의제

탈냉전 이후 평화와 평화체제 연구의 새로운 의제들이 전쟁방지와 관련된 정군적 의제 외에 다양하게 추가됨에 따라 여러 관점에서 평화를 생각하는 것이 증가되었다. 이러한 추세에 맞춰 보다 폭넓은 평화의제들을 수용하는 것은 외재적, 내재적 평화를 실현하는 데 필요하다.94)

---

94) Barry Buzan, Ole Wæver and Jaap de Wilde.(1998), pp.7 – 8.

　평화체제의 구축 조건들을 검토하는 방법은 특정 유형의 상호 작용을 찾아내는 것이다. 평화조건들은 분석의 목적을 위해 독특한 유형의 상호 작용들 중 일부를 선택함으로써 전체를 분리하는 데 기여한다. 그러나 평화조건들에 의해 식별된 항목들은 독립적 존재로서의 자질을 갖고 있지 않다.

　각 평화조건들은 독특한 유형들을 식별할 수 있으나 그것들은 평화복합체 내에 얽혀 있어 분리할 수 없는 평화구축의 필수 조건들로 존재한다. 이들은 각각 평화라는 전체를 보고 있지만, 현실의 한 차원만을 바라보고 있는 것이다. 조건 분할은 오로지 단순성과 명료성을 달성하기 위해서 이루어진다. 완전한 이해에 도달하기 위해서는 평화조건들을 재결합하고, 그 조건들이 어떻게 서로 관련되어 있는가를 고찰하는 것이다.

　국제관계에서 평화는 여러 조건들에 의해서 상이한 개념적 특징을 지닌다. 평화는 전통적으로는 전쟁의 방지를 위한 정군적 갈등과 긴장의 완화에 바탕을 둘 수 있다. 이런 맥락에서 평화는 개인에 대한 생존 불안과 국가에 대한 존재론적 폭력의 '부재'에 관한 것이라고 할 수 있다. 평화문제를 개인적 차원이 아닌 국가적 차원으로 분석할 때 평화의 특별한 개념적 성격은 존재론적 폭력을 제거하기 위한 예외적 조치, 무력의 사용에 대한 정당화의 여부와 관련된다.

　그러나 일반적으로 국가는 존재론적 폭력을 다루기 위해 특별한 힘을 동원해 왔다. 즉 존재하는 폭력은 국가의 특별한 성격과 관련하여 이해될 수 있으며, 기본적인 특징은 여러 평화조건과 분석수준에 걸쳐서 다양하게 사용될 수 있다. 국가에 대한 존재론적 폭력의 성격도 마찬가지이다.

　평화의 분석수준을 국가로 규정할 때 평화문제에 가장 크게 영향을 주는 조건으로 전쟁·폭력의 원인인 정군적 조건, 경제적 조건, 문화적 조건 등 세 가지로 나눌 수 있다.[95] 지속 가능한 평화의 세 가지 조건인 정군평화, 경제평화, 문화평화의 개념과 의제를 구체적으로 살펴본다.

(1) 정군평화의 개념과 의제

정군평화(polimitary peace)[96]는 정치적 평화와 군사적 평화를 포괄하는 국가 중심적인 영역이다. 정군평화에서는 주권 평등 및 상호 존중, 영토의 보존, 내정불간섭과 이에 대한 군사적 위협과 테러·전쟁 등 직접적 폭력과 착취의 방지를 중요시한다. 다시 말해 정군평화는 상대국에 대한 주권의 상호 존중과 이와 관련하여 정군적 위협이나 폭력과 착취가 부재한 상태라고 개념화한다.

정군평화를 위해서는 군비축소와 비군사화(demilitarization)를 통한 지역 간 및 국가 간의 비폭력과 '평화공존(peaceful coexistence)' 체제를 구축하는 것이 주된 목표가 된다. 동북아의 영토와 관련된 정치적 갈등 해소, 핵위협 등 군사적 긴장해소 등은 정군평화에 있어서 주된 의제가 된다.

정군평화는 우선 국가주권에 대한 외부의 군사적 위협의 경우 문제가 된다. 그러나 내부적으로 '국가의 정당성 결여' 등이 발생하면 내전으로 비화될 수 있기 때문에 이에 대해서도 의제로 취급한다. 북한, 파키스탄, 이란, 러시아 등의 나라에서 정권이 정당성을 잃고

---

95) 물론 접근 방식에 따라 보다 세분하여 다양한 조건으로 분류할 수 있다. 배리 부잔은 안보복합체론에서 국가의 안보문제와 관련된 영역으로 군사적, 경제적, 환경적, 사회적, 정치적 영역으로 분류하였다. Ole Wæver, "Security Analysis: Conceptual Apparatus", in Barry Buzan, Ole Wæver and Jaap de Wilde.(1998), pp.21 - 47.

96) '정치군사'의 영어표기를 'political - military'로 하고 이의 약어인 정군의 영어표기를 'polimitary'로 사용한다.

흔들리면 핵 등 대량살상무기를 둘러싼 탈취와 방어세력 간의 충돌
이 발발할 가능성이 크다. 내란이 발생하여 정권이 붕괴된다면 대규
모 약탈과 핵 탈취 등으로 인하여 국가평화뿐만 아니라 국제평화까
지 심각하게 위협을 받을 수 있다.

더구나 인도적 개입 등의 이유로 외부에서 개입하게 되면 평화가
회복되기보다는 악화될 소지가 있다.97) 2005년 콩고민주공화국의 경
우 1만 6,000명의 유엔평화유지군이 있지만 여전히 평화가 개선되지
않았다. 수단의 경우도 아프리카연합군이 개입했지만 다르푸르 학살
사태를 막기는커녕 분쟁의 또 다른 당사자가 되었다. 그리고 외국군
의 주둔이 그 나라의 정치발전을 저해할 수도 있다.

정군평화는 일반적으로 정치적 평화의 문제가 먼저 이슈화되고,
갈등이 확대되면 군사적 평화의 문제로 파급(spillover)된다. 그리고
군사적 평화의 문제는 결국 다시 정치적 평화의 문제로 귀착된다.
이로 인해서 정치적 평화와 군사적 평화는 보통 '외교 - 안보'의 문
제로 일체화되는 경향이 강하다. 그러나 정치적 평화와 군사적 평화
에 대한 개념과 의제를 보다 세분해서 설명할 수는 있을 것이다.

먼저 정치적 평화에서 존재하는 평화문제는 전통적으로 헌법원칙,
즉 주권의 위협에 의해 규정된다. 그러나 때때로 국가의 이데올로기
위협에 의해서 문제화되기도 한다. 주권은 합법성 혹은 통치권에 대해
의심을 가지는 어떤 것에 의해 기본적으로 위협을 받을 수 있다. 유럽
연합(EU)과 같이 초국가적인 대상도 통합과정을 방해하는 사건에 의

---

97) 인도적 개입(humanitarian engagement)이라는 명분을 내세워 타국 정부의 주권침해 등 정
　권교체를 위해 군사적으로 갈등을 야기하는 경우도 있다. 미국 등 강대국 주도의 일방적 체
　제변환에 반대하기 위한 '평화적 개입(peaceful engagement)'도 의제로 다루어질 수 있다.
　즉 군사적 갈등을 증폭시키는 타국 군대의 개입을 방지하고 비군사적, 비폭력적 개입 혹은
　순수한 의미에서의 인도적 개발 지원만을 도입해야 한다.

해 존재위협을 받을 수 있다. 국제사회 역시 체제를 구성하는 규칙, 규범, 제도를 규정하는 상황에 의해 실재적으로 위협을 받을 수 있다.

정치적 평화의 문제 핵심은 국가의 주권에 대한 상호 존중과 위협·폭력 방지들로 구성된다. 국가주권은 외부의 강제적 규제나 간섭 없이 국가의 정치적 행태를 결정할 자주적 권리를 함축하고 있다. 국가주권은 그 형태가 비민주적인 수단에 의해 결정된다고 할지라도 국외의 압박을 거부할 수 있다는 의미에서 민족자결의 성격을 지닌다.

정치적 평화의 정치부문은 주권에 대한 비군사적 위협이나 폭력과 착취의 부재 상태를 특별히 강조한다. 즉 정치적 평화의 문제는 모든 평화의 '시작 영역'이자 '가장 폭넓은 영역'이라는 점이다. 어떤 의미에서 모든 평화문제가 정치적 문제라고 볼 수 있다. 모든 위협 방어와 공존이 정치적으로 구성되고 정의될 수 있기 때문이다. 정치화는 정의 그대로 정치적인 것으로 변화시키는 것이고, 이를 확장해 보면 평화를 문제화하는 것 역시 정치행위이다.

따라서 정치적 평화에서 평화가 유지, 구축되기 위해서는 우선적으로 국가의 구조, 절차 혹은 제도 등 국가의 주권과 관련된 것들이 상호 인정되어야 한다. 그리고 정치적 이념이 서로 다르다 하여도 상호 인정 및 상호 존중의 태도가 견지되어야 할 것이다. 국가의 제도와 이념이 다르다고 하여 위협하거나 침략하려 하면 관련국들 사이에 갈등이 생기고, 이것이 분쟁으로 비화될 수 있다. 정치적 영역의 평화를 유지하기 위해서 가장 중요한 요소는 국가의 주권을 위협하지 않고 상호 인정하는 것이다.

그리고 군사적 평화의 대상은 대개 국가이다. 전통적인 평화연구는 전쟁 방지를 위한 군사적인 사건을 평화문제로 보는 경향이 있으나, 이것은 특별한 경우가 아니다. 발전된 민주주의의 다수에 국가

평화를 위한 안보는 하나의 기능이 된다. 아마도 한 나라의 군대는 평화유지 혹은 인권개입과 같은 일상적인 세계질서 활동을 위해 훈련받고 요구받을 수도 있다. 그러나 이것은 일상적인 규범의 의미에서 비상활동으로서 혹은 국가에 대한 직접적 위협에 관한 것으로는 볼 수 없다.

군사적 평화의 문제는 직접적, 치명적, 무차별적 위협과 폭력·착취의 속성을 지니고 있기 때문에 소극적 평화연구의 핵심 주제가 되고 있다. 군사적 평화의 문제는 가장 잘 제도화할 수 있는 분야 중의 하나이다. 왜냐하면 군사적 평화는 현대 국제체제의 특별한 역사적 조건을 반영하고 있기 때문이다.[98]

국가평화, 즉 국가적 차원의 평화문제가 외부세력의 평화위협과 폭력·착취에 초점이 맞추어질 때, 군사적 평화는 한편으로 국가의 실제적 무장공격과 방어능력, 다른 한편으로 각각의 다른 나라의 능력 인지와 의도 사이의 상호 작용에 관한 것이다. 외부의 평화위협은 국가, 사회, 국민의 완전한 말살에 대한 두려움과 특별한 정책문제에 관한 압박과 생존 위협을 하는 무력외교 사이에서 발생한다.

그러나 실체가 없는 군사능력은 평화문제를 제기할 수 있는 잠재력을 갖게 한다. 한 나라의 지배 엘리트와 대중들이 '공격적 위협'으로서 다른 나라의 무장군사력을 위협하기 시작하면 양 국가 간의 관계는 군사적 딜레마에 빠지게 된다. 이것은 한편으로 군사기술, 무기경쟁 그리고 방어와 억지를 위한 전쟁을 위한 국가정책들의 상호 작용의 확산과 다른 한편으로 군비제한, 군비축소, 비공격 방어, 동맹 등을 목표로 평화를 위한 국가정책의 나열을 수반하기 때문이다.

1990년대 중반 이후 대부분의 서유럽국가들은 실질적 군사적 위

---

98) Barry Buzan, et. al.(1998), pp.49 - 70, CHAPTER 3 참조.

협에 거의 직면하지 않고 있다. 그런데도 서유럽국가들은 상당한 군대를 유지하고 있다. 그리고 군사력을 군사적인 관계보다 주로 정치적, 경제적, 문화적 관계의 역할을 하는 데에 사용한다.[99]

예를 들어 덴마크 또는 일본 군대가 아프리카에서 평화유지군(PKOs)으로 참여한다면, 이것은 덴마크나 일본의 실재적인 외부의 평화위협과 관계가 없다. 오히려 그들 국가의 국제적인 역할 강화를 위한 정치적 활동과 관계가 깊다. 평화공동체에서 살아가는 국가들로서는 그들의 군사활동의 실질적인 역할이 군사 영역보다는 오히려 정치 영역으로 전환되고 있다.

군사적 평화의 의제는 국가들이 소유하고 있는 힘의 기구들과 이 기구들의 영향에 의해서 수립된다. 군사적 영역의 평화의제는 그 다음에 그 자신의 뚜렷한 논리와 기술적 규범을 갖게 된다. 그러나 군사적 영역의 평화의제는 고립되어 작동하지 않는다. 국가들 사이의 군사 능력의 전체적인 상호 작용은 정치적인 관계에 의해서 크게 좌우되기 때문이다. 이로 인해 군사적 평화는 정치적 평화와 함께 고려되어야 할 것이다.

국가들과 준국가들은 군사적 평화를 위해 영토 등 주요한 평화대상들을 전통적으로 유지해 왔고 그리고 현재도 그러한 측면을 부분적으로 강하게 유지하고 있다. 그러나 탈냉전 이후 영토문제로 인한 국가 간의 전면적인 전쟁 가능성이 거의 사라졌으며, 대부분 국지적으로 발발할 가능성이 남아 있다.

이로 인해 정군평화의 구분이 전통적 입장에서와 달리 매우 모호해졌다. 즉 정군적 동맹체인 다자간 안보체제가 보편적 현상으로 발전하고 있다. 이에 따라 정군평화에 있어서 하부체계들은 대부분 지

---

99) Barry Buzan, et. al.(1998), pp.60 - 65.

리적으로 밀착성이 있고 그리하여 지역을 단위로 하여 정군적 평화
복합체의 틀을 구성해 가게 된다.

(2) 경제평화의 개념과 의제

경제평화(economic peace)에서 평화문제의 대상과 이에 대한 실
재적인 위협과 폭력을 식별하기는 정군평화문제보다 더 어렵다. 경
제평화는 국가 간의 교류협력 과정에서 '평등한 분배정의와 균형발
전'을 통해 공동발전이 이루어지도록 하는 것이 핵심이 된다.[100] 즉 경
제평화는 국가 간의 경제적 교류 · 협력과 함께 상호 의존성과 균등관계
를 심화시켜야 공동발전을 통해 평화가 촉진된다고 보는 것이다.[101]

경제평화는 '욕심을 억제하고 밥(米)을 사람들(口)에게 골고루(平)
나누어 주는 것'이 평화(平和)라는 동양적 평화사상에서 출발한다.
경제평화는 국가 영역과 시장 영역으로서 소득분배의 불평등, 빈곤
층 확대, 환경파괴 등을 야기하는 세계 경제체제를 친인간적, 친공동
체적, 친환경적인 것으로 변모시키기 위한 새로운 경제체제 도입 등

---

100) 여기에서 사용한 '경제평화'에 대해서 한 가지 주의해야 할 점이 있다. 일부에서 '경제평화
론'이라는 용어를 "교역이 발전하면 장기적으로 국가 간의 긴장이 완화되고 평화가 증진되
는 경향이 있다"는 개념으로 사용하고 있다(이석, 『북한경제의 대외의존성과 한국경제의 영
향력』(서울: 통일연구원, 2006)). 또 "남북관계에 있어 평화의 증진이 경제협력을 촉진하며
다시 경제협력의 증진이 평화의 정착을 돕는다"는 의미의 '평화경제론'이라는 용어를 사용
하고 있다(조민, "평화경제론", 『통일정책연구(제15권1호)』(서울: 통일연구원, 2006)). 그
러나 이 글에서 말하는 '경제평화'는 이들 용어와 유사성이 있지만 엄밀히 말해 동일한 것
은 아니다.

101) 상호 의존성과 평화정착과의 상관관계를 실증적으로 분석한 결과들을 살펴보면, 통계자료나
분석에 사용된 모형이 차이가 있음에도 불구하고 경제적 상호 의존성의 증가가 분쟁이나
군사적 충돌을 감소시킨다는 데 일치된 결과를 보여 주고 있다. John R. Oneal and
Bruce Russett, "Assessing the Liberal Peace with Alternative Specifications: Trade
Still Reduces Conflict", *Journal of Peace Research*, Vol.36, No.4(1999). Erik Gartzke,
Quan Li and Charles Boehmer, "Investing in the Peace: Economic Interdependence
and International Conflict", *International Organization*, Vol.55, No.2(2001). Solomon
W. Polachek, "Conflict and Trade", *Crossroads*, Vol.5, No.3(2005). 임강택, 『한반도
경제통합 모형의 이론적 모색』(서울: 통일연구원, 2006) 등 참고.

을 목표로 한다. 경제평화는 자원의 지속 가능한 활용, 합리적인 생산과 이득의 분배, 인간적 노동, 경제자원의 군사화 거부 등을 통해 공동발전을 이루어 가는 과정이라고 할 수 있다.

경제평화는 경제적 교류와 협력과정에서 발생하는 폭력과 착취, 불평등의 극복을 우선시한다. 그리고 이를 위해 생활수준의 개선, 성장과실의 공정한 배분, 경제적 의사결정권의 형평성, 나아가 국가 간 또는 다국적기업과 국가 간 무역불균형 해소로까지 이어진다.[102]

절대적 빈곤으로부터의 탈피, 상대적 빈곤의 개선, 소득과 고용기회의 형평성, 생산참여를 통한 산업민주주의의 구현과 경영참여를 통한 경제민주주의의 이행, 개인 간 및 국가 간의 빈부격차 해소 등을 전제로 한다. 빈곤과 불평등, 저발전은 국가 내부와 국가 간 분쟁의 주요한 원인이 될 수 있다.

경제평화는 특히 자원과 식량, 에너지 등의 수출입을 통제하거나 경제적 수단을 이용하여 국가나 개인에게 위협하는 사건·상황·행위 등도 배제하는 것이다. 그리고 음성적 경제과정에서 생기는 부작용들인 마약, 조직적 범죄, 불법이민의 증가 등으로 인한 사회적 불안 요소들을 해결하는 것도 포함된다.

21세기 초반 소위 '실패한 국가(failed state)'들에게 있어서는 경제평화 문제가 내전의 요인이 되거나 지역을 불안정하게 만드는 주요한 요인이 되기도 한다. 이와 같은 측면에서 평화나 평화체제 구축에 있어서 경제평화는 매우 중요한 부문이 된다. 갈퉁은 경제평화를 폭력이 구조화되는 것을 막을 수 있기 때문에 '적극적 평화'라고 표현했다.

경제평화의 의제는 동북아 지역 등 초국가적으로 활동하는 다국적

---

102) 신광영, 『계급과 노동운동의 사회학』(서울: 나남, 1993), 41쪽.

기업의 활동 등이 제기될 수 있으며, 국가 정보의 투명성을 다루기도 한다. 경제평화의 위협과 폭력·착취는 국가수준의 경제에서 생존권에 대한 더 큰 요구를 갖고 있다.

국가가 파산상태 혹은 국민의 기본 욕구를 충족시킬 수 없는 상황과 같은 생존문제가 발생되는 경우에는 내부적 위협과 폭력·착취가 발생할 가능성이 커진다.[103] 국민의 생존 문제가 커지면 내란 발생과 외부개입 등 실재적인 위협과 폭력·착취로 확대될 수 있다. 즉 국가가 내부적으로 빈부격차와 지역격차 등이 확대되고 불균형 발전이 이루어진다면 그 나라는 취약한 평화구조를 갖게 된다.

그러므로 경제평화의 조건 역시 정군평화의 조건처럼 국가 내부 또는 외부개입에 의해 실재적으로 평화위협을 받을 수 있다. 이와 같은 나라의 예로서는 2005년의 경우 코트디부아르, 콩고민주공화국, 수단, 소말리아, 시에라리온, 아프가니스탄, 방글라데시 등을 들 수 있다.[104]

경제평화의 의제는 또한 비인간적 강제노동과 착취문제를 다룬다. 강제노동은 빈곤국가의 경제적 폭력·착취를 위한 후진적 행태의 성격이 강한 면이 있으나 경제의 세계화로 인하여 미국, 유럽 등 강대국에 의한 경우도 많이 발생되고 있다.

국제노동기구(ILO)는 2005년 5월 '강제노동에 반대하는 세계노동

---

103) 경제가 국가안보, 즉 국가평화에 미치는 영향을 중시하여 '국가안보(평화)의 경제적 차원'이라는 화두를 처음 던진 사람은 헬무트 슈미트 서독수상이다. 그의 문제제기는 1970년대 세계에 충격을 준 '오일쇼크' 이후에 나왔는데, 국가안보(평화)의 경제적 차원이란 안정적 에너지 공급과 자원에 대한 자유로운 접근을 보장하고, 경제적 자유를 보장하는 금융제도를 확립하는 것이며, 이것이야말로 바로 국가안보를 경제적으로 보장하는 방법이라고 주장했다. Amos a. Jordan, et. al., *American National Security: Policy and Process* (Baltimore and London: The Johns Hopkins University Press, 1989), p.3.

104) 이들 나라들은 국내 통제력을 잃었거나 권위를 상실한 정부, 내란과 경제파탄 지경으로 종종 외부개입까지 초래하는 국가들이다.

보고서'를 통해 전 세계 1230만 명이 현대판 노예로서 강제노동에 시달린다고 발표했다.[105] 인신매매를 통한 강제노동이 생산해 내는 수익이 연간 320억 달러(약 32조 원)에 달하며, 이 가운데 미국과 유럽이 절반 정도인 155억 달러(약 15조 원)의 수익을 착취하고 있다.

경제평화의 의제는 특히 지속 가능한 환경개발과 식량난 및 에너지난 해결문제를 다루기도 한다. 경제개발이라는 명분으로 지구의 생명을 떠받치고 있는 자연생태계의 60%가 인간에 의해 회복 불가능한 상태로 급격하게 파괴되고 있다.

유엔 주도로 구성된 '밀레니엄 생태계 평가위원회'가 2005년 3월 발표한 보고서에서 인간이 지난 50년 동안 인류 역사상 유례없이 무책임하게 자연생태계를 파괴한 결과 미래세대의 생존에 심각한 부담과 문제를 초래하고 있다고 경고했다.[106] 또 생태계 파괴로 인해 새로운 질병들의 발생과 대규모 확산, 지구온난화 등 기상변화, 동·식물 멸종, 산림훼손, 수질오염 등이 우려되고 있다.

대규모의 자연생태계 파괴는 인간이 1945년 제2차 세계대전 이후 지난 50년 동안 인구증가와 경제활동으로 인해 식량, 식수, 목재, 섬유, 연료 등의 수요가 급증하면서 무절제하게 과다한 착취를 해 왔기 때문이다. 중앙아시아의 거대한 아랄 해가 강물유입이 급격히 줄어 사막화된 결과 주변 생태계가 붕괴된 것은 대표적인 환경파괴의 사례이다.

중국의 황하, 아프리카의 나일 강, 북미의 콜로라도 강은 지류가 말라붙었고, 참치·상어 등은 전체의 90%가 감소했다. 이와 같은 대규모 환경파괴는 장기적으로 일자리 축소 등 경제에도 타격을 줄

---

105) 『문화일보』, 2005년 5월 12일.

106) 총 2,500여 쪽으로 이루어진 이 보고서는 유엔의 환경 관련 기구 등 95개국 학자 1,360여 명이 4년간 전 세계의 생태계를 조사한 결과다. 『연합뉴스』, 2005년 3월 31일.

뿐만 아니라 자원 확보를 위한 분쟁으로까지 확대될 수도 있다.

환경의 파괴로 인한 가뭄과 사막화는 지구촌의 대량 기근사태를 유발하여 국가뿐만이 아니라 생명의 평화 자체를 위협하기도 한다. 유엔식량농업기구(FAO)와 기근조기경보네트워크(FEWS NET) 등이 2005년 8월 현재 기준으로 발표한 자료에 따르면 니제르, 모리타니, 말리, 부르키나파소, 짐바브웨, 잠비아 등 아프리카 대륙 53개국 가운데 14개국 이상이 심각한 식량난에 노출되어 있다. FAO는 계속되는 가뭄, 사막화의 확산 등으로 아프리카 대륙의 인구 8억 명 중 약 3,000만 명의 인구가 심각한 식량위기에 직면한 것으로 파악하고 있다.

경제평화는 기본적으로 전쟁이나 분쟁의 유발을 억제하고 평화를 구축하기 위한 전략으로 경제의 '평화촉진론'과 깊은 관계가 있다고 접근한다.[107) 즉 전쟁을 방지하고 평화를 실현하기 위한 전략으로서 경제평화를 추구하는 것이다.[108) 인간의 본질적 욕구인 의식주 조달과 생존은 국가 평화의 기본적 조건이 된다. 그러므로 국가는 경제평화를 위해 적극적인 활동을 해 나가는 것이 필수적이다. 국가는 평화행위자로서 경제적 갈등을 해소하기 위해 분배적 정의를 합리적으로 추진하려는 노력이 필요하다.

냉전기의 동서대결에서 자본주의의 승리는 자유주의 지배를 강화시키는 계기가 되었다. 그러나 21세기 지구적 규모로 실현된 세계자

---

107) 경제의 평화촉진론의 모델로는 통합주의에 의한 유럽연합(EU)의 출범, 나프타(NAFTA)를 통한 미국과 캐나다의 평화 관계 등을 들 수 있다. 또한 금강산관광특구와 개성공단 개발을 통한 남북한 간의 적대관계 축소처럼 적대적인 국가 사이에 평화지대를 설치하여 양국 간의 전쟁을 방지하고 평화를 유지, 구축하는 것도 이러한 모델로 상정할 수 있다.

108) 듀마(Lloyd J. Dumas)는 경제협력을 통해서 평화를 정착시키기 위해서 필요한 세 가지 원칙을 제기했다. 첫째는 균형 잡인 경제관계의 구축이다. 둘째는 개발중시의 원칙이다. 셋째는 생태학적 갈등 요소의 최소화의 원칙이다. 임강택(2006), 88－95쪽(Lloyd J. Dumas, "Peacemaking and Peacekeeping: What Economics can Contribute"(prepared for the ECAAR Review 2004).

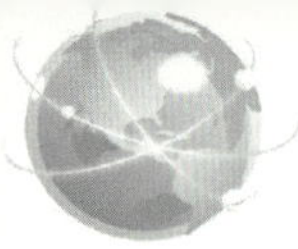

본주의는 빈부격차 등 경제적 폭력·착취구조를 확산시키고 새로운 갈등과 분쟁의 불씨를 낳고 있다. 자본주의적 자유주의의 이상은 궁극적으로 국가경제를 해체하고 상품, 자본, 서비스, 국민의 활동을 상대적으로 덜 제한하는 세계경제로 움직이는 것이다. 이 과정에서 정치적 안정 여부와 경제적 빈부격차 문제 등이 발생한다.

자유주의 의제에 의해 지배되는 경제평화 문제의 중심에는 불안정과 불평등이 내재해 있다. 불안정은 미국 패권의 쇠퇴와 중국·유럽·일본 등의 도전, 원유수입, 무역 및 재정적자 등 세계경제의 통합과 자유화에 따른 국제경영 문제를 부각시킨다. 불평등은 국내적으로는 국가의 역할, 국제적으로는 제3세계의 불리한 경제적 지위에 관한 문제를 부각시킨다.

경제평화의 조건에서 인류의 지속 가능한 평화를 위해 우선적으로 고려되어야 할 것은 빈부격차의 해소문제이다. 전 지구적 자본주의 생산구조의 결과로 인해서 오늘날과 같이 날로 커지는 빈국과 부국의 경제적 격차의 상황 아래서는 적극적 평화의 실현을 기대하기 힘들다.

자본주의의 역사적 경험으로부터 인류의 평화미래를 전망한다면 현대의 불평등, 양극화된 소득분배구조를 개선하지 않고는 그 속에 도사리고 있는 많은 갈등을 해결할 수 없다. 국가 간, 지역 간, 개인 간 빈부 격차를 심화시키고 갈등을 양산, 확산하는 자본주의 체제를 인간의 얼굴을 한 체제로 전환함으로써만 세계적 차원의 평화를 정착해 갈 수 있을 것이다.

(3) 문화평화의 개념과 의제

문화평화(cultural peace)에서 '문화(culture)'라는 개념은 대체로 사회구성원으로서의 인간이 획득한 능력과 습관의 총체를 말한다. 이것은 생활양식(way of life)과 사고양식을 총칭하는 것으로 역사, 이념, 가치 등으로 투사되어 나타난다.109)

문화평화에서 국가 간 평화문제의 대상은 국가 영역, 시장 영역, 시민사회 영역에서 국가와 독립된 기능을 할 수 있는 대규모 집단들의 공통적 정체성(identity), 즉 민족(주의)과 역사, 이념과 제도, 가치 등에 관한 것이다. 이에 따라 문화평화의 의제는 집단적 잠재의식 속에 침전된 역사, 이념, 가치 등의 정체성에 초점이 맞추어진다.

문화는 근대화론 이후 사회과학에서 사회화 과정의 맥락에서 특별한 의미를 가져왔다. 즉 인간은 사회화 과정에서 인간으로서의 보편적 가치와 규범뿐만이 아니라 자기가 속해 있는 사회환경의 특수한 지배관계 또는 권력관계들 그리고 주변국들과 관련된 가치들까지 내면화하면서 삶의 양식인 문화로 투사한다. 이에 따라 문화를 넓게 보면 사회 내의 다양한 세력들이 자신들에게 유리한 역사, 이념, 가치들을 확산, 보편화시키려는 집단들이 서로 경합하고 갈등하는 사회 그 자체라고도 한다.110)

그러면 문화평화 또는 문화의 평화화 과정은 구체적으로 어떤 것을 말하는가? 문화의 평화화 과정을 다소 거칠게 말한다면 착취, 억압, 폭력 등 지배적 또는 권력적 관계로 형성된 역사왜곡, 이념대결, 가치차별이 인류의 보편적 사실과 가치로 일반화되어 가는 것을 말한다.

문화평화는 각각의 개인들이 생활양식으로서 역사왜곡, 이념대결, 가치차별을 극복하고 보편적 사실과 가치에 대한 평화적 향유권을

---

109) 유네스코는 1982년 '문화정책에 관한 세계회의'에서 문화평화와 관련하여 문화의 개념을 인간의 삶에 대한 사고방식과 조직화 방식으로 이해되어야 한다는 사실을 강조했다. 즉 문화는 특정의 가치들에 관한 지식을 의미할 뿐만 아니라 그러한 가치들을 믿고 일상생활에서 그것들을 기꺼이 지키고 따르는 것을 의미한다고 규정했다.

110) 정성자, "문화 민주화의 진행", 『국회도서관보(2007년 1월호)』, 제44권 제1호 통권332호, 43 - 44쪽.

누리며 이와 관련된 문제에 참여하여 인간으로서 창의적 자기계발을 성취하여 인류공동체에 기여하는 것을 의미한다. 따라서 문화평화의 구축은 정군평화, 경제평화를 보다 높은 차원으로 발전시키며 평화의 내용적, 실질적 측면을 보완시켜 주며 지속 가능한 평화를 보다 잘 구현시켜 줄 것이라는 기대를 갖게 해 준다.

그런데 문화평화의 지형은 대체로 경제적, 정군적 관계들 속에서 형성되어 있는 지배와 억압, 왜곡, 폭력 및 착취와 밀접한 관련을 맺고 있다. 문화평화가 실현되었다고 했을 때 그것은 경제적 소득이나 정치적 입장과 관계없이 모든 사람들이 자신의 취향 또는 가치대로 삶을 즐길 수 있다는 것을 의미한다. 이러한 문화평화의 의제와 의미 있는 논의는 크게 두 가지로 압축된다.

하나는 문화평화가 문화적 맥락이 배제된 경제평화의 확대에 대해 개인들이 성찰할 수 있는 능력을 갖게 하는 데 도움을 주는 것이냐는 점이다. 다른 하나는 문화평화가 왜곡, 이질성 또는 차별에 따른 문화적, 계층 간 분리현상을 얼마나 완화시키며 정군적, 경제적 폭력과 착취의 해소에 기여하느냐이다.

일반적으로 국가와 문화는 서로 다른 논리를 파생시킨다. 국가는 일정한 영토와 공식적인 구성원에 근거를 두고 있다. 이에 반해 문화는 매우 다양한 현상에 근거를 두고 있다. 국제적인 평화를 위한 문화적 영역의 분석 열쇠는 개인들이 문화적 구성원들이라고 입증하는 관념과 실제이다. 문화는 정체성, 공동체들의 자아상 그리고 공동체의 구성원들로부터 자신들을 확인하는 개인들의 자아상에 관한 것이다. 이러한 문화적 정체성들은 정부와 관계된 정치기구들과 명백히 구분된다.

문화평화를 체계화, 조직화하는 개념은 일반적으로 정체성이란 말로 표현된다.111) 문화평화는 어떤 종류의 공동체든지 공동체로서 그들의 생존을 유지시키고 발전시키는 것으로 규정될 때 존재한다. 문화평화의 의제는 명백히 크고, 자급자족적인 정체성 집단들의 역사, 이념, 가치 등에 관한 것이다. 집단들의 정체성은 상황적, 경험적으로 시간과 공간에 따라 변화하며 약화되기도 하고 강화되기도 한다.

현재 정체성의 단위는 대체로 국가 단위로 이루어지지만 국가에 따라 종교적, 인종적, 언어적, 역사적 요인에 따라 구분되기도 한다. 그러므로 문화평화의 개념은 또한 '정체성의 평화(peace of identity)'로 이해될 수 있다. 집합적인 정체성은 내부적, 외부적 발전에 응답하여 자연적으로 진화하고 변화한다.

문화는 두 가지 방법으로 평화위협 혹은 폭력과 착취에 대응하며 평화를 강화시켜 나갈 수 있다. 하나는 공동체 그 자체에 의해서 실행된 활동들을 통해서이고, 다른 하나는 평화위협과 폭력·착취를 국가 의제로 설정하는 정치적 영역에 과제를 이동시킴으로써 실행된 행동들을 통해서이다. 문화평화는 국가들에 의해서 지향되는 것이 일반적이다. 이로 인해 문화평화가 정군적 평화와 합쳐져 서로 분석하는 것을 어렵게 한다.

문화평화는 특히 폭력과 착취의 습성을 평화의 습성으로 전환시킬 수 있는 기본 전제가 된다는 측면에서 매우 중요하다. 일반적으로 체제 간 또는 체제 내의 갈등과 분쟁을 조장하는 것은 일부에서 문명이라고 하여 '문명충돌론'을 제기하고 있지만 그것은 본질이 아니다.112) 일부 국가의 정부나 지도자들이 폭력을 호소하여 폭력과 착취 문화를 배양시킨 면이 없지 않다.

---

111) Buzan Barry, et. al.(1998), pp.119 - 140.

112) 일부에서는 문명충돌의 본질은 문명이 아니라 '계급'이라고 주장하기도 한다.

특히 중동지역과 제3세계의 여러 다른 지역에서 장기간 지속되어 온 전쟁들은 폭력과 착취문화를 강화시키는 요인이 되어 왔다. 그러나 이것은 다시 문화평화를 재구축함으로써 실질적인 평화를 구축해 낼 수 있다. 즉 증오에 따른 폭력의 대응은 또 다른 폭력을 불러오고 폭력을 구조화시킨다는 점에 주의해야 한다. 오직 평화적 수단에 의해서만이 폭력을 근원적으로 제거할 수 있는 신념이 배양되도록 문화평화를 추구해 갈 필요가 있다.

문화가 '경험을 개념화하는 방법'이라고 생각한다면, 문화의 차이는 거시적으로는 지구적 수준뿐만이 미시적으로는 개인적 수준에서도 발생한다. 그러므로 한 문화가 다른 문화를 배척하거나 차별하게 되면 문화평화가 심각하게 위축된다. 2001년 9·11사건 이후 미국과 유럽에서 반이슬람주의와 반유대주의 등 인종 및 종교, 즉 문화차별이 확산되었는데 이것은 문화갈등을 초래하여 심각한 평화위협을 가져오게 했다.

문화적 충돌과 갈등을 방지하기 위한 문화평화에서 특히 중요한 의제는 이문화 간의 '문화적 대화와 교류'이다. 문화 간의 대화는 다양성과 관용, 상대에 대한 존중 등이 전제되어야 한다. 문화적 다양성과 차이가 인정될 때 문화적 차이에서 오는 갈등과 폭력·착취가 해소될 수 있다.

특정한 이념, 가치, 인종, 종교만이 우수하다는 문화적 우월주의라는 관점이 강조되면 갈등과 폭력이 야기될 수 있다. '표현의 자유'가 자유라는 이름으로 문화적 충돌로 확대되지 않도록 신중하게 행사될 필요가 있다. 특히 언론은 문화적 충돌을 확대하거나 문화적 협력을 강화시킬 수 있는 특성을 지니고 있기 때문에 그 기능이 평화 지향적이어야 할 것이다.

문화평화의 의제에 있어서 종종 경제적 차원에서 문제가 되는 '중심 – 주변(Center – Periphery)'의 관계가 유사하게 나타나고 있다.113) 문화의 중앙 – 주변의 관계는 무한한 연쇄를 이루고 있는 것이기 때문에, 항상 보다 주변적인 하부문화(subculture)와 의식적으로 접촉하며 갈등을 줄여 나갈 필요가 있다. 이 의식화야말로 문화평화를 실현하는 데 있어서 기초적인 동인이 된다.

문화평화는 엄밀한 의미에서 교육의 과정과 관련되는 문제이다. 그렇지만 현실의 교육은 학교라고 하는 제도 속에서 플레이레(P. Freire)가 말하는 '은행형 교육(banking concept of education)', 즉 빈 그릇에 지식을 채워 넣는 형태의 교육이 되어 있다.114) 제도화된 은행형 교육은 획일화된 '중앙의 문화'를 학생들에게 주입하고 억압과 폭력·착취의 문화를 전파한다.

문화평화를 위해서는 억압과 차별을 극복하고 문화적 보편성을 키울 수 있는 문화적 평화교육이 시행되어야 할 것이다. 문화평화의 중요한 의제는 이와 같이 이문화와의 대화(국경을 초월한 것과 국경 속의 것)와 교류를 촉진하고, 그 대화와 교류가 보다 보편적인 문화로 창조되도록 방법을 모색하는 것이다. 문화평화에 있어서 중요한 것은 문화적 침략과 억압, 폭력·착취를 배제하고, 교류와 이해로 보다 풍요롭고 보편적인 인류의 문화로 발전시키는 데 있다.

동북아는 특히 문화평화와 관련하여 자본주의·사회주의라는 이념적 논쟁과 함께 각국 간에 역사적으로 형성된 집단적 가학과 피해에 대한 기억이 존재한다. 동북아 지역의 역사, 이념, 가치 등에 의한 문화평화

---

113) 石田雄, "이문화간의 대화와 평화", 일본평화학회 편집위원회 편, 이희경 역, 『평화학 – 이론과 과제』(서울: 문우사, 1987), 234 – 240쪽.

114) Paulo Freire, *Pedagogy of the Oppressed*, translated by Myra Bergman Ramos (New York: The Seabury Press, 1970), p.57.

의 갈등은 경제적 형평보다는 역사적, 민족적 관점의 차이에서 오는 것이 훨씬 크다. 문화평화의 갈등이 심화되면 정군적 긴장으로 확대되는 경향이 있기 때문에 다른 평화보다 신중히 다루어질 필요가 있다.

제3절 지속 가능한 평화의 개념과 성격

1. 지속 가능한 평화의 개념

본 저서의 평화연구에서 전체적으로 가장 중요하게 사용되는 것은 '지속 가능한 평화와 평화체제'라는 용어이다. '지속 가능한' 평화란 앞에서도 간단히 설명했지만 평화가 전쟁 등의 발발로 중간에 파기되지 않고, 지속적으로 유지(keeping), 형성(making), 구축(building) 될 수 있는 것을 의미한다. 이러한 평화는 인류의 '영구평화'에 기본 가치를 두고 평화를 선순환적 구조 속에서 지속적으로 확대, 강화해 나가는 인식과 실천 과정을 뜻한다.

그러므로 '지속 가능한'이란 영구평화를 실현하기 위해서 평화를 유지, 구축하여 중간에 단절, 파괴되지 않도록 지속적으로 확대해 나가는 것이라고 정의한다. '지속 가능한'이라는 용어는 '지속 가능한 발전(sustainable development)'이라는 말에서 원용한 것이다. 지속 가능한 발전이라는 말은 유엔이 1987년 펴낸 보고서 '우리의 미래'를 통해 '미래 세대가 그들의 필요를 충족시킬 능력을 저해하지 않으면서 현재 세대의 필요를 충족시키는 발전'으로 정의된 개념이다.

지속 가능한 발전의 개념은 경제와 환경이 상호 보완적인 관계이고 지속적인 경제성장이 환경문제 개선에도 긍정적으로 작용한다는 시각에서 제시된 것이다. 신고전학파(Neoclassical Economics)로 대표되는 주류 경제학자들은 전통적인 경제분석방법에 따라 환경보전과 경제성장은 '상충관계(trade - off)'에 있다고 가정했다.

이에 반해 '지속 가능한 발전'은 경제성장과 환경보전 사이에 상호 보완관계(complementarity)가 있다는 논리에 근거를 두고 접근하고 있다. 진정한 성장은 환경보전과 병행해 이루어지는 것이 바람직하며 장기적으로는 환경·자연자원을 보호하는 것이 뒷받침될 때 경제성장도 가능하다는 것이다.

지속 가능한 발전의 개념이 일반적으로 공식화된 것은 '환경과 개발에 관한 세계위원회(WCED)'가 1987년에 발표한 『우리의 미래(Our Common Future)』라는 보고서에 의해서였다. 이 개념은 그 후 1992년 세계 178개국 정부대표들이 모인 리우 유엔환경개발회의에서 세계환경정책의 기본규범으로 정식 채택되었다.

2002년에 열린 '세계 지속 가능발전 정상회의(WSSD)'에서 각국 대표들은 지구촌의 환경보전과 경제발전의 조화를 위한 '선언문'을 채택하고, 이에 대한 실행방안을 담은 '이행계획' 문안 작성에 합의했다.115) 이처럼 경제성장과 환경보전 분야에서 처음 사용되기 시작한 '지속 가능한'이란 용어는 그 뒤 인구·결혼·농업·경제·사회·소비·체육 분야 등 다방면에서 응용되어 사용되고 있다.

평화와 관해서도 최근에 와서는 '지속 가능한 평화'라는 말이 자주 사용되고 있다.116) UN은 새천년 개발 목표(MDGs, Millennium

---

115) http://ko.wikipedia.org/wiki/%EB%8C%80%EB%AC%B8(검색일: 2004년 4월 2일) 등 참조.

116) 고려대 임혁백 교수는 "안보문제에서는 통일지상주의자들과 달리 한반도 분단문제의 해결을 '지속 가능한 평화'라는 관점에서 접근해야 한다"고 주장했다. 또 좋은정책포럼 등에서

Development Goals)를 달성하기 위해 협력관계를 구축하여 '지속 가능한 성장과 평화(sustainable development and peace)'를 지원하고 있다고 밝혔다.[117] 미국 부시 대통령도 2006년 8월 이스라엘과 헤즈볼라 사이의 무력 충돌이 끝나기 위해서는 '지속 가능한 평화'가 필요하다고 주장했다.

그러나 '지속 가능한'이란 용어의 개념은 사용자에 따라 다소 차이가 있다. 본 저서의 평화연구에서는 전쟁과 군사적 충돌을 근원적으로 방지함으로써 평화의 지속 가능성을 확보하기 위하여 '지속 가능한 평화(평화체제)'라는 개념을 도입했다. 그러므로 지속 가능한 평화는 경제성장과 환경보전 사이에 상호 보완관계가 있다는 논리에 근거를 둔 '지속 가능한 발전'의 개념과는 다소 차이가 있다. 즉 경제성장을 위해서는 불가피하게 지속 가능한 범위 내에서 환경훼손을 용인하는 것 같은 의미와는 다르다.

지속 가능한 평화는 인류사회에 있어서 전쟁이 불가피하다는 호전주의자들의 주장과는 상대적인 개념이며, 오직 전쟁이 없는 평화의 지속성 강화를 지향하는 개념이다. 전쟁은 평화와 서로 보완적 관계나 불가분의 관계가 아니며 반드시 극복되어야 할 인류의 최고 목표이다. 지속 가능한 평화는 전쟁으로 인한 인류의 종말을 막고 미래세대의 인류를 생각하는 새로운 평화전략을 제시하고자 도입된 것이다.

이에 따른 지속 가능한 평화체제의 개념은 개별 국가 간에 전쟁의 부재뿐만 아니라 갈등·대립·폭력·착취의 근본원인까지 제거하여 복지와 번영을 위한 인류공동체를 형성하고, 영구평화를 실현하기

도 '지속 가능한 평화'를 통해 한반도를 평화 관리해 나가겠다고 발표했다. 『경향신문』, 2006년 8월 7일.

117) http://www.unep.org/sport_env/Publications/index.asp(검색일: 2007년 5월 19일)

위해 평화를 지속적으로 유지, 형성, 구축해 가는 규범, 제도 등을 포함한 기본 원리라고 정의한다. 이러한 평화체제는 기본적으로 기존의 평화체제의 개념을 훨씬 뛰어넘는 것이다.

일반적으로 평화체제(peace regime)란 전쟁 가능성이 있는 국가 간에 평화조약이나 평화협정을 체결하여 이에 규정한 대로 갈등과 분쟁의 가능성을 제도적으로 봉쇄하여 평화를 구축하는 체제를 말한다.118) 다시 말하면 국가들 간에 갈등과 대립으로 인한 전쟁의 가능성을 제거하고, 상호 불신과 군비경쟁으로 초래된 적대관계를 청산하며, 평화를 관리·유지·구축하기 위해 국가들 간에 협력·합의하는 절차, 규범, 규칙 그리고 그것을 관할하는 기구 등을 의미한다.

이러한 의미의 평화체제 사례로는 이스라엘과 이집트 간의 평화협정, 이스라엘과 요르단 간의 평화협정, 이스라엘과 시리아 간의 평화협정 등을 들 수 있다. 이들은 대체로 대규모 전쟁을 몇 차례 치르고 나서 평화협정을 체결함으로써 평화체제에 이르게 된 사례들이다.

그러나 평화협정을 체결했다고 해서 평화가 영구히 보장되는 것은 아니다. 역사적으로 평화협정을 체결하고 나서 잉크가 채 마르기도 전에 전쟁이 재발된 사례도 있다. 이스라엘과 주변국들 간의 평화협

---

118) 체제에 관한 정의는 학자마다 다소 차이가 있다. Krasner는 레짐 또는 체제를 국제관계의 주어진 한 영역에서 행위자(actor)의 기대가 합치되는 명시적, 묵시적 원칙, 규범, 의사결정 절차 등의 총합체라고 정의했다. Keohane과 Nye도 마찬가지로 레짐을 '행위를 예측 가능하게 하는 규범, 규칙 및 절차의 네트워크를 포괄하는 장치(arrangement)'라고 정의했다. 레짐은 법적 규범이나 규칙이 중심을 이루나 이 밖에도 묵시적 행위규범 및 절차 등을 포함하는 넓은 개념이라고 규정했다. Krasner나 Keohane의 견해를 빌려 본다면, 휴전체제나 평화체제란 정전협정이나 평화협정보다는 포괄적인 개념이 분명하다. 한반도의 휴전체제는 1953년의 휴전협정을 바탕으로 지난 40여 년간 유지되어 온 체제로, 그 주요 특징은 군사정전기구 외의 남북한 간 공식적 대화채널의 부재, 신뢰의 결여, 정치적·군사적 대결 구조, 군비경쟁 등을 들 수 있다. 이는 '행위를 예측 가능하게 하는 규범, 규칙 및 절차에 네트워크'가 결핍되어 있어 불안정하고 긴장된 체제인 셈이다. 이에 반해 평화체제란 행위를 예측 가능하게 하는 규범, 규칙 및 절차 등의 네트워크를 구축, 평화를 보장하는 안정된 체제를 의미하며, 이러한 평화체제를 구축하는 데 바탕이 되는 것은 평화협정이라 할 수 있다.

정도 유럽과 비교해서 짧은 시간 내에 평화협정을 체결했으나, 아직도 테러 및 자살공격이 빈발하고 있어 실질적인 평화를 보장하는 평화체제가 되지 못하고 있다.

따라서 평화체제가 지속 가능화하도록 새롭게 개념을 규정하고, 이를 실행화할 필요가 있다. 즉 평화체제의 개념이 단순히 국가들 간의 적대관계를 청산하기 위해 형성한 규정이나 기구, 제도(regime)를 의미해서는 안 된다. 평화가 실질적으로 지속 가능하고 영구화하기 위한 불가역적인 관행, 가치, 행동규범 등이 하나의 평화유지를 위한 '틀(system)'로 정착되도록 하는 것이 필수적이다.

항구적인 평화를 실현하려면 평화체제가 일시적인 체제가 아닌 지속 가능한 체제, 즉 지속 가능한 평화체제를 구축하는 것이다. 지속 가능한 평화체제란 우선 전쟁의 방지 또는 평화의 회복, 유지를 위한 명시적 혹은 인지된 규범이나 원칙, 규칙 그리고 정책결정의 절차들을 망라하는 제도(regime)와 규범을 형성하는 것이다.

이것은 억지, 신뢰구축, 군비통제, 군축 등 정군적 문제뿐만 아니라 경제적 교류협력과 문화적 동질화 등의 접근을 통해 평화의 유지 및 구축을 위해 노력하는 것과 이를 보다 제도화, 규범화해서 법제화된 분쟁해결을 모색하는 것까지를 모두 포함한다. 나아가 이를 토대로 관련국과 구성원들이 상호 의존과 신뢰를 형성하고 동시에 구성원들에게 평화교육을 하여 구성원들이 평화공동체로서의 정체성을 변화시킴으로써 평화체제를 유지, 운영해 나가는 노력이 수반되어야 할 것이다.

따라서 지속 가능한 평화체제, 즉 평화복합체론에 의한 평화체제란 평화조약이나 평화협정만 체결한 것을 의미하는 것이 아니라 이를 포함하여 평화가 지속적으로 견고하게 유지, 구축되게 하는 정군적, 경제적, 문화적 평화규범과 행태의 복합체적 총합체와 이를 실천,

운영하는 원리를 의미한다.

즉 지속 가능한 평화체제는 '제도(regime)'를 포함하는 복합체적인 평화유지, 구축의 원리로서의 '평화틀(peace system)'이라고 할 수 있다. 지속 가능한 평화체제는 단순히 정군적 협의의 개념에서 벗어나 정군적, 경제적, 문화적 평화를 실현하여 평화공존과 복지번영을 목표로 하는 평화공동체를 적극적으로 유지, 운영해 가는 원리를 말한다.

지속 가능한 평화체제를 구축하기 위해서는 무엇보다도 근본적인 패러다임의 전환이 필요하다. 특히 동북아나 중동지역 등 전쟁 가능성이 잠재된 지역은 과거 적대적 안보체제의 틀에서 벗어나 새로운 패러다임을 모색하여 평화체제를 구축하는 작업이 필수적이다.

한 패러다임에서 다른 패러다임으로의 전환은 쿤(Thomas Kuhn)의 과학혁명에서 언급했듯이 천동설에서 지동설로의 변화와 같은 개종을 의미한다.[119] 지역평화를 위한 평화체제의 구축은 전쟁 위기 구조를 극복할 수 있는 평화협력체제와 공동번영을 위한 평화공동체, 즉 지속 가능한 평화체제로 바꾸는 혁명적 전환을 의미한다.

동북아 지역은 한·미동맹, 중·조동맹 등 전쟁을 위한 동맹체제는 잘 갖추어져 있으나 평화를 위한 협력체제는 아직 구축되어 있지 않다. 동북아는 오히려 세계적으로 탈냉전시대임에도 불구하고 중·미 간 잠재적 적대관계가 심화되어 가고 있다. 동북아 등 분쟁 잠재 지역의 지속 가능한 평화체제의 구축은 전쟁위기 구조를 극복하고 지역평화와 공동번영을 위해서 매우 절박한 일이다.

갈등으로 인한 분쟁 잠재 지역의 평화체제 구축은 그 지역의 전쟁 위기 구조를 지속 가능한 평화체제 구조로의 전환을 의미한다. 철학

---

119) Thomas S, Kuhn, *The Structure of Scientific Revolution*(Chicago: University of Chicago Press, 1962).

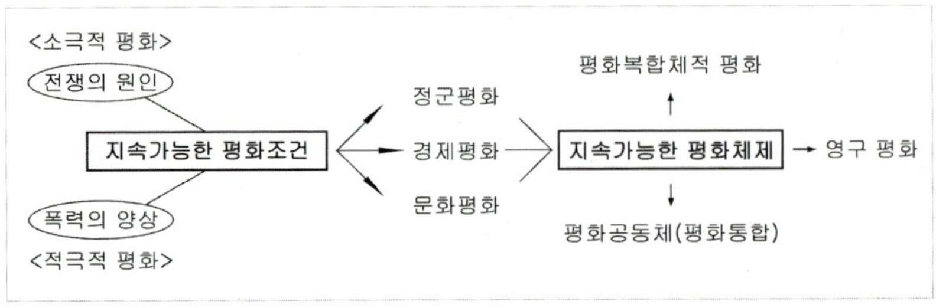

〈그림 2-5〉 지속 가능한 평화체제의 구축 흐름도

적으로 볼 때 지역의 평화공동체 구상은 경제교류 등을 통해 전쟁의 위기구조를 극복하고 평화를 유지한다는 칸트의 평화사상과도 연결되어 있다.[120]

지역의 지속 가능한 평화체제 구축의 기저에 깔린 평화구상은 <그림 2-5>와 같이 정군적 신뢰관계 개선과 경제적 협력 확대, 평화공존을 위한 문화적 가치 확립 등의 선순환구조를 확립하는 것이다. 이것은 지역 국가만을 위한 배타적 공동체 대신 주변 국가는 물론 모든 국가의 참여도 허용하여 지역의 평화와 번영이 항구적으로 보장되고, 이의 긍정적 영향이 지구촌의 평화와 안정에 기여하는 것으로 나아가는 것이다.

2. 지속 가능한 평화체제와 한반도 평화체제

동북아의 경우 동북아 평화체제의 구축과 함께 반드시 고려되어야 할 것은 한반도 평화체제의 구축이다. 한반도 평화체제의 구축이란

---

120) Immanuel Kant, "Perpetual Peace: A Philosophical Sketch", in Hans Reiss(ed.), *Kant's Political Writings*(Cambridge University Press, 1970). pp.95-105. Immanuel Kant, *Perpetual Peace*, ed. Lewis White Beck(New York: Liberal Arts Press, 1957) 등 참조.

우선 남북한 간의 불안정한 정전상태를 전쟁이 완전히 종료한 평화 상태로 전환하고, 미국과 중국 등 관련국들이 이를 조약이나 협정을 체결하여 평화를 실질적이고 제도적으로 보장하는 체제를 말한다.

다시 말하면 한반도에서 전쟁위기를 예방하고, 전쟁 자체가 근원적으로 일어나지 않도록 적대관계를 청산하고, 공동의 발전을 추구하기 위해 남북한 간 또는 남북한과 주변 관련국 간에 합의하여 실천하는 원칙, 규범, 규칙 그리고 그것을 관할하는 기구 및 과정 등의 총합체라고 규정할 수 있다.[121]

그러나 한반도의 평화체제가 '지속 가능한 평화체제'로 구축되기 위해서는 단지 정전협정을 평화협정으로 전환하는 수준에서 머무르게 해서는 안 된다. 한반도의 실질적인 평화보장을 위해서는 보다 적극적으로 정군적, 경제적, 문화적 평화공동체를 형성하여 복합체적인 평화규범과 행동의 총합체로 정착되도록 하는 것이 필요하다.

즉 한반도의 지속 가능한 평화체제는 한반도의 불안정한 정전체제를 종식하여 군사적 긴장을 해소하고, 한반도 및 동북아 지역의 평화와 안정을 지속화시켜 공동번영의 기반을 구축해 나가는 것이다. 한반도 평화체제의 구축은 동북아의 전쟁위기 구조를 개선하는 단초를 제공한다는 측면에서 그 의미가 매우 크다.

한반도에서 평화체제를 구축하려면, 전쟁 위기관리체제의 정착에서부터 시작해서 경제적, 문화적 교류를 통한 화해와 협력조치, 정군적 신뢰구축과 군비제한 및 군축 조치들이 남북한과 미국, 중국 등 관련국 사이에 합의되고 실천되어야 한다. 법률적으로 정전협정이 평화협정으로 바뀌고, 정군적으로 적대관계가 청산되고, 경제·문화적으로 남북한 및 동북아 국가들이 화해·협력하는 관계가 구축되어야 한다.

---

121) 한용섭(2004), 158 - 160쪽.

〈표 2-2〉 남한과 북한의 평화와 평화체제의 개념 비교

구 분	남 한	북 한
소극적 개념	한반도에서 전쟁이나 무력충돌 없이 국내적, 국제적으로 사회가 평온한 상태	조선반도에서 군사적인 행동이 중지된 가운데 평화상태를 회복한 상태
적극적 개념	한반도에서 전쟁이나 무력충돌 없이 국내적, 국제적으로 평온하고, 북한이 적화통일을 포기한 상태	조선반도에서 군사적인 행동이 중지된 가운데 평화상태를 회복하고, 주한 미군이 철수된 상태

　　정전체제하의 한반도는 세계적인 추세의 탈냉전 이후에도 남북한 간의 군사적 대치로 인한 냉전구조가 여전하고, 북한과 미국 간의 대립과 갈등이 계속되어 평화가 위협받고 있다. 그러므로 한반도에서 남북한 간의 군사대결 상태를 종식하고 평화공존과 상호 협력을 통해 공동 발전해 나갈 수 있는 평화체제의 구축이 매우 중요하고 시급하다.

　　그런데 한반도 평화와 평화체제의 개념은 논자마다 다소 다르고, <표 2-2>에서처럼 남한과 북한의 당국자들도 서로 다른 개념을 사용하고 있다. 다행히 소극적인 한반도 평화개념은 남한과 북한 간에 커다란 차이가 없다.122) 그런데 적극적인 평화개념에 있어서 남한인들이 보유하고 있는 개념과 북한인들이 보유하고 있는 개념과는 너무나 상이하다.

　　일반적으로 평균 남한인들이 보유하고 있는 한반도 평화에 대한 적극적인 개념은 "한반도에서 전쟁이나 무력충돌 없이 한반도 전체가 평온하고, 북한이 적화통일 의지를 완전히 포기한 상태"라고 정의하고 있다. 그러나 북한은 적극적인 평화개념을 "조선반도에서 군

---

122) 북한의 국어사전에서 평화란 '전쟁, 무력충돌 등이 없는 평온한 상태'를 의미한다고 서술하여 우리의 국어사전과 큰 차이가 없다. 과학원어문학연구소 사전연구실(편), 『조선말 사전』 (평양: 과학원출판사, 1962).

사적인 행동이 중지된 가운데, 주한미군이 완전히 철수된 상태"라고
규정한다.123)

그러므로 남한과 북한이 한반도 평화와 평화체제를 구축하기 위해
선 우선은 개념부터 합의해 나가야 할 것이다. 한반도 문제와 관련
하여 평화체제라는 용어가 자주 사용되는데, 그것은 다음과 같이 약
간씩 다른 의미를 포함하여 사용되는 것이라고 할 수 있다.124)

첫째는 특정 사안별 중심의 평화체제를 논의하는 것으로, 정전협정
을 그대로 둔 채 적대행위의 재발을 막는 새로운 체제라는 의미로 사
용된다. 즉 평화의 회복이나 평화의 유지도 아닌 '준평화'의 유지라는
것이다. 한반도를 둘러싼 주요 현안을 중심으로 이의 해결방안을 모색
하는 과정에서 한반도 평화체제가 논의되는 경우가 여기에 해당한다.

북한이 미국에 새로운 한반도 평화체제의 구축을 말하고 있는 경
우 그리고 미국이 그에 응하고 있는 자세는 바로 이러한 준평화의
유지라는 개념에 따르는 것이라고 본다.125) 북핵문제 해법과 관련한
논의, 전시작전통제권을 포함한 한미동맹의 미래 정체성, 북한인권문
제 등과 관련한 논의와 해법 마련이 여기에 해당한다고 볼 수 있다.

둘째는 정전협정체제를 전쟁의 종결과 평화의 회복을 위한 체제로
전환하는 의미로 사용된다. 이런 개념이 본래적 의미의 '평화협정(평
화조약)'이다. 평화협정은 당사자 간의 합의에 따라 그 성격과 내용
이 달라질 수 있다. 평화의 회복과 더불어 회복 후의 유지까지도 포
함할 수도 있고, 평화의 유지(불가침)를 포함하지 않을 수도 있다.

---

123) 송대성, "북한의 '평화개념' 재음미", 『미래한국』, 2006년 9월 21일, 『조선말대사전』(평
　　 양: 북한사회과학출판사, 1992), 109－110쪽, 재인용.

124) 김명기, "평화체제 구축에 관한 이론적 개관", 곽태환 외(1997), 11쪽. 박인휘, "한반도 평
　　 화체제 구축을 위한 정책과제와 전망", 『동북아 및 한반도의 평화정착과 재외동포의 역할(통
　　 일문제 세미나 자료집)』(서울: 평화문제연구소, 2006 8월 28일), 121－122쪽 등 참조.

125) 민병천, 『평화안보론』(서울: 대왕사, 2001), 226－227쪽.

평화협정은 전쟁의 종료를 목적으로 교전 당사자 간의 문서에 의한 합의서로 강화조약이라고도 한다.[126] 평화협정은 전쟁상태에서 평화상태로 회복시키는 국제적 협약이며, 불가침협정은 평화상태를 유지하고 전쟁을 예방하는 미래형 협약이다. 그러나 평화협정 속에 불가침규정을 포함할 수 있다.

셋째는 군사적 성격의 정전협정을 정치적 성격의 평화제도화로 전쟁을 공식 종결하는 체제의 의미로 사용된다. 이것은 평화협정과 이로 인해서 형성된 체제를 의미한다. 물론 평화체제의 구축에 있어서 전쟁상태를 완전히 법적으로 종결하는 것이 필요하다.

현재의 남북한 간의 대결구도는 한국전쟁 휴전과 함께 체결된 남북한 간의 정전협정에 기반을 둔 것으로 이를 평화협정으로 전환하여 남북한 간의 대결구도를 법적, 제도적으로 종결하고 교류협력을 강화하여 국가통합을 확대해 가는 것이다. 이와 관련하여 남북한 간에 평화헌법, 평화헌장, 남북관계기본법 등이 논의될 수 있다.

넷째, 한반도 평화정착과 관련한 또 다른 논의의 수준은 한반도를 둘러싸고 있는 주변국과의 외교관계를 중심으로 공간적으로 탈한반도적인 지역적 차원에서 접근하는 한반도 평화체제 관련 논의이다. 동북아 균형자론, 동북아 다자안보, 남북 및 주변 4강과의 안정적인 평화외교관계, 동북아의 정체성 개발 등의 논의들이 여기에 해당한다고 볼 수 있다.

한반도 평화체제를 구축하기 위한 논의와 방향은 이처럼 다양하다. 한반도에서 지속 가능한 평화체제를 적극적으로 구축하기 위해서는 새로운 요건을 고찰해 보아야 할 것이다. 왜냐하면 21세기의 한반도 평화, 즉 지속 가능한 평화체제의 구축은 단순히 준평화를 유지하거나

---

126) 평화협정, 평화조약, 평화의정서 등의 용어를 쓴다고 해도 모두 '평화조약'이라고 할 수 있다.

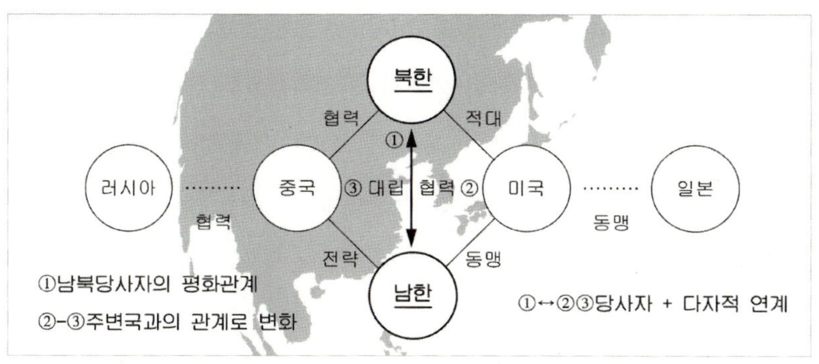

전쟁 종결을 선언하고 정전협정을 평화협정으로 바꾸거나 동북아 공동안보기구를 구성하는 것만으로는 해결되지 않기 때문이다.

한반도의 지속 가능한 평화체제 구축은 동북아의 경우와 마찬가지로 전쟁의 종결과 평화현상의 회복이라는 의미와 평화의 유지 및 구축이라는 의미를 모두 담는 것이어야 할 것이다. 이것은 남북한 및 관련국 사이에 문서상의 평화협정으로만 이루어지지 않는다.

한반도의 평화체제는 이를 토대로 평화가 실질적으로 지속 가능하게 유지, 구축될 수 있도록 정군적, 경제적, 문화적 평화규범들이 하나의 평화유지의 틀로 정착되어 가는 것을 의미한다. 특히 한반도 평화체제가 영구평화를 위한 지속 가능한 평화체제로 정착되려면 동북아 평화체제의 구축과 함께 모색될 필요가 있다.

<그림 2-6>과 같이 한반도 평화협정은 남한과 북한 간 '당사자 해결의 원칙'에 의해서 체결되었다 해도 미국과 중국 등의 지지와 보장이 있어야 실질적으로 이행될 수 있다. 즉 한반도의 평화는 미국과 중국 등의 평화보장체제가 확보되어야 지속 가능해질 수 있다. 한반도의 분쟁이 남북한만의 문제로 발생된 것이 아니며 또한 앞으로의

정군적 충돌도 남북한만의 문제로 발생되지 않을 것이기 때문이다.

다시 말한다면, 한반도의 지속 가능한 평화체제의 구축이 어려운 것은 기본적으로 남북한 간에 정군적 신뢰구축이 이루어지지 못했으며, 나아가 1990년대 두드러진 북한의 '생존 전략'과 '한반도 문제의 국제화'가 평화체제 구축 과정을 복잡하게 만들고 있기 때문이다. 특히 한반도 문제의 국제화는 주변 강대국들의 이해관계가 첨예하게 교차하는 복잡한 구조의 산물로서 냉전의 유산을 떨쳐 버리지 못한 한반도가 동북아의 새로운 평화질서 형성과정에 한 걸림돌로 작용한 귀결이라고 할 수 있다.[127]

따라서 남북한만의 합의에 의한 한반도 평화체제의 구축은 당위적인 의미를 넘어 어떠한 현실성을 가지기가 어렵다. 한반도 평화문제는 남북한의 문제인 동시에 동북아문제, 세계문제이기 때문이다. 그렇다면 남북한 당사자 원칙에만 집착하기보다 동북아 평화질서 정착과 한반도 평화체제 구축을 연계하는 구상은 불가피하다고 볼 수 있다. 이것은 한반도 평화문제가 동북아의 지역평화구조와 불가분의 관계로 긴밀히 연계되어 있음을 보여 준다.

한반도의 영구평화를 위한 지속 가능한 평화체제가 구축되기 위해서는 동북아의 모든 국가들이 참여해서 평화를 지속적으로 확대해 나가는 것이 필수적이다. 남북한만의 평화체제는 한계가 있는 만큼 동북아 차원에서 지속 가능한 평화체제가 구축되어야 한반도 평화와 동북아의 평화가 가능해진다. 물론 동북아의 지속 가능한 평화체제 구축에 있어서 한반도의 평화체제는 매우 중요한 '실마리'를 제공한다고 할 수 있다.

---

127) 김학성, "유럽안보협력회의를 중심으로 본 한반도 평화체제", 『민족화해』 2007년 1－2월호(통권 24호)(서울: 민화협, 2007), 40－41쪽.

동북아의 평화환경과 조건

동북아의 평화환경과 조건

제1절 동북아의 평화복합체적 개념

동북아의 지속 가능한 평화와 평화체제의 구축에 있어서 먼저 동북아가 과연 어디를 지칭하며 어느 나라를 포함하는지 그리고 동북아의 정체성이 존재하는지를 살펴볼 필요가 있다.[128] 흔히 동북아는 지리적으로 남한과 북한을 비롯하여 중국, 일본, 대만, 홍콩을 아우르는 것으로 정의되고 있다.

또 필요에 따라서 미국과 러시아, 몽골 등을 포함하여 정의되기도 한다. 보다 광범위하게는 캐나다, 호주, 뉴질랜드 등 태평양 연안국까지 연계시키기도 한다. 그러나 이런 구분에 대해서 논란이 없는

---

128) 동북아의 개념에 대한 대표적인 논의는 김광억, 이수훈 등의 글이 있다. 그리고 김양희, 이창재, 양길현, 안충영, 김명섭, 고병익, 이진영, 방종철 외, 정문길 외, 아리프 딜릭 등도 동북아의 개념과 범위에 관하여 언급했다. 김광억, "동북아의 존재양식: 현실과 상상의 사이", 최송화 · 권영설 편저, 『21세기 동북아문화공동체의 구상』(서울: 법문사, 2004), 이수훈, 『세계체제, 동북아, 한반도』(서울: 아르케, 2004) 등 참조. 최근의 일본문헌으로는 增田祐司(2001), 東京財團(2003) 등 참조.

것은 아니다. 동북아의 개념은 지정학적, 민족적, 문화적, 평화복합체적 접근 등 여러 가지 방식에 따라 그 구체적 범위가 설정될 수 있다.

1. 동북아의 다양한 개념

동북아의 개념은 지리, 민족, 문화 등의 접근 방식에 따라 공간의 경계를 달리하며, 공간 구성상의 성격도 달라진다. 더구나 동북아는 지리적 경계를 둘러싸고 다양한 대립과 갈등이 잠재되어 있다. 동북아의 이러한 갈등과 협력의 특징을 파악하기 위해서는 먼저 그동안 다양하게 논의된 개념을 고찰해 볼 필요가 있다.

동북아의 개념과 관련하여 흔히 표현되는 것은 지리적 위치와 국가 주권과 관련된 지정학적 개념이다. 지정학적 측면에서 일반적으로 동북아라고 하면 남북한을 포함하여, 중국, 일본, 러시아의 극동 지역, 몽골 등이 포함된다. 한국에서는 보통 동아시아라고 하면 동북아와 거의 일치하는 것으로 생각한다. 즉 한국, 중국, 일본을 중심으로 형성되는 지정학적 공간을 말하는 것이다.

그러나 어느 지점을 중심으로 하여 '동북'이라는 지도상의 방향이 설정되었는지는 불분명하다.[129] 동북아는 특히 국가주권의 개념에서 볼 때 민족문제와 겹쳐 상호 관계가 있거나 접해 있는 나라들의 포함 여부가 모호하다. 중국 대륙과 대만은 민족적으로 동질적인 의식을 갖고 있으면서도 정군적으로는 서로 대립하는 독자적인 단위로 존재한다.

---

129) 유럽에서 아시아란 터키의 동쪽 세계를 총칭하여 부르는 말이었고, 이는 종종 '동양(Orient)'이라는 말과 일치하였다. 프랑스에서는 중국, 한국, 일본을 극동아시아(Far Eastern Asian)라고 불렀다. 김광억(2004), 4－5쪽.

물론 중국은 대만을 독립국가로 보지 않고 중국의 일부라고 주장한다. 그러나 대만은 현재 중국과는 엄연히 체제와 제도를 달리하는 소위 독립된 정치적 실체이다. 따라서 대만을 동북아라는 권역에 포함시킬 것인가 배제시킬 것인가 하는 문제가 놓여 있다.

이러한 문제는 한반도에도 적용된다. 남한과 북한 두 개로 분단된 한반도 역시 민족적 동질의식이 강하게 존재하면서도 정치적 단위로서는 하나가 아니다. 남한과 북한은 국제사회에서 두 개의 나라로 존재하며, 서로 불신과 갈등이 잠재되어 있다.

비록 헌법상으로는 북한을 포함한 한반도는 대한민국의 영토이지만 실제적으로는 두 나라로 분단되어 있다. 그러므로 북한의 존재를 마치 없는 것처럼 상정하고 한반도를 동질적인 정치단위로 취급할 수 없다. 그리고 북한을 배제한 동북아의 경계를 설정하는 것도 무리이다.

일본도 아이누족과 오키나와 원주민이 비록 정치적, 경제적, 문화적으로 오늘날 미미한 존재가 되었지만 그들 사이에 갈등과 대결의 가능성은 언제든지 내포하고 있다. 센카쿠열도를 둘러싼 중국과 일본 그리고 대만 사이의 알력과 갈등에서 보듯이 국가와 국가 사이의 호혜성이나 상호 의존성은 존재하지 않을 수도 있다.

국가 사이에 존재하는 갈등과 긴장은 단순히 자국 이익의 극대화를 위한 경쟁관계를 의미하는 것이 아니라, 주권과 정치적 이념과 체제의 이질성, 나아가서는 대립관계 때문이다. 이러한 문제가 해결되지 않으면 국가로서 동북아를 설정할 경우 그것은 선택적인 조합에 불과하다.

그리고 동북아의 개념을 민족의 구성적 측면에서 규정할 때도 논란이 제기될 수 있다. 지정학적 단위로서 국가의 경계선과 민족 집

단에 의하여 형성되는 경계선은 다르기 때문이다. 한국, 중국, 일본 혹은 한반도, 중국대륙, 일본열도가 대개 한민족(韓民族), 한족(漢族), 일본인(日本人)으로 대표되고 있지만 이 세 민족으로 이루어지는 동북아는 세 국가의 영토와 일치하지 않으며 오히려 훨씬 축소된다. 즉 세 국가의 영토 안에는 이 세 민족보다 훨씬 다양한 민족 집단들이 존재한다.130)

중국은 한족 외에 조선족, 만주족, 회족, 티베트족 등 55개의 소수민족으로 구성되어 있다. 이들은 인종적으로 다를 뿐만 아니라 언어, 종교와 신앙체계, 관습, 민속, 역사 등 문화적으로도 아주 다르다. 그리고 대만에는 한족 외에 언어와 인종적 특성을 서로 달리하는 9개의 말레이-폴리네시아 계통의 고산족들이 있다. 이에 따라 대만 내에도 이들 민족 집단들이 정치적 입장과 계급적 배경, 중국과의 관계 등을 달리하면서 끊임없이 문화적 이질성으로 긴장과 갈등이 내재되어 있다.

일본의 경우 일본인은 동남아에서 기원한 소위 남방계 또는 해양계열과 기마민족으로 부르는 대륙계와 아이누로 대표되는 북방계의 혼혈로 볼 수 있다. 또한 일본이라는 국가에 속함으로써 오키나와 사람들은 일본 국적을 가지고 있지만 일반적으로 말하는 일본인과는 문화적, 인종적으로 다르다.

그럼에도 불구하고 일본의 주류를 형성하고 있는 인구집단은 그들이 단일한 민족임을 믿고 있으며 때로 국가주의를 강조하기 위하여 단일민족의 신화를 연출하기도 한다. 이러한 단일민족에 대한 신화

---

130) 소위 민족이란 실제로는 단일적인 혈통과 동질적인 문화집단으로 이루어지는 것이 아니라 여러 이질적인 전통과 성향을 가진 집단들이 만들어 낸 일종의 '발명'이라는 주장도 있다. 따라서 그것은 실제가 아닌 '상상의 공동체(imagined community)'라는 것이다. 김광억(2004), 8-16쪽.

적 믿음과 이에 기반을 둔 민족의 혈통적 순수함에 대한 종교적 충성심은 한국에서도 마찬가지다.

동북아의 범위를 한국, 중국, 일본의 중심적인 민족, 즉 한족, 한민족, 일본족으로 삼는다면 그 범위는 다소 축소된다. 그 반대로 이 세 나라에 존재하고 있는 모든 민족 집단을 구성원으로 삼을 경우에는 중국의 변방과 이웃하는 몽골, 중앙아시아의 일부, 사할린의 일부도 참여시켜야 하므로 동북아의 공간은 세 나라의 국가 경계를 넘어서 더욱 확장된다.

동북아라는 지리적 공간에는 실로 다양한 민족 집단 사이에 존재하는 민족적 분열, 의심, 갈등, 긴장 등도 간과해서는 안 된다. 민족이란 피부나 몇 가지 문화적 전통과 요소, 역사적 과정에서의 입지에 따라 서로를 한 조상의 자손이며 역사공동체적 존재이며, 서로를 동질적인 존재라고 믿는 사람들끼리 설정하는 정체성에 바탕을 둔 경계선에 따라 구분된다.

따라서 민족은 정치적, 문화적 특성을 지닌다. 그러므로 동일한 민족 집단이 서로 다른 국가에 분리되어 소속이 되어 있을 때는 이로 인하여 국가 간 정치적인 긴장과 알력의 가능성이 존재하게 된다. 또한 동북아는 문화공간적 측면에서 몇 가지 공통된 문화요소에 의하여 지역적 그리고 문화적 세계의 경계를 설정하고 있다.

문화란 공유하고 있고 서로 이해하고 소통할 수 있는 관행과 관습으로 실천되는 생활양식과 사고방식, 즉 세계관, 인간관, 가치관, 역사관 등으로 이루어진다. 공통의 문화를 갖게 되면 서로 감정적인 유대가 확대되며, 서로에 대하여 감동할 수 있게 된다. 그러나 이질적인 문화를 갖게 되면 서로 대립과 갈등을 겪을 가능성이 커지게 된다.

동아시아와 동북아는 한국, 중국, 일본의 거의 대부분의 식자들의 논의에서 유교적 가치관과 문명론에 의하여 그 영역이 결정되어 왔다.[131] 유교는 중국과 한국에서 정치철학으로서 국가 이데올로기와 국가에 대한 국민 혹은 신민의 윤리적 바탕으로 개발되고 채택되어 왔다. 그러나 유교전통은 한국에서 지배문화로서의 위치를 누려 온 것에 비해서 중국(대만과 싱가포르를 포함하여)과 일본에서는 그렇지 않았다. 따라서 고전적인 유교문화적 전통만을 아시아적 가치의 핵심으로 삼아서는 안 될 것이다.

동북아는 유교적 가치관 외에 도교와 불교적 전통도 강하게 뿌리를 내리고 있다. 사회주의 정권을 유지해 온 중국은 종교와 신앙생활이 규제되어 있지만 도교와 불교의 전통은 여전히 일반 국민의 세계관과 가치관 그리고 사고방식에 깊이 자리 잡고 있다. 일본에서는 기본적으로 '신토이즘(Shintoism, 神道)'[132]이라는 일본적 샤머니즘이 일상생활 속에 뿌리 깊게 스며 있다. 동북아는 현대에 와서 유교, 도교, 불교 등을 떠나 기독교, 이슬람권 문화를 강하게 흡수하고 있다.

동아시아에서 실천되고 있는 문화란 그 구성 민족만큼 다양하다. 이러한 점에서 유교전통에 의하여 동북아의 문화적 공간을 설정하다면 오히려 현재의 지정학적, 민족적 경계보다 더욱 축소된다. 그러므로 보다 넓은 의미의 문화전통에 의한 동북아의 영역 설정을 확대할 필요가 있다.

최근 대중문화 산업의 해외진출이 소위 '한류 열풍'의 이름으로 이루어지면서 중국인, 일본인 및 한국인 사이에 널리 공유되는 정서

---

131) 김광억(2004), 16 – 20쪽.

132) 일본의 전통적인 고유 종교를 흔히 '신토(神道)'라고 한다. 영어로는 '신토이즘'이라고 한다. '신이 가르친 진리'라는 뜻과 '인간이 신을 향해서 가는 길'이란 뜻도 있다.

와 감정체계, 생활환경과 방식 등의 유사성을 바탕으로 하는 문화교류 및 동질화에 대한 낙관적인 기대를 갖게 한다.[133]

따라서 국가 간의 교류와 왕래를 확대시켜 문화적, 이질적 요소를 축소하고 공통성을 확대하는 방안 마련이 시급하다. 여기에는 문화 간 교류와 대화를 통한 이해가 매우 중시된다. 서로를 문화적 이방인으로 바라보고 있는 한 문화적 동질성에 따른 동북아의 지도 역시 지극히 축소될 수밖에 없다.

2. 평화복합체적 개념에 의한 동북아

동북아의 개념은 지역 내의 갈등과 대립을 해소하고 평화와 공동 번영을 위한 하나의 평화공동체 형성이라는 목적을 갖고 새롭게 접근할 필요가 있다. 다시 말하면 역내 평화문제와 관련된 이해관계의 중첩과 상호 관계의 복합체적 연결망을 기준으로 설정할 경우 경제평화, 정군평화, 문화평화 등을 모두 고려할 필요가 있다. 즉 동북아의 평화를 확대하기 위해선 상호 관련성과 연결망을 기준으로 지정학적 연계, 지경학적 연계, 지문화적 관련성을 모두 포괄하는 복합체적인 개념이 요구된다.

그러므로 동북아는 무한한 평화촉진 요인과 산적한 평화위협 요인들을 동시에 복합체적으로 안고 있기 때문에 '동북아 평화복합체'라는 개념으로 묶어 파악할 필요가 있다. 동북아의 개념은 기존의 지정학적, 민족적, 문화적 개념보다는 이들을 복합체적으로 아우르는 '평화복합체적 개념'으로 접근해야 지속 가능한 평화체제의 구축을

---

133) 김광억(2004), 21쪽.

보다 구체화할 수 있다.

평화복합체적 개념에 의한 동북아는 때로는 한·중·일 3국을 지칭(주로 한국)하거나 중국의 동북 3성 지방만을 지칭(주로 중국)하는 경우와 다르며, 여기에 극동 러시아와 몽골 등을 포함시키는 경우(주로 일본)와도 다르다. 한반도를 포함한 동북아의 존재론적인 평화위협 또는 평화축소 요인들을 해결하고, 이를 토대로 지속 가능한 평화체제를 구축하기 위해서는 '동북아 평화공동체'를 건설하려는 목적의식을 갖고 동북아를 고찰하는 것이 필요하다.

평화복합체적 시각에서 동북아를 바라보면 기존의 지정학적 개념과 이를 넘어서는 사고의 유연함이 요구된다. 즉 평화공동체 건설의 협력대상을 제한하는 지정학적 개념으로서의 동북아뿐만이 아니라 한반도와 동북아의 현재를 규정하고 있는 주요한 평화위협 요소들을 극복하기 위한 문제의식에서 평화복합체적인 개념으로 동북아를 살펴볼 필요가 있다.

그러므로 동북아의 개념은 지정학적, 지경학적, 지문화적 개념을 기반으로 하면서 특정 국가의 개입적, 기능적 역할까지 포괄하는 복합체적인 특성을 고려하여 접근하는 것이 바람직하다. 동북아가 갖는 지역적 정체성의 모호함은 그 자체로 동북아의 역사 속에 각인되어 있는 고유한 특성으로 이해될 수 있다.

극심한 이념·가치 등의 문화적 대립, 국가주권과 정치체제 등에 대한 정군적 갈등, 이 과정에서 구심력과 정체성을 끊임없이 저해해온 역외세력의 개입, 그 결과로 파생되는 질서의 유동성과 불안정성, 이에 더해 극심한 교역갈등과 소득격차는 동북아의 구조적 특성에서 배태된 역사적 산물이다.

따라서 동북아 평화공동체 건설을 위한 상호 교류와 협력은 우선적으로는 역내 국가 간의 협력을 그리고 때로는 일부 국가 간의 협력이나 때로는 초강대국 미국까지도 포함하여 국가 간의 협력과 역내 지역(local) 간의 협력, 나아가 지역(region) 간의 협력이 복합체적으로 교차하는 중층적인 것이 되지 않을 수 없다.134)

역외국가인 미국은 동북아 지역의 범주에 속하지 않을 뿐더러 인종이나 가치 또한 이질적이지만 정군평화, 경제평화, 문화평화 문제의 측면에서 동북아 지역 질서와 밀접하게 관련이 되어 있다.135)

동북아의 평화체제를 구축함에 있어서 중요한 질문은 '어느 나라가 동북아에 속하는가?'보다 '어떻게 동북아의 지속 가능한 평화체제를 구축할 수 있는가?'로 모아진다. 이러한 시각에서 동북아를 협의의 지리적 인식으로 남북한을 포함한 한반도와 중국(대만), 일본 등 3개국을 중추로 하는 개념으로 정의하나 정군적 현안에서는 미국, 러시아 등을 이에 포함시키기로 한다.

동북아의 평화복합체에 속하는 국가군으로 미국을 포함시키는 것은 미국이 세계 초강대국으로서 동북아 지역의 평화구조 형성에 존재론적으로 커다란 영향을 미치고 있기 때문이다. 미국은 9·11사건 이후 자유주의에 기반을 둔 '공세적 현실주의'라는 대외정책을 통해 동북아 지역에 대한 개입적 전략을 강화하고 있다.136) 즉 미국은 일본과의 동맹을 통해 중국의 패권에 대한 견제와 북한의 정권변화라는 전략적 목표를 추진하고 있어 동북아의 평화체제 구축에 실질적인 영향을 주는 국가라고 볼 수 있다.

---

134) 김양희, "동북아경제공동체 형성을 위한 시론", 『동북아 사회·문화 및 경제공동체 구축방안(한반도 평화포럼 논문집)』(서울: 한반도평화운동본부, 2004), 169-171쪽.

135) 박종철 외, 『동북아 경제·안보 협력의 연계: 4대 분야 협력체 형성 중심』(서울: 통일연구원, 2006), 173-177쪽.

136) 신욱희(2006), 9-10쪽.

미국은 9·11사건 이전에는 지리상으로 태평양의 서쪽에 위치한 일군의 국가들이 독자적인 정체성을 제기하는 문제에 대해서는 대체로 소극적인 입장을 보여 왔다.[137] 미국은 동북아나 동아시아보다 더 큰 광역개념으로 '아시아-태평양(Asia-Pacific)'이란 용어를 사용하면서 냉전시대에는 공산권의 세력팽창을 차단하고, 탈냉전시대에는 자유시장경제의 지속적인 발전을 위해서 미국이 포함된 지역개념을 강조해 왔다.

그러나 미국은 9·11사건 이후 동북아 지역을 21세기 '사활적 이익(vital interests)'이 연관되어 있는 지역으로 설정하고, 네트워크적인 제국의 질서를 선도하기보다는 근대적 구도를 재생산하며 안보우위의 전략을 구사하고 있다.

미국은 동북아에서 군사안보, 지역에 대한 상업적 접근, 항해의 자유, 패권국가의 등장 방지 등을 핵심적 국가이익으로 추구하고 있다. 이로 인해 동북아 지역은 유럽 등과 달리 불안정성이 증대되고 있으며, 군사주의적 경쟁이 심화되고 있어 지역평화에 대한 중요성이 역설적으로 강조되고 있다.

동북아는 이상의 논의를 통해 볼 때 대체로 남북한을 포함하여 미국, 중국(대만), 일본, 러시아, 몽골 등 8개국이 교류와 상호 작용을 통해 평화의 확대 또는 축소 등의 의미 있는 변화를 형성하고 있는 지역평화복합체라고 할 수 있다. 그러나 협의의 지리적 개념으로서의 동북아에서 역내국 간에 활발히 진행되고 있는 경제평화 협력 및 문화평화 협력에서 미국과 러시아가 수행할 수 있는 역할은 정군평화 분야에 비해 다소 제한적일 것이다.

이렇게 볼 때 동북아의 정체성을 찾아낸다면 이는 역사나 이념,

---

137) 유현근, "미국의 입장", 『동아시아 안보공동체』(서울: 나남, 2005), 78쪽.

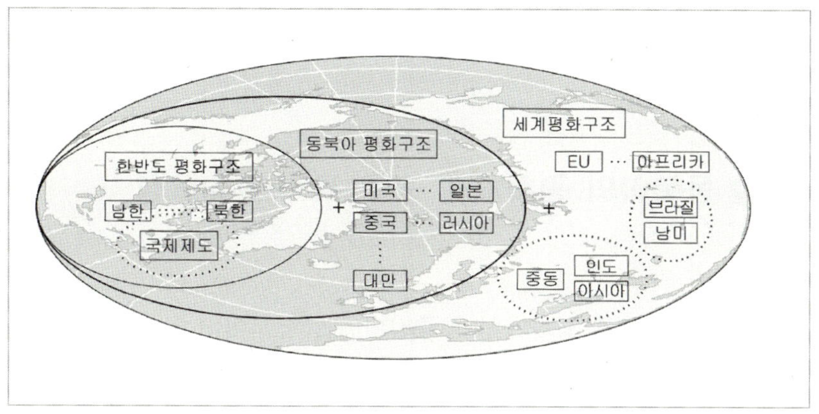

이 그림은 박종철 외(2007), 35쪽의 내용을 수정하여 재구성한 것이다.

가치 등 문화보다는 현재 당면한 평화위협 및 평화축소 요인들의 해결에 공통의 이해기반을 갖고 있는 모든 구성 국가들을 유연하게 망라하는 평화복합체적 공동체로서의 동북아를 그려 볼 수 있다.

즉 우리는 사회과학적 상상력 혹은 공간적 상상력을 발휘해 동북아가 처한 공통의 평화축소 요인들을 해소하고 평화와 공동번영을 위한 지속 가능한 평화체제의 구축을 이루어 내는 새로운 시각을 가져야 하는 것이다.

동북아는 평화구조 체계의 측면에서 매우 복잡한 국제관계를 하나의 전체 속에서 인식하기보다 중층적, 복합체적 구조로 이해할 때, 평화구조의 변화 모습은 더욱 잘 포착될 수 있을 것이다. 동북아는 <그림 3-1>과 같이 지정학적 위상을 고려할 때, 국제환경 구조를 세계, 동북아 지역, 한반도 차원으로 구분할 수 있다.

동북아의 지속 가능한 평화체제의 구축을 위해서는 한반도 차원과 세계 차원의 변화방향 속에서 접근되어야 할 것이다. 이러한 의미에

서 동북아의 개념과 관련하여 지속 가능한 평화체제의 구축에 주된
변수가 되는 국가들을 포함시켜 복합체적으로 접근할 필요가 있다.

제2절 동북아의 평화체제 구축 목적과 필요성

동북아의 국제적 평화가치가 증진되면서 동북아에서는 냉전종식과
함께 평화체제 구축 모색이 적극적으로 이루어지고 있다. 동북아의
평화체제 구축 목적과 필요성은 무엇보다도 정군적 불안정과 갈등을
공동으로 해결하여 이를 토대로 평화와 공동번영을 실현하는 데 있다.

동북아에 있어서 안보와 평화문제의 결과가 어떻든 간에 역내 국
가들은 공동협력을 통해 각종 현안을 해결해 나가는 것이 필요하다.
다시 말하면 동북아에 있어서 지속 가능한 평화체제를 구축하려면
동북아를 아 · 태 지역 안보와 평화의 중심으로 전제하고 추진해야
할 것이다.

동북아 지역의 평화체제 구축의 단기적 목적과 필요성은 정군적,
경제적, 문화적 평화 실현이라는 세 가지 측면에서 생각해 볼 수 있
다. 동북아 지역에서는 정군적, 경제적, 문화적 다양성으로 복합체적
인 갈등과 분쟁의 잠재적 가능성이 크기 때문이다. 장기적 목적과
필요성은 평화공존을 위한 평화공동체 건설과 공동번영을 실현하는
방향으로 접근할 수 있다.

즉 동북아의 평화체제는 지역평화공동체 형성과 공동번영에 기여
할 수 있도록 구축되어야 할 것이다. 특히 한반도의 평화적인 통일
에 도움을 주는 방향으로 정립되도록 할 필요가 있다. 한반도 문제

는 물론 궁극적으로 한국(남한과 북한)이 평화행위자가 되어 자주적으로 해결해 나가는 것이 바람직하다.

통일한국이 평화롭게 실현되기 위해서는 북한 핵문제의 해결과 한반도의 평화체제 구축 등이 전제되어야 할 것이다. 북한 핵문제와 한반도의 평화체제 구축 문제에 대한 해결방안을 찾기 위하여 미국, 중국, 일본, 러시아 4개국은 1990년 초부터 공조적인 다자협력을 전개해 왔다. 이러한 지역 다자공조체제가 동북아 평화체제를 구축하기 위한 기초가 될 수 있다.

동북아의 평화체제는 또한 지역 내의 관련국 모두에 이익이 개입되어 있는 영토, 자원문제에 관련된 분쟁을 해결하거나 최소화시키는 데 도움을 주어야 한다. 예를 들면 남사군도나 조어대의 영토주장과 자원분쟁 문제는 관련국 모두의 협력을 통해서 좀 더 평화적인 해결방법이 모색될 수 있다. 동북아의 평화체제 구축의 단기적, 장기적 목적과 필요성을 다음과 같이 제시해 볼 수 있다.

1. 단기적 목적과 필요성

1) 정군적 긴장 완화와 정군평화의 확대

동북아는 국제적으로 냉전체제가 해체되었지만 냉전시대의 그늘이 걷히지 않은 채, 정군적인 새로운 대립과 갈등으로 매우 불안정한 정세에 놓여 있다. 한반도의 남북한 관계는 평화체제를 수립하지 못하여 불안할 뿐만 아니라, 제2차 세계대전 후 소련(러시아)과 일본 사이에도 평화협정을 맺지 못했기 때문에 쿠릴열도의 반환 등 영토분쟁의 여지가 남아 있다.

미국과 중국 사이에는 외형적으로는 평온하지만 아시아에서의 지역패권을 놓고 서로 경쟁하는 관계에 있기 때문에 언젠가는 갈등관계에 빠질 잠재적 적대성이 내재되어 있다. 이런 상황에서 볼 때 동북아에서 지속 가능한 평화체제의 구축은 정군평화의 측면에서 우선 한반도와 동북아의 갈등 해결과 분쟁 방지를 위해서 시급하고 절실한 것이다.

동북아의 정군평화를 확대하기 위한 지속 가능한 평화체제의 구축 목적과 필요성을 다음 몇 가지로 열거할 수 있다.

첫째는 동북아는 정치군사적 유동성과 불안정성의 증대로 역내 국가 간 갈등과 분쟁의 가능성이 커지고 있는 만큼 이를 평화적으로 해결할 장치가 필요하다는 점이다. 중국과 일본의 역사와 영토문제, 러시아와 일본의 영토문제, 남한과 북한의 문제, 중국과 대만의 독립문제 등으로 분쟁 가능성이 커질 수 있다.

미국의 동북아에 대한 강한 패권주의 정책과 미·일 동맹에 편승한 일본의 군사주의화, 이에 위협을 느끼는 중국과 러시아의 군 현대화가 지속될 가능성이 있다. 따라서 동북아에서 군비경쟁을 지양하고 지역 불안정성을 효율적으로 통제 관리하기 위한 지속 가능한 평화체제의 구축이 필요하다.

둘째는 동북아 국가들은 탈냉전기에 기존의 양자 안보관계를 보완할 수 있는 새로운 평화체제의 구축이 필요하다는 점이다. 탈냉전 이후 국제안보 환경의 구조적 변화로 기존 동맹관계 역시 경쟁과 협력의 복합체적 갈등구조를 지니고 있다. 더구나 탈이념화에 따른 국가 이기주의적 경향의 심화로 다양한 갈등이 등장하여 기존의 양자적 동맹관계로 해결하기에는 한계가 있다.

역내에 국지적인 '저강도 분쟁(low intensity conflict)'의 가능성이 확대되어 이를 통제·조정하기 위한 지속 가능한 평화체제의 구축이 필요하다. 미국의 전진배치와 양자안보체제는 냉전기에 지역안보의 두 축으로서 중요한 역할을 지속해 왔다. 그러나 탈냉전기에는 이러한 안보체제가 '포괄적 지역 안보'를 유지하는 데 충분하지 못하다는 점이 인식되면서 지속 가능한 평화체제의 구축 필요성이 제기되고 있다.

셋째는 국제안보 질서가 지역주의화 경향을 보이면서 지역패권을 추구하려는 국가가 등장할 가능성이 커짐에 따라 이를 견제할 안전장치가 필요하다는 점이다. 미국의 동북아 지역에 대한 일방주의적 패권주의로 위협을 느낀 국가들이 미국의 패권을 견제하고 자국의 안보와 위상을 강화하기 위해서 다자안보협력의 평화체제를 거론하고 있다.

중국은 중국위협론을 내세우며 자국을 압박하려는 미국을 견제하기 위해서 역내 평화체제의 구축에 긍정적 반응을 보이고 있다. 한국도 남북한 간의 군사적 긴장을 해소하고 동북아의 평화와 번영을 위한 평화체제의 구축 구상을 제안해 왔다.

넷째는 한반도의 경우 주한미군이 계속 주둔하기가 어렵고, 미국의 한반도정책도 불변의 것이 아니라는 점이다. 주한미군의 철수가 한반도에 평화를 가져올지 아니면 불안정을 가져올지는 전략적 분석에 따라 다를 수 있다. 그러나 21세기는 세계질서가 재편되고 있고, 이에 따라 한미관계도 재조정되고 있다.

한미관계의 변화와 주한미군의 철수에 따른 한반도의 불안정성을 극복하기 위해서는 한반도 평화를 보장할 수 있는 평화체제의 구축이 필요하다. 한국으로서는 동북아의 평화체제 구축이 다른 나라들에 비해 절실히 요구되는 것은 바로 이 때문이다. 한반도의 평화를

보장하고 평화를 구축하기 위해서도 동북아 평화체제의 제도화와 규범화는 매우 긴요하다.

다섯째는 한반도의 비핵화와 평화적 통일에 대하여 상호 중첩되는 이익을 조정할 필요가 있다는 점이다. 만약 동북아에 있어서 힘의 경쟁이 한반도의 안보를 위협하는 상황으로 발전할 경우 주변 강대국들의 세력 각축장으로 바뀔 가능성이 있다. 이렇게 되면 또다시 지역분쟁의 가능성을 높여 주게 된다.

그러므로 한반도의 비핵화와 북한의 점진적인 변화와 단계적이고 평화적인 통일은 주변 강대국의 이익을 증대시켜 주게 된다. 한국 역시 한반도의 평화적 통일이 주변 강대국의 이익과 직접적인 이해관계를 가지고 있기 때문에 한반도 문제는 동북아에 있어서 평화체제 구축의 촉매역할을 할 수 있다.

끝으로 동북아 역내 국가들이 안정된 군사적 안보환경에 대한 필요성을 갈망하고 있다는 점이다.[138] 동북아 국가들은 제2차 세계대전 이후 공산주의와 자본주의 간의 대결, 영토분쟁, 대량살상무기 개발을 둘러싼 갈등 등 다양한 안보불안을 경험했다. 이 때문에 동북아 지역의 항구적인 평화를 담보할 수 있는 평화체제의 구축을 갈망하고 있다고 볼 수 있다.

동북아의 지속 가능한 평화체제의 구축 필요성은 이처럼 단기적으로 참여국 간 갈등의 조짐이 있을 경우 정군적 충돌로 진전되지 않도록 사전에 긴장요인을 해소하고, 분쟁이 존재하더라도 더 이상 확대되는 것을 방지하는 데 있다. 이와 같은 목적을 가진 정군적 평화체제는 정치적 대화, 군사적 신뢰구축, 군비축소 등을 통해 단계적으

---

138) 김규륜, "아시아 지역협력의 발전추세와 한국의 정책방향", 통일연구원 정책시리즈(2006. 4), 15쪽.

로 구축해 나가는 것이 바람직하다.

따라서 지속 가능한 평화체제 구축을 위한 평화복합체적 접근은 단기적으로 정군적 지역평화 증대를 목적으로 하고, 특정한 평화의 위협에 군사적, 비평화적으로 대응하기보다는 국가 간 분쟁의 발생 소지 및 지역불안정 요인을 사전에 방지·제거하는 예방외교적 역할의 수행을 강조하는 것이다.[139]

동북아의 지속 가능한 평화체제는 우선적으로 정군평화의 측면에서 동북아에 있어서 군사적 신뢰를 구축하고 군비통제를 유도할 수 있다. 소련의 해체 후 미국과 러시아와 유럽 간에는 실질적인 군사 신뢰구축과 군비통제가 이루어졌다. 반면에 동북아에 있어서는 군비 증강이 추진되고 있다. 지역단위의 평화복합체적 평화체제가 나타나면 군사적 신뢰구축을 실현하고 군비통제를 유도하는 데 도움을 줄 수 있다. 군사적 투명성을 증대하기 위한 다자간 대화는 정치적인 대화와 연계해서 추진할 필요가 있다.

군사적 대화를 정치적 대화로까지 확대하는 것은 국가 간의 신뢰를 구축하고 오해의 위험을 줄이는 데 아주 중요하다. 유럽의 유럽안보협력기구(OSCE)를 모델로 하여 이러한 추진과정을 이행해 나갈 수 있다. 특히 군 고위 관련자들과 군 지휘관 사이의 정보교환과 군사비 지출 및 전략계획에 대한 정기적인 모임을 추진하는 것도 필요하다. 대화를 통해 군사 관련 정보를 교환하는 것 등은 국가 간의 군사적 이해를 증진시킬 뿐만 아니라 군사충돌의 가능성을 크게 줄여 줄 것이다.

동북아의 평화체제는 또한 개별국가들이 핵·화생방무기를 개발,

---

139) 김계동, "다자안보기구의 유형별 비교연구: 유럽 통합과정에서의 논쟁을 중심으로", 『한국정치학회보』 28집 1호(1994), 552–553쪽.

저장, 배치 및 사용하는 것을 금지하기 위하여 국가 간의 협력을 증진시킬 수 있다. 특히 동북아에 있어서 핵무기 확산을 방지하고 효과적인 핵사찰을 추진하며, 이러한 절차를 어긴 국가에 대해서 제재조치를 취하기 위해 공동의 노력을 경주할 수 있다.

동북아에 있어서 주요 관심사는 중국의 지하핵실험 및 탄도미사일의 수출, 북한의 핵무기 개발과 탄도미사일 개발 추진 등이다. 이뿐만 아니라 일본의 플루토늄 축적과 비핵 3원칙의 수정 가능성도 우려의 초점이 될 수 있다. 이러한 문제들에 대해 다자안보대화나 공동조치는 핵무기 개발을 포기시키고 핵보유국이나 비보유국이 농축우라늄과 플루토늄을 생산하는 것을 금지하도록 유도하는 데 도움을 줄 수 있다.

2) 경제적 갈등 해결과 경제평화의 확대

탈냉전 이후 국가안보와 평화의 개념이 전통적인 정치 · 군사 영역에서 확대되어 다양화, 포괄화, 복합체화하고 있다. 즉 국가평화개념의 영역 범위가 국가 간의 빈부격차, 해양오염 문제를 포함하여 난민, 마약, 밀수 등에 이르기까지 비군사적 의제, 경제적 의제로 광범위하게 확대되고 있다.

이에 따라 동북아에서 다양한 경제적 갈등을 해소하고 경제평화를 확대하기 위해서 지속 가능한 평화체제를 구축할 필요가 있다. 경제적 평화문제는 어느 한 국가의 힘이나 양자 간의 협력으로만 해결할 수 없고, 평화복합체 내에서 역내 국가 간 상호 협력을 통해서 해결할 수 있다. 동북아의 경제평화를 확대하기 위한 평화체제 구축의 목적과 필요성을 다음 몇 가지로 제시할 수 있다.

첫째는 정군적 문제뿐만이 아니라 역내 국가 간 다양한 경제적 갈등을 해결할 실질적인 평화체제가 필요하다는 점이다. 국제질서는 탈냉전으로 인하여 전통적 군사안보 중심 구조에서 경제 중심 구조로 재편되고 있다. 종래의 군사 중심적 안보의 틀로는 실질적인 평화를 구축해 낼 수 없게 되었다.

즉 평화개념이 군사안보 중심에서 경제 중심으로 확대되면서 복합체적 평화로 바뀌었고, 양자적 동맹관계를 바탕으로 한 안보장치만으로는 평화를 지속적으로 구축해 나갈 수 없게 되었다. 이에 따라 지속 가능한 평화를 실현하기 위해서는 경제평화의 문제까지 해결할 수 있는 복합체적 평화체제의 구축이 필요하다.

둘째는 동북아 국가들 간의 새로운 경제적 분쟁요인이 등장하고 있는데 이를 해결할 평화장치가 필요하다는 점이다.140) 탈냉전시대에서 중요시되는 평화문제는 경제적 평화문제로 이것은 전통적 동맹국 간에도 갈등요인으로 나타나기도 한다. 한·미 간의 무역마찰 문제나 한·일 간의 무역불균형 문제 등은 냉전시대에는 덮어져 있었다. 그러나 이러한 문제들이 수면 위로 부상하여 갈등의 요인으로 나타나고 있다. 그러므로 경제적 갈등을 해결하기 위한 조정장치로서도 동북아 평화체제의 구축은 필요한 것이다.

셋째는 지역 내의 경제협력의 증진을 위해서도 평화체제의 구축이 필수적이라는 점이다. 동북아는 매우 역동적인 경제활동을 하는 곳으로 부상하고 있다. 21세기에는 이 지역이 문명을 주도하게 된다는 주장도 있을 만큼 경제적인 거대시장이며, 발전축의 하나이다. 그런데 경제적 공동발전을 위해서는 정군평화가 절실하고 나아가 경제평화도 실현해 나가야 할 것이다. 이를 위해서는 한두 나라만의 노력

---

140) 이정윤, "한반도 주변국간의 다자안보협력기구에 관한 연구", 『군사논단(제19호)』(서울: 한국정치학회, 1999), 128 - 129쪽.

으로 불가능하다. 경제적 공동발전을 위해서는 역내 국가 간의 지속 가능한 평화체제를 구축할 필요가 있다.

넷째는 북한을 제외한 이 지역의 모든 나라들이 경제적으로 자본주의 경제권에 편입되어 정군적 평화가 아닌 경제평화의 문제들을 일으키게 되었다는 점이다. 경제교류의 확대가 상호 의존을 심화시키는 면도 있으나 서로 경쟁·대립할 수 있는 바탕이 되기도 한다. 따라서 새로 등장하는 경제평화문제의 쟁점들을 원만히 해결하기 위해서도 평화체제의 구축이 필요하다.[141]

다섯째는 역내 국가 간 상호 보완적 경제관계를 형성하여 공동발전을 촉진할 수 있는 틀이 필요하게 되었다는 점이다. 일본은 자본과 선진기술을 보유하고 있으며, 한국은 자본과 중진기술을 제공할 수 있고, 중국은 풍부한 인적자원 및 천연자원을 가지고 있다. 이에 동북아 국가들의 공동발전에 대한 열망과 그들이 가지고 있는 노동력 및 경제적 역동성이 더해진다면 21세기를 주도하는 지역이 될 수 있다.

끝으로 세계화와 지역화의 조류에 따라 동북아 국가들은 경제발전을 국가발전의 최우선 목표로 설정하였으며, 개별국가들의 경제발전을 촉진할 수 있는 평화체제에 보다 큰 관심을 갖게 되었다는 점이다. 21세기 과학문명의 발달에도 불구하고 지리적 근접성은 평화체제의 구축을 통한 하나의 공동경제권을 형성하려는 움직임이 강화되고 있다.

오늘날 국제체제는 자본주의의 세계화라는 새로운 환경변화에 직면해 있으며, 이는 국가 간의 경계를 넘어서는 자유로운 활동 영역의 확보를 의미한다. 세계화는 동시에 상호 밀접한 관계를 지니는 지역 국가 간의 통합이라고 할 수 있는 지역화의 흐름과 관련을 맺

---

141) 양현수, "동북아 안보협력체 논의의 개념적 제 구성"(한국정치학회, 1999년도 춘계학술회의 발표논문), 9－10쪽.

고 있다.142) 이와 같은 변화는 기존 국가주의를 형성시킨 기본 틀과 관념을 넘어선 새로운 관점을 요구하고 있다.

유럽은 전쟁과 갈등의 역사에도 불구하고 유럽통합이라는 거대공동체를 형성해 가고 있다. 동북아 역시 이와 같은 시대적 흐름에서 자유롭지 않다고 할 수 있다. 유럽과 비교했을 때 상당한 차이가 있지만 한국과 중국, 일본을 중심으로 하는 동북아는 이미 긴밀한 상호 의존적 관계를 심화시켜 가고 있다. 특히 지역의 평화와 공동발전을 위한 평화체제의 모색이 다양하게 제기되고 있다.

동북아의 평화체제는 경제평화의 측면에서 우선적으로 아·태 지역 국가 간의 긴밀한 경제협력의 필요성을 통해 설득하고자 하는 것이다. 아·태 지역의 경제적인 번영은 이 지역에서 미국이 그들의 안보공약을 수행할 수 있도록 해 주는 데 직접적으로 연결되어 있다. 즉 경제와 안보는 제로섬 게임이 아니라고 할 수 있다. 또한 동북아의 평화체제 구축을 통해 동북아 지역의 해상교통로(SLOCS, Sea Lanes of Communications) 보호나 이를 위한 공동의 노력이 추진될 수도 있다. 그리고 영해 및 영공, 공해의 환경보호와 관련된 문제들도 다룰 수 있다.

동북아의 환경과 관련된 문제 역시 그 중요성이 날로 증가되고 있다. 중국으로부터의 산성비가 한국과 일본에 영향을 주고 있으며 동해에 내다 버린 러시아의 핵폐기물의 문제는 이 지역 국가 간의 공동협력 없이는 해결될 수 없는 문제들이다.

---

142) EU와 NAFTA는 변화의 구체적인 산물로 기존의 국가의 경계를 상당부분 완화시킨 새로운 변화로 이해될 수 있다. 조한범 외 『동북아 평화문화 비교 연구』(서울: 통일연구원, 2004), 3쪽.

3) 문화적 이질성 해소와 문화평화의 확대

동북아의 문화평화문제에서 주된 갈등 요인이 되는 것은 역사·민족주의 등에 대한 이질성이다. 이러한 이질성은 상호 불신과 갈등을 유발하고 경제적, 정군적 문제와 합쳐지면 평화위협의 수위가 급상승하게 된다. 따라서 역내 지역의 평화를 위해서는 복합체적 평화체제를 구축하여 이러한 문제들을 해결해 나갈 필요가 있다. 동북아의 문화평화를 확대하기 위한 평화체제 구축의 필요성을 다음 몇 가지로 제시할 수 있다.

첫째는 국가 간의 역사·민족주의 등 문화적 이질성으로 인한 갈등을 해소하고 문화평화를 확대하기 위한 틀이 필요하다는 점이다. 동북아 국가들의 시민들은 가족애를 바탕으로 높은 교육열과 저축률을 보이고 있으며, 아시아 지역에 널리 분포되어 있는 한자문화의 공유로 인해서 상호간의 친근감을 갖고 있다. 즉 동북아 국가들은 대체적으로 동일한 유교문화적 전통을 공유하고 있기 때문에 동북아의 평화체제 구축을 통해 문화적 이질성을 극복해 나갈 수 있다.

둘째는 동북아는 과거 전쟁과 학살이라는 깊은 과거사의 기억이 갈등과 대립을 야기하므로 이를 치유하기 위한 틀이 필요하다는 점이다. 동북아의 문화적 이질성의 근원은 과거폭력의 역사에서 연유한다. 동북아는 평화체제의 구축을 통해서 과거폭력에 대한 진정한 반성과 용서의 장을 만들고 이를 화해와 협력으로 승화시켜 나갈 필요가 있다.

셋째는 동북아의 평화와 공동번영을 위한 공동체를 형성하고 보편적 가치를 확대하기 위한 틀이 필요하다는 점이다. 미국은 북한과 중국 등 사회주의권 국가들에 '인도주의적 개입'이라는 명분으로 인권문제, 종교문제, 체제문제 등을 거론하며 문화평화를 위협하여 이들 나라들과 대립하고 있다. 미국은 "이제 독재자는 더 이상 '국가주권'의 원칙 뒤에 숨을 수 없으며 인권보호와 민주적 정통성 확보를 위해 내정간섭뿐만 아니라 의무까지 갖게 되었다"고 주장했다.

미국의 보편주의적 문화평화를 확대하는 것은 일면 타당성이 있으나, 이것은 물 흐르듯이 교류와 협력을 통해 자율적인 변화를 유도해야 할 것이다. 미국이 동북아의 패권유지를 위한 전략적 차원에서 미국식 가치를 강하게 주입하려는 것은 오히려 국가 간의 갈등을 확대시켜 문화평화를 축소시키게 된다.

따라서 민주주의와 인권 등 인간의 보편적인 가치를 확대하는 것이 평화를 촉진하는 요인이지만 그 방법은 '평화적 수단'에 의한 것이어야 할 것이다. 미국 부시 행정부의 네오콘들의 '힘'에 의한 방법은 효율성을 높일 수 있지만 테러 등 강한 부작용이 나타날 수 있다. 그러므로 대화와 법, 국제기구 등이 통용되는 동북아 평화체제 내에서 평화적 수단에 의한 점진적 방법으로 추진해야 문화평화를 실질적으로 확대해 갈 수 있다.

동북아의 평화체제 구축에 대한 강력한 추진력은 미국과 일본에 크게 좌우된다. 일본 이토 나리히코 주오대 교수는 "동아시아 평화공동체에 대한 강렬한 염원에도 불구하고 그 길이 열리지 않는 것은 미국과 일본이 이 지역에서 평화공동체가 아닌 전쟁공동체를 만들려 하기 때문"이라고 주장하기도 했다.[143]

과거폭력의 역사를 매듭짓는다는 측면에서 일본의 책임과 행동이 중요하다. 그리고 미래의 평화를 열어 가는 측면에서 최강국 미국의 평화적 수단에 의한 가치의 보편화가 중요하다.

---

143) 제주4·3연구소가 2005년 4월 1, 2일 제주에서 주최한 '동아시아 평화인권포럼'에서 이같이 주장했다. 『한겨레신문』, 2005년 4월 8일.

2. 장기적 목적과 필요성

동북아의 지속 가능한 평화체제 구축의 참여국들은 단기적으로 평화문제에 대하여 대체로 다음과 같은 이점을 얻어 낼 수 있다. 첫째, 참여국들은 지역분쟁의 근본적인 원인이 될 수 있는 정군(테러), 경제(환경·마약), 문화(역사·가치)문제 등 역내 공동 관심사에 대해 협의하고 대응한다.

둘째, 정부 간 또는 비정부 간 복합체적 평화문제와 관련한 공론의 장을 마련해 의견을 교환하고 국가 간 활동의 투명성과 상호 의존성을 높인다. 이를 통해 '상호 평화의 정도(level of mutual peace)'를 증대시킬 수 있다. 셋째, 역내 신뢰를 구축하고 상호 의존을 강화하기 위해 정군적, 경제적, 문화적 평화 관련 자료를 정기적으로 교환하고 이를 통해 지역평화체제를 강화시켜 나갈 수 있다.[144]

평화복합체론에 의한 평화체제 구축은 이러한 단기적 목표의 실현을 토대로 장기적 목표를 추진해 갈 수 있다. 동북아의 지속 가능한 평화체제 구축은 동북아의 특수성과 보편성을 고려하여 자발성 고양, 역동성 활용, 신개념 창출이라는 평화발전 원칙과 유연성 유지, 다양성 존중, 민주적 절차라는 운영원칙을 두고 고유한 형태의 모델을 창출하여 추진해 나가야 할 것이다.[145] 지속 가능한 평화체제 구축의 장기적 목적과 필요성을 다음 세 가지로 요약해 볼 수 있다.

---

144) 군사적 측면의 예를 든다면 국방예산, 군사훈련 계획 등의 군사정보와 자료를 정기적으로 교환하고 신뢰구축을 통해 군사력 축소를 실현할 수 있다. 김계동, "동북아질서와 세력균형의 변화", 국방정보대학원 편 『동북아 신질서 - 경제협력과 지역안보』(서울: 백산서당, 2004), 23 - 31쪽.

145) 김규륜(2006), 16 - 17쪽.

첫째는 경제평화의 협력을 통한 지역의 공동번영의 실현이다. 동북아 국가들은 보다 활발한 경제교류와 협력을 통해 경제발전을 이룩하여 삶의 질을 향상시킬 수 있다. 그런데 동북아는 지구상의 화해와 평화공존 추세와는 달리 아직도 정군적 대치 상황이 종식되고 있지 않다.

이러한 상황에서 남북한을 포함한 역내 국가들 간의 경제협력의 강화를 통한 공동발전은 궁극적으로 한반도의 긴장완화와 동북아의 평화확대를 가져올 것이다. 사실상 동북아 국가들의 경제적 협력의 역동성은 여타 지역보다 훨씬 높은 수준을 보이고 있으며, 지역평화체제 구축을 촉진하는 중요한 요인으로 작용하고 있다.

둘째는 문화평화의 협력을 통한 인권, 민주주의 등 보편적 가치의 확대이다. 동북아의 문화평화 협력을 통한 교류 확대는 보편적 가치인 인권 등을 강화하고 반전의식을 통해 분쟁·폭력을 방지하게 한다. 문화평화를 통한 가치의 동질화는 국가 지도자들의 평화실천 의지와 시민사회의 지역에 대한 정체성을 강화시킨다.

그러므로 배타적, 독선적 가치가 아닌 협력적 평화규범을 제도화하여 작은 이슈라도 역내 국가들이 협력해서 해결해 가는 평화체제를 구축할 필요가 있다. 인권을 존중하는 보편주의적 문화평화의 확대는 지속 가능한 평화체제를 유지·구축하는 데에도 크게 기여할 것이다.

셋째는 정군평화의 협력을 통한 지역평화안보의 구축이다. 다시 말해 경제평화의 협력으로 공동발전의 기틀을 마련하고 문화평화를 통한 공통가치의 창출을 통해 동북아의 공동번영을 증대시킬 방안을 모색할 수 있다. 이것은 결과적으로 정군적 대결을 해소하고 동북아 전체의 안정과 평화체제의 유지에 기여하는 것이다.146) 동북아 국가

들의 지역 다자 안보적 평화체제의 구축 속도는 비록 느리다 하더라도 결과적으로는 보다 큰 추진력을 갖게 될 것이다.

그런데 이들 세 가지의 평화협력은 상호 분리된 것이 아니라 밀접하게 연계되어 있다. 일반적으로 경제적, 문화적 평화협력과 정군적인 평화협력 간에는 밀접한 관계가 있다. 그러므로 동북아의 지속 가능한 평화체제는 국가 간의 경제평화협력과 문화평화협력의 교류 증대에 따르는 상호 의존 관계의 심화를 통해 장기적으로 국가 간에 무력 분쟁의 가능성을 감소시키고, 그 결과 지역의 공동번영과 영구평화에 크게 기여할 것이다.

예를 들면 역내 국가 간 경제평화협력의 강화는 궁극적으로 남북한 간의 경협을 촉진하고 북한으로 하여금 개방과 개혁을 유도하는 요소로 작용하여 한반도 및 동북아의 보편적 가치를 확대하고 정군적 긴장을 완화시킬 것이다. 만일 북한의 핵개발 문제를 해결한다면 남북한의 경제평화의 교류협력 확대는 물론 북한과 미국, 일본 간의 관계도 현격하게 개선될 것이다. 이처럼 역내 경제평화의 협력 강화와 문화평화 협력을 통한 가치의 동질화는 지역안보문제의 해결을 촉진하는 요소로 작용하고, 나아가 동북아의 공동번영과 지속 가능한 평화를 가져오게 할 것이다.

동북아의 지속 가능한 평화체제 구축은 특히 장기적으로 역내의 다양한 정군적 대결과 분쟁의 해결에 중요한 역할을 할 것이다. 즉 동북아의 지속 가능한 평화체제는 장기적으로 동북아의 다양한 갈등

---

146) 이러한 주장은 국제 정치학자들이 제안한 '기능주의적 이론(functionalist theory)'에 근거를 두고 있다. 이 이론의 골자는 국가 비정치 부문에서의 협력의 증진은 궁극적으로 그 효과가 정치·군사 분야로까지 미친다는 점이다. 다시 말해, 역내 국가 간의 평화 공존의 가능성을 증대시킨다는 점이다. James E. Dougherty and Robert C. Phaltzgraff, Jr., *Contending Theories of International Relations: A Comprehensive Survey*(New York: Harpers and Row Publishers, 1981), pp.419 – 422.

요인을 협력요인으로 전환시켜 공동발전과 영구평화를 가져오는 데 기여할 것이다. 따라서 동북아에서 지역의 평화협력이 확대된다면 전 세계적 평화와 번영의 증진을 촉진시킬 것이다.

제3절 동북아의 평화체제 구축 현황

국가 간의 군사적 안보문제와 상호간의 공동이익을 증진시켜 평화를 유지하기 위해서는 우선적으로 대화채널을 구축하여 현안을 논의하는 것이 필요하다. 그 이유는 안보문제와 공동이익 확대는 더 이상 개별국가 혼자서 해결할 수 없을 뿐만 아니라 군사적인 수단만으로 해결할 수도 없기 때문이다. 이러한 목적에 도달하기 위하여 동북아에서는 사실상 1980년대부터 다양한 평화체제 구축이 시도되어 왔다.

동북아의 평화체제 구축 방식은 크게 소극적 측면에서 다자안보적 평화체제의 구축과 적극적 측면에서 복합체적 평화체제의 구축 등 두 가지 방식으로 진행되어 왔다고 볼 수 있다. 소극적 개념의 평화체제는 안보 중심의 평화보장을 확보하기 위하여 국가 간의 구성에 의하여 이루어진 체제이다. 적극적 개념의 복합체적 평화체제는 전통적 군사안보 분야 외에 정치, 경제, 문화 등 다양한 영역들을 복합체적으로 그리고 적극적으로 결합시켜 안보와 복지, 번영을 추구하는 체제이다.

소극적 평화체제의 구축 모델들이라고 할 수 있는 집단안전보장, 공동안보, 협력안보, 다자동맹 등 그 어느 것도 동북아의 지속 가능

한 평화체제의 틀로서는 가능하다고는 할 수 없다. 국가안보 중심의 소극적 평화체제의 구축 모델은 유럽에서 부분적인 성공을 보이고 있으나 동북아의 안전보장 환경에는 적합하지 않다.

동북아에 보다 적합한 것은 경제와 안보, 문화 등을 복합체적으로 평화체제를 구축할 수 있는 모델이라고 할 수 있다. 이러한 적극적 평화체제의 구축 모델로는 안보·경제적 평화체제 모델과 평화복합체적 평화체제 모델을 들 수 있다. 이들 모델들은 전통적인 군사안보 분야 외에 정치, 경제, 문화 등 다양한 영역들을 복합체적으로 연계, 결합시켜 평화와 복지, 번영을 적극적으로 추구한다는 공통점이 있다.

탈냉전 이후 국가안보의 개념이 광역화, 포괄화로 변화되고 있다. 이에 따라 국가안보는 군사적인 측면에만 두지 않고 상호 의존을 확대하고 갈등 요소를 제거해야만 지속 가능한 평화체제를 구축하여 영구평화를 확보할 수 있다. 특히 대립과 갈등이 복잡한 동북아는 다른 지역보다 지속 가능한 평화체제의 구축이 더욱 시급한 상황이다.

1. 다자안보적 평화체제의 구축 현황

유럽의 경우처럼 지역평화체제의 구축을 진전시키기 위해서는 정군적 영역의 주된 평화문제인 안보 현안의 해결이 필수적이다. 정군적 평화보장 없이는 공동 번영이란 존재할 수 없기 때문이다. 동북아에서는 시급히 해결해야 할 평화위협 요인들이 도처에 도사리고 있다.

한반도 분단과 북핵문제, 중국과 대만 간의 양안 문제, 각국 간의 영토 및 자원 분쟁, 중국의 부상에 따른 미·일의 견제와 동맹관계의 재조정 움직임 등이 그 예이다. 모두가 특정 국가에 한정된 것이 아닌 동북아 지역 전체가 함께 감당해야 할 지역평화문제에 해당한다.

이에 따라 동북아에서는 안보공동체의 기반이 될 다자안보체제의 틀을 구성하는 것이 지역평화문제의 최우선 과제로 인식되어 왔다. 그리고 동북아의 각국들은 그동안 다양하게 다자안보적 평화체제 구상을 제안해 왔다. 즉 한국, 중국, 일본 및 러시아 등 동북아 국가들은 1980년대를 전후하여 동북아에 새롭게 등장한 긴장요인을 제거하고 안정과 평화를 위해 동북아 평화체제의 구축 필요성을 강조해 왔다.

한국은 1988년과 1992년 유엔총회 연설에서 동북아의 다자간 안보협의체의 필요성을 역설하면서 남북한과 미·일·중·소가 참여하는 '동북아 6개국 평화협의회' 창설[147]을 제안했다. 소련은 이보다 다소 앞서 1969년 브레즈네프에 의해 '아시아 집단안보체제'를 제안했었고, 캐나다는 1990년에 '북태평양안보협력대화(NPCSD)'라는 지역협력체제의 구성을 제기했었다.

1990년 초부터 동북아에서는 다자안보체제에 대한 필요성이 적극적으로 대두되고, 조건이 점차 성숙됨에 따라 정부 차원의 공식적인 다자안보적 평화체제 구축에 대한 다양한 움직임이 나타나기 시작했다. 참가국의 범위와 다룰 평화의제와 안보문제의 범위가 상당히 폭넓고 다소 불분명한 점을 지니고 있지만, 관심이 확대됨에 따라 구

---

147) '동북아 6개국 평화협의회'는 1988년 10월 18일 제43차 유엔총회 본회의에서 한국 대통령으로서는 처음으로 행한 노태우 대통령의 연설에서 동북아의 지속적인 평화와 번영의 바탕을 구축하기 위해 제의한 미·소·중·일·남북한 6개국의 평화회의이다. 노 대통령의 제의에 대해 북한을 제외한 5개국이 적극 참여 또는 긍정적인 반응을 나타냈다. 이에 따라 정부는 1988년 11월 중순 외무부 장관을 위원장으로 하는 '동북아평화협의회의 추진위원회'를 구성했다.

체적으로 발전했다. 또한 캄보디아사태나 남지나해문제를 해결하기 위한 소지역 차원의 평화안보체제의 구성 움직임도 나타났다.

동북아에서는 1994년 유럽의 전례에 따라 '의도된 전쟁'이 아닌 '우발적 분쟁', 불특정 안보불안 등에 대한 대처방안으로 협력안보에 입각한 지역 다자안보적 협력체가 등장하였다. 1993년 7월 싱가포르에서 열린 아세안(ASEAN) 회의에서 일본의 니까야마 외무성 장관이 동남아 지역의 평화안보 문제를 논의하기 위한 '아세안 확대외무장관회의(ASEAN-PMC)' 구성을 제안해 첫 모임을 갖고 '아세안지역포럼(ARF)'을 창설하기로 합의했다. 아세안 확대외무장관회의의 결의에 따라 이듬해인 1994년 7월 태국 방콕에서 정부 간 대화체로 '아세안지역포럼(ARF)'이 창설되어 공식 출범한 것이다.

아세안지역포럼은 2006년 10월 현재 아·태 지역 22개 주요 국가와 유럽연합 의장국 등 모두 23개국이 참여하는 이 지역 유일의 정부 간 안보대화체제이다. 아세안지역포럼은 지역안보대화 채널로는 가장 활발하고, 산하협력기구로 아세안지역안보포럼-고위관리회의(AEF-SOM, Senior Official's Meeting), 아세안지역포럼-회기간회의(ARF-ISM, Inter-Sessional Meeting)가 있다. 아세안지역포럼은 매년 회의가 끝난 뒤 의장성명서를 채택해 왔고, 한반도 정세에 대한 문안도 의장성명서에 줄곧 포함시켜 왔다.

북한도 지난 2000년 7월 회의부터 정식 회원국으로 가입해 참석하고 있으며, 2007년 5월에는 가입 후 처음으로 '국방백서'를 제출하기도 했다. 북한은 백서에서 "ARF는 다자간 안보와 평화체제 구축에 상당히 중요한 역할을 하고 있다"고 지적하고, "우리는 무장해제와 6자회담에서 논의된 북핵 문제의 진전 방안에 찬성한다"고 밝혔다.[148]

---

148) 『한국일보』, 2007년 5월 19일.

아세안지역포럼 회원국은 크게 아세안 소속 10개국(말레이시아, 필리핀, 싱가포르, 인도네시아, 태국, 브루나이, 베트남, 라오스, 미얀마, 캄보디아)과 대화상대 10개국(한국, 미국, 일본, 중국, 러시아, 캐나다, 호주, 뉴질랜드, 인도, 유럽연합 의장국), 기타 3개국(파푸아뉴기니, 몽골, 북한)으로 분류된다.

아세안지역포럼 의장국은 아세안 의장국이 겸하며 매년 5월 중 고위관리회의(SOM)를 거쳐 매년 7월 의장국 수도에서 최고의사결정기구인 외무장관회의를 열고 연 2회 회기간회의(ISG, Inter-sessional Support Group Meeting)를 갖고 있다. 아세안지역포럼은 아세안국가들과 그들의 대화파트너로 구성된 최초의 공식적인 다자안보적 대화체제라는 데 그 의미가 크다.

아세안지역포럼과 별도로 미국의 클린턴 대통령은 1993년 동북아 지역의 경제와 안보문제를 다루기 위한 채널로 활용하고자 '아·태경제협력체(APEC, Asia-Pacific Economic Cooperation)' 구성을 제안하였다. 미국의 아·태경제협력체 제안에 대해 아·태 지역 국가들은 다양한 반응을 보였다. 그러나 아·태경제협력체는 이 지역 안보문제를 다룰 체제를 미국에 의해서 처음으로 공식적인 차원에서 제안했다는 의미에서 아·태 지역 국가들에 상당한 의미를 시사했다.

그리고 정부 차원의 공식적인 다자안보체제에 대한 제안 외에도 비공식적 차원의 협의체제인 '아·태안보협력이사회(CSCAP, Council for Security Cooperation in Asia-Pacific)'도 1993년 6월 쿠알라룸푸르에서 채택되어 1994년 6월 공식 출범하였다. 이 협의체는 각국 고위관리와 전문가가 개인자격으로 참가해 정부 간 정식협의와는 별도로 비공식 차원에서 안보문제를 다룰 수 있는 지역포럼이다.

아·태안보협력이사회(CSCAP)는 역내 국가들 간의 신뢰구축과 안

전보장 실현 방안을 협의하고 정책 건의를 통해 정부 차원(Track - Ⅰ) 의 안보협의를 촉진하고 지원하는 성격을 띠고 있다. 아·태안보협력이사회(CSCAP)는 현재 남북한과 미국, 일본, 중국, 러시아, 유럽연합, 아세안국가 등 21개국이 참여하고 있으며, 포괄적·협력적 안보소위원회, 북태평양소위원회, 신뢰·안보구축조치소위원회, 해양안보협력소위원회, 초국가적 범죄위원회 등 5개의 소위원회를 운영하고 있다.

또 비정부 간 대화체로 '동북아협력대화(NEACD)' 등이 설립되었다. 동북아협력대화는 1993년 10월 미국 캘리포니아대학 샌디에이고 분교 부설 '세계분쟁 및 협력연구소(IGCC, Institute on Global Conflict and Cooperation)' 주관으로 첫 회의를 갖고 동북아 안보협력에 관하여 논의하였다.149) 이 대화체에는 비정부 간(Track - Ⅱ) 안보대화체로 동북아 국가 간 대화를 통한 상호 이해·신뢰구축·협력증진에 목적이 있으며, 남북한을 비롯하여 미국, 일본, 중국, 러시아 등 모두 6개국이 참가하고 있다.

동북아협력대화의 첫 회의에는 한국, 북한, 미국, 러시아, 일본, 중국 등 6개국이 참가했다. 그 후 북한은 불참하다가 2002년 들어서 부정기적으로 참여했고, 나머지 5개국은 매년 회의에 참여해 왔다. 2003년 9월 중국 칭다오(靑島)에서 개최된 동북아협력대화에는 북한이 4명의 대표단을 참석시켰다. 이 대화체는 북핵문제 해결과 동북아의 협력안보와 예방외교의 관점에서 6자회담 출범의 중요한 모체가 되었다고 볼 수 있다.

한국의 김영삼 대통령은 동북아의 안보환경 개선 및 평화정착을

---

149) 이서항, "NEACD 추진실태 및 향후 전망",
   http://www.mnd.go.kr/mnd/sub_home/html/hwp/a20 - 4.HWP(검색일: 2005년 6월 1일)

위해 '동북아 다자안보(NEASED, Northest Asia Security Dialogue)' 협력의 틀이 필요하다고 보고 1993년 5월 24일 제26차 태평양 경제 협력회의(PECC, Pacific Economic Cooperation Conference) 기조 연설에서 한국의 신외교 주요 정책방향으로 항구적인 지역평화의 기틀을 마련하기 위해 '다자간 안보대화를 추진할 것'을 제의하였다.

한국 정부는 같은 해 5월 31일 한승주 외무장관을 통해 "한국 정부는 아·태 지역의 다자안보대화에 능동적으로 참여하고, 그 발전을 도모할 것이나 동북아에서도 소-유럽 안보협력회의 형식의 안보협력체(a mini-CSCE like Framework for Security Cooperation in Northeast Asia) 구상을 상정할 수 있을 것"이라고 발표했다.

한국 정부는 이어 1993년 7월 아세안 확대외무장관회의(ASEAN-PMC) 및 아세안지역포럼에서 동북아 다자안보대화기구 설립을 제안했다.150) 이것은 남북한, 미국, 러시아, 중국, 일본의 정부 간(Track-Ⅰ)의 다자안보대화기구라 할 수 있다. 그러나 북한은 대일, 대미관계를 정상화할 때까지 참가를 거부하기로 했고, 다른 국가들도 호응이 없어 공식기구로 발족되지 못하고 있다.

일본 오부치 수상도 한국의 6자대화기구와 개념이 비슷한 '6자협의'를 제안했다. 오부치 수상은 1998년 10월 한국의 김대중 대통령과의 한·일정상회담에서 "일본과 러시아는 한반도 안정을 어떤 형태로 달성시킬 것인가에 대해 의논하기 위해 '6개국 아시아 안전보장 포럼'을 만들어야 한다"며 남한과 북한을 포함하여 미-일-중-러 간의 '6자협의'를 처음으로 제안했다.

또 오부치 수상은 러시아 옐친 대통령과의 회담 후 발표한 공동선언에서도 "동북아의 안전보장상 '6자협의'에 대한 일본의 제안은 지

---

150) 국방부, 『국방백서 1994~1995』(서울: 국방부, 1994), 140-141쪽.

역의 안정을 위해 중요하다"는 내용을 삽입해 넣었다.[151] 오부치 수상은 그 후 1998년 9월 미국 클린턴 대통령과 중국의 장쩌민(江澤民) 국가주석에게 잇달아 6자협의를 제안했다.

오부치 수상의 6자협의 제안에 한국과 러시아는 비교적 전향적으로 수용했으나, 미국과 중국의 반응이 부정적이어서 어떠한 열매를 맺지 못했다. 중국은 6자회담은 시기상조이고, 4자회담조차 사실상 순조롭게 움직이지 않고 있기 때문에 부정적이었다. 일본의 오부치 수상이 6자협의를 제안한 것은 1998년 9월 북한의 제1차 미사일 발사문제에 대해 북한과의 공식적인 대화 채널이 전혀 없는 일본으로서는 향후 이와 유사한 문제가 발생할 것에 대비하여 새로운 협의체제를 만들어 둘 필요성에 의해 이루어진 것이다.

일본은 북한을 설득할 수 있는 방법으로 북한과 오랜 우호관계를 유지하고 있는 중국을 설득하고, 북한에 대해 실질적으로 가장 강력한 영향력을 행사할 수 있는 미국의 도움을 청하는 것이 바람직하다고 판단했다. 특히 일본으로서는 남북화해와 북·일관계 정상화가 이루어지면 주일미군의 역할과 구조조정을 검토해야 한다. 이에 따라 일본은 지역안보를 논의할 다자협의체제에 비교적 적극적인 태도를 보여 왔다.

동북아 국가들은 한반도 평화체제의 구축과 관련하여 4자회담과 6자회담을 제안하고 논의해 왔다. 한국의 김영삼 대통령은 1995년 8월 15일 광복절 경축사에서 '한반도 평화체제 구축 3원칙'의 하나로 "한반도 평화체제의 구축은 관련 국가들의 협조와 뒷받침이 있을 때 그 실효가 더욱 보장될 수 있다"고 지적하고 이의 실천수단으로서 정전협정 서명국인 '미국과 중국'이 참여한 남북한과 미·중의 4자

---

151) 『Japan Times』, November 13, 1998.

회담을 제기하였다.

그리고 한국은 1996년 4월 16일 제주에서 미국과 한·미 정상회담을 갖고 4자회담을 공동 제안하였다. 이에 따라 1997년 8월에서 11월까지 4자회담 예비회담이 세 차례 열려 의제에 합의했고, 1997년 12월 9일 제네바에서 최초로 4자회담이 개최되었다.[152]

남북한과 미국 및 중국이 참여한 4자회담은 1999년 1월 긴장완화분과위원회와 평화체제분과위원회의 구성 등 부분적인 성과를 얻었지만 실질적인 결실을 거두지 못했다. 4자회담이 실질적인 진전을 보이지 못한 이유는 몇 가지가 있다.

먼저 북한은 한국이 정전협정에 조인하지 않았다는 것을 구실로 해서 이 회담을 북·미 간의 회담으로 이끌어 가려 했기 때문이었다. 또한 북한은 주한미군문제와 평화협정 체결문제를 거론하고, 그것을 주 의제로 한 데 대하여 미국과 한국은 반대하는 입장이었기 때문이었다.

김영삼 정부에 이은 김대중 정부도 4자회담은 물론 6자회담과 동북아 다자안보협력체에도 관심을 보였다. 김대중 정부는 특히 출범과 함께 동북아 6자회담을 제기했다. 김대중 정부는 이를 구체화하기 위하여 1998년 미국, 일본, 중국 등을 잇달아 방문하고 6자회담과 다자안보협력 구상을 언급했다. 그리고 1999년 5월 러시아 방문 때도 역시 이에 대해 거론했다. 일본은 1998년 9월 23일 미·일정상회담과 1998년 10월 8일 한·일정상회담에서도 한국의 제안에 호응하여 6자회담을 제기하였다.

2002년 10월 북한핵 문제가 다시 불거지면서 이를 해결하기 위한 6자회담이 중국의 중재로 2003년 8월 중국 베이징에서 처음 개최되

---

152) 통일부, 『통일부 30년사』(서울: 통일부, 1999), 78쪽.

었다. 2005년 9월 19일 4차 6자회담에서 2년여 만에 베이징 공동성명을 채택하고 북한핵 완전 폐기와 한반도 영구평화를 위한 별도의 포럼을 열기로 합의했다.

그리고 2007년 2월 5차 6자회담에서 2·13합의를 통해 '행동 대 행동'에 따른 조처로 북한핵 시설 동결 및 대북중유 지원, 북미관계 정상화 논의 등에 합의했다. 6자회담이 북한핵 해결 및 북미관계 정상화 등을 통해 한반도 평화체제를 구축하는 데 성공하게 되면 동북아 다자안보협력을 구체적으로 모색하게 될 것이다.

중국은 2004년 4월 한국·미국·일본과 아세안 회원국들에 "아시아 내 군사적 교류에 참여하고 싶다"며 협조를 요청하고, 2004년 7월 인도네시아 자카르타에서 열린 아세안지역포럼에서 각국의 국방 차관급으로 구성되는 '신안보대화체제' 논의를 제의했다. 중국은 신안보대화체제에서 군사전략의 골격, 군 현대화와 기술혁신, 테러 대응책 등 거의 모든 군사현안을 논의할 용의가 있다고 밝혔다.[153] 그러나 동남아를 무대로 한 중국의 군사 주도권 장악과 미국의 개입 저지라는 측면이 제기되어 관련국들의 호응을 얻지 못했다.

아·태 지역 내 다자안보적 대화체제가 이처럼 다양하게 제안된 것은 공산권 붕괴로 탈냉전시대의 국제질서 변화에 맞춰 아·태 지역 내 안정적 질서 구축이 요구되고 중국의 군사력 증가와 일본의 정군적 역할 증대, 북한의 핵과 미사일 개발, 동남아국가들의 해군력 확장 등 지역 내 군비경쟁을 막기 위한 필요성이 대두된 데 따른 것이다.

그러나 이들 중 어느 구상체제도 동북아에 적극적이고 계속적인 관심을 끌지 못했다. 그 이유는 첫째, 시기적으로 동북아는 많은 국

---

153) "동남아 주도권 잡아라" 미국·중국 힘겨루기, 『중앙일보』, 2004년 7월 12일

가들이 다자안보체제에 대한 절실한 필요성을 느끼지 못했다는 것과, 둘째, 유럽식의 다자안보체제는 동북아의 복잡한 안보상황을 해결하기 위해 그대로 적용되기에는 한계가 있었기 때문이다. 그럼에도 불구하고 동북아의 다자안보적 평화체제가 안고 있는 문제점을 보완하고 신뢰구축과 경제협력 등을 통한 평화와 공동번영을 추진하기 위해 계속적으로 제안되고 모색되고 있다.

2. 복합체적 평화체제의 구축 현황

유럽에서는 유럽안보협력회의(CSCE)라는 '대화체'에서 1995년 1월 '제도'로 승격된 유럽안보협력기구(OSCE)와 같은 다자안보 협력체제가 지역의 평화유지와 국가 간의 신뢰구축 및 분쟁해결에 유효한 국제협력체제로 작용하고 있다. 그러나 동북아에서는 유럽안보협력기구와 같은 평화안보와 협력을 위한 복합체적인 체제를 구축하는 것은 쉬운 일이 아니다.

따라서 현재 동북아 지역이 당면하고 있는 문제를 해결하기 위해서는 먼저 '대화의 습관화'를 통해 경제적 협력과 문화적 공동가치를 확대할 수 있는 체제를 만드는 것이 시급하다. 동북아의 복합체적 평화체제의 구축은 수년 또는 수십 년 후의 미래 한반도와 동북아를 바라보는 장기적 사업들로 구성되어 있다. 동북아의 지속 가능한 평화체제의 구축을 위한 전략은 적극적 평화개념의 실현이라는 측면에서 경제공동체와 문화공동체, 즉 평화공동체를 형성하는 것이다.

그러므로 현재 시점에서 복합체적 평화체제의 구축에 대한 성과를 논의할 여지는 그리 크지 않다. 다만 에너지, 철도, 환경, 물류, 문화

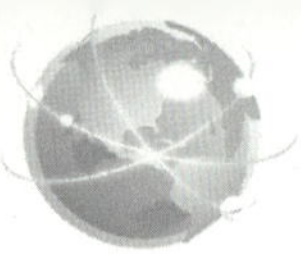

사업 등에서 가시적인 세부 분야의 협력물들이 나오기 시작하고 있는 정도이다. 시간이 가면서 보다 많은 분야, 보다 깊은 영역에서 보다 의미 있는 성과물들이 쌓여 갈 것이고, 그것들이 체계화되면 지역평화공동체의 건설을 촉진할 것이다.

동북아 지역을 포함한 아·태 지역의 복합체적 평화체제를 구축하기 위한 경제협력 공동체 구상 움직임은 1960년대부터 진행되어 왔다. 동북아 공동체구상은 1960년대 후반부터 1970년대에 걸쳐 양극화체제에서 다극체제로 변모되고 있는 국제정치의 새로운 질서 속에서 '태평양경제협의회(PBEC, Pacific Basin Economic Council)'가 출범되었다.

1967년 4월 일본 도쿄에서 태평양지역의 호혜적인 경제협력과 지역사회 발전을 위해 민간기업 차원에서 설립된 태평양경제협의회는 2002년 현재 20개 정회원국의 1,100여 기업을 회원으로 두고 매년 아·태 지역의 주요 경제현안을 논의하는 연차 총회를 개최하고 있다.

1980년 9월 호주 캔버라에서 호주국립대학교 주최로 '태평양협력세미나'가 개최되고, 이것이 모태가 되어 '태평양경제협력위원회(PECC)'가 설립되었다. 태평양경제협력위원회는 아시아 태평양 지역에서의 자유롭고 열린 경제 교역을 기치로 역내 국가의 경제 발전 및 공동 번영에 기여하기 위해 활동하고 있는 민간경제협력체이다.

민간 차원에서 지역경제협력을 추구하고 있는 태평양경제협의회와 태평양경제협력위원회는 기업가, 학자, 관료들이 민간인 자격으로 참가하는 3자적 구조를 가지면서 제도적 협력보다는 기능적인 협력을 촉진하는 데 중점을 두었다. 1980년대부터는 지역경제협력과 관련된 여러 이슈에 관한 논의를 다양하게 진행시키고 있다.

동북아의 민간 차원에서 촉발된 이러한 경제협력체와 달리 각국

정부 차원에서도 다양한 움직임이 진행되어 왔다. 가장 빠른 형태로는 1967년 8월 방콕에서 태국, 인도네시아, 필리핀, 말레이시아, 싱가포르 5개국이 결성한 지역협력기구인 아세안국가연합(ASEAN)이 있다.154) 아세안은 그 뒤 브루나이, 베트남, 라오스, 미얀마, 캄보디아가 가입해 모두 10개국으로 구성되어 '동남아공동체'로 발전해 가고 있다.

그 뒤 1976년 '동남아시아 우호협력조약(TAC)'이 조인되었고, 1977년 아세안과 일본이 처음으로 정상회의를 개최했고, 일본은 이른바 '후크다 독트린'을 발표하였다. 후크다 독트린은 일본이 다시는 군사대국화하지 않고 같은 아시아인으로서 유대를 중시하면서 아세안과 특별한 관계를 유지하겠다는 내용이다. 이것은 패전 후 일본이 처음으로 아시아외교에 적극적으로 나서겠다는 의지를 나타낸 것이었지만, 그것이 한국이나 중국이 아니라 아세안을 통해서 이루어졌다는 점에서 현재 일본의 아시아정책의 문제점을 잘 나타내는 것이라 할 수 있다.155)

1989년 호주의 주도로 결성된 '아·태경제협력체(APEC)'는 연 1회의 각료회담과 수차례의 고위실무자 회담을 통하여 점진적으로 역내 다자간 협력의 제도화 수준을 높여 가고 있다. 미국은 1993년부터 매우 적극적인 관심을 보이며 참여하고 있다. 아·태경제협력체에는 2007년 5월 현재 한국, 미국, 일본, 캐나다, 호주, 뉴질랜드, 태국, 말레이시아, 인도네시아, 싱가포르, 필리핀, 브루나이, 중국, 대만, 홍콩, 멕시코, 파푸아뉴기니, 칠레, 러시아, 베트남, 페루 등 21개국

---

154) 현재까지 동아시아 지역에서 공동체 논의를 주도해 온 조직은 아세안이기 때문에 아세안 결성을 복합체적 평화체제인 동아시아 공동체의 첫걸음이라고 할 수 있다.

155) 미야지마 히로시, "일본 동아시아 공동체론의 현주소", 『역사비평』 통권 72호, 2005 가을 (서울: 역사문제연구소, 2005), 224 - 228쪽.

이 참여하고 있다.

1990년 말레이시아의 마하티르 총리가 미국 등 역외 국가들을 제외한 지역경제협의체 결성을 목표로 '동아시아경제그룹(EAEG)' 창설을 추진했지만 미국의 반대로 진전되지 못했다. 마하티르 총리는 다시 그해 12월 동아시아경제그룹보다 느슨한 결합체인 '동아시아경제회의(EAEC)'를 결성하려 했지만 그 역시 순조롭지 못했다.

1992년 제4회 아세안 정상회의에서 '아세안 자유무역지역(AFTA) 형성을 위한 싱가포르선언'이 발표되었다. 그 후 1993년 7월 아세안 외무장관회의 시 '아세안 자유무역지역(EAEC)' 창설을 추진키로 합의했으나 미국의 경계와 일본의 소극적 태도로 무산됐다. 미국은 한·일 아세안 자유무역지역 불참을 요청하고, 아세안 자유무역지역을 무역장벽으로 간주한다고 경고했다.

미국 클린턴 대통령은 1993년 7월 일본과 한국을 방문, '신태평양공동체(NPC, New Pacific Community)' 구상을 제창하며 아·태경제협력체의 중요성을 강조했다. 이것은 미국이 아시아 국가들만의 공동체인 '동아시아경제그룹'의 결성을 막으려는 의도였다.

그러나 동아시아 국가 간의 교역·투자 확대 등 상호 의존이 심화되면서 미국의 아·태 경제질서 주도 등에 대항하는 동아시아 경제권의 독자적인 목소리를 내야 한다는 여론이 점증했다. 이러한 가운데 1994년 10월 고촉통(吳作棟) 싱가포르 총리의 제의로 '아시아·유럽정상회의(ASEM)'가 가동됨에 따라 유럽연합의 규모와 결속력에 상응하는 동아시아 국가 간의 협력 강화 필요성이 제기됐다.

1996년 아시아와 유럽 간의 경제·정치·문화에 관한 대화와 협력추진을 목표로 '아시아·유럽정상회의'가 처음으로 개최되었다. 이후 2년마다 개최하기로 하고, 아시아·유럽정상회의의 준비 작업을 위한 모임은 '아세안＋3' 출범의 단초가 되었다.

1997년 아시아 금융위기가 발생하자 일본이 아시아통화기금(AMF) 설립을 제안했지만 미국의 반대와 중국의 보류로 무산되었다. 아시아 금융위기는 동아시아공동체 결성을 위한 움직임의 직접적인 계기가 되었다고 볼 수 있다.156) 아세안은 특히 1997년 12월 창설 30주년 기념 정상회의에 한·중·일을 초청했고, 1998년 12월 하노이 정상회의에서 한·중·일 참석 정례화를 결정하여 '아세안＋3' 정상회의가 공식 출범했다.157)

1998년 10월 일본은 금융위기 재발을 방지하기 위한 '미야자와 구상'을 발표하고 아시아 각국에 300억 달러를 공여했다. 1998년 제2회 '아세안＋3' 정상회의에서 한국의 김대중 대통령은 민간인 중심으로 한 포럼, 즉 '동아시아 경제협력 비전그룹(EAVG)'의 설치를 제안했다. EAVG는 다음 해 한승주 한국외상을 좌장으로 선임하고 공식 창설되었다. 1998년 마하티르는 중국을 방문하여 동아시아공동체의 실현을 거듭 호소했다.

1999년 11월 제3회 '아세안＋3' 정상회의에서 최초의 공동성명인 '동아시아에서의 협력에 관한 공동성명'을 발표했다. 일본은 공동성명 작성에 있어서 안보문제를 포함해서 논의하는 것을 반대했다. 2000년 11월 제4회 '아세안＋3' 정상회의에서 한국 김대중 대통령은 정부관계자를 중심으로 한 '동아시아 연구그룹(EASG)'의 설립을 제안하여 합의를 이끌어 냈다. 중국은 2000년 11월 아세안과의 자유무역지역 창설을 제안했다.

---

156) 미야지마 히로시(2005), 225쪽.

157) '아세안＋3'이 동아시아 공동체 논의를 현실화시키는 모체가 되었다. 즉 아시아 금융위기가 동아시아 공동체 논의의 객관적인 계기였다면, '아세안＋3'은 주체적인 계기였다.

2001년 11월 '동아시아 경제협력 비전그룹(EAVG)'이 제5회 '아세안＋3' 정상회의에 '동아시아공동체를 향하여 - 평화, 번영, 진보의 지역'이라는 보고서를 제출했다. 동아시아 경제협력 비전그룹 보고서는 "우리 동아시아의 민중은 지역 내 모든 제 국민들의 전면적인 발전을 기초로 한 평화, 번영, 진보의 동아시아공동체를 창조할 것을 희망한다"고 선언하고, 협력의 과제로서 경제협력, 재정금융협력, 정치·안보협력, 환경·에너지협력, 사회·문화·교육협력이라는 다섯 가지를 제시했다. 이 보고서를 통해서 처음으로 동아시아공동체의 결성이 표면화되었다고 할 수 있다.

2002년 1월 일본 고이즈미 총리가 싱가포르에서 동아시아의 '함께 걷고 함께 나아가는 커뮤니티' 구축을 향한 결의를 표명했다. 고이즈미는 호주, 뉴질랜드까지 포괄하는 것으로 제안했지만 마하티르는 이를 반대했다.

2002년 11월 동아시아 연구그룹이 제6회 '아세안＋3' 정상회의에서 보고서158)를 제출하여 '동아시아 자유무역지역'과 '동아시아 정상회의'의 현실적 가능성을 강조했다. 이 보고서에서 언급된 '동아시아 포럼(EAF)'은 김대중 대통령이 설립을 제안하여 승인되었다. 그리고 중국은 이 회의에서 한·중·일 3국 간의 자유무역협정(FTA) 체결을 위한 협의개시를 제기했다.

2003년 5월 '아세안＋3' 외상회의에서 중국이 '동아시아 싱크탱크

---

158) 동아시아 연구그룹(EASG) 보고서는 동아시아 공동체 구체화를 위한 26개의 과제를 제기했다. 그중 17개 항목은 단기목표로 기업협의회 설치, 투자정보네트워크 설립, 기술이전과 기술개발협력, 싱크탱크 네트워크의 확립, 동아시아포럼 설치, 빈곤해소계획 작성 등이다. 나머지 9개 항목은 중장기 목표로 동아시아자유무역협정(EAFTA)의 설치, 동아시아 투자지역의 설정, 지역통화관리기구의 설립, '아세안＋3' 정상회의의 동아시아 정상회의로의 발전 등이 포함되어 있다. 현재 진행 중인 동아시아 공동체 결성의 움직임은 이 동아시아 연구그룹(EASG)의 보고서를 바탕으로 한 것이다.

네트워크(NEAT)' 설립을 제한하여 승인되었고, 같은 해 9월 설립되었다. 2003년 8월 말레이시아 전략국제문제연구소가 제창하여 제1회 동아시아회의가 개최되었다. 2003년 10월엔 중국과 아세안이 '평화와 번영을 위한 전략적 파트너십에 관한 공동선언'을 발표하고, 2010년까지 자유무역협정을 체결할 것을 선언하였다.

2003년 12월 도쿄에서 개최된 일본과 아세안 특별 수뇌회의는 동아시아 지역의 창조에 공헌하며 동아시아공동체를 위한 협력의 심화를 꾀하는 '도쿄선언'을 발표했다. 일본의 도쿄선언은 중국과 아세안의 관계강화에 대한 일본의 대응이라는 성격이 강했다. 일본은 '총허용어획량(TAC)' 가맹을 거부했지만 중국을 강하게 의식하며 이에 가입하기도 했다.

2003년 12월 서울에서 '동아시아포럼(EAF)' 제1회 회의가 개최됐고, 2004년 5월 일본이 '동아시아 공동체 평의회'를 결성했다. 동아시아 공동체 평의회는 동아시아 싱크탱크 네트워크와 동아시아포럼의 설립에 자극을 받아 만들어진 조직으로서 정계, 재계, 정부관계자, 학계, 싱크탱크 대표자 등으로 구성되었다. 2004년 6월 제2회 동아시아회의가 개최됐고, 이어 7월에는 '아세안＋3' 외상회의에서 동아시아 공동체를 위한 협력관계 강화를 발표하고 동아시아 정상회의 개최에 합의했다.

2004년 8월 미 파월 국무장관이 동아시아 공동체구상에 대해 "그 필요성에 납득이 안 간다"면서 "미국과 이 지역의 친구들 간의 이해관계가 손상을 입지 않는 한 자유다"라고 발언했다. 그리고 일본 고이즈미 총리가 2004년 9월 유엔총회 연설에서 "아세안＋3을 바탕으로 동아시아 공동체 구상을 제창하고 있다"고 언급함으로써 일본은 처음으로 애매했던 '커뮤니티'라는 말 대신 '공동체'라는 단어를 사

용했다.

한국의 노무현 대통령은 2004년 11월 라오스에서 열린 '아세안＋3' 정상회의에서 '아세안＋3' 체제를 중장기적으로 20억 인구의 '동아시아공동체(EAC, East Asian Community)'로 발전시켜야 하며, 이를 위해 '동아시아정상회의(EAS, East Asian Summit)'를 개최하자고 제안했다. 이 제안은 중국과 말레이시아 등의 적극적 동의에 힘입어 최초의 동아시아정상회의가 2005년 12월 말레이시아에서 개최되었다.

2005년 1월 고이즈미 총리가 '통상국회' 소신표명 연설에서 동아시아 공동체의 구축을 목표로 한다고 선언하여 동아시아공동체의 창설이 속도가 붙게 되었다. 일본의 경제단체연합회와 일본경제동우회도 각각 1월과 2월 동아시아 공동체 구상의 실현을 위해 일본이 적극적으로 공헌할 것을 호소했다.

아·태경제협력체 21개 회원국들은 2005년 11월 부산에서 각료회의를 갖고 종래의 정군적 안보개념을 넘어 '인간안보(human security)' 의제를 본격적으로 다뤘다. 인간안보는 1994년 유엔개발계획(UNDP)이 새로운 안보개념으로 처음 제시한 것으로 국가안보와 대치된다.159)

인간안보는 안전보장의 대상이 국가가 아니라 인간이라는 인간중

---

159) 유엔개발계획(UNDP)의 『Human Development Report』는 평화 속에서 살 권리라는 보편적 인권을 기초로 생명의 권리, 공포와 결핍으로부터의 자유를 분명히 하고 있다. 이것은 일종의 '인간의 안전보장(Human Security)', 즉 인간안보는 안전보장의 대상이 '국가'가 아니라 '인간'이라는 인간 중심주의의 선언이다. '국가의 안전보장', 즉 국가안보는 주권이나 영토에 대한 (군사적) 위협이 주요 관심사이다. 그러나 인간안보는 전쟁·폭력·기아 등 생존과 관련된 위협, 부상·질병 등 신체적인 위협, 실업 등 경제적인 위협, 차별·억압 등 사회·정치적인 위협을 포괄한다. 인간안보는 냉전의 종식이라는 시대상황을 반영한 개념이다. 냉전 시대에는 핵의 안보라는 국가 중심의 협의의 개념이 통용되었다. 그러나 탈냉전 시대에는 질병·기아·실업·범죄·사회적 마찰·정치적 탄압·환경재해 등의 위협에 대처하는 광의의 안보개념이 새롭게 논의되기 시작했다. 경제안보·식량안보·건강안보·환경안보·개인안보·지역사회안보·정치안보 등은 인간안보와 관련된 용어이다.

심주의이다. 인류, 인간의 안전을 위협하는 것은 전쟁과 같은 직접적인 무력에 의한 것보다 인권탄압, 대형재난, 사회적 안전망의 미흡, 에너지위기, 환경오염, 질병에 의한 보건 등과 같은 문제들의 영향이 더 크다는 것을 반영한 것이다.

또한 아·태경제협력체 회원국들은 2005년 11월 회원국 간 협력을 강화해 조류인플루엔자, 테러 등 대형재난에 공동 대처하기로 합의했다. 아·태경제협력체 21개 회원국 정상들도 2005년 11월 1, 2차 부산정상회의를 갖고 '부산선언'과 '도하개발아젠다(DDA)' 특별성명을 채택했다. 부산선언에서 아·태경제협력체 회원국 정상들은 다자무역확대와 무역·투자자유화 방안을 골자로 하는 '부산 로드맵'을 제시했다.

한·중·일 등 동북아 3개국 및 동남아국가연합 10개국 정상들은 2005년 12월 말레이시아 쿠알라룸푸르에서 제9차 '아세안+3 정상회의'를 열고 2020년에 동아시아공동체를 실현한다는 목표를 재확인했다.

제1차 '동아시아정상회의(EAS)' 개최를 앞두고 일본은 중국 주도로 흘러갈 것을 견제하기 위해 미국과 러시아를 포함시키고, 유럽연합을 옵서버자격으로라도 참여시켜야 한다고 주장한 반면 중국은 불가입장을 밝혔다. 정상회의 의장국인 말레이시아는 미국을 배제시킨 대신 러시아의 푸틴 대통령을 '말레이시아 정부의 게스트' 자격으로 초청하여 절충하였다.

2005년 12월 말레이시아에서 열린 동아시아정상회의 창설회의에는 아세안 10개국과 한·중·일 3개국, 인도·호주·뉴질랜드 등 16개국이 참가했다.160) 동아시아정상회의는 '아시아인에 의한, 아시

---

160) 동아시아정상회의(EAS)는 전 세계 인구 63억 중 절반에 가까운 31억 명(2003년 기준)과 세계 교역량 18조 6,640억 달러의 23%인 4조 3,000억 달러(2004년 기준)를 차지하는 아시아공동체 추진 국제 정상회의이다. 중국과 일본이 주도권 경쟁으로 사사건건 충돌했고,

아지도자들만의 국제정상회의'였지만 중국과 일본의 주도권 다툼으로 제1차 회의는 출범 자체에만 의미가 있었다. 1990년대 초 마하티르 말레이시아 총리가 '동아시아 코커스' 구상을 제안한 이후 15년여 만에 미국이 배제된 평화복합체적 평화협의체가 출범한 것이다.

세계경제가 북미자유무역협정(NAFTA)에 의한 북미통상권, 유럽연합 등으로 블록별 경제통합이 가속화되고 있어 동아시아에서도 공동이익 창출을 위한 기구의 필요성이 지속적으로 제기되고 있다. 이에 따라 한·중·일 3국과 동남아국가연합 소속 10개국도 이상에서 살펴본 것처럼 '아시아판 유럽연합'인 동아시아 평화공동체 창설이라는 목표를 향해서 더디지만 꾸준히 나아갈 것이다.

제4절 동북아의 평화조건과 가치

동북아는 탈냉전 이후 이 지구상에서 가장 심각하게 평화를 위협받고 있는 지역의 하나로 지목되고 있다. 동북아는 정군평화의 측면에서 미국, 러시아, 중국 등 3개의 거대한 핵보유국이 있고, 경제평화의 측면에서 미국, 일본, 중국 등 3개의 경제대국들이 포진해 있다. 그리고 문화평화의 측면에서 한국전쟁이 치러진 이후 냉전체제 잔존지역으로 남아 있다.

더구나 동북아는 유럽의 NATO나 OSCE와 같이 확고히 제도화된 지역안보기구가 존재하지 않으며, 대량살상무기의 생산 및 수출에

인도·호주·뉴질랜드 등 지리적으로나 역사, 문화 등이 동아시아와 너무 이질적이어서 실질협력이 쉽지 않을 전망이다. 이들 3개국은 중국을 견제하려는 일본·인도네시아·싱가포르의 요청으로 가입되었다. 『조선일보』, 2005년 12월 16일.

대한 통제가 없고 오히려 경제적, 문화적 평화문제와 중첩되면서 갈등이 심화되고 있다. 이에 따라 동북아의 평화체제 구축에 영향을 주는 변수들은 무수히 많다. 동북아의 평화체제 구축에 영향을 주는 다양한 요인들 중 주요한 평화축소 요인들과 평화확대 요인들을 검토해 보고자 한다.

1. 동북아의 평화조건과 평화축소 요인

동북아가 다극화, 유동화하면서 평화위협과 이에 따른 평화축소 요인이 다양해졌다. 동북아는 역사적으로 볼 때 정군적 갈등과 그 영향으로 인해 평화가 심각하게 위협을 받아 왔고, 이로 인해 다양한 평화축소 요인이 내재하고 있다. 특히 19세기 이후 청일전쟁, 러일전쟁, 중일전쟁과 제2차 세계대전 그리고 한국전쟁을 겪으면서 동북아는 정군적인 대립과 불신으로 갈등과 분쟁 위기가 상존하고 있다.

더구나 동북아는 1990년대 이후 탈냉전하에서 안정적인 국제질서가 형성되지 못하고 미국, 일본, 중국, 러시아 등 4대 강대국 사이의 미묘한 세력경쟁 양상 속에 불안정한 질서구도의 재편이 이루어지고 있다. 소위 유럽에서와 같은 탈냉전의 화해와 협력에 의한 '평화의 진화'가 동북아에서는 나타나지 않고 오히려 새로운 긴장이 조성되고 있다.

즉 동북아는 경제적으로 상호 의존과 협력에도 불구하고 패권경쟁과 군사화 현상 등으로 인한 정군평화 갈등, 무역불균형 등으로 인한 경제평화 갈등, 과거사와 민족주의 등으로 인한 문화평화 갈등이라는 불안정한 상황이 평화를 축소시키고 있다.

1) 정군평화의 축소 요인: 패권경쟁과 국가주권 위협

동북아에서는 세계질서의 초점이 경제문제로 옮겨져 '신국제경제질서(new international economic order)'를 만들어 가고 있음에도 불구하고 군사비 지출 증대 등 폭력적, 평화축소적 구조가 왜 상존하고 있을까? 이것은 동북아에서 정군평화를 위협하는 지역패권주의 심화에 의한 '군사화(militarization) 현상'이 강하게 나타나고 있기 때문이라고 할 수 있다.[161]

동북아에서는 화해와 협력이라는 탈냉전기임에도 불구하고 패권경쟁과 국가주권의 위협에 따른 군사주의화 현상으로 인해 정군평화문제가 대두되고 있다. 군사화 현상은 국제사회에서 국가들이 패권주의를 추구하기 위해 '신국제군사주의(new international military order)'를 지향하고 군사중심주의(militico‒centerism) 내지는 군국주의(militarism)의 세계화를 통해 새로운 폭력적, 평화축소적 구조를 만들어 내는 것은 말한다.

군사화라는 것은 '정치, 경제, 문화 등의 문민 영역에 군사적인 영향력이 침투해 가는 과정'을 뜻한다. 그 대표적인 현상이 군비정책과 군비확장 경쟁으로 나타나며, 결과적으로 신군국주의[162]가 나타나게 된다. 패권주의 심화와 국가주권의 위협에 대비한 군비확장 경쟁은 '자기회전(Eigendynamik)'의 역학구조, 무기이전과 군수생산의 국제분업화에 의해서 강화되는 경향을 보이고 있다.

---

161) 渡辺昭夫 외 엮음. 권호연 옮김(1992), 221‒222쪽.

162) 군국주의는 "국내 또는 국제 분쟁상황에서 군부기구의 역할과 기능이 매우 크고, 지배와 권력의 도구로서 폭력장치를 이용하는 체제"를 가리킨다. 渡辺昭夫 외 엮음. 권호연 옮김(1992), 221쪽.

⟨표 3-1⟩ 세계 주요국의 군사비 지출 현황

순위	국명	군사비(단위: 억 달러)		2005년 비중
		2005년	2004년	
1	*미국	4,782	3,553	48%
2	영국	483	474	5%
3	프랑스	462	462	5%
4	*일본	421	424	4%
5	*중국	410	354	4%
6	독일	332	339	3%
7	이탈리아	272	278	3%
8	사우디	252	193	3%
9	*러시아	210	194	2%
10	인도	204	151	2%
11	*대한민국	164	155	2%
12	캐나다	106	106	1%
13	호주	105	101	1%
14	스페인	99	(등외)	1%
15	이스라엘	96	107	1%

*는 동북아 국가. 중국, 러시아는 추정치 ⟨출처: SRIPI, *SRIPI Yearbook 2006: Armaments, Disarmament and International Security*(SRIPI, 12 June 2006).⟩

실제로 동북아는 재래식 전력증강과 대량살상무기의 확산, 양자 모두에서 세계의 선두에 서 있다. 냉전의 절정이었던 1985년과 탈냉전기의 1995년과 비교할 때 세계의 군사비는 1조 1,700억 달러에서 8,140억 달러로 31%가 감소하였으나, 동북아 지역은 1,020억 달러에서 1,400억 달러로 오히려 증가했다. 1991년 이후 2000년까지 세계 군사비는 평균 11%가 감소한 반면, 동북아 지역은 27%의 급속한 증가를 보여 왔다. 이로 인해 동북아 지역의 군사비 점유 비율은 1990년 9.4%에서 1999년 15.9%로 급상승하였다.

스웨덴 스톡홀름의 국제평화연구소(SIPRI)가 2006년 6월 발표한 '2006년 군비·군축연감'에 따르면 2005년 전 세계의 군사비지출은 1

〈표 3-2〉 동북아 주요 국가들의 군사현황 비교(2005년)

국가	GDP (억, $)	국방비 (억, $)	GDP 대비 국방비(%)	병력 (천 명)	병력 1인당 국방비($)
한국	6,495	157	2.4	683	23,113
미국	117,000	4,393	3.9	1,474	308,692
일본	46,600	431	1.0	240	187,995
중국	16,800	351	3.7	2,255	27,716
러시아	14,000	222	4.4	1,037	59,691
대만	3,040	75	2.5	290	25,897
*북한	(GNI)184	50(17.7)	GNI대비27.4	1170	-

출처: The Military Balance 2005-2006(London: IISS, 2005.10), 한국은 정부통계기준(환율은 1,200 원/달러 적용) *북한은 2003년의 기준이며, 환율은 미1$: 북한원으로 적용. ( )은 북한공식 발표 군 사비임. 국방부, 『국방백서』(서울: 국방부, 2006.12), 220-224쪽.

조 1,180억 달러로 2004년에 비해 3.4%, 10년 전인 1996년에 비해서 34%나 증가했다.[163] 지역패권을 추구하고 있는 미국은 <표 3-1>과 같이 2005년 한 해 동안 전 세계 군사비의 48%에 달하는 총 4,782억 달러를 지출하는 등 군사비 확대를 주도해 왔다.

더구나 중국과 일본도 국가주권을 강화하기 위해 경제력을 바탕으로 첨단무기개발 및 무기 수입경쟁을 가속화하고 있다.[164] 또한 남한과 북한 역시 군비경쟁을 지속하고 있다. 동아시아 군비지출액은 2005년 1,924억 달러로 2001년 1,375억 달러에 비해서 40.1%가 늘어나 21세기 세계 최대의 군비경쟁 및 무기보유 지역으로, 동시에 전쟁준비 지역으로 강화되어 가고 있다.

동북아는 이처럼 다른 어느 지역보다 지역패권주의와 국가주권 위협에 대비한 군사화 현상이 심화되고 있다. 이것은 동북아의 정군평화를

---

163) SRIPI, *SRIPI Yearbook 2006: Armaments, Disarmament and International Security* (SRIPI, 12 June 2006) http://yearbook2006.sipri.org(검색일: 2006년 6월 14일)

164) IISS, *The Military Balance 2006*(IISS, 24 May 2006). http://www.iiss.org/publications/the-military-balance(검색일: 2006년 6월 14일)

위협하고 평화를 축소하는 가장 큰 구조적인 요인이 된다. 미국과 일본 그리고 중국 등 역내 국가들이 지역패권을 강하게 추진하면서 정치적 측면의 국가 간의 주권침해 현상과 군사적 측면의 군비경쟁으로 인한 군사화 구조가 강하게 나타나고 있는 것이다(<표 3 - 2> 참조).

북한과 미국의 갈등, 미국·일본과 중국 간의 잠재적 대치 등은 지역패권주의와 국가주권의 대립에 의한 것으로 볼 수 있다. 특히 북·미 간의 갈등의 핵심은 국가주권침해와 체제보존, 지역패권의 유지문제이다. 그리고 미국·일본과 중국·북한의 잠재적 대치의 핵심은 지역패권의 확보와 국가주권의 유지에 관한 문제이다. 이들 지역패권을 위한 양자적 문제는 본질적으로 정치적 영역이지만 군사적, 경제적, 문화적 평화위협과 맞물려 동북아의 평화를 크게 축소하고 있다.

동북아의 지역패권과 국가주권을 둘러싼 대결양상은 미국을 중심으로 한 한국·일본과, 중국을 중심으로 한 북한·러시아 간의 동맹과 군사연대의 강화이다. 미국은 1953년 한국과 '한·미상호방위조약'을 맺었고, 1960년 일본과 '미·일안전보장조약'을 체결하였다.165)

중국과 북한은 1961년 '조·중상호원조조약'을 체결했고, 러시아와 북한도 2000년 '조·러 친선선린 및 협조조약'166)을 맺어 상호 안보협력을 강화하고 있다. 여기에 미국과 일본이 중국을 견제하기 위해 인도를 전략적 파트너로 협력관계를 유지하려 하고 있고, 중국은 이를 견제하기 위해 파키스탄과 군사적 연대관계를 강화하고 있다.

---

165) 1960년 1월 19일 조인된 '미·일안전보장조약'은 미국과 일본의 군사적 관계를 규정한 조약으로 정식 명칭은 '미국과 일본 간의 상호 협력 및 안전보장조약'이다. 이 조약은 1960년의 '안보개정'에 따라 1951년 9월 8일 조인된 '미국과 일본 간의 안전보장조약'을 대체한 것이다

166) 북한과 러시아가 2000년 2월 9일 평양에서 공식 조인한 '조-러 친선·선린 및 협조에 관한 조약'은 1961년 7월 북한과 옛 소련 간에 체결됐다가 1995년 8월 러시아 측의 '사문화' 선언으로 1996년 9월 폐기됐던 '조-소 우호협조 및 호상 원조에 관한 조약'을 대체한 것이다.

동북아에서의 군사적 동맹과 연대강화는 근본적으로 국가주권의 독점성 확보와 지역패권의 유지, 강화를 위한 미국에 의해서 촉발되고 있다. 미국은 탈냉전 이후에도 동북아에서 기득권을 유지하기 위해 1995년 2월 미 국방성 전략문서인 '동아시아 태평양 안전보장전략'을 작성했다. 미국은 이 문서에서 동아시아에서 미국의 '사활적 이익'이 존재한다고 판단하고 10만 명의 병력을 전개할 필요성을 언급했다.

동아시아에서의 미국의 사활적 이익은 주로 미국의 다국적 기업의 경제적 이익과 무기 수출을 통한 군산복합체의 이익 확보이다. 또한 미국의 이데올로기와 정치적 목표 실현, 미국 자본주의의 자유 세계 시장 질서 형성과 유지 등이다. 미국은 반미나 반세계화의 도전을 받으면서도 글로벌 경제의 전개에 따른 시장의 확대와 확보를 목표로 현대적 제국주의를 추구하며 새로운 전쟁구조를 형성하고 있다.

중국은 미국의 일방주의 패권정책을 견제하고 일본의 군사대국화에 대응하기 위해 러시아를 비롯하여 파키스탄, 우즈베키스탄, 카자흐스탄, 키르기스스탄, 타지키스탄, 이란 등과 군사협력을 포함한 전략적 협력을 강화하고 있다. 후진타오(胡錦濤) 주석을 중심으로 한 4세대 지도부 등장과 함께 중국의 군사전략에 나타난 뚜렷한 변화는 장막 속에서 은둔하던 중국군이 양자·다자간 군사협력을 본격화하고 있다는 점이다.

러시아도 경제회복을 통해 외교력을 강화하고 동북아 지역에 대한 영향력을 확대하려는 외교적 목표를 갖고 있다. 나아가 러시아는 군사대국으로서 소련시절 가졌던 국제적 영향력을 회복하기 위해 군개혁을 통해 독립작전이 가능한 3개 방면군체제로 통합을 추진하고 있다.

러시아는 또 소련 붕괴 후 '회원국에 대한 외부위협이나 도전에 즉각 공동 대처하는 것'을 목적으로 독립국가연합(CIS) 내 집단안보조약기구(CSTO)를 구성하고, 9·11사건 이후 중앙아시아 지역에서 미국의 영향력이 확대되는 것을 견제하기 위해 'CSTO 평화유지군(PKO)'을 창설했다. 러시아 주도로 창설된 'CSTO 평화유지군'은 러시아, 벨로루시, 아르메니아, 키르기스스탄, 카자흐스탄, 타지키스탄 등 옛 소련 지역의 6개국[167]이 참여하고 있으며, 독립국가연합(CIS) 내 분쟁지역에 부대를 파병하게 된다.

중국을 중심으로 한 러시아 등은 기본적으로 '미국패권 반대'를 위한 신군사화 연대를 추진하고 있다. 즉 중국과 러시아는 미국의 미·일동맹 강화와 주한미군의 신속기동군화 및 서남아시아 지역에의 미군기지 증설 등을 통해 중국·러시아 등을 포위 압박하는 미국의 패권전략에 대응하기 위한 반미반패권 신군사화 연대 구축작업을 구체화하고 있다.

중국과 러시아는 국가주권의 강화를 위한 신군사화 연대의 일환으로 2001년 6월 카자흐스탄, 우즈베키스탄, 키르기스스탄, 타지키스탄 등 중앙아시아 4개국과 함께 역내 다자간 협력기구인 '상하이협력기구(SCO)'를 출범시켰다. 중국의 주창으로 출범한 상하이협력기구는 회원국 상호간에 신뢰와 우호를 증진하고 각 분야의 협력관계 구축, 역내 평화·안보·안정을 위한 공조체제 구축을 목적으로 하고 있다.

상하이협력기구 6개 회원국은 세계 면적의 20.2%, 인구의 23.1%를 차지한다. 인도 등 4개 옵서버 참가국까지 합치면 세계 면적의 25.2%, 인구의 43.5%에 이른다. 또 10개국의 구매력 기준 국내총생산 규모는 세계의 25.4%에 이른다. 인구나 면적, 구매력 측면에서 북대서양조약기구(NATO)와 비슷하거나 능가하는 수준이다.

---

167) 소속국 중 아르메니아를 제외한 러시아 등 5개국은 중국이 주도하고 있는 '상하이협력기구'의 회원국이기도 하다.

〈표 3-3〉 동북아 국가들의 영토 및 자원분쟁 사안[168]

분쟁지역 및 당사국		분쟁 내용	현재 갈등 정도
동북아	중국 - 러시아	국경분쟁	낮음
	중국 - 일본	도서 및 자원 분쟁(조어도/센카쿠열도)	중간
	중국 - 북한	국경분쟁	낮음
	중국 - 한국	영토 및 자원 분쟁(만주/서해, 이어도)	낮음
	중국 - 타지키스탄	국경분쟁	낮음
	일본 - 한국	도서 및 자원 분쟁(독도)	중간
	일본 - 러시아	도서분쟁(북부 4개 도서)	중간
동남아	중국 - 베트남	영해분쟁(남중국해)	중간
	중국 - 말레이시아	도서분쟁(스프래틀리군도)	중간
	중국 - 필리핀	도서분쟁(스프래틀리군도)	높음
남아시아	중국 - 인도	국경분쟁	중간
	중국 - 부탄	국경분쟁	낮음

동북아의 정군평화를 위협하는 요인은 이 밖에도 국가주권의 핵심인 영토·자원 갈등과 통합·분리 갈등의 문제도 있다. 동북아는 <표 3-3>에서 보듯이 전통적인 분쟁 요인인 영토문제가 아직도 해결되지 않았다. 더구나 해양자원과 관련된 도서 영유권문제를 놓고도 갈등이 나타나고 있다. 이에 따라 동북아에서는 21세기에도 영토 및 자원문제로 국가 간 분쟁이 일어날 가능성이 상존하고 있다.

동북아 지역은 영토와 자원문제로 중·일 간, 한·일 간, 일·러 간, 한·중 간 갈등이 상호 잠재되어 있으며, 언제든지 폭발할 수 있는 전쟁 위험성이 내포되어 있다. 현재 동북아 지역에서처럼 상호 불신과 전략적 경쟁관계에 있는 국가들 간의 영토갈등은 역사문제와 민족주의로 정부 간 외교협상이나 국제법의 적용을 통하여 명백하게

---

168) 이 표는 왕(Jianwei Wang)의 '아시아 지역의 영토 분쟁사안' 표를 원용하여 재작성한 것이다. 왕은 분쟁의 원인을 주로 영토를 대상으로 했지만 최근 각국이 에너지문제를 중시하면서 석유와 가스 등 자원분쟁까지 확대되고 있다. Jianwei Wang, "Territorial Dispute and Asian Security: Sources, Management, and Prospects", in Muthiah Alagappa(ed.), *Asian Security Order: Instrumental and Normative Features*(Stanford: Stanford University Press, 2003), pp.42-43 참조.

〈표 3-4〉 남한과 북한의 평화전이 단계

(-)전쟁의 축 　　　　　　　　　　　　　　　　　　　　　　　　　평화의 축(+)

전쟁단계		공존단계		평화단계	
열전	냉전	적대공존	화해공존	연합통합	국가통일
● 전면전 ● 국지전 ● 게릴라전	● 각종군사도발 ● 간첩침투테러 ● 정부전복시도	● 비방 중상 ● 적대외교 ● 상호부분인정	● 제한 화해 ● 상대체제인정 ● 화해 제도화	● 화해협력 ● 협력 제도화 ● 국가연합	● 전면 협력 ● 국가통합 ● 공동번영

이 표는 민병천 『평화안보론』(서울: 대왕사, 2001), 196쪽의 내용을 전면 재구성한 것이다.

해결되기가 쉽지 않고 또 가까운 장래에 해결될 가능성도 거의 없다는 데 문제의 심각성이 있다.

동북아의 정군평화를 위협하는 또 다른 문제로는 국가주권과 연결된 통합·분리 갈등의 문제이다. 동북아는 남한과 북한, 중국과 대만 등 미통합 국가들이 있어, 이들 나라들 사이에 국가통합과 분리독립의 문제로 갈등이 나타나고 있다. 이러한 갈등은 한반도와 양안뿐만이 아니라 동북아 전체의 평화를 위협하는 요인의 하나라는 측면에서 주목할 필요가 있다.

남한과 북한의 문제는 북한의 체제존립 및 통일의 방식, 국가통합의 문제이다(<표 3-4> 참조). 남한과 북한은 분단된 채 전쟁을 치렀고, 이 때문에 적대감과 불신의 골이 깊어졌다. 남한과 북한 간에는 전쟁재발 방지나 공동번영을 위해서 통합과 평화가 매우 중요하다. 한반도의 평화는 전쟁이 없는 현 상태의 동결이라는 소극적 의미가 아니라 현존하는 전쟁위험 요인을 제거함으로써 근원적으로 지속 가능한 평화체제를 구축하는 것이다.

한반도는 우선 한국전쟁을 국제법적으로 정식 처리해 종전하고 전쟁위험을 방지하는 것이 시급한 과제이다. 이를 위해서는 1991년 남한과 북한이 합의한 '남북기본합의서' 등을 통해 정전협정을 평화협

정으로 대체하여 평화통일의 기반을 마련해야 할 것이다. 한반도 평화를 위한 평화협정이든 불가침 평화조약이든 평화를 담보하기 위해서는 분쟁재발방지, 긴장완화노력, 북한핵 해결 및 군비통제(군축)와 군사외교관계(외국군 및 동맹)도 포함시켜야 할 것이다.

중국과 대만 간의 갈등의 핵심은 국가통일과 분리 독립의 문제로 또 다른 전쟁 가능성이 높은 지역으로 부각되고 있다. 대만이 독자적인 국가주권을 내세워 독립을 선언하게 되면 중국은 이제까지 공공연히 주장해 온 것처럼 대만을 군사 공격할 가능성이 있다.

양안 간의 군사적 긴장이 고조되어 중국이 대만을 상대로 전쟁을 일으킬 경우 미국은 대만을 지원할 뿐만 아니라 군대를 직접 대만에 파견할 가능성이 있다. 그리고 한미상호방위조약에 따라 주한미군의 파견과 함께 한국도 양안 전쟁에 개입할 가능성 있다. 이 경우 중·조동맹169)에 의하여 북한까지 개입하게 되면 남북한 등 한반도의 긴장이 확대될 소지가 있다.

더욱이 중국은 미국의 대중국 공격의 최전선인 주한미군이 주둔한 한국을 미사일 등으로 공격할 가능성이 높다. 한반도는 한국의 평화의지와 관계없이 전쟁의 불바다 한복판에 놓이게 될 수 있다. 일본도 미·일 신안보선언에 의하여 어떤 형태로든 개입하게 될 것이다. 이에 따라 동북아 지역은 또다시 19세기 말 청일전쟁에서 러일전쟁, 만주사변, 중일전쟁으로 이어지는 동북아 근·현대사처럼 전쟁의 역

---

169) 한국의 국방부(김종환 합동참모부 의장)는 2004년 10월 5일 "한반도 전쟁 발발 시 중국은 1961년 체결한 '조-중 상호원조 조약'에 의해 제한적인 규모의 군사력을 북한에 지원할 것으로 예상된다"고 밝혔다. 국방부는 "상호원조 조약의 자동개입 조항인 제2조에 따라 중국은 중국군 18개 사단 40여만 명과 항공기 800여 대, 함정 150여 척이 투입될 것으로 추정하고 있다"고 언급했다. 국방부는 그러나 "러시아는 2000년 2월 '유사시 자동 무력개입'이란 조항을 '상호 협의한다'로 개정한 '러-조 우호친선 및 협력에 관한 조약'을 북한과 체결, 대북지원은 제한적일 것"이라고 말했다. 『연합뉴스』, 2004년 10월 5일.

사로 점철될 가능성이 상존하고 있다.

따라서 남한과 북한, 중국과 대만 등 분단지역의 문제는 동북아 전체의 평화를 심각하게 위협하고 있다. 그러므로 이들 문제를 해결하지 않고는 동북아의 지속 가능한 평화체제가 사실상 구축되기 어렵다. 즉 동북아의 지속 가능한 평화체제 구축의 필수적 과제는 이들 문제의 평화적 해결이라고 할 수 있다.

2) 경제평화의 축소 요인: 국가 간 빈부격차와 불균형

브레즈네프 전 미 국무장관의 전망처럼 세계무대의 중심이 유럽과 미국의 대서양에서 아시아의 태평양으로 옮겨지고 있다. 일본의 경제회복과 중국·인도의 부상 등은 독일통일보다 큰 파장을 갖고 올 변화이다. 그러나 동북아에는 현재 역내 국가 간의 빈부격차, 무역불균형 등 경제평화를 위협하는 요인들이 다수 존재하고 있다.

특히 미국은 소련의 군사적 위협보다 중국의 경제적 부상이 미국의 국가이익에 더 큰 위협을 가한다고 생각하고 있다. 이들 요인들을 완화 또는 해소하기 위해서는 아시아인들이 과거의 제도와 질서를 파괴하고 새로운 질서를 만들기 위한 '카오스 메이커(chaos maker)'가 되어야 할 필요성이 있다.

동북아의 경제평화문제와 관련하여 평화축소 요인의 핵심적인 사항은 '불균형 분배' 문제이다. 동북아의 경제평화를 위협하는 불균형 문제의 하나는 국가 간의 빈부격차 갈등이라고 할 수 있다. 국가 간의 개인소득 격차, 경제발전 격차 등 빈부격차는 상호 협력을 저해하고 갈등을 조장하며, 경제평화를 위협하는 한 요인이 된다.

국가 간의 빈부격차 해소 및 경제 갈등 해결은 지역평화와 아주

밀접한 관계가 있다. 그러므로 국가 간의 빈부격차를 해소하기 위해서는 부국과 빈국, 강국과 약소국 간에 진정한 이해와 협력이 필요하다. 특히 국가 간의 경제평화를 촉진하기 위해서는 단위체들 간에 빈부격차를 해소하고, 경제의 균등한 발전이 모색되어야 한다.

동북아에는 아직도 기아와 질병에 시달리는 최빈국과 세계 제1, 2의 경제대국이 공존하고 있다. 유럽연합의 경우 15개 회원국 중 최빈국인 포르투갈의 경우 1인당 국내총생산(GDP)은 최부국인 독일의 1인당 GDP의 약 70%를 차지한다. 반면 동북아의 최빈국인 북한의 1인당 GDP는 최부국인 일본의 약 5%에 불과한 상황이다.

남한과 북한 간의 불균등 발전도 매우 심각한 수준이다. 남북한 간의 경제수준의 격차는 이미 20배를 넘고 있으며, 이 격차는 시간이 지나면서 더욱더 벌어질 전망이다. 이러한 역내 국가 간 소득격차 등 빈부 격차는 동북아 지역에서 지속 가능한 평화체제 구축의 장애요인으로 작용하고 있다.

북한이 당면한 국가빈곤의 문제는 아주 복잡하지만 정군평화의 위협, 안보불안 등 국제적 문제가 있을 때에는 도발적 태도로 돌변할 수 있다. 북한의 핵개발 목적도 여러 가지로 해석할 수 있지만 국가빈곤문제도 한 요인이 된다. 이러한 의미에서 북한의 빈곤문제 해결 등 경제평화의 확대는 한반도 및 동북아의 평화증진에 크게 기여할 것이다. 나아가 선진부국들의 개발도상국 및 후진국들에 대한 공적개발원조(ODA) 등 국제적 경제개발원조는 세계평화 증진에 중요한 역할을 할 것이다.170)

동북아는 빈부격차의 다른 모습인 경제발전 수준의 차이도 나타나

---

170) 세계적인 거시경제학자인 제프리 삭스 미국 컬럼비아대 교수는 2007년 3월 7일 서울에서 열린 '공적 개발원조 국제콘퍼런스 — 유엔 천년개발목표(MGDs)의 효과적인 달성 방안 모색'에 참석하여 이같이 주장했다. 『서울신문』, 2007년 3월 8일.

고 있다. 경제적으로 성장하고 있는 한·중·일 3국 간의 경제발전 수준의 차이는 경제평화의 부정적 장애요인으로 나타나고 있다.

일본은 가장 발전한 선진국으로서 고도의 공업화 수준을 유지하고 있고, 한국은 과거 40년간 공업화를 꾸준히 추진한 결과 선진국 진입을 눈앞에 두고 있다. 그러나 중국은 1980년대 초부터 개혁개방정책을 추진하여 고도성장을 하고 있음에도 불구하고 한국이나 일본에 비해 발전수준에서 상당한 차이를 보이고 있다.

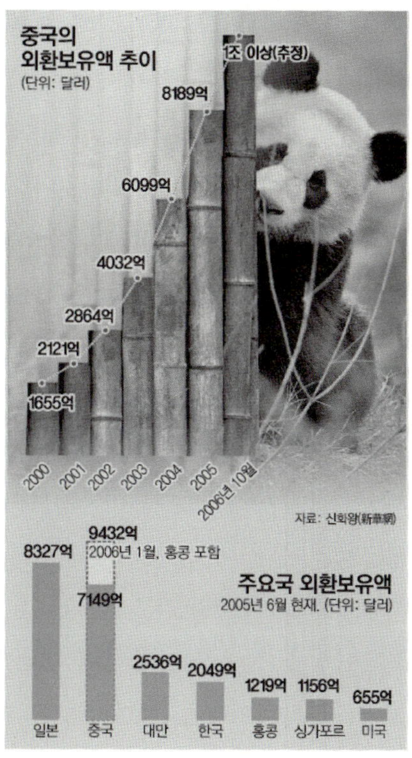

〈그림 3-2〉 중국의 외환보유액 추이

동북아의 경제평화를 위협하는 또 다른 문제는 국가 간의 무역 불균형으로 인한 갈등이다. 1997년 아시아에 일제히 불어닥친 금융위기는 한국, 말레이시아 등 동북아 국가들에 심각한 경제평화의 위협이 되었다. 금융위기의 재발을 막기 위해 중앙은행 간의 통화 스왑(swap)[171]장치가 마련됐고, 무역과 투자에서 국경의 장벽도 허무는 작업이 진행되고 있다.

미국과 중국 간의 경제적 갈등요인은 미국의 대중 무역적자 확대, 중국의 위안화 절상거부, 지적재산권 문제 등이 있는데 이 중 무역불균

---

171) 스왑은 외환이 부족할 때 다른 나라의 중앙은행에서 외환을 빌려 쓰는 것을 말한다.

형이 대표적이다. 2004년 중국의 무역규모는 1조 1,547억 달러로 일본을 제치고 미국·독일에 이어 세계 3위를 차지했다. 특히 중국의 외환보유액은 <그림 3-2>[172)에서 보듯이 2006년 10월 말 현재 세계 최초로 1조 달러를 돌파했다. 국제사회 일각에서는 이를 '팍스시니카(Pax Sinica·중국이 주도권을 갖는 평화)'의 전주곡으로 보기도 했다.

중국은 1조 달러의 3%만 지출해도 90일간 쓸 수 있는 4억 배럴의 원유를 비축할 수 있다. 5%를 활용해 금을 비축하기로 결정하면 연간 세계생산량을 모두 매입할 수 있게 된다. 중국경제는 이제 미국경제를 위협하며 세계경제를 좌우할 수 있는 패권적 지위에 부상하고 있다.

반면 미국은 1989~2003년 중국과의 무역이 증가하면서, 150만 개의 일자리가 감소했다. 미국은 대중 무역적자가 심화되면서 정치권과 싱크탱크 등을 중심으로 정군평화의 측면뿐만이 아니라 경제평화의 측면에서도 '중국위협론'을 잇달아 제기하고 있다. 1980년대 중반부터 고속성장을 질주하는 중국이 미국의 경제를 추월, 세계 패권국 자리를 차지할 것이라는 위기감이 확산 배경이다. 중국과 미국의 경제적 갈등의 흐름은 2004년 부시 2기 행정부 출범과 맞물려 증폭되었다.

미국의 위기감은 눈덩이처럼 불어나는 대중 무역적자의 급증 등으로 심화되고 있다. 2004년 한 해 미국의 대중 무역적자는 <그림 3-3>[173)에서처럼 2003년 1,240억 달러보다 30%나 급증한 1,619억 달러에 달했다. 미국의 대중무역적자는 2005년엔 전년도보다 396억 달러 늘어난 2,015억 달러를 기록했고, 2006년엔 2,325억 달러로 사상최대를 기록했다. 미국은 이에 대해 중국의 시장개방을 요구하며 압박을 강화하고 있다.

---

172) 『동아일보』, 2006년 11월 7일.
173) 『동아일보』, 2006년 12월 13일.

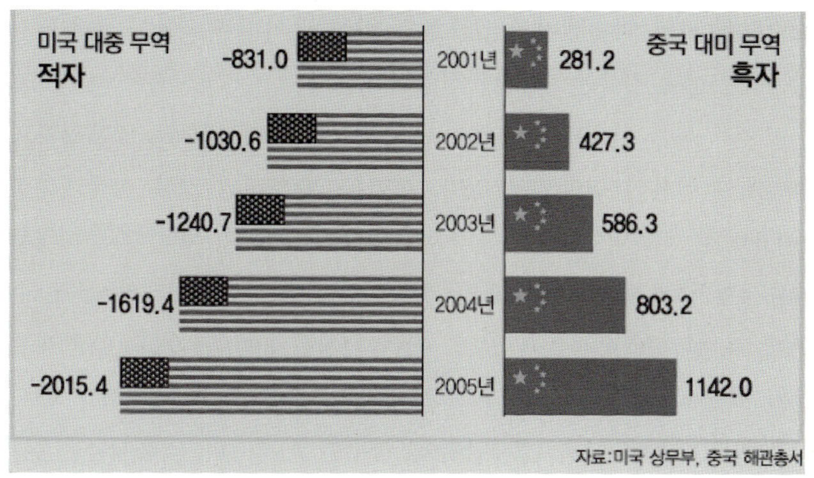

미국의 부시 대통령은 2005년 11월 중국 베이징에서 개최된 미·중 정상회담에서 지적재산권 보호, 위안화 환율제도 문제를 포함하여 자유롭고 공정한 무역 등 무역불균형 문제 해소를 강력히 요구했다. 중국의 후진타오 국가주석은 "점진적으로 개혁을 추진해 나가겠다"고 답변하여, 새롭고 구체적인 대책을 제시하지 않아 미·중 간 마찰 요소를 여전히 남겨 두었다.

미국과 중국은 특히 무역역조 문제와 관련된 위안화 절상문제로 인하여 경제적으로 상당한 긴장관계에 있다. 미 재무장관은 2006년 11월 "중국이 위안화를 절상하지 않기 때문에 양국 교역의 이익이 공평하게 분배되지 않는다는 감정이 광범위하게 퍼져 있다"며 중국을 압박했다.

2006년 11월 미국 중간선거에 승리한 민주당은 "부시 행정부가 중국 등 저임금 국가들에 수많은 일자리를 빼앗겼다"고 노골적으로 중국에 불만을 표시하기도 했다. 이에 대해 후진타오 중국 국가주석이 부시 미국 대통령에게 "양국 무역관계의 균형을 이루어 나가도록 노력하겠다"고 약속했지만 앞으로도 양국 간의 무역역조가 해소되지 않는 한 경제 갈등은 계속될 전망이다.

미국과 북한 간에도 북한핵이라는 정군적 문제 외에도 경제평화의 측면에서 갈등이 잠재되어 있다. 북한은 2005년의 경우 총국내총생산(GDP)이 400억 달러에 불과한데 2005년 하반기부터 미국의 대북 금융제재의 본격화로 외국과의 정상적인 무역·금융거래가 상당 부분 끊겨 심각한 타격을 받았다. 이런 현상은 2005년 9월 미국 재무부가 북한의 대외 돈세탁 창구로 지목한 마카오의 '방코 델타 아시아은행(BDA)'에 대한 제재압박에 착수한 이후, 다른 국제금융기관들이 잇따라 북한과 관계단절을 단행하면서 북한 금융시스템과 경제가 직접적인 영향을 받았기 때문이다.

미국은 북한의 달러 위폐와 관련하여 일련의 정보를 공개하면서 국제사회의 압박을 동원했다. 알렉산더 버시바우 주한 미 대사는 2006년 1월 공개적으로 북한을 '범죄정권'으로 호칭하면서 북한에 의한 범죄와 화폐위조, 마약수출, 돈세탁 등의 문제를 우려한다고 하였고, 이에 대한 미국정부의 입장은 분명하다고 강조했다.

이에 따라 미국은 미국 내 북한 관련 기업의 자산 동결 및 우방국의 북한 관련 금융업무 제한 조치를 취하기도 했다. 북한핵 문제를 해결하기 위한 6자회담에서 2007년 2·13합의로 미국이 북한의 BDA 동결 자금을 해소하기로 함에 따라 미·북 간의 경제 갈등은 다소 완화되었지만 국교 정상화 이전까지는 계속될 것으로 보인다.

이 밖에 한국, 중국, 일본의 '먹이 사슬'식 무역불균형 구조는 연쇄적인 경제평화의 갈등 요인이 되고 있다. 한국의 2006년 대중국 무역흑자는 2005년보다 9.9%나 감소했지만 여전히 상당한 액수인

209억 달러로 집계되었다. 한국의 대중국 무역흑자는 2002년 63억 달러, 2003년 132억 달러, 2004년 201억 달러, 2005년 232억 달러로 계속 증가세를 기록해 오다 2006년 처음으로 감소세를 나타냈다.

반면 한국의 대일 무역적자는 2002년 147억 달러, 2003년 190억 달러, 2004년 244억 달러, 2005년 243억 달러로 눈덩이처럼 불어나다가 2006년 253억 달러로 역대 최대를 기록했다. 이로 인해 동북아 3국은 먹이 사슬식 무역역조로 인하여 상호간의 경제적 갈등이 잠재되어 있다. 이처럼 동북아 국가 간의 무역불균형은 역내 경제평화협력을 위축시키고 갈등으로 확대될 여지로 작용하고 있다.

동북아의 경제평화를 위협하는 또 다른 요인은 불균형 발전을 구조적으로 파생시키는 국가 간의 이질적인 경제체제에 의한 갈등이다. 동북아 국가들 간의 이질적인 경제체제는 그 국가들의 정치체제와 밀접한 관련성이 있다. 동북아 국가들의 정치체제는 일본과 같이 매우 특이한 민주주의 국가가 있는가 하면, 한국처럼 민주주의 공고화 단계에 들어가 있는 국가도 있다.[174]

또한 대만처럼 이제 막 권위주의 체제를 벗어나 실질적인 민주주의 국가로 진입하고 있는 국가도 있다. 러시아는 이제 공산주의 체제를 벗어나 민주주의로의 전환 단계에 들어서 있다. 중국은 여전히 일당 독재에 의존하는 사회주의 체제를 고수하고 있다. 이처럼 동북아 각 국가들의 정치체제가 다르고 이에 따라 상이한 경제체제가 나타나고 있다.

미국을 비롯한 한국, 일본 등은 자유주의 시장경제체제를 지향하고 있다. 그러나 중국, 북한, 러시아 등은 아직 사회주의적 경제체제

---

174) 현인택, "동북아의 미래 — 불안한 평화, 어려운 선택", 『본질과 선택』 2005 가을 창간호(과천: 본질과현상사, 2005), 192쪽.

요소가 강하다. 오늘날 현존 사회주의 국가들이 쿠바를 제외하고 거의 전부 동북아 지역에 존재한다는 점도 중대한 시사점을 주고 있다.

아시아 사회주의 국가들인 중국과 북한 등에서의 사회주의 국가건설은 동구와 달리 식민-반식민 상태에서 사회주의 사상과 운동을 도입함으로써 계급해방보다는 민족해방 및 국민국가 건설의 과제와 더욱 밀접히 연결되어 있었다. 특히 이들 나라들의 강력한 민족주의에 바탕을 둔 사회주의적 경제체제는 냉전시대에 소련으로부터 일정한 거리를 유지하도록 작용했고, 소련과 동구의 사회주의 국가들이 멸망한 이후에도 사회주의 국가를 지탱시켜 준 요인이 되었다.

동북아 국가들의 사회주의 국가들과 민주주의 국가들 간의 이질적인 경제체제가 불균형 발전을 파생시키고 상호 갈등을 확산시키는 요인이 되고 있다. 이질적인 경제체제는 체제 간의 경쟁을 야기하고, 이로 인해 체제 간 수준의 차이가 발생하여 갈등이 나타나고 있는 것이다.

동북아의 국가 간 이질적인 경제체제는 크게 한국, 미국, 일본을 중심으로 한 자유주의적 경제체제와 북한, 중국, 러시아를 중심으로 한 사회주의적 경제체제로 양분되고 있다. 이러한 이질적인 경제체제는 정치체제의 이질화와 함께 냉전적 대립과 갈등을 확대시키는 주요 요인으로 작용하고 있다.

미국은 '민주주의 평화론'을 북한과 중국 등 사회주의권 국가들에 도입시키려 하고 있다. 이 과정에서 중국과 북한은 강하게 거부하고 있으며, 국가 간의 반미연대를 구성하여 공동대응 태세를 보이고 있다. 더구나 미국은 이들 사회주의권 경제체제 국가들에 인권문제를 거론하며 체제변화를 유도하고 있다. 이에 따라 미국을 중심으로 한 자유주의 경제체제 국가들과 중국을 중심으로 한 사회주의 경제체제 국가들 간에 대립과 갈등의 양상이 나타나고 있다.

3) 문화평화의 축소 요인: 정체성과 민족주의

동북아의 주요 국가들인 한·중·일 3국은 오랫동안 각각 '민족'
과 '국가'의 단위가 일치하는 민족국가를 장구하게 유지해 왔다. 자
연적 국경의 분명한 구획 역시 독립적 민족국가의 유지에 크게 기여
해 왔다. 이로 인해 동북아 주요 국가들은 민족단위의 국민국가를
기준으로 강한 분리성과 단일성 그리고 독립성이 가능하였다.

그러나 강력한 단일 민족의식 및 독립국가의 장구한 유지는 역내
국가 간의 협력보다는 갈등의 요인으로 작용하기도 했다. 특히 역사
인식의 공유, 나아가 정체성의 공유 등 문화평화의 확대를 통한 지
역통합이나 연대를 매우 어렵게 했다.

동북아 문화평화의 축소요인은 크게 역사로 인한 정체성 갈등과
민족주의로 인한 이념 갈등으로 나눌 수 있다. 역사와 민족주의 갈
등은 다른 갈등 요인들보다 지역평화를 더욱 위협하는 경향이 강하
다. 이것은 개별 국가들이 국내 정치적 측면에서 활용하거나 조장
내지는 방조하고 있기 때문이다. 개별 국가들은 국민들의 감정이나
정서를 자극하여 갈등 구조를 심화시키고 있다.

중국의 동북공정을 통한 한국역사 왜곡, 일본의 고이즈미 총리의
신사참배 강행·역사교과서 왜곡, 한국의 반일·반중 시위 등은 사
실상 국가가 주도하여 관련 국민들 간의 갈등적 정서를 급속히 악화
시키게 한 것들이다. 동북아의 문화평화를 위협하는 이러한 갈등구
조는 정군적 차원의 대립구조로 확대되고 결과적으로 비생산적인 비
용의 발생을 초래하게 한다.

동북아의 한·중·일 3국은 지리적 근접성으로 인하여 역사적으
로 매우 깊은 관계를 맺어 왔고, 현재도 정치·경제적으로 매우 밀

접한 관계를 맺고 있으며, 앞으로도 그렇게 살아갈 수밖에 없는 일종의 '공동운명체'이다. 그런데 동북아 3국은 자국 중심의 역사체계를 강화하고 있고, 그 결과 대립과 갈등이 심화되고 있다.

동북아 국가 간의 역사 갈등은 침략과 피침이라는 고대, 중근대사의 갈등 구조가 이후에도 해소되지 않은 상태에서 각 국가들이 국내 정치적으로 재생산해 왔기 때문이다. 근대사에 있어서 일본의 군국주의적 근대화와 한반도 강점 및 국토침탈, 중일전쟁 및 일본의 중국대륙 침략, 러일전쟁과 제2차 세계대전, 한반도의 분단 그리고 한국전쟁과 그 이후의 첨예한 냉전적 대립 등이 왜곡된 동북아 근대사의 핵심적이고도 근본적인 갈등의 계기들이라 할 수 있다.

한국과 일본은 오래전부터 역사 갈등이 전개되어 왔다. 과거 일본은 한반도 남부에 '임나일본부설'을 주장함으로써, 역사적으로 일본의 한국지배를 정당화하려는 구식민사관적 논리를 전개하였다. 2001년 4월 고이즈미 총리의 취임 이후 야스쿠니 참배 강행에 이어 일본 역사교과서 왜곡, 위안부문제, 독도침탈 발언 등이 잇달며 양국정부와 시민사회 간 대립과 갈등이 확대되어 왔다.

일본의 역사왜곡은 1990년대부터 강화된 우경화 추세를 그 배경으로 하고 있다. 일본의 우경화 현상은 제2차 세계대전 패전 이후 달성한 경제대국의 위상에 비하여 국제사회에서 자신의 역할을 찾지 못하고 있다는 판단과 사회당 등 혁신적 정치세력의 몰락 등에서 비롯되었으며, 계속된 경제 불황에서 탈출구를 찾는 과정에서 심화되었다.

중·일 간에도 역사문제로 인한 대립과 갈등이 나타나고 있다. 일본 총리의 잇단 신사참배와 역사교과서 왜곡문제 등에 중국은 일본에 강한 어조로 항의해 왔다. 더구나 일본의 역사교과서 왜곡문제로 시작된 중국의 반일시위는 2005년 4월 일본이 동중국해 가스 시굴권 인가 강행방침을 발표하여 더욱 격앙되기도 했다.

또한 한국과 중국도 영토문제에 이어 중국의 '고구려사의(중국 왕조의) 지방정권 편입시도'로 역사 갈등이 야기됐다. 중국이 2002년 2월 '동북공정'을 통하여 한국의 고구려사를 중국사에 편입시키려는 움직임이 나타나면서 한·중 간에도 전례 없는 역사 갈등이 나타났다.

중국은 동북공정이 동북 3성 지역(만주)에 향후 예상되는 주변국(특히 한반도 통일 이후 한국)의 도전과 위협에 대처하려는 데 목적이 있다고 공개적으로 밝히고 있다. 중국은 이미 발해사를 중국사의 일부로 취급해 온 데 이어 고구려사마저 자국의 역사로 편입시키려고 시도하여 한국민의 분노와 반중감정을 촉발시켰다.

중국의 동북공정과 관련된 갈등에서 주목해야 할 것은 동북아 지역에서 역사문제에 대한 이제까지 '한국＋중국' 대 '일본'이라는 기존의 대립구도와는 전혀 다른 갈등구도로 전개되고 있다는 점이다.175) 이는 향후 한·중 관계가 한·일 관계처럼 역사문제를 둘러싸고 갈등관계가 심화될 수 있음을 시사하고 있는 것이다.

동북아의 주요 국가들인 한·중·일 3국 간의 영토 및 자원갈등과 역사갈등이 엄청난 인화력을 갖고 지역평화를 위협하는 것은 각국의 민족주의 이념으로 인한 갈등 때문이다. 동북아의 민족주의 이념은 모두 폐쇄적이고 국수주의적인 문제를 지니고 있다. 역사적으로 이미 근대의 해체기에 접어든 유럽과는 달리 동북아는 각국의 민족주의 이념이 상호 충돌하고 있는 근대 절정기에 있다.

중국의 중화주의와 일본의 우익군국주의가 맞부딪히면서 영토와 해양자원 그리고 과거 역사문제까지 겹쳐 역내 갈등이 확대되고 있

---

175) 배긍찬, "한·중·일 3국 협력의 도전과 과제", 한반도평화운동본부, 『한반도평화포럼논문집 (동북아 사회·문화 및 경제공동체 구축방안』(서울: 한반도평화운동본부, 2004년), 135－137쪽

다. 한국(북한), 중국(대만) 등 분단국들과 이의 원인을 제공한 국가들로 구성된 동북아 국가들은 아직도 근대 국민국가(modern nation-state) 건설을 완결하지 못한 상태이다.

더구나 한·중·일 3국은 근대 초기 영토침탈, 저항의 쓰라린 역사적 경험을 주고받았다. 일본에 침탈당했던 한국과 중국은 물론, 주변국들에 대해 가해자였던 일본조차도 태평양전쟁의 패전국으로서 나름대로의 심각한 피해자 의식을 갖고 있다.

따라서 정치학자 공(Garritt Gong)[176]의 지적처럼 동북아의 정치는 기억(memory)과 정체성(identity)에 의해 지배되는 특징을 갖고 있다. 그리고 한·중·일 3국의 역사교과서 서술이 상호 교류의 내용을 담기보다는 철저히 '자국 중심'의 서술을 택하고 있어 바람직한 역사인식의 공유에 부정적인 영향을 끼치고 있다.

한·중·일 3국의 역사에 대한 정체성과 민족주의 이념의 갈등의 또 다른 특징은 국가 또는 정부가 시민사회의 일부 또는 민간단체들과 은밀히 결합하여 배타적 민족주의의 주체로 나서고 있다는 점이다. 중국의 동북공정은 정부의 방조하에 동북 3성의 지도급 인사와 관련 학자들에 의해 비롯되었다.

일본의 우익 민족주의의 운동도 우익 정부인사가 참여하고 있는 시민단체들에 의해 주도되고 있다. 한국의 경우 일본의 독도영유권 주장이나 중국의 고구려사 편입문제에 대해 가장 적극적인 대응을 하고 있는 단체들은 우익성향의 정치권과 네티즌들이다. 이는 동북아 지역 국가들 간의 민족주의 갈등을 해소하기 위해서는 국가지도자들의 적극적인 결단과 행동을 요구하고 있음을 시사한다.

---

176) Garritt Gong, *The Standard of Civilization and International Morality*(Oxford: Clendon, 1984) 참조.

나아가 한·중·일 3국의 국내 정치·경제적 상황은 각국의 민족주의가 더욱 강력한 동원의 이념으로 작동할 수 있는 조건들을 강화시켜 주고 있다. 특히 일본·중국·한국의 국가지도자들은 역사왜곡, 영토침탈 행위를 국내정치에 활용하기 위해 민족감정을 조장하고 자국 내 민족주의적 정서를 더욱 자극하고 있다. 한·중·일 3국의 이와 같은 민족주의의 정서의 충돌은 동북아의 평화를 심각하게 위협하는 요인이 된다.

세계가 화해와 통합의 시대로 나아가고 있는데도 일본이 여전히 동아시아 주변국과의 갈등의 늪에서 벗어나지 못하는 것은 인접 국가들에 대해 가졌던 '대동아공영론'을 완전히 청산하지 못한 데 있다. 일본의 대동아공영론은 일본 근대정신의 초석을 놓은 후쿠자와 유키치(福澤諭吉)의 '탈아론(脫亞論)'에서 비롯됐다고 불 수 있다. 즉 일본은 신흥문명국이지만 다른 아시아 국가들은 비문명국이라는 인식으로 동아시아의 맹주가 되어야 한다는 생각이다.177)

일본이 '탈구입아(脫歐入亞)'에서 '탈아론'에 근거한 '탈아입구'로 회귀한 배경에는 세 가지 요소가 작용한 것으로 보인다. 하나는 냉전체제의 붕괴로 인한 민족주의의 고양과 대만사태와 북핵문제 등 대립의 증폭에 대한 대처방안으로 스스로 군사력과 정치적 발언권을 확대해 나갈 필요성을 느낀 것이다.

또 하나는 '잃어버린 10년'이라는 장기불황의 외중에서 취약해진 자민당의 정권기반을 강화하는 차원에서 국익주의·민족주의를 강조

---

177) '탈아입구(脫亞入歐)'는 서양이 일본을 조선·중국과 똑같이 보지 않도록 조선·중국을 멀리하고 서양을 닮아야 서구제국주의의 침략을 막을 수 있다는 주장이다. 이러한 생각에는 우파 파시스트부터 마르크스주의 좌파학자들까지 광범위한 지식인이 동참하여 이론적으로 뒷받침해 왔다. 그러나 이는 철저하게 일본 중심의 입장에서 전개되었고, 그 때문에 다른 나라들과 갈등을 빚어 왔다.

하는 국가주의를 이용할 필요가 생겼다. 그리고 세 번째는 한국과 중국에 대한 경계심리와 서양에 대한 열등의식 때문이다.

중국은 1978년 개혁개방 이후 시장경제체제의 도입으로 지속적인 경제성장을 하고 있지만, 지배이념으로서의 사회주의는 그 적실성이 약화되었다. 중국 지도부는 이러한 이념공백을 '대중화주의(大中華主義)'로 표방되고 있는 중화민족주의에서 찾고 있다.

중국의 고구려사 왜곡과 일본의 역사교과서 왜곡, 야스쿠니 신사참배, 영토문제에 대한 대응도 국내 정치·경제적 사정에 기인한 것으로 보인다. 중국에는 한족(漢族) 외에 55개의 소수민족이 있으며, 국가의 내부통합이 어느 때보다 강력히 요구되고 있다. 이러한 요구는 대개 개혁개방으로 인해 파생된 것이다.

중국은 경제규모가 커지고 경제력이 향상됨에 따라 자신감을 회복하기도 했지만 고도의 경제성장은 여러 가지 과제를 파생시켰다. 시장경제의 도입은 중국 동해안 연안을 집중 개발하면서 지역 간 격차를 심화시켰다. 체제적으로는 자본주의화하는 경제구조와 사회주의적 정치구조라는 유례없는 국가구조를 형성하게 하였고, 이러한 체제의 미래방향은 누구도 예측할 수 없는 상태에 있다.

즉 중국은 사회주의적 시장경제라는 이름을 붙였지만 결국 자본주의의 이입·확산현상으로 인해 국내 체제의 이완현상이 대두된 것이다. 이에 따라 정치적으로 국민을 통합시킬 필요가 발생한 것이다. 중국은 이러한 내부 사정에 더하여 중국과 국경을 접하고 있는 한반도의 정세변화에 따라 발생할 수 있는 조선족의 동향이나 국경문제 등에 대비하여 동북변강(東北邊疆)을 안정시킬 필요성에서 동북공정을 추진했다.

중국은 변경문제를 해결하면서 역사를 이용한 경험을 티베트와 운남(雲南)지역에서 갖고 있다. 동북공정은 사실 이들 공정의 뒤를 이어서 추진된 것이다. 중국의 역사왜곡은 내부통합과 한반도에서 발생할 가능성이 있는 정세변화에 능동적으로 대응하기 위한 국가전략으로 추진하고 있다는 점에서 역사를 이용하는 전형적인 국수주의의 발로이며, 장차 동북아에서 영향력을 발휘하려는 패권주의의 발현이라고 할 수 있다.

한국의 경우도 지난 30여 년간 고도 경제성장과 민주화의 쟁취로 식민지배, 전쟁, 가난으로부터 상처받은 국민적 자존심과 국가적 자부심을 회복하게 되었다. 이로 인해 한국 사회 내의 반미주의 또는 반외세주의는 또 다른 형태의 민족주의로 자리 잡고 있다.

한·중·일 3국 간 민족주의의 충돌은 서로가 상대국을 배제, 배척하는 적대적 관계인 동시에 서로의 생존을 보장받기 위한 '내면적 공범관계'를 형성하고 있다.178) 이러한 적대적 공범관계 속에서 3국의 민족주의는 표면적으로는 적대적 관계이지만, 내면적으로는 상호 국내정치적 입지를 강화시켜 나가면서 각기 생존을 위한 민족주의 충돌을 확대시키고 있다.

향후 한·중·일 3국은 현실적으로는 정치적, 경제적 필요성 증대에 따른 역내 협력을 계속 모색할 것으로 보인다. 그러나 지속적인 민족주의의 파고 속에서 영토갈등 및 역사갈등 또한 계속될 가능성이 크다. 이러한 갈등이 지속적으로 누적되면 경우에 따라 예상을 뛰어넘는 군사적 마찰을 불러올 수도 있다.

---

178) 일본과 중국의 역사왜곡은 그 시기, 내용, 계기 등의 상이함에도 불구하고 내면적 공통점을 갖고 있다. 가장 큰 공통점은 역사교육 일반이 그러하듯이 국가 내지 정치세력이 깊이 간여하고 있다는 점이다. 역사교육은 정치적 성향을 띠게 되고, 국가적 차원에서 그 방향을 정하는 것이 보통이고, 그 방향은 정치정세와 밀접히 관련되어 있다. 다시 말하면 일본과 중국의 역사왜곡은 국가의 전략목표와 연관되어 있으며, 국제정치의 한 측면으로 역사를 왜곡하고 있다. 배긍찬(2004), 137쪽.

따라서 3국 간 협력체제가 본궤도에 안정적으로 진입하기 위해서
는 역내 국가들 간 역사인식의 공유를 위한 관리체제 구축과 이를
토대로 한 평화복합체적 평화체제 구축이 무엇보다도 핵심적 사안이
라 할 것이다.

더구나 동북아에 실질적 영향력을 행사하고 있는 미국도 패권을
강화하기 위해 미국적 민족주의의 이념인 민주주의를 전 세계에 확
산시키고 있다. 미국의 신문·TV는 연일 애국심을 강조하고 있고,
정치지도자들 역시 미국적 가치의 확산을 역설하고 있다.

미국은 2005년 1월 부시 대통령의 2기 취임사를 통해 '전 세계
민주주의 확산'이란 '부시 독트린'을 선언하고, 독재 국가 내 민주화
를 지원하겠다고 밝혔다. 이로 인해 키르기스스탄 등 중앙아시아에
서 민주화 도미노 현상이 확산되었고, 레바논 등 중동에까지 파급되
었다. 경제의 세계화와 함께 정치의 민주화가 미국에 의해 확대되고
있는 셈이다. 그러나 이러한 일방주의적 개입에 의한 미국적 민주주
의 확산은 각국에서 반미주의를 야기하며 갈등을 유발하는 요인이
되고 있다.179)

미국은 특히 2005년 3월 '민주주의 증진법(ADVANCE, Democracy
Act of 2005)'180)을 제정하여 북·미 간의 갈등이 더욱 확대되기도

---

179) 베네수엘라, 볼리비아를 비롯해 남미에서는 반미·반세계화·반자본주의를 표방하는 좌파
정권이 잇달아 등장하고 있다. 한국을 비롯한 각국의 농민·노동자들도 미국 중심의 세계
화에 강한 반발을 하고 있다.

180) '민주주의 증진법'의 핵심 내용은 미 국무부와 재외공관들이 민주주의 확산 본부와 전초기
지가 돼 비민주국가들의 민주화에 적극 개입하도록 하는 것이다. 국무부에 세계문제담당 차
관을 총책임자로 한 '민주화운동·이행국'을 신설하고, 전 세계 미국 공관에 '민주주의 증
진 담당관'을 두어 민주주의 증진 대상국들의 민주화 운동을 촉진한다는 내용이다. 이 법은
북한 등 특정 국가를 지목하진 않았으나, 콘돌리자 라이스 미 국무장관이 상원 인준청문회
에서 '폭정의 전초기지'라고 지목한 북한·이란·쿠바·미얀마·벨로루시·짐바브웨 등
을 주로 겨냥한 것이다. 따라서 이들 국가들을 중심으로 한 비민주적 국가들의 공관을 중심
으로 자유 민주주의 이념 전파 작업이 이루어질 경우, 해당 당사국의 내정간섭 논란 등 외

했다. 북한을 비롯한 전 세계 독재국가들을 주목표로 한 이 법은 부시 대통령의 '자유와 민주주의 확산' 정책을 뒷받침하는 것으로, 미국의 대외정책에 큰 변화를 가져오게 했다. 즉 미국은 북한 등을 포함한 비민주주의 국가를 민주국가로 전환시키기 위해 개입을 확대하는 '전환외교(transformational diplomacy)'를 추진하고 있다.

민족주의 이념은 세계화의 확대에도 불구하고 쉽게 사라지지 않을 것으로 보인다. 이 때문에 21세기에도 민족주의가 민족국가를 토대로 다양한 형태로 존재할 가능성이 높다. 민족주의 문제의 세계적 대가인 베네딕트 앤더슨은 "20세기 민족주의는 정복과 팽창의 형태를 보였지만, 21세기 민족주의는 소련이나 유고연방에서 보듯 분열과 해체, 응축의 복잡한 양상을 띠고 있다"고 주장했다. 민족주의는 국민과 사회를 통합시키는 긍정적인 면이 있지만 정치지도자들이 이를 악용하여 국제사회를 분열과 대립으로 갈등을 일으키는 요인으로 작용하기도 한다.

2. 동북아의 평화가치와 평화촉진 요인

동북아에는 상호 갈등이 심화되어 전쟁위기가 구조화되는 측면이 있는 반면에 다른 지역과는 달리 지속 가능한 평화체제의 구축을 촉진시킬 수 있는 귀중한 가치들이 있다. 특히 해양과 대양을 연결하는 다리인 한반도를 평화구조화하게 되면 이러한 평화 실현을 보다 유리하게 확보할 수 있을 것이다. 그래서 미국과 일본 등 해양세력과 중국과 러시아 등 대륙세력이 서로 대결하기보다는 평화협력을

교적 갈등을 촉발시킬 가능성이 높다.

통한 공존공영의 길을 모색하는 것이 필요하다.

탈냉전 이후 동북아에서 미국의 일방적 패권주의가 강화되고 있지만 미국의 힘의 약화에 대비하여 중국과 일본은 서로 동북아의 패권을 차지하려고 경쟁하고 있다. 그러나 패권경쟁을 지양하고 동북아의 평화가치를 확대하며 공동발전을 모색하려는 움직임도 강하게 나타나고 있다.

첫째로, 동북아는 정군평화의 측면에서 대양과 해양을 연결하여 평화를 촉진시킬 수 있는 지정학적 평화가치가 부상하고 있다. 동북아는 지정학적으로 아시아에서 유럽대륙으로 이어지며 미국으로 연결되는 태평양의 관문이기 때문에 세계적으로 평화를 위한 요충지에 자리 잡고 있다.

더구나 이 지역에는 중국, 일본, 러시아 등 강대국들이 포진하고 있으며, 초강대국인 미국도 개입하고 있어 복잡한 역학관계가 형성되어 있다. 이로 인해 동북아의 지정학적 평화가 구축되면 지구촌의 평화는 그만큼 가까이 다가오게 된다.

그러나 동북아의 정군평화에 대한 아시아적 정체성은 대체로 상이한 양상을 보여 왔다. 전통적으로 동북아의 평화구조는 냉전이라는 시대상황에 의해 미국과 소련 양 진영을 기본축으로 하여 규정되어 왔다. 이러한 동북아의 정군평화의 구조는 유럽의 진영논리와 본질적으로 그 맥을 달리했다.

유럽이 북대서양조약기구(NATO)와 바르샤바조약기구(Warsaw Pact) 간의 '확산적 억지(extended deterrence)'로 특징지을 수 있는 반면에 동북아는 개별적 적대관계를 바탕으로 한 '제한적 억지(finite deterrence)' 구조를 보여 왔다고 할 수 있다.[181]

---

181) James R. Kurth, "The Pacific Basin versus the Atlantic Alliance: Two Paradigms

특히 미국의 패권적 구속력은 양자동맹관계에 따라 한국과 일본에 국한되었으며, 중국·북한 그리고 아세안국가들은 별개의 정군평화구조를 형성하고 있었다. 동북아 국가들은 이와 같은 상황 속에서 정군평화를 촉진하기 위해 다양한 대화와 제도적 장치를 구상하고, 이를 실현하기 위해 상호 협력을 강화하고 있다.

우선 동북아의 특수성에 따른 정군평화의 필요성에 따라 새로운 유형의 '아시아 정군평화론'이 대두되고 있다.182) 아시아 정군평화론의 핵심은 아시아의 안보환경과 조건이 유럽과 양상이 다르기 때문에 아시아적인 형태로 정군평화를 해결하는 방안을 모색해야 한다는 것이다. 이러한 '아시아 정군평화론'의 대두는 아세안지역포럼의 위상 확대와 함께 한국, 중국, 일본 등도 참여하는 역내 평화복합체적 평화체제 구축의 방향으로 진전되어 가고 있다.

동북아 정군평화론에서 가장 주목을 끄는 것은 다자간 안보협력대화와 제도화가 꾸준히 제안되고 논의되는 점이다. 동북아 안보협력대화는 역내 군사적 안정과 평화를 도모하고 분쟁 가능성을 사전에 차단하는 역할을 한다. 또한 안보정책 대화의 관습화와 제도화를 강화하여 지역분쟁의 원인이 될 수 있는 다양한 영역에 대해 협의하고 해소할 수 있게 한다.

물론 동북아는 현재 다자간 안보협력기구의 필요성이 강하게 제기되고 있지만 제도적 장치로까지는 확대, 발전하지 못하고 있다. 그럼에도 불구하고 그동안 '동북아안보대화'나 '아세안＋3회의' 등을 중심으로 상호 신뢰구축 및 안보협력을 강화하고 있다. 그리고 동북아 안

---

of International Relations", *The Annals*, vol.505(September 1989), pp.40－55.

182) 문정인·이정훈, "아·태질서의 변화와 재조명", 김달중 외, 『새천년 한반도 평화구축과 신지역질서론』(서울: 도서출판 오름, 2000), 262－263쪽.

보와 관련된 전반적인 사안들을 논의하는 장은 아니지만, 동북아 주요국들이 모두 참여하는 '6자회담'을 구성하여 북한 핵문제 해결과 함께 한반도 및 동북아 평화체제를 모색하고 있는 점은 고무적이다.

또한 동북아의 핵심 국가들인 한·중·일 3국 간의 평화확대를 위한 정치협력체제는 태동단계를 지나 포괄적 협력체제로 제도화 단계에 접어들고 있다. '한·중·일 3국 정상회의체제'는 동북아의 정군평화의 확대에 기여할 수 있는 대화틀 내지는 준제도적 장치로 볼 수 있다. 3국 정상회의체제는 역사문제의 충돌 등으로 중단되거나 파행되기도 하지만 큰 방향에서는 협력체제의 진전으로 나아나고 있다.

한·중·일 3국 정상회의체제는 1999년 제3차 아세안+3 정상회의 시 일본 측의 제의로 당초 비공식 회동의 느슨한 협의체로 시작되었다. 그러나 2000년부터 한국 측의 제의로 정례화한 이후 2002년부터 북한 핵문제 등 외교안보 사안에 대한 본격적인 협의가 이루어짐으로써 3국 간 공식적, 포괄적 협의체로 발전하고 있다. 이후 한·중·일 3국 정상회의체제는 각종 후속조치 이행을 위해 3국 외교장관회의, 고위급회의(SOM), 국장급회의 등을 설치, 운영하고 있다.

동북아는 이와 함께 군사적인 측면에서 잠재적 적대국 간의 교류와 협력이 전통적인 안보·군사 분야로까지 확대되어 상호 신뢰를 증진시켜 가고 있다. 잠재적 적대국 간의 교류와 협력은 미국과 중국은 물론 일본과 중국 사이에서도 진행되고 있다. 그리고 한국과 일본, 한국과 중국 등에서도 이루어지고 있다. 동북아 국가 간의 다양한 군사적 교류와 협력 강화는 정군평화를 촉진시키는 요인이 된다.

동북아의 정군평화는 경제평화와 달리 역내에 강한 신제국주의적 패권주의로 인하여 급진전되기 힘든 요인이 있다. 미국은 기존의 쌍무주의의 틀 안에서 한국, 일본 등과 동맹을 강화하는 것이 역내 패권적 안정을 극대화하는 길이라는 입장을 취하고 있다. 중국은 이에 대항하여 북한, 러시아 등과 전략적 동반자 관계를 형성하여 '반미전선'을 강화하고 있다.

이에 따라 동북아에선 당분간 복합체적 평화체제의 구축이 쉽지 않을 것으로 보인다. 그러나 미국과 중국이 국제테러 및 북한핵 문제 해결 등 상호 협력적이고 포괄적인 수준에서부터 동북아의 평화 확대를 모색하고 있는 만큼 정군적 평화체제의 구축이 시기상조라고 말할 수만은 없다.

동북아의 평화가 지역평화는 물론 세계평화와 직결되기 때문에 미국과 중국 등은 생존과 공동발전을 위해서 상호 협력해야 한다는 지혜를 갖고 파국에 대한 대책을 적극적으로 모색해 갈 것이다. 미국 내에서도 군사력을 바탕으로 한 일방적 개입주의에 대한 우려가 커지고 있고, 중국에서도 다자적 평화체제의 필요성이 제기되고 있다. 이에 따라 동북아의 경제평화의 확대와 함께 정군평화도 조만간에 가시화될 것으로 보인다.

둘째로, 동북아는 경제평화의 측면에서 서구의 지배적 구도에 대해 새로운 형태의 역동성과 함께 국가적 번영을 이루고 있다. 동북아는 이제 더 이상 빈곤과 저개발의 비극적 지역이 아니라 세계의 주목을 받는 역동적 경제권으로 부상하고 있다. 동북아는 1960년대부터 새로운 변화의 국면을 맞이하기 시작했다.

선발주자인 일본이 시동을 걸었다면 한국을 포함한 4개 신흥공업 국가들이 경제성장을 더욱 확대시켰다. 1980년대부터 촉진된 중국 경제의 고속성장은 앞으로도 동북아의 경제적 역동성을 유지시킬 것으로 보인다. 동북아는 지난 40여 년간 지구상에서 가장 빠른 경제 성장을 지속해 왔다.

〈표 3-5〉 동북아 3국(한·중·일)의 세계경제 지위(2003년 기준)

구 분	인구(억 명, %)		실질GDP(10억 달러, %)		무역(100만 달러, %)	
	규모	비중	규모	비중	규모	비중
동북아	14.8	23.6	7,071	20.9	2,473	15.2
유럽연합	3.8	6.1	8,185	24.4	5,563	34.2
NAFTA	4.3	6.8	11,766	35.0	2,839	17.4
기타	39.7	63.5	6,647	19.8	5,400	33.2
세계	62.5	100.0	33,617	100.0	16,276	100.0

출처: DRI-WEPA.(July 15, 2004) *Global Insight's World Overview*, 재인용.

동북아는 나아가 국제경제체제의 주변부에서 중심부의 역동적 경제권으로 이동해 자리를 잡아 가고 있다. 동북아 경제발전의 아시아적 모형은 세계경제의 새로운 모델로서 하나의 대안적 패러다임으로 등장하고 있다. 일본은 경제협력개발기구(OECD) 국가의 성장모델로 등장했고, 한국·대만·싱가포르·홍콩은 신흥공업국가군의 선두그룹을 구축했다. 그뿐만 아니라 중국 역시 가장 성공적인 사회주의 경제체제 모형을 제시하기도 했다.183) 동북아는 이러한 성장의 모델들에 의하여 세계경제의 다수를 차지하여 경제평화의 가치가 크게 확대되었다.

미국의 경제력은 제2차 세계대전 이후 전 세계 생산의 절반을 차지할 정도로 막강했다가 이후 계속 하락하고 있지만, 여전히 30% 가까운 몫을 담당하고 있다. 그런데 역사상 전례가 없었던 이 초강대국의 경제적 생산을 뛰어넘을 수 있는 지역이 동북아 지역이다. 앞으로 10여 년이 지나면 한국, 중국, 일본의 경제력이 미국의 경제력을 추월하게 될 것으로 보인다. 더구나 동북아의 평화체제 구축에 미국까지 포함시키면 세계 최대의 경제권역으로 부상하게 된다.

동북아를 지탱하는 주요 생산거점인 한국, 중국(홍콩 포함), 일본

---

183) 문정인·이정훈(2000), 260-261쪽.

<표 3-6> 동북아 3국(한·중·일)의 세계경제 지위 변화전망

구 분	인구(억 명, %)		실질GDP(%)		무역(%)	
	2003년	2025년	2003년	2025년	2003년	2025년
동북아	23.6	20.9	20.9	21.8	15.2	22.3
유럽연합	6.1	5.0	24.4	19.5	34.2	33.0
NAFTA	6.8	6.6	35.0	34.7	17.4	19.6
기타	63.5	67.5	19.8	24.0	33.2	25.1
세계	100.0	100.0	100.0	100.0	100.0	100.0

출처: DRI-WEPA.(July 15, 2004) *Global Insight's World Overview*, 재인용.

3개국이 세계경제에서 차지하는 지위와 향후 전망을 통해서도 동북아의 경제적 성장을 확인할 수 있다. <표 3-5>에서처럼 동북아 3국이 전 세계 인구 및 실질 국내총생산(GDP), 무역에서 차지하는 비중(2003년)은 각기 23.6%, 20.9%, 15.2%로 유럽연합 및 나프타(NAFTA)와 더불어 전 세계 경제의 3대 성장지대로 확고한 지위를 차지하고 있다.

동북아 3국의 인구는 <표 3-6>과 같이 2025년 20.9%로 다소 저하할 전망이나, 실질 GDP 및 무역에서의 전망은 각각 21.8%, 22.3%로 증가할 전망이어서 유럽연합이나 나프타(NAFTA)의 전반적인 비중 저하와 대조를 이룬다. 만일 동북아 3국이 경제공동체를 형성하고 역내 교역 및 생산이 증가된다면 세계경제에서의 비중과 역할은 더욱 증대될 것으로 보인다.

셋째로, 동북아는 문화평화의 측면에서 인류의 삶을 살찌우는 강한 문화평화의 가치를 지니고 있다. 중국 황하를 중심으로 고대로부터 높은 수준의 문명이 발달해 왔다. 유교·불교·도교 등 종교와 사상, 철학도 인류정신의 발달에 크게 기여해 왔다. 동북아는 서구 중심의 기독문명과 아랍·중동 중심의 이슬람문명의 충돌을 완화시

키고 인류의 평화미래를 위한 문명의 대안으로 제시될 수 있다.

동북아의 경제력 강화로 문명이 급속도로 발달하면서 유럽에서 미국으로 건너갔던 인류문명의 중심이 아시아로 건너오고 있다. 지난 300여 년간 세계를 지배해 온 유럽 중심의 근대문명과 미국 중심의 현대문명은 그 결함이 드러났다. 동북아에는 새로운 인류문명에 필요한 보편적 사상·가치·제도를 생산할 수 있는 능력이 내재되어 있다. 동북아는 세계의 중심이 된다면 과거 유럽의 제국주의의 전철을 밟지 않고, 현재 미국의 일방주의적 세계관을 극복할 수 있는 대안이 될 것이다.

한·중·일 3국의 폭력의 기억과 역사인식의 균열은 동북아의 갈등과 대립을 가져오는 주된 요인이지만 이를 극복하기 위한 시도들이 다양하게 모색되고 있다. 3국 간의 역사연구가들이 '공동역사교과서'를 동시에 편찬하여 교육자료로 활용하는 것은 동북아 국가 간의 긴장과 갈등을 해소할 수 있는 획기적인 방안이라 할 수 있다. 공동교과서 편찬 작업은 문화가 다른 두 나라 혹은 그 이상이 새로운 형태의 공통된 역사인식을 찾는 것이다. 이 작업은 긴 시간이 필요하고, 공동교과서위원회의 정치적 중립성과 관련국 정치권의 적극적인 지원이 성공의 필수 요소이다.

동북아 3국은 다행히 학자, 교사 등 50명으로 구성된 '한·중·일 공동역사 편찬위원회'에서 사상 첫 동아시아 공동역사교과서인 『미래를 여는 역사』를 2005년 5월에 출간했다.[184] 동북아 갈등을 화해와 평화의 새로운 지평으로 전환시키는 단초를 제공했다는 의미에서 중요하다. 즉 동북아에서 한 세기 동안 계속된 침략전쟁과 이념대립의 역사를 극복하고 평화와 미래로 건너갈 수 있는 첫 다리가 건립

---

184) 『한겨레신문』, 2005년 5월 16일

된 셈이다.

　동북아의 핵심 3개국은 근현대사에서 각기 다른 역사적 경험을 하고 서구문화를 흡수하였다. 3개국은 자본주의 체제를 유지하는 것이었건 사회주의 체제를 유지하는 것이었건 환경과 조건에 따라 각기 다른 길을 선택하였으나 최종목표는 국민의 평화복지에 있다. 동북아 3국이 평화복지를 증진하기 위해서는 인류의 보편적 가치를 바탕으로 상호 협력을 강화하여 공동발전을 모색해 나가야 할 것이다.

제4장
동북아의 평화체제 구축 모델

동북아의 평화체제 구축 모델

제1절 동북아의 평화체제 구축 가능성

1. 평화구조 형성의 특징과 변화 방향

탈냉전 이후 국제적으로 민주화와 시장경제체제가 확산되고 있다. 또한 대화와 협상을 통한 국가 간의 분쟁해결 방식이 광범위하게 나타나고 있다. 이러한 국제적 흐름은 지속 가능한 평화체제의 구축에 긍정적인 요인으로 작용하고 있다.

동시에 몇몇 국가들로부터 핵 및 화학무기 확산 등 정군적 평화위협에 직면하고 있다. 그리고 경제적 요인에 의해 발생되는 환경오염, 마약, 난민문제 등과 문화적 요인에 의해 발생되는 민족·종교·인종갈등 등 초국가적 평화위협 요소도 크게 부각되고 있다.

그러면 탈냉전 이후 동북아의 평화구조는 어떻게 변화, 형성되고 있는가? 탈냉전 이후 동북아의 평화구조는 <표 4-1>과 <표 4-2>

〈표 4-1〉 2006년 동북아 국가 간의 복합체적 평화구조 관계

	한국	북한	미국	중국	일본	러시아	대만
한국	–	**	**	***	**	***	***
북한	**	–	**	**	**	***	***
미국	**	**	–	***	****	***	***
중국	***	**	***	–	**	****	**
일본	**	**	****	**	–	***	***
러시아	***	***	***	****	***	–	***
대만	***	***	***	**	***	***	–

1) *는 평화축소, **는 평화경색, ***는 평화유지, ****는 평화개선, *****는 평화확대를 나타낸다.
2) 복합체적 평화구조는 동북아 국가 간의 정군적, 경제적, 문화적 평화구조 관계를 모두 반영시킨 것이다. 2006년의 경우 북한의 미사일 발사와 핵실험은 남북관계를 비롯하여, 북미·북중·북일 관계 등을 모두 평화경색으로 만들었고, 한반도 및 동북아의 평화에 상당한 위협으로 작용했다. 또한 일본의 과거사 발언으로 한국 및 중국과의 평화관계도 악화되었다.

에서 보듯이 정군평화 측면의 강한 영향력이 경제평화, 문화평화에도 부정적으로 파급되고 있다. 이로 인해 부분적인 협력에도 불구하고 여전히 불안정성이 강하게 나타나고 있다.

동북아의 평화구조는 정군평화, 경제평화, 문화평화 등으로 다소 분화되었으며 이에 따라 지역평화복합체에 의한 지속 가능한 평화체제 구축의 중요성도 증대되고 있다. 그렇지만 동북아의 평화복합체가 지속 가능한 평화체제를 구축하여 평화공동체로 발전해 나갈 것인지 아니면 새롭게 등장하고 있는 국제체제 수준에서 갈등과 대립으로 불안정성이 계속될 것인지는 여전히 불확실하다.

동북아의 평화복합체 내에 있는 역내 국가들은 경제평화나 문화평화의 문제보다는 정군평화의 문제에 대하여 보다 구체적인 반응을 보여 왔다. 즉 동북아 국가들은 이미 오래전부터 자국의 안보정책을 수정하고 또 대외관계의 재정립을 추구하는 등 동북아 안보환경의 유동성과 불확실성에 대처해 왔다.

<표 4-2> 동북아의 평화조건에 따른 평화구조의 형성[185]

분석수준 \ 평화조건	정군평화	경제평화	문화평화
국제적 수준(Global)	* *	* * *	* * *
국제적 지역하부수준(Non-regional subsystem)	* *	* * *	* * *
지역적 수준(Regional subsystem)	*	* * *	*
국지적 수준(Local)	*	* *	*

1) **** 고강도 평화체제화, *** 중강도 평화체제화, ** 저강도 평화체제화, * 비평화체제화
2) 동북아에서 지속 가능한 평화체제를 구축하기 위한 평화조건은 외재적으로 세 가지 조건(경로)에서 접근된다. 상이한 평화조건에서 이루어진 평화체제의 구축 변수에 따른 분석수준의 비중을 고려하여 동북아의 평화복합체 내의 평화구조(2006년)를 하나의 매트릭스로 위와 같이 요약할 수 있다. 평화체제의 구축에 있어서 각 조건들의 비중은 똑같지 않다. 각 평화조건의 상대적 비중은 평화체제의 구축 강도에 좌우된다.

동북아의 불안정성은 미국의 역할, 즉 미국에 대한 일본의 정군적 의존에 의해 '압도(overlay)'되어 왔다고 볼 수 있다.[186] 특히 동북아의 국가들은 미국의 대외전략의 중장기적인 변화 가능성에 대처하기 위한 노력을 다양하게 기울여 왔다. 동북아 국가들의 이러한 움직임에 따라 형성된 평화구조는 크게 세 가지의 특징으로 나타나고 있다.

첫째로 동북아의 평화구조는 우선 '지속과 대립'이라는 특징이 강하게 나타나고 있다. 동북아는 양자 안보관계의 '지속'이 국가 간의 관계를 결정짓는 가장 기본적이고 강력한 구조로 작용하고 있다. 이로 인해 아직도 냉전구도의 정군(안보)적, 문화(이념)적 평화문제에 있어서 '대립'으로 나타나고 있다. 이러한 평화복합체 내의 국가 간의 지속과 대립은 군비 증강 및 군사력 현대화 등 군비경쟁의 심화로 이어지고 있다.

---

185) 이 표는 배리 부잔(Barry Buzan)의 비교영역접근의 분석수준에 있어서의 안보화 수준의 표를 원용하여 평화조건의 시각에서 재작성한 것이다. Barry Buzan, et al, "How Sectors Are Synthesized", in Barry Buzan, Ole Wæver and Japan de Wilde. (1998), Ibid., p.165.

186) 문정인 · 이정훈(2000), 209-211쪽.

둘째로 동북아의 평화구조는 '지속·대립'과 동시에 '변화와 협력'의 양상도 나타나고 있다. 동북아는 정군평화의 문제에 있어서 북한 핵 문제를 해결하기 위해 역내 국가들 간의 다자적인 협력이나 대화 채널을 활용하려는 '변화'도 나타나고 있다. 또한 아시아지역포럼, 아·태안보협력이사회(CSCAP) 혹은 동북아협력대화(NEACD)의 다자대화채널 구축에 대한 '협력'은 그 역사가 짧은 것에 비해 상당한 진전을 보이고 있다. 이로 인해 느슨하지만 포괄적인 지역 다자안보 협력체제가 제안되고 추진되고 있다. 그리고 경제적, 문화적 평화를 적극적으로 모색하는 측면에서도 다양한 변화와 협력이 나타나고 있다.

셋째로 동북아의 평화구조는 '양자와 다자'의 병행접근이라는 특징이 나타나고 있다. 동북아 역내 국가들은 1990년대 후반부터 양자체제를 통한 다자적 변화를 통해 자국의 이익을 극대화시키려 하고 있다. 경제평화와 문화평화의 문제에 있어선 역내 국가 간 협력관계의 다변화 및 강화 현상이 나타나고 있다. 이에 반해 정군평화의 문제에 있어선 국가 간의 첨예한 이익에 좌우된다고 보고 양자체제를 강화할 뿐 그 어느 국가도 다자적인 접근을 시도하지 않고 있다.

동북아의 보다 본질적인 평화구조는 미국의 패권주의 확대를 통한 세계화 추진정책에 의해서 가장 큰 영향을 받고 있다. 즉 탈냉전 이후의 동북아 역내 평화질서는 미국의 패권주의적 대외정책에 의해 형성되어 왔다고 볼 수 있다. GATT와 IMF 등을 중심으로 한 국제무역 및 통화질서, 미국과의 쌍무동맹을 축으로 한 안보체제 그리고 미국의 가치 문화적 영향과 그에 대한 대응이 동북아의 기본적 평화구조를 형성해 왔다.[187]

특히 미국의 개입주의적 일방적 대외정책은 세계 최강의 첨단 군

---

187) 고대훈, "탈냉전 이후 동북아의 갈등구조와 군사력 변화양상", 김달중 외, 243－246쪽.

사력을 바탕으로 국익을 극대화하려는 데 있다. 동북아에 있어서의 미국의 사활적 이익은 곧 세계화를 통한 경제적 이익의 확대와 안정화에 있다. 미국의 이러한 동북아의 질서 운용은 경제적 억압과 착취구조를 파생시키며 이를 정군적으로 봉쇄하고 미국적 가치·이념 등을 강요함으로써 지역평화를 복합체적으로 심각하게 위협하는 핵심 요인이 되고 있다.

더구나 미국은 자국만의 힘으로는 한계가 있음을 인식하고 미·일동맹과 한·미동맹 등의 강화를 통해 동북아의 정군적, 경제적, 문화적 패권질서를 공고화하려 하고 있다. 미국의 이러한 패권확대 전략은 결국 동북아 평화구조의 유동성과 불안정성을 심화시키는 요인이 되고 있다.

일본은 미·일동맹에 편승하여 평화헌법의 개정과 보통국가화를 강력히 추진하고 있다. 이러한 미국과 일본의 패권주의에 대항해서 중국, 러시아, 북한 등은 정군적 '반미연대'를 강화하고 있다. 이에 따라 동북아는 탈냉전기임에도 불구하고 군사화 현상이 심화되고 있다. 동북아의 급속한 경제성장은 평화확대가 아니라 군비확대로 연결되어 평화구조를 불안정하게 만들고 있는 것이다.[188]

물론 동북아의 정군적 평화축소의 요인들은 미국의 신제국주의적 패권주의 외에도 남북한의 분단과 중국과 대만 간의 미통일문제, 영토와 자원갈등 문제 등도 있다. 그리고 국가 간의 빈부격차와 무역불균형 등의 갈등으로 인한 경제적 평화위협 요인과 과거사로 인한 역사갈등, 민족주의 등의 이념갈등으로 인한 문화적 평화위협 요인도 동북아의 평화를 축소하고 있다.

그렇다면 동북아의 이러한 정군적, 경제적, 문화적 평화축소 요인

---

188) 통일연구원, 『동북아 구상과 남북관계 발전 전략』(서울: 통일연구원, 2006), 7－8쪽.

<表 4-3> 동북아의 평화구조 - 평화축소 요인과 평화촉진 요인

평화조건	평화축소 요인	평화촉진 요인
정군평화	• 미중-중일 지역패권 갈등 • 영토 및 자원 갈등 • 통합·분리 갈등	• 3국정상회의·6자회담 • 군사적 교류와 협력 • 꾸준한 다자안보협력기구 제의
경제평화	• 국가 간 빈부격차 • 국가 간 무역역조 갈등 • 국가 간 이질적 경제체제 갈등	• 역동적 경제권 부상 • 역내 FTA 추진 • 상호 의존 심화
문화평화	• 과거사로 인한 역사 갈등 • 민족주의 등 이념 갈등 • 인권·자유 등 가치 갈등	• 다각적 대중문화 교류 • 인적 교류 및 체육 등 협력강화 • 공동의 역사인식 회복 노력

들을 극복하고 평화를 촉진하기 위해서는 어떻게 해야 할까? 이를 위해서는 동북아의 평화가치를 찾아 이를 평화복합체적으로 확대해 나가는 작업이 필수적이라 할 수 있다. 즉 동북아는 평화축소 요인이 있는 동시에 앞에서 언급한 다양한 정군적, 경제적, 문화적 평화가치와 평화촉진 요인이 있는 만큼 국가 간 상호 협력을 강화해 나가는 것이 필요하다.

물론 동북아의 평화구조는 패권국 미국과 패권 도전국인 중국의 상호 작용과 역학관계에 따라 동북아의 평화구조 형성은 전혀 다른 방향으로도 변화될 수 있다.189) 미국과 중국은 경제평화, 문화평화, 정군평화 등 모든 측면에서 부분적인 협력이 나타나기도 하지만 갈등관계도 잠재되어 있다. 가장 바람직한 것은 미국과 중국이 상호 협력을 강화하여 다자적 틀을 구성하고, 이를 통해 동북아의 평화체

---

189) 게임이론가들은 미국과 중국의 협력게임의 양상에 따라 다양한 평화구조가 형성될 것이라고 주장하고 있다. Arthur Stein, "Coordination and Collaboration: Regimes in Anarchic World", *International Regimes*, ed. by S. D. Krasner(Ithaca: Cornell Univ. Press, 1983). Robert Axelrod, & R. O. Keohane, "Achieving Cooprration under Anarchy: Strategic and Institution", *Neorealism and Neoliberalism: The Contemporary Debate*, ed. by D. A. Baldwin(N.Y.: Columbia Univ. Press, 1993) 등 참조.

제를 항구적으로 구축해 나가는 것이라 할 수 있다.

결국 미국을 포함한 동북아 평화체제의 구축에 대한 변화 방향은 <표 4-3>과 같이 경제평화문제, 문화평화문제와 이들을 추동해 내는 정군평화문제에 대한 역내 국가들의 역학관계에 따라 보다 구체화될 것이다. 동북아는 앞으로 어떠한 성격의 평화복합체가 등장하게 될 것인가 하는 것은 세 가지 평화조건들의 상호 작용 방향과 그 유형에 따라 결정될 것이다.

2. 평화체제의 구축 가능성

동북아에서는 유럽 지역 등과 달리 역사상 평화체제의 구축이 대체로 긍정적으로 받아들여지지 않았다. 그것은 앞에서 살펴본 것처럼 다른 지역보다도 정군평화문제와 의제가 경제적, 문화적 평화문제와 의제를 심대하게 압도해 왔기 때문이다. 이에 따라 동북아는 정군평화문제가 사실상 지배적 의제였고, 동북아의 질서 형성에 커다란 영향을 미쳐 왔다고 볼 수 있다.

더구나 경제평화의 문제와 관련해서도 참여국 간의 경제력 격차가 커서 갈등의 소지가 제기되었고, 일본과 중국이 국가주권의 확대를 위해 주도권을 놓고 다투는 것도 장애물이었다. 문화평화의 문제도 유럽연합과는 달리 참여국가가 지리적으로도 넓게 흩어져 있고, 역사·민족주의 등 여러 가지 이질적인 요소가 많아 합의가 쉽지 않았다. 그리고 동아시아공동체 추진과정과 마찬가지로 동북아 평화체제의 구축과정에서 미국 등 역외 국가들의 참여문제로 마찰이 일어날 가능성도 있다.

동북아 평화체제의 구축이 부진한 것과 관련해서 역사적 교훈으로 가장 중요한 사실은 평화체제를 정군평화의 측면에서만 추진해 왔다는 점이다. 즉 동북아에 있어서의 평화체제는 당사국들이 정군적 현실에서 필요성을 느낌에 따라 정군평화의 측면에서만 점진적 추진을 모색해 왔다.

동북아에서는 동맹 강화를 통해 기존의 양자안보체제를 공고히 하는 것이 중요하다는 입장이 유지되어 새로운 평화체제를 모색하는 것이 쉽게 허용되지 않았다. 이로 인해 좁은 의미인 정군적 다자간 평화체제의 구축조차 크게 진전되지 않았다. 이것은 냉전시대부터 현재까지 동북아 지역 국가들이 공통된 평화위협 의식을 갖고 있지 않기 때문이다. 1990년대에 들어서서 동북아에서는 지역적 집단안보협력에 대한 발전의 조짐을 보이고 있으나, 아직 안보협력대화와 신뢰구축은 요람의 단계에 머무르고 있다고 할 수 있다.

더구나 유럽에서 미·소가 냉전구도로 대결하고 있을 때, 동북아에서는 한국전쟁이나 베트남전쟁 등 열전을 벌이고 있었다. 탈냉전 후의 현재에도 여러 곳의 영토문제가 미해결 상태로 남아 있고, 한반도 분단과 중국과 대만 문제는 또 하나의 불씨로 남아 있다. 중국과 베트남, 북한이라는 사회주의 체제를 취하고 있는 국가가 존재한다는 점에서도 유럽과는 다르다. 정치체제뿐만 아니라 역내 여러 국가들의 경제수준 및 경제체제나 문화 등도 유럽과 비교하면 매우 다양하다.

동북아는 지리적인 특성에 있어서 바다가 차지하는 부분이 상당히 크다. 동북아는 유엔해양법조약의 발효에 의한 12해리 영해와 200해리의 배타적 경제수역의 설정으로 그곳에 포함되는 자원과 영토의 귀속을 둘러싼 국가들 간의 쟁점이 다시 부상하고 있다. 동북아는 향후 도서 및 해양자원과 이를 둘러싼 귀속 문제로 갈등이 더욱 첨예화할 것으로 보인다.

또한 이 지역에서는 제2차 세계대전 후에 식민지 지배에서 벗어나서 독립한 신생국가들 중에는 탈냉전 이후가 되어서야 군사력을 증강하거나 근대화를 도모하는 국가들이 늘어나고 있다. 이와 같은 맥락에서 민족자결권과 민족주의 그리고 국익에 대한 감각도 독립된 국가로서의 경험이 오래된 유럽 여러 국가들과 비교하면 훨씬 더 강하다.

동북아에서는 미국, 중국, 러시아와 같은 유엔 안보이사회의 상임이사국이면서 핵보유국인 강대국들의 이익과, 이러한 범주에서는 제외되어 있으나 세계 제2위의 경제대국으로서 이 지역의 안전보장에 영향력을 갖고 있는 일본의 이익이 복잡하게 얽히면서 공존하고 있다. 탈냉전 이후의 동북아 지역의 평화질서 구축 환경은 동아시아 지역 내에서도 동남아 지역보다 동북아의 핵심국가인 미, 일, 중, 러의 역학관계에 더 큰 영향을 받고 있다.

일본을 중심으로 한 양국관계를 보면, 미·일 간은 냉전시대 때부터 시작되어 온 동맹관계를 그대로 지속시켜 나가고 있다. 중·러 양국은 '파트너십'을 선언하여 우호·협력관계의 구축을 시도하고 있다. 그러나 일·러 간은 아직도 북방영토문제, 즉 국경선 획정의 문제가 미해결 상태로 남아 평화조약을 정식적으로 체결하지 못한 상태이다.

일·중 간에는 1978년에 '평화우호조약'이 체결되었지만 도서 영유권문제를 둘러싼 중국과의 갈등과, 일본의 중국침략을 둘러싼 역사해석과 대만과의 실질적인 관계에 대해서 쌍방의 인식에는 아직도 상당한 격차가 있다.

한·일 간에도 1965년에 국교 정상화가 이루어졌음에도 불구하고 일본에 의한 식민지 지배와 이에 대한 사죄문제가 반복해서 거론되

고 있다. 북·일 간에도 과거사문제와 납치문제 등으로 복합하게 얽혀 있다.

그리고 한반도의 경우를 보면 1953년에 맺어진 한국전쟁의 휴전협정이 있을 뿐, 평화조약이 체결되지 않았으며 법적으로는 전쟁상태가 종결되지 않은 상태이다. 아시아지역포럼 참가국이면서 1998년 11월부터 아·태경제협력체(APEC)의 참가국이 된 러시아는 탈냉전 후 한국과 관계를 정상화하였을 뿐만 아니라, 그것을 강화하려 하고 있다.

중국도 북한과의 관계를 유지한 채 한국과의 국교를 열었다. 그럼에도 불구하고 북한이 중·러 양국과의 국교를 단절하는 일은 없었다. 이런 와중에 한반도의 남북 양국이 각각 유엔에 가입했다. 북한의 핵무기 개발과 대량파괴무기 확산은 동북아 갈등의 한 요인으로 작용하고 있다.

중국과 대만문제는 일본과 중국의 관계를 진전시키는 데 있어서뿐만 아니라, 미·중 관계의 진전까지도 방해하는 요인이 되고 있다. 중국 측은 대만문제는 완전한 국내문제라고 하면서, 평화적인 해결을 요구하고 있지만, 대만 측의 일방적인 독립선언과 외국의 개입이 있으면 무력행사도 불사하겠다는 방침을 견지하고 있다.

대만해협의 양안관계는 중국 측이 대만을 국가로서 인정하지 않고, 중국이 국교관계를 맺고 있는 일본이나 미국에 대해 대만이 맺고 있는 중복된 국교관계는 일체 인정하지 않고 있다. 그 결과, 대만으로서는 일본이나 미국과의 관계가 상당한 수준인데도 불구하고 중국이 참가하는 동북아의 다자안보협력의 어떠한 틀에도 참가하지 못하고 있다.

동북아는 이처럼 국가 간의 경제적, 문화적 평화문제와 관련된 미해결 문제들이 이 지역 내에서의 정군적 평화문제와 상승작용을 일으켜 전통적 평화체제의 추진조차 부진하게 만들고 있다. 그리고 이러한 부진의 보다 근원적인 요인은 동북아 평화체제에 가장 직접적인 영향을 미치고 중요한 역할을 하는 미국이 소극적이라는 점이다.

그러나 동북아 지역의 지속 가능한 평화체제의 구축은 탄력을 받을 수 있다. 즉 동북아의 평화체제 구축에 대한 필요성이 강하게 제기되고 있기 때문에 조만간에 보다 구체화될 수 있을 것이다. 동북아의 평화체제 구축은 여러 가지 측면에서 부분적인 한계에도 불구하고 그 가능성이 점차 확대되고 있다고 볼 수 있다. 동북아의 평화체제 구축 가능성을 확대하는 요인들을 다음과 같이 제시해 볼 수 있다.

첫째, 냉전기에는 국가평화의 주된 대상이 정군평화의 위협이었다. 그러나 탈냉전기에 들어서서는 군사적 위협보다는 테러·마약·환경오염·노동력 이주 등 새로운 평화위협 요인들이 등장하고 있다. 이러한 평화위협 요인들은 특정 국가나 양자적 동맹만의 문제가 아니라 역내 국가들이 함께 대처해야 할 문제로 전환되고 있다. 이에 따라 동북아의 평화체제 구축에 대한 필요성이 증대되고 있다. 특히 동북아 지역 내 국가 간의 상호 의존 관계의 심화로 파생되는 여러 문제들을 해결하기 위해서도 평화체제 구축을 필요로 하는 중요한 요인으로 대두되고 있다.

둘째, 동북아 국가들은 지리적으로 서로 인접해 있으며, 경제구조의 상호 보완성 정도가 매우 높은 편이다. 특히 지역 내에 매우 다양한 자원과 기술, 자본, 노동이 존재하고 있어 국가 간의 경제적 교류협력을 유도하는 동인으로 작용하고 있다. 실제로 동북아 지역 내에서는 탈냉전 이후 경제적, 문화적 평화를 위한 다양한 교류가 매우 활발하게 진행되고 있다. 그 결과 한·일, 한·중, 중·일 등 역내 국가 간에 경제적, 문화적 상호 의존의 심화현상이 두드러지고 있다.190) 따라서 향후 제반 여건이 성숙된다면 동북아 지역 내의 국

가 간 협력이 더욱 심화될 수 있는 기반이 조성되어 평화체제의 구축이 가능해질 것이다.

셋째, 한국과 중국 등 동북아 국가들 중 일부가 동북아의 평화체제 구축을 시도하는 것도 한계 극복의 가능성으로 지적할 수 있다. 최근 동북아 지역에선 역내국 간에 영토, 역사, 민족주의 등의 갈등으로 전쟁위기 구조가 상존하지만 이에 못지않게 평화협력관계도 다양하게 모색되고 있다. 미국과 중국은 북한핵 문제 해결을 위해 상호 협력을 강화하고 있다. 9·11사건 이후 테러와의 전쟁을 벌이고 있는 미국은 북한의 대량살상무기 폐기를 위해 중국과의 협력이 절실한 상황이고, 중국은 지속적인 경제현대화를 위해 역내의 안정과 미국 등의 협력이 필요하다. 러시아도 경제 발전을 확대하기 위해서는 한반도의 안정과 미국 등의 협력이 필요한 상황이다. 중국과 일본도 경제적 실리의 확대를 위하여 전략적 협력관계를 시도하고 있다.

넷째, 동북아의 평화체제 구축에 대한 '부정론'을 극복하기 위한 하나의 대안으로 6자회담을 들 수 있다. 한반도 및 동북아 위기 요인의 하나인 북한핵 문제를 해결하기 위해 구성된 6자회담은 동북아의 평화체제 구축을 위한 다자적 틀로 전환될 수 있다.[191] 6자회담은 참여국 모두의 이해관계가 핵문제를 둘러싸고 서로 작용함으로써 하나의 새로운 역학구조를 만들고 있으며, 이는 동북아의 평화체제 구축이라는 새로운 질서를 형성하는 계기로 작용할 수 있다.

---

190) Christopher Howe, "China, Japan and Economic Interdependence in the Asia Pacific Region", *China Quarterly*, No.124, December 1990. pp.662－693 참조.

191) 북한핵 문제를 해결하기 위해 구성된 6자회담은 2007년 2월 13일 합의에서 실무그룹을 통해 한반도 및 동북아 평화체제 구축을 논의하기로 했다. 6자회담이 북한핵 문제를 평화적으로 해결하는 데 성공한다면 한반도 및 동북아 평화체제를 확보하는 출발점이 될 것이다. 한국정부는 이와 관련 6자 외무장관회담을 거쳐 다자정상회담을 추진하고 있다. 6자회담은 유럽안보협력기구와 유사한 동북아 다자안보협력기구 창설의 실질적인 모태가 될 수 있다.

따라서 동북아 지역의 역내 국가들이 지속적이고 항구적인 공동이
익을 실현하려면 동북아 지역의 전쟁위기 구조를 극복하는 일이 필
수적이라 할 수 있다. 다행스럽게 동북아 지역의 평화체제 구축에
대한 공감대가 정부 차원, 비정부 차원과 정군적, 경제적, 문화적 평
화의 측면 모두에서 확산되고 있다. 이에 따라 동북아는 과거 어느
때보다 지속 가능한 평화체제 구축 가능성이 점차 커지고 있다.

특히 미국이 양자주의에서 다자주의로 국가전략을 바꾼다면 동북
아의 지속 가능한 평화체제의 구축 가능성은 크게 확대될 것이다.
경제평화·문화평화 측면에서 공동이익의 확대와 공유의식의 확산은
정군적 평화 문제해결 능력을 증대시킬 수 있기 때문이다. 그러므로
동북아에서 점진적이나마 양자주의에서 다자협력대화로 구조변화가
일어나고 있기 때문에 동북아의 평화체제 구축은 시기상조라고 할
수 없을 것이다.

제2절 평화조건의 연계성과 평화체제의 구축 모델

1. 평화조건에 따른 평화체제의 구축 모델

동북아에서 지속 가능한 평화체제를 구축하려면 어떻게 해야 할
까? 평화체제가 전쟁 등의 발발로 중간에 파기되지 않고 지속 가능
하게 하려면 평화체제의 '구축 강도(强度)'를 높이는 것이 필수적이
다. 평화체제의 안정성, 지속성, 영구성을 담보하기 위한 구축 강도
는 일반적으로 세 가지의 평화조건(경로), 즉 정군평화, 경제평화,

〈그림 4-1〉 평화조건에 따른 평화체제의 구축 모델과 강도

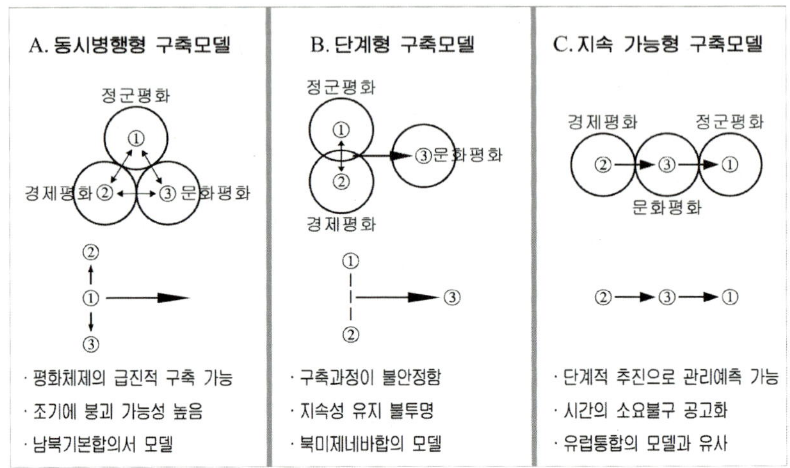

문화평화조건들의 상호 연계성과 구축 방식에 따라 달라진다.[192]

평화체제의 구축 강도에 영향을 미치는 각 평화조건들의 비중과 가중치는 똑같지 않다. 각 평화조건의 상대적 비중과 가중치는 평화체제의 구축 강도의 기여 정도에 좌우된다. 그러나 평화조건들이 상호 복합체를 형성할 때는 평화의 '파급효과(spillover effect)'에 따른 상대적 중요성을 고려할 필요가 있다. 평화조건에 따른 평화체제의 구축 모델과 강도를 <그림 4-1>과 같이 세 가지의 형태로 유형화할 수 있다.

즉 평화체제의 지속성을 강화하기 위해서는 세 가지 평화조건인 정군평화, 경제평화, 문화평화조건들을 동시병행 또는 단계적으로 이행하는 방안을 상정할 수 있다. 세 가지 평화조건을 동시병행으로 평화체제를 구축하는 방안을 '동시병행형 구축 모델'이라고 한다.

---

192) Barry Buzan, et al, "How Sectors Are Synthesized", in Barry Buzan, Ole Wæver and Japan de Wilde.(1998), Ibid., pp.163-193.

그리고 세 가지 평화조건 중 평화협력 창출 및 확대에 대한 비중, 파급효과를 고려하여 2단계 또는 3단계로 평화체제를 구축하는 방안을 모색할 수 있다. 이러한 방안을 '단계형 구축 모델'이라고 한다. 이들 방안 중 '지속 가능한 평화체제'로 구축될 수 있는 최적의 모델이 무엇인지 구체적으로 검토해 보기로 한다.

1) 동시병행형 구축 모델

평화체제의 구축에 있어서 '동시병행형 구축 모델'은 <그림 4-1>의 A와 같이 정군평화, 경제평화, 문화평화 등 세 가지의 평화조건을 동시 병행으로 추진하는 방식이다. 동시병행형 구축 모델은 평화체제의 구축이 동시 병행으로 추진되어 그 속도가 빠르다는 장점이 있다. 그러나 구축과정에서 혼란이 생기는 등 후유증이 심각하게 발생할 수 있고 또한 중간에 쉽게 파기될 수 있다는 문제점이 있다.

동시병행형 구축 모델은 제도적인 측면에서 국가 간의 '정치적 결단'에 의하여 전격적인 성립이 가능하나 국민들의 의식과 행동은 '제도화' 또는 '습관화'가 되지 않아 초기에 많은 시행착오가 생길 수 있다. 더구나 국민들의 충분한 사전준비와 동의 없이 급작스럽게 진행하게 되면 내부충격과 집단 반발 등 국내적 요인에 의해서 오히려 평화가 심각하게 위협을 받을 수 있다.

즉 동시병행형 구축 모델을 상정하여 평화체제를 정치적으로 체결했다고 해도 이것이 지속 가능한 평화체제로 구축될 수 있을지는 매우 불투명하다. 평화복합체 내의 국가들 간에 정군평화, 경제평화, 문화평화에 대한 일괄적인 평화협력 합의가 현실적으로 쉽지 않다. 또한 합의가 이루어졌다고 해도 국가 간의 정군적 신뢰 부재와 함께

경제적 이해관계, 문화적 이질성 등으로 평화체제의 구축에 어려운 점이 많이 발생할 수 있다.

동시병행형 평화체제의 구축 모델에 대한 성공적인 사례를 찾아보기 힘든 것도 이 모델의 단점이라고 할 수 있다. 많은 경우 정군적 평화협정이 우선적으로 강조되고 이를 보완하기 위해 경제협력협정, 문화교류협정 등 복합체적인 평화조건을 이행하기 위해 이들을 동시병행형으로 추진하지만 실질적인 평화정착으로 연계되기는 쉽지 않다. 몇 가지 사례를 통해 구체적으로 살펴보기로 한다.

(1) 사례 1: 베트남형 통일 또는 독일형 통일

동시병행형 구축 모델의 가장 부정적 사례로는 베트남통일처럼 '폭력(통일전쟁)'을 정당화하여 추진하는 경우를 들 수 있다. 베트남의 통일은 사실상 전쟁에 의한 강제적 동시병행형 구축 모델이므로 평화적 방법에 의한 지속 가능한 평화체제의 구축과는 정반대적인 접근 방법이다.

일부에서 극단주의적으로 무력에 의해 통일한 후 정군평화, 경제평화, 문화평화의 세 가지 평화조건을 동시병행으로 추진할 수 있다고 강변할 수 있겠지만 이 경우는 전쟁 또는 폭력을 용인하는 것이어서 평화를 구축하는 것과는 본질적으로 다른 것이다. 설령 무력에 의한 통일을 한 후 동시병행형으로 평화체제를 구축하려고 해도 그것은 용이하지 않다. 무력에 의한 경우는 승자와 패자가 존재할 수 있고, 경제적 분배문제와 문화적 정체성의 혼란으로 심각한 평화위협에 빠지게 된다.

더구나 과거처럼 재래식 무기에 의한 경우는 피해가 다소 줄어들겠지만 미래의 전쟁은 양자가 치명적이기 때문에 회복하기 힘든 공멸에 빠질 가능성이 높다. 극단적 통일지상론자들에 의한 위험한 발상이 시도되지 않도록 철저한 관리가 필요하다.

동시병행형 구축 모델의 또 다른 부정적 사례로는 동서독의 통일처럼 흡수통일을 한 후 정치적으로 평화체제의 구축을 추진하는 경우이다. 물론 유럽의 유일한 분단국이었던 독일의 통일 과정이 동시병행형으로 추진되었다고 보기도 힘들다.

서독은 통일 이전에 경제적 지원을 통해 경제평화를 꾸준히 시도했고, 문화적으로도 단일민족의 정체성을 내세워 문화평화를 확대해왔다. 최종적으로 서독과 동독은 지난 1990년 10월 3일 정군통합을 통해 분단의 벽을 허물고 '국가통합'을 이룩했다.

그러나 동서독의 통일은 경제적, 문화적 교류협력을 통해 어느 정도 평화협력을 확대해 왔다고는 하나 사실상 동독의 붕괴에 의한 서독의 흡수로 이루어진 것이다. 이 때문에 동서독의 통일은 평화적 방법에 의한 평화체제의 구축의 성과라기보다는 '동독의 붕괴'라는 특수한 상황의 발생으로 이루어진 것이다. 그 결과 독일은 통일 이후 심각한 평화위협에 직면해야 했다.

독일통일 과정에서 동서독 간에 장기간 지속된 경제적, 문화적 교류협력은 국가통일로 가는 민족통일의 토대가 되었다. 독일분단이 동서냉전의 산물이라면 독일통일은 '접촉을 통한 변화(Der Wandel durch Ann hrung)'에 의한 동서 긴장완화의 결과라고 할 수 있다.

서독의 통일전략은 교류협력을 통해 상호 신뢰를 쌓아 민족공동체를 건설해 가면서 정치통합의 기반을 조성해 나가는 방안이었다. 이는 결코 서두르지 않은 '작은 걸음의 정책(Die Politik der kleinen Schritte)'으로 기능주의적 접근 방법에 의한 평화적 통합방안이었다.

그러나 독일통일의 모델은 통일을 앞당기는 데는 보다 효과적인

측면이 있으나 경제적, 문화적 평화의 확대에는 크게 기여하지 못했다. 통일독일은 동서독이 통일된 이후 15년이 지났지만 여전히 경제적, 문화적 측면에서 평화적이지 못하기 때문이다. 독일은 통일 이후 경제침체와 빈부격차 확대, 동서독 주민 간의 이질화 등으로 상당한 후유증에 시달리고 있다.[193]

과거 유럽경제의 기관차 역할을 했던 독일경제는 성장활력을 잃고 유럽경제의 '문제아'로 전락했다. 1996~2000년 독일의 연평균 경제성장률은 1.8%로 다른 EU회원국들에 비해 약 1%포인트 낮다. 독일은 2004년 말 현재 성장잠재력 약화, 내수부진, 10.6%의 높은 실업률, 재정악화, 동서독 경제격차 확대, 시위 등으로 인한 사회혼란이라는 혹독한 통일후유증에서 빠져나오지 못하고 있다. 동서독 간의 통일은 지나치게 상호주의와 기능주의적 통합으로 접근한 것의 부작용이라 할 수 있다.

(2) 사례 2: 남북한의 남북기본합의서 사문화

동시병행형 평화체제의 구축 모델의 대표적 사례로 남한과 북한이 1991년 12월 체결한 '남북기본합의서(공식명칭 '남북 사이의 화해와 불가침 및 교류·협력에 관한 합의서')'에 의한 추진과 조기 와해를 들 수 있다. 남북기본합의서는 1991년 12월 13일 제5차 남북고위급 회담에서 합의된 이후 1992년 2월 19일 평양에서 개최된 제6차 남북고위급 회담을 통해 교환·발효된 남북합의문서이다.

남북기본합의서는 남북한의 총리를 수석대표로 하여 진행된 남북고위급 회담에서 정군적 대결상태 해소와 경제 및 문화 교류협력 문제를 의제로 무려 15개월간 8차례의 긴 협상이 진행되었고, 그 결과

---

193) 김득갑, "통일 후유증과 독일 경제개혁의 현주소", 『글로벌 이슈(제7호)』(서울: 삼성경제연구소, 2004년 11월 2일), 1－7쪽.

남북한 간의 화해와 불가침, 경제·문화 교류협력을 약속한 남북기본합의서가 채택되었다.

남북기본합의서는 한반도 평화체제를 구축하기 위해 남북한 간 '자주적·평화적'으로 정군적, 경제적, 문화적 평화 교류와 협력을 통하여 남북한 간의 국가통합으로 나아가기 위한 매우 이상적인 토대를 마련한 것으로 평가할 수 있다.194) 즉 남북기본합의서는 남북한 간 평화체제의 구축을 위하여 세 가지 평화조건을 동시병행으로 추진하기 위한 최초의 '남북평화합의서'라고 할 수 있다.

그러나 1992년 2월 공식 발효된 남북기본합의서는 1992년 10월 8개월여 만에 상호 불신과 영변의 핵문제로 모든 가동이 중단되어 그 후 사문화되었다. 남북기본합의서는 발효 후 수개월 동안 그 실천기구인 남북군사공동위원회와 핵통제공동위원회 등이 순조롭게 개최되었다. 그런데 남북기본합의서와 함께 발효된 '남북비핵화공동선언'의 이행을 위한 남북한 상호 핵사찰을 북한이 거부하면서 그동안의 대화와 합의는 난관에 봉착하였다.

북한의 핵사찰 거부는 한·미 양국이 1992년 10월 8일에 '1993년도에 팀스피릿훈련 재개'를 선언하게 만들었고, 이에 대해 북한은 1992년 10월 27일 '남조선 당국과의 모든 대화와 접촉 동결'을 발표함으로써 그동안 잘 진행되어 온 남북한 간의 평화대화는 전면 중단되었다. 그리고 1992년 11월 3일에 북한은 화해·군사·경제·사회·문화공동위원회 명의로 각 분야별 공동위원회의 불참을 선언하고, 남북고위급회담 대표단 명의로 남북당국 간 대화를 재개하지 않을 것임을 선언함으로써 비교적 오랜 기간 유지해 온 남북대화에 종

---

194) 장영권, "한반도 평화체제 구축: 대안과 실행전략", 『남북기본합의서와 한반도 평화체제 구축 토론회(논문집)』(서울: 평화통일시민연대, 2005년 10월 17일), 56－57쪽.

지부를 찍었다. 그 결과 당시까지 합의된 남북기본합의서와 그 부속 합의서들은 구체적인 실행 내용을 정하지 못한 채 사실상 사장되는 결과를 초래하였다.

따라서 남북기본합의서는 남한과 북한 주도의 가장 이상적인 동시병행형 평화체제의 구축 방안이라고 할 수 있지만 상호간의 정군적 신뢰부재와 합의사항 미이행 등으로 조기에 붕괴된 사례라고 할 수 있다. 남북기본합의서의 체결 방식처럼 평화체제 구축에 있어서 정군평화, 경제평화, 문화평화 등 모든 평화조건들을 동시병행형으로 추진하는 것은 우선 합의가 쉽지 않고,[195] 또한 합의가 되었다고 하여도 상호간의 신뢰부재 등으로 쉽게 깨질 수 있다.

더구나 평화체제 구축을 위한 합의서가 상호 불신으로 사문화되면 다시 회복하기 어렵고, 상호 불신이 더욱 확대되어 '합의 → 파기 → 재합의 → 재파기'의 악순환이 한동안 계속되어 오히려 긴장이 더욱 고조될 수 있다. 한반도 평화체제의 구축과 관련해서 남북한은 그동안 7·4남북공동성명, 남북기본합의서, 6·15남북공동선언 등 몇 차례의 중요한 합의가 있었지만 잘 이행되지 않고 있는 것은 이러한 이유 때문이다. 그리고 남북한 간에는 합의 이후에도 비무장지대나 서해상, 동해상 등에서 군사적 충돌이 간헐적으로 발발하여 지속 가능한 평화체제의 구축을 어렵게 하고 있다.

(3) 시사점

따라서 동북아의 지속 가능한 평화체제를 구축함에 있어서 동시병행형 구축 모델의 사례로 베트남형이나 독일형의 방식을 도입하는 것은 부적절하다. 동북아에서 남한·북한이나 중국·대만처럼 분단

---

195) 남북한 간 남북기본합의서의 타결 과정에서 끝까지 문제가 되었던 조항이 바로 정전체제를 평화체제로 전환하는 조항이었다.

국들이 정치적 결단에 의하여 국가통합 또는 이의 과도기적 상황에서 동시병행형 구축 모델의 적용을 검토할 수 있을 것이다.

그러나 이 경우도 심한 부작용으로 내적 평화위협을 야기할 수 있기 때문에 평화체제의 지속성을 담보해 내기 힘들 것이다. 그러므로 동시병행형 구축 모델은 관념적으로만 가능한 매우 이상적인 모델로 현실적으로 이행하기 힘든 특성이 있다. 결국 지속 가능한 평화체제의 구축은 평화조건들을 단계적, 점진적 방법으로 추진해야 안정화, 지속화가 강화된다고 볼 수 있다.

동북아 평화체제의 구축과 밀접한 관련이 있는 한반도 평화체제 구축도 단계적, 점진적으로 접근하는 것이 바람직하다고 볼 수 있다. 한반도 평화체제의 구축은 남북한 간이나 북·미 간에는 상호 불신이 크고 군사적 대치상태에 있기 때문에 어느 한 시점에 평화협정을 체결하거나, 법적으로 평화체제의 수립을 선포했다고 하여 지속 가능한 평화체제가 구축되었다고 보기 힘들 것이다.[196]

북한은 한반도 평화체제의 구축과 관련하여 평화체제가 구축되는 과정을 무시하고 법적인 장치, 즉 평화협정만 체결하면 단 한 번에 평화체제가 구축될 수 있다고 주장해 왔다.[197] 그러나 평화체제는 영구적 평화를 지향하는 과정에서 적대적 대치상태보다는 평화공존, 갈등과 대결보다는 평화협력을 실행해 가는 과정으로 파악해야 할 필요가 있다. 평화체제는 북한이 주장하는 것처럼 어느 한순간에 평화협

---

196) 한용섭, 『한반도 평화체제 구축과 국회의 역할』(서울: 국회 통일외교통상위원회, 2005년 12), 8쪽.

197) 김명기 교수는 평화협정 체결방식을 두 가지로 분류하고 있다. 하나는 획일강화형으로 한 시점에 완전한 평화협정을 맺는 것이다. 다른 하나는 단계강화형으로서 단계적으로 하나하나씩 실천해 감으로써 평화를 강화시켜 나가는 것이다. 북한이 주장하는 것은 일종의 획일강화형으로 볼 수 있다. 김명기, "한국 평화조약 체결에 관한 연구", 『국제법학논총』, 제31권 제2호(1986), 36 - 37쪽 등 참조.

정만 체결했다고 해서 곧바로 형성, 구축되는 것은 아니기 때문이다.

한반도 평화체제의 구축에 있어서 남북기본합의서 방식으로 성공시키려면 우선 합의사항을 철저히 실천해 가면서 정군적 신뢰구축과 평화공존, 화해협력을 조성해 나가는 노력이 필요하다. 이를 위해서는 남북한이 합의사항을 국내적 차원, 민족적 차원, 국제적 차원에서 폭넓게 실천해 가는 것이 중요하다.

특히 남북한 지도자들이 합의한 것은 무슨 일이 있더라고 반드시 실행에 옮기겠다는 강한 평화의지가 담보될 필요가 있다. 남북한의 지도자가 앞장서서 합의사항을 실천해 나가야 상호 신뢰가 구축되고, 상대방과 더 협력하고자 하는 동기가 발생한다.

이럴 경우에 더 어려운 분야의 합의사항을 도출해 낼 수 있고, 이를 통해 꾸준히 협력을 강화해야 남북한 간에 지속 가능한 평화체제가 구축될 수 있다. 그러므로 남북한 간에는 동시병행형보다는 단계적 접근으로 교류협력을 지속적으로 증대시켜 신뢰구축과 긴장완화를 통해 국가통합을 강화시켜 나가는 것이 효과적일 것이다.

2) 단계형 구축 모델

평화체제의 구축에 있어서 '단계형 구축 모델'은 <그림 4-3>의 B와 같이 매우 다양한 조합으로 추진될 수 있다. 즉 정군평화, 경제평화, 문화평화 등 세 가지의 평화조건들의 다양한 조합에 따라 평화체제를 구축해 가는 것이다. 단계형 구축 모델은 평화조건들의 조합에 따라 '2단계형'과 '3단계형'으로 구분할 수 있다.

2단계형 구축 모델은 먼저 2개의 평화조건을 동시 병행으로 추진하다가 나머지 한 개의 평화조건을 추진하거나 또는 1개의 평화조건을 먼저 추진하고 나머지 2개의 평화조건을 후에 동시 병행으로 추진하는 것이다. 이러한 2단계형 구축 모델의 조합은 ①정군평화＋경제평화 → 문화평화, ②정군평화＋문화평화 → 경제평화, ③경제평화＋문화평화 → 정군평화, ④정군평화 → 경제평화＋문화평화, ⑤경제평화 → 정군평화＋문화평화, ⑥문화평화 → 정군평화＋경제평화 등 6가지가 있다.

3단계형 구축 모델은 3개의 평화조건을 단계별로 순차적으로 추진해 가는 방식이다. 이러한 3단계형 구축 모델의 조합은 ①정군평화 → 경제평화 → 문화평화, ②정군평화 → 문화평화 → 경제평화, ③경제평화 → 정군평화 → 문화평화, ④경제평화 → 문화평화 → 정군평화, ⑤문화평화 → 정군평화 → 경제평화, ⑥문화평화 → 경제평화 → 정군평화 등 6가지가 있다. 이들 중 '경제평화 → 문화평화 → 정군평화' 방식에 의한 추진 모델은 다음 항에서 '지속 가능한 모델'로 명명하고 별도로 다루기로 한다.

단계형 구축 모델은 그 방안이 모두 12가지나 되기 때문에 일일이 검토하기보다는 특정의 평화조건에 대한 우선순위를 중심으로 검토하는 것이 효과적이다. 즉 정군평화 우선 추진형, 문화평화 우선 추진형, 경제평화 우선 추진형으로 나누어 각 구축 모델별로 어느 방식이 평화체제의 지속성을 가장 강하게 확보할 수 있는지를 파악하면 될 것이다.

(1) 정군평화 우선 추진형 구축 모델

단계형 평화체제의 구축방식은 위에서 언급했듯이 평화조건 간의 조합에 따라 여러 가지 모델로 구분할 수 있다. 이러한 구축 모델들 중에 먼저 '정군평화'를 우선순위로 하여 추진하는 경우를 상정할

수 있다. 즉 정군평화조건과 다른 평화조건을 동시 병행으로 추진하다가 후에 나머지 한 평화조건을 추진하는 2단계형 구축 모델을 상정하거나 정군평화를 먼저 추진하고 나머지 두 평화조건을 순차적으로 추진하는 3단계형 구축 모델을 생각할 수 있다.

정군평화 우선 추진형 구축 모델은 국가 간의 정군적 신뢰확보를 통해 국가주권 침해 방지 및 군비축소, 나아가 정군공동체를 이룩하여 이것이 경제평화와 문화평화로 파급되게 하는 것이다. 정군평화는 국가주권의 민감도, 각 국가별 국력의 차이, 정책집행 수단, 외부 행위자들과 관계 설정에 대한 이견이 강하게 표출될 가능성이 크기 때문에 충분한 신뢰관계가 형성되지 않으면 협력이 어려운 속성이 있다.198)

정군평화에서 가장 중요한 것은 국가 간의 정군적 신뢰관계의 형성이다. 그러나 이러한 신뢰관계는 무조건 형성되는 것이 아니라 경제적 상호 의존의 심화나 문화적 정체성의 동질화를 바탕으로 하여 형성되는 것이 일반적이다. 그러므로 정군평화와 다른 평화조건과 동시병행으로도 추진되기 힘들고 또한 추진과정에서 내부의 반발 또는 주변국의 도전으로 평화가 위협을 받을 수 있게 된다. 즉 정군평화를 우선적으로 고려하는 평화체제의 구축은 안정성과 지속성을 담보하기 힘들다.

정군평화문제는 기본적으로 국가 중심의 영역으로서 '현실주의적'으로 접근되는 속성이 강하다. 국가 차원의 안보는 주변국에 대한 상대적 국가력(권력), 생존 우선에 초점을 맞추고 있기 때문에 국가들은 대개 국제사회의 무정부 상태에 따른 안보딜레마 속에서 생존과 자구(self-help)에 매달리려는 '소극적 협력성'을 지니고 있다.

---

198) 박종철 외(2006), 163-165쪽.

  물론 이러한 국가의 속성은 고정된 것이 아니라 국제사회의 새로운 조류의 도래 또는 패러다임의 변화, 즉 안보 중심에서 경제 중심으로 변화되면서 협력의 가능성이 다소 증진되고 있다. 이로 인해 국가 간의 경제적 상호 의존의 증대와 더불어 다자간의 안보협력이 강화되고 있다. 결국 정군평화문제가 일반적으로 경제평화나 문화평화문제를 주도적으로 이끌어 가는 것이 아니라 경제적, 문화적 협력에 뒤따라 소극적으로 변화되어 간다고 볼 수 있다.

  국가는 안보를 위하여 대개 최악의 경우를 전제로 하여 행동하나 경우에 따라서는 권력정치를 추구하며 계산 가능한 위협에 대응해 나가려고 하기도 한다. 국가는 스스로 국가의 권력지위(power position)를 확대하기 위해 전통적인 시각에서 군사력에만 초점을 맞추지 않고 경제, 문화 등에서 권력지위의 변수를 찾으려 하고 있다.

  그럼에도 불구하고 정군평화문제는 아직까지 경제평화조건이나 문화평화조건이 어느 정도 실현되었다고 하여도 국가 간의 협력이 어려운 특성이 있다. 국가는 생존과 안보를 위해서 결국에는 다른 나라의 도움 없이도 독자적으로 안보를 유지, 결정해 나가야 하기 때문이다. 협력을 통해 이루어진 제도에 대한 과대평가가 국가를 위기에 빠트릴 수 있다는 의혹도 갖고 있다.

  유럽연합(EU)이 1950년대에서 1980년대까지의 경제평화 협력과 정군평화 협력과의 연계에서 잇달아 실패한 것이 이를 증명한다. 그러므로 지속 가능한 평화체제를 구축하기 위해서는 정군평화를 우선순위로 하여 추진하는 것은 현실적으로 어렵고 또한 추진된다고 하여도 국가권력에 종속되어 중간에 파기될 가능성이 높다.

① 사례 1: 북·미 제네바합의의 중도파기

정군평화 우선 추진형 구축 모델의 실패한 사례로는 1994년 10월 체결한 북한과 미국의 제네바합의의 중도파기를 들 수 있다. 북한과 미국이 1994년에 체결한 제네바합의의 파기는 기본적으로 정군적 신뢰부재와 상호 불신에서 비롯된 것이다. 북·미 제네바합의는 북한과 미국이 북한의 핵문제를 해결하고 양국의 관계를 정상화한다는 것을 주요 내용으로 1994년 10월 21일 제네바에서 체결한 일종의 '정치적 평화합의서'이다.

북한은 1987년부터 영변에 핵발전소를 가동하는 등 원자로 건설과 농축우라늄 개발을 본격화해 왔다. 북한은 1985년 12월 핵확산금지조약(NPT)에 가입한 후 1992년 1월 국제원자력기구(IAEA)의 안전조치협정을 체결하고 '핵물질 및 핵시설에 대한 최초보고서'를 IAEA에 제출하였다.

IAEA는 1992년 5월 핵개발 의혹을 받고 있던 북한에 대하여 최초의 핵사찰을 실시하였다. 핵사찰 결과와 북한이 신고한 플루토늄의 양이 불일치하자 IAEA는 이를 문제 삼아 영변 핵단지의 미신고된 2개의 시설에 대해 특별사찰을 요구하였다. 북한은 1993년 3월 IAEA의 요구를 벗어나기 위하여 NPT를 탈퇴하였다.

IAEA는 북한의 NPT 탈퇴 문제를 유엔 안전보장이사회로 이전해 해결하려 했으나 북한은 핵사찰 문제의 실제 중심 역할을 해 온 미국과의 직접 대화를 요구하였다. 결국 IAEA는 북한의 제안을 받아들여 미국 갈루치(Robert Gallucci) 순회대사와 북한 강석주 외교부 제1부부장 간의 총 17개월에 걸친 3차례(1993년 6월과 7월, 1994년 8월)의 회담이 진행되었다.

회담도중 긴장 격화로 인해 1994년 영변폭격계획이 제시되고 남한 내 미국인들의 소개 대책이 세워지는 등 북한과 미국 간에는 전쟁 일보 직전의 긴장관계가 조성되기도 했다. 북한과 미국은 이와 같은 우여곡절을 겪으며, 1994년 9월 23일~10월 21일 제네바에서 협상을 벌여 이제까지의 회담성과를 총괄하는 정치적 합의가 이루어져 제네바합의를 체결하였다.

제네바합의 내용은 10개 조항으로 이루어졌는데, 북한이 핵을 동결하는 대신 미국은 경수로원자로 발전소 2기를 건립하는 동시에 경제원조로 연간 50만 톤의 중유를 지원하고, 정치·경제적 관계의 완전한 정상화를 추진한다는 내용을 골자로 하고 있다. 이에 따라 1995년 3월 9일 북한에 경수로원자로 제공을 위한 한반도에너지개발기구(KEDO)를 설립하였고, 2000년에는 그 착공에 들어갔다.

그러나 제네바합의 후에도 미국에선 국내외적으로 북한핵에 대한 정책이 쟁점으로 남아 많은 논쟁이 제기되었다. 특히 2001년 뉴욕에서 9·11사건이 일어나자 미국 부시 행정부는 북한을 3대 테러국가로 지목했고, 이에 대해 북한은 제네바합의에서 금지하기로 약속한 흑연감속로를 가동하겠다는 선언을 하였다.

2002년 10월 제임스 켈리 미국특사가 방북 이후 북한이 핵개발 계획(우라늄 농축 프로그램)을 시인했다고 발언하면서 북한 핵문제는 다시 대두되었다. 켈리의 발언으로 촉발된 북한의 핵개발 파문 이후 부시 대통령은 대북성명을 통해 핵개발을 묵인하지 않겠다고 밝히고 북한에 대한 중유 공급중단에 이어 경수로 건설 지원 중단을 밝혔다. 이에 대해 북한은 미국에 제네바합의를 대체할 북미불가침조약 체결을 제의하고, 중유의 사용처를 점검하는 KEDO 대표단의 입국을 금지시켰다.

미국은 북한이 흑연감속로 및 관련 시설 동결을 통해 한반도의 비핵화를 위해 노력하겠다고 제네바합의에서 약속했음에도 불구하고

핵개발을 해 온 게 사실이라면 제네바합의 파기 책임은 북한에 있다고 주장했다. 반면 북한은 미국이 2003년까지 경수로를 제공하겠다는 약속을 어김으로써 2003년에 연간 100만kW, 그다음 해부터 연간 200만kW의 전력손실을 입는 등 피해가 막대하다고 반박했다.

미국은 2002년 1월 북한을 '악의 축'으로까지 규정하는 등 대북 적대시 정책과 경제제재를 계속 추진했고, 핵태세검토보고서(NPR)에서 북한을 7개 핵공격 대상 중 하나로 포함시켰다. 북한은 이러한 것들을 근거로 제네바합의 파기의 책임이 미국에 있으며, 북한이 핵개발을 시인하기 이전부터 제네바합의는 이미 '실 끝에 겨우 매달린 운명'이었다고 주장했다.

북미 제네바합의는 북한 핵문제를 평화적으로 해결한 성과물로서 그동안 한반도 평화 유지에 큰 역할을 해 왔다. 하지만 북한과 미국은 상호 신뢰를 회복하지 못하고, 오히려 1994년에 체결한 제네바합의를 서로 이행하지 않았다며 상대방의 협정 위반을 주장했다. 결국 미국 부시 행정부는 2002년 12월 8년여 만에 제네바합의의 파기를 사실상 선언했다.

미국은 북한의 국가주권을 존중한다면서도, 북한의 정권과 인민을 나누어 대처하려는 듯한 접근법을 때때로 내비쳤다. 북한과 미국 간의 평화체제가 형성되려면 기본적으로 직접적인 평화대화와 불신해소에 우선순위가 두어져야 할 것이다. 북한과 미국 간에 정군평화를 추진하려 했던 제네바합의의 중도파기는 신뢰부재에서 비롯된 정군적 충돌과 대립의 결과라고 할 수 있다.

② 사례 2: 아세안(ASEAN)의 경제협력

평화체제의 구축과 관련하여 정군평화 우선 추진형 구축 모델의 제한된 성공 사례로 아세안(ASEAN)을 검토해 볼 수 있다. 아세안은 정군평화 협력을 시작으로 경제평화로 파급되어 발전한 사례이다. 아세안의 형성과 발전은 흔히 '연성 지역주의(soft regionalism)'로 특징지어지면서, 그 가능성과 실효성에 있어서 의문점이 제기되고 있기 때문에 제한적 성공 사례라고 할 수 있다.

아세안은 1967년 냉전시기 공산주의의 확산과 위협에 대응하여 안보협력을 강화하기 위해 출발했다.[199] 창설 당시 아세안 회원국들 모두가 경제적으로 저개발 수준의 약소국들이었으며, 당시 이 지역은 냉전체제의 대표적인 격전장으로서 냉전의 주요 행위자들에 의해 대리전 형식으로 상호간의 경쟁과 대결이 지속되어 왔다.

1949년의 중국 공산화에 뒤이어 1950년 한국전쟁의 발발 그리고 인도차이나 반도의 공산화와 안보위협이 증대되고, 영토와 민족문제를 둘러싼 역내분쟁과 마찰이 점증되자 동남아 역내 국가들 사이에는 안보적 위협에 공동 대응하기 위한 지역안보협력체의 필요성이 크게 강조되었다.

이와 같은 상황에서 태국, 필리핀, 인도네시아, 말레이시아, 싱가포르 등 5개국이 창설국이 되어 1967년 8월 8일에 '방콕선언'을 통해 아세안을 출범시켰다. 그러나 아세안은 창설 초기에 개별 회원국들 모두가 국내문제의 해결에 급급하여 회원국들 사이의 총체적인 협력이나 공동의 활동을 전개할 수 없었다.

하지만 베트남 전쟁의 결과로 베트남, 라오스, 캄보디아 등 인도차이나 반도의 공산화가 현실화되는 등 동남아 지역은 새로운 위기상황에 직면하게 되었다. 이로 인해 아세안국가들은 안보부문의 협력이 다시 지대한 관심사로 대두되었다. 아세안은 1976년 2월 인도네

---

199) 박종철 외(2007), 90-93쪽.

시아 발리에서 개최된 정상회담에서 '아세안 화합선언(발리선언)'을 채택하고, 역내 회원국들 사이에 협력을 통해 역내 평화와 안전을 강화하겠다는 대내적 결속을 다시 한 번 결의하였다.

아시아의 발칸반도로 일컬어졌던 이 지역은 아세안의 활동으로 지금까지 소규모의 일시적 충돌은 있었지만, 다른 제3세계 지역들과 같은 대규모의 국가 간의 충돌이나 전쟁을 경험하지 않았다. 역내 환경의 안보적 위협요인이 더욱 증대되고 가시화되면서 출범한 아세안은 역내 국가들 사이에 안보협력을 강화하면서 공동의 평화와 번영의 공동체를 진행시켜 왔다고 볼 수 있다.

아세안은 1990년을 전후하여 점진적으로 안보위협이 약화되고, 경제협력의 필요성이 제기되기 시작했다. 이에 따라 아세안은 1987년 12월 필리핀에서 아세안 창설 20주년 기념 정상회담을 갖고 회원국들 사이에 안보협력과 더불어 경제협력을 강화하는 '마닐라 선언'을 채택하였다.

특히 1997년 발생한 동아시아의 경제위기에 대응하기 위한 역내 국가들 사이의 공동대응의 필요성이 강조되면서 경제협력 이슈는 탈냉전 이후 동아시아의 지역협력과 공동체 논의를 주도하는 가장 중요한 요인으로 작용하였다.[200] 아세안은 1992년 1월 싱가포르 정상회담을 통해 경제협력을 실질적으로 확대시킬 수 있는 제도적 장치로 아세안 자유무역지대(AFTA)의 결성에 합의했다.

아세안은 1997년 12월 말레이시아 쿠알라룸푸르에서 창설 30주년 기념 비공식 정상회담을 갖고 '아세안 비전 2020'을 발표하여 새로운 도약을 기원하는 계기를 마련하였다. 이 회담에서 아세안 정상회담 정례화와 한국과 중국, 일본 등 동북아 3국을 초청하는 '아세안+

---

200) 박종철 외(2007), 103 - 105쪽.

3'에 대한 기본구상과 논의를 심화시켰다.

탈냉전 이후 아세안의 경제협력이 확대됨과 더불어 안보협력의 문제도 강화되기 시작하였다. 아세안은 1994년부터 새로운 지역안보 이슈들을 논의하기 위해 다자간 안보대화체인 '아세안지역포럼(ARF)'을 결성하여 정례화하고 있다. 이것은 아세안과 동남아 지역을 둘러싼 대내외적인 환경변화가 결과적으로 경제이슈와 안보이슈의 연계를 촉진하여 경제협력의 강화와 더불어 안보협력을 강화시킨 것으로 볼 수 있다.

즉 아세안은 경제협력의 강화 필요성이 자연스럽게 안보협력을 확대시켰다고 볼 수 있다. 아세안은 결과적으로 동아시아 지역에 존재하는 유일한 지역협력체로서 아세안 자유무역지대(AFTA) 등 경제평화 부문의 협력까지 강화하여 역내 국가들의 정군평화와 경제평화의 연계와 진화를 통해 상호 평화발전을 도모하고 있다.

③ 시사점

북·미 제네바합의의 중도 파기처럼 정군평화는 국가 간의 신뢰에 바탕을 둔 교류협력에 의한 상호 의존성이 낮으면 쉽게 형성되지 못하는 속성이 있다. 군사적 힘에 의하여 일방적으로 형성된 경우는 지속적인 내부 저항이 발생할 가능성이 크고 평화체제는 극도로 취약해지게 된다.

특히 동북아의 경우는 패권경쟁과 국가주권의 침해 위협에 따른 군비경쟁이 매우 심각하여 정군평화 우선의 평화체제 구축이 현실적으로 매우 어렵다. 그러므로 경제평화나 문화평화조건을 어느 정도 실현한 후에 정군평화 협력을 추진하는 방안이 보다 효과적일 것이다.

아세안이 경제협력과 안보협력을 연계함에 있어서 경제협력의 강

화를 통해 점진적, 단계적 접근 방법을 모색했다는 점은 지역평화협력에 큰 시사점을 준다고 볼 수 있다. 그러나 아세안에 참여하고 있는 국가들은 상호 역사적 문제가 있거나 잠재적 갈등을 갖고 있는 나라들이 대부분이기 때문에 문화평화문제를 극복하지 않고 실질적인 공동체를 구성할 수 있을 것인지에 대해서는 회의적이다.

아세안은 탈냉전 이후 지경주의의 영향으로 역내 경제협력을 강화하면서 국제적인 주목을 받게 되었다. 아세안이 단지 역내 느슨한 안보협력체로 머물러 있었다면 특별한 주목을 받지 못했을 것이다. 다시 말한다면 아세안은 역내 안보협력체로서 기능보다는 탈냉전 이후 경제협력체로 역할을 확대하면서 주목을 받게 되었다고 볼 수 있다.

아세안은 경제협력의 강화를 통해서 정군평화 분야의 협력을 보다 강화시켜 가는 사례라고 할 수 있다. 이것은 정군평화 우선 추진형은 파급효과가 매우 적어 지속 가능한 평화체제의 구축에는 큰 기여를 하지 못한다는 것을 의미한다. 따라서 지속 가능한 평화체제를 구축하기 위해서는 정군평화 우선 추진형보다는 경제평화 우선 추진형 또는 문화평화 우선 추진형이 보다 효과적이라고 할 수 있다.

다만 세계화의 확산과 탈냉전을 통해 국가 간의 상호 의존이 급격하게 증대되어 강대국 간의 주요 전쟁(major war)의 가능성이 낮아졌기 때문에 정군평화의 확대 가능성도 나타나고 있는 점은 고무적이다. 국가권력은 단지 군사력만을 의미하지 않고 경제력, 문화력 등 연성권력의 가치도 중시되어 정군평화의 협력 필요성도 제기되고 있기 때문이다.[201]

---

201) Joseph S. Jr. Nye, *Bound to Lead: The Changing Nature of American Power* (N.Y.: Basic Books, 1990), p.31.

(2) 문화평화 우선 추진형 구축 모델

지속 가능한 평화체제의 구축에 있어서 문화평화 우선 추진형 구축 모델은 국가 간의 문화적 가치, 이념 등을 우선적으로 동질화하여 이를 바탕으로 정군평화나 경제평화를 실현하여 평화체제를 구축하는 방식이다. 국가 간에 역사문제나 민족주의 등의 갈등을 근원적으로 해소하고 정체성의 일치를 이룰 수 있다면 문화평화 우선의 평화체제 구축은 매우 공고해지고 지속성이 강화될 것이다.

문화평화 우선 추진형은 구성주의 시각에서 "인간행위와의 상호작용에 의해 물질세계가 형성되는 방법이 물질세계에 대한 규범 및 인식론적 해석에 달려 있다"고 보고 강조될 수 있다.202) 다시 말해서 국제적 평화협력 행위가 물질적인 이익에 의해서가 아니라 문화적 관계 속에서 구성된다고 보는 것이다.203) 이런 맥락에서 웬트의 표현처럼 '무정부 상태는 국가가 만들기 나름'일 수 있을 것이다.204)

문화평화 우선 추진형은 이념(ideas)이 물질적 세계의 단순한 반영이 아니라 오히려 물질적 세계에 영향을 미친다는 점을 부각하며 접근한다. 이것은 문화평화 실현에 대한 규칙과 규범을 중시하는 것으로 이를 통해 평화창출이 가능하다고 보는 것이다.

또한 평화행위와 평화구조는 상호 작용하면서 서로 영향을 줄 수 있기 때문에 문화평화 우선 추진이 바람직하다고 주장될 수 있다. 그리고 정체성(identity)의 문화적 구성에 의해 국가이익이 결정되며, 국가이익과 정체성은 끊임없는 정치적 과정 속에서 상호 작용하며,

---

202) Emanuel Adler, "Seizing the Middle Ground: Constructivism in World Politics", *European Journal of International Relations*, Vol.3, No(1997), p.33.

203) 박종철 외(2007), 12 - 18쪽.

204) Alexander Wendt, "Anarchy Is What State Make of It: The Social Construction of Power Politics", *International Organization*, Vol.46, no.2(1992) 참조.

변화될 수 있다고 생각할 수 있다.

그러나 문화평화에 있어서 정체성은 '상호 주관적' 이해를 기반으로 허용되는 것이며, 국가 간의 정체성 확대는 경제적 교류와 협력이 선행되어야 가능해질 수 있다. 구성주의에서 말하는 국가이익은 "권력과 지식이 배분되어 있는 어떤 사회에서 정치적 과정을 통해 인정된 권력, 영향력, 재화를 증진시키기 위해서 필요한 것은 상호 주관적 이해"로 규정되고 있다.205) 이러한 국가 정체성의 형성과 변화는 사실상 국내외의 경제적 교류를 통한 상호 작용에서 이루어진다고 볼 수 있다.

다시 말하면 문화평화는 경제적 교류를 통한 물질적 이익의 창출을 통해 규범성이 강화되고, 이것이 변화된 국가이익과 정체성을 형성하고, 국가의 '안과 밖'을 바꾸는 힘으로 작용하게 된다. 이것은 결과적으로 경제평화를 시작해서 문화평화를 창출하고, 이렇게 해서 창출된 힘이 다시 경제평화와 정군평화를 재생산 내지 재구성시킨다고 볼 수 있다.

문화평화가 촉진되려면 초기단계에 경제평화에 의한 '마중물'과 같은 촉매제가 필요하다. 정체성은 관념적, 규범적이어서 국가 간의 상호 경제적 교류를 통해 구체적이고, 가시적인 물질적 이득이 먼저 확보되지 않으면 형성, 변화되기 힘들기 때문이다. 물론 문화평화에 있어서 경제적 교류를 가져오게 하는 것은 '권력'이라고 할 수 있고, 이의 속성이 정체성이라고 할 수 있다. 그러나 현실의 평화는 내재된 것이 아니라 외부적으로 나타나 평화의 실질적인 증진으로 이어져야 할 필요가 있다.

더구나 한반도 및 동북아, 세계 차원에서 나타나는 문화평화 문제

---

205) Emanuel Adler, Ibid., p.336.

는 국가 간의 관계에서 매우 심각한 갈등으로 작용하고 있고, 이것이 평화를 위협하는 근본 요인이 되기도 한다. 그러므로 문화평화 우선의 평화체제 구축은 관념적, 규범적으로 가능할 뿐 실제적으로 매우 힘들다고 볼 수 있다.

그리고 정치적 결단에 따라 정군평화나 경제평화와 동시에 추진한다고 해도 물과 기름과 같이 잘 융합되지 않고 집단 간의 대립과 갈등의 불씨로 내재되어 불안정성이 매우 높아 평화체제를 약화시킬 가능성이 크다. 나아가 문화평화 문제는 '역사와 기억과 체험의 내재'로 존재하는 성향이 있어 근원적인 치유가 어렵고 언제든지 재발될 수 있다.

문화평화 문제의 충돌과 대립은 정군평화와 경제평화를 위협하는 핵심요인으로 연결되는 성향도 강하다. 대체로 역사·가치·민족주의 등에 대한 문화평화 문제의 충돌 뒤에는 후속적으로 경제평화의 축소로 이어지는 경우가 많다. 문화평화의 충돌이 경제평화의 악화로 연결되면 무역분쟁이 에너지무기화로 확대될 수도 있다.

정부 간 충돌에 의한 정군적 요인, 즉 정군평화의 문제로 연결되면 사태는 극도로 악화될 수 있다. 이와 같은 현상은 일본 고이즈미 총리의 야스쿠니 신사 참배로 인한 동북아 지역의 평화위협 현상이 발생했던 사실에서도 확인된다.

특히 정체성과 민족주의 등 문화평화 충돌의 배후에는 국내 정치적 요인에 의해 국가 정치지도자들의 '정치적 평화위협 동기'도 많이 작용하기도 한다. 실제로 이라크에서 자주 발생하는 이슬람 시아파 사원에 대한 대형 폭파 테러와 수많은 무슬림 희생에 대해 중동 국가들이 시위하는 경우는 거의 없다.

그러므로 국가 간 문화 충돌의 본질적 배경에는 국가 정치지도자

들의 정치적 입지 강화를 위한 의도가 작용하는 경우가 많다. 중동이나 동북아 등의 권위주의 정권들이 국내 정치실정의 책임을 면하고 서구의 민주주의 개혁 요구에 대한 불신 이미지를 확산시키기 위해 이들 대형 시위, 집회 등을 허용, 묵인 또는 배후 조종하기도 한다.

동북아에선 하나의 중국, 보통국가로서의 일본, 통일된 한반도를 지향하는 '정상화의 역동성'이 각 국가들 자신에게는 당연한 것으로 받아들여지면서 강한 국내 추동력을 갖는 정체성으로 작용한다. 그러나 다른 국가의 변화에 대해서는 부정적인 견해나 우려를 표명하고 있어 민족주의가 심하게 충돌하는 것이 동북아 문화평화 문제의 현실이다.206)

문화평화 우선 추진형으로 평화체제를 구축하려면 국가의 정치지도자들이 평화 행위자가 되어 갈등과 충돌 등의 사태에 대해 정치적으로 이용하는 것을 자제하고 '평화적 수단'에 의한 해결을 촉구해 나가는 것이 필요하다. 즉 문화평화 우선 추진형의 모델에서 평화위협 요인들을 극복하고 평화를 확대하기 위해서는 국가 지도자들의 평화행위자로서의 의지와 역할이 매우 중요하다고 볼 수 있다.

① 사례 1: 유럽국가들의 문화 차별

문화평화의 우선 추진형에 있어서 중요한 것은 가치·이념 등 정체성에 대한 동질성 또는 유사성을 확보하는 것이다. 문화평화의 추진과정에서 차별성을 극복하지 않으면 이것이 언제든지 폭력화의 요인으로 작용할 가능성이 있다. 유럽의 이민 확대 정책의 사례는 문화적 충돌을 방지하기 위한 정체성의 일치가 매우 힘들다는 것을 단적으로 보여 준다.

---

206) 신욱희(2006), 16쪽.

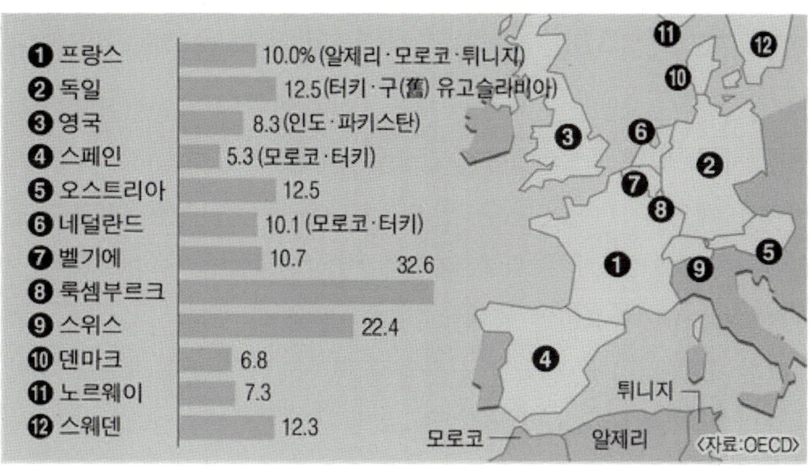

　유럽은 제2차 세계대전 이후 국가재건을 위해 저출산과 고령화로 인구가 줄어 노동력 부족을 해결하기 위해 이민 확대 정책을 추진하여 <그림 4-2>207)와 같이 이슬람 및 아프리카계 이민자를 대거 영입해 왔다. 그러나 1990년대 이후 유럽국가들이 저성장과 고실업에 직면하면서 외국계 이민자들에 대한 보이지 않는 차별정책으로 상대적으로 높은 실업률과 빈곤이 대물림되었다. 이들은 사회적으로 소외계층으로 전락하여 범죄와 테러의 토양이 되고 사회적 불안의 진원지가 되기도 했다.

　프랑스는 알제리, 모로코, 튀니지 등 아프리카계 이민자의 비중이 전체 인구 중 10%나 된다. 프랑스 정부는 사회통합을 확대하기 위해서 외국계 이민자에 대한 문화적 차별정책을 배제하는 것을 우선적으로 고려했어야 했다. 그러나 프랑스 당국은 고실업 등 경제난이

---

207) 『조선일보』, 2005년 11월 9일.

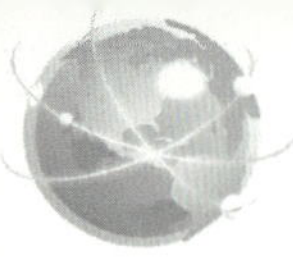

가중되자 오히려 이들에 대한 차별정책을 추진했다.

이로 인해 프랑스에서는 소외된 이슬람 및 아프리카계 청년들이 2005년 10월 30일부터 무려 15일간 프랑스 전역에서 연쇄 폭동사태를 일으키며, 차량을 9,000여 대나 불태우는 폭력적 사건이 발생하여 벨기에, 독일 등 전 유럽이 긴장하기도 했다. 프랑스 정부는 소요사태가 계속되자 비상각의를 열고 1955년 프랑스 식민지였던 알제리의 독립운동을 막기 위해 제정된 '비상사태법'을 프랑스 본토에 사상 처음으로 발효하여 통행금지령을 내리기도 했다.

또한 2006년 1월 덴마크 신문의 무하마드 풍자만화 게재로 촉발된 '만화성전(Cartoon Jihard)'이 보복 테러 등 폭력사태와 잇따른 대사소환·경제제재 등으로 정부 간 마찰로까지 확대된 것은 문화적 차별에서 초래된 것이라 할 수 있다.208) 이 만화성전 충돌사건은 애초 2004년 9월 말 덴마크의 최대 신문(일간지)인 율랜드-포스턴이 실었던 예언자 무하마드가 폭탄 터번을 두른 만평을 노르웨이의 한 신문이 2006년 1월 다시 전재한 것이 계기가 되어 전 세계로 확산되었다.

프랑스의 르몽드 등 유럽 각국 신문들은 2006년 2월 '표현의 자유를 옹호한다, 신(神)도 만화로 그릴 수 있다'는 입장에서 덴마크 신문이 게재했던 무하마드 풍자만화들을 다시 게재했다. 그러자 유럽, 아시아를 비롯하여 전 세계 이슬람권에서 '문화적 테러'라는 규탄과 항의가 확산되면서 유럽 기독교 문명권과 이슬람 문명권 간의 충돌양상이 나타났다.

---

208) 덴마크의 최대 일간지인 율랜드 포스턴은 2005년 9월 말 이슬람교의 예언자 무하마드 풍자만화를 게재한 반면 2003년 부활절을 앞두고 예수를 풍자한 투고 만화의 게재를 독자들의 반발을 우려해 거절한 적이 있다. 이것은 이 신문이 기독교 독자들에 대해서는 이중 잣대를 적용한 것이라는 비판이 제기될 수 있다.

이 '만평사건'으로 확산된 갈등은 파리 등 유럽 지역을 비롯하여 팔레스타인 가자 지구, 인도, 인도네시아, 이란 등 전 세계로 확대되어 심지어 총격전까지 벌어져 다수의 희생자가 발생하기도 했다. 아프가니스탄에서는 시위대 700여 명이 북서부 마이마나 시에 주둔 중인 나토(NATO) 평화유지군 소속 노르웨이 병사들과 총격전을 벌여 4명이 숨지고, 15명이 부상했다. 미국과 핵문제로 궁지에 몰린 이란은 가장 격렬히 항의를 하기도 했다.[209]

② 사례 2: 싱가포르 · 말레이시아의 문화갈등

동남아의 싱가포르와 말레이시아는 서로 국경을 맞대고 있어 '가깝고도 먼 나라'로 알려져 있다. 1965년 8월 말레이시아로부터 독립한 싱가포르는 말레이시아와 지난 40여 년간 '문화적 자존심'으로 사사건건 대립과 갈등을 빚어 왔다. 두 나라는 인종, 종교 등에서부터 커다란 차이가 있어 문화평화 문제에 있어서 갈등이 장기화되어 왔다.

싱가포르는 화교로 특별히 두드러진 종교가 없는 반면, 말레이시아는 이슬람국가로 말레이인이 국민의 다수를 이루고 있다. 도시 국가인 싱가포르는 필요한 물의 70% 이상을 말레이시아로부터 돈을 주고 사 와야 했다. 그런데 말레이시아는 40여 년간 싱가포르에 대해 물을 가지고 압박해 왔다. 이에 대해 싱가포르는 상대적으로 우수한 공군력을 믿고 영공을 번번이 침입, 말레이시아의 심기를 불편하게 해 왔다.

이런 두 나라가 2007년 5월 역사적인 첫 정상회담을 갖고 상호협력에 합의했다.[210] 싱가포르와 말레이시아 두 나라의 정상이 국제

---

209) 『조선일보』, 2006년 2월 8일.
210) 『경향신문』, 2007년 5월 16일

회의 등에서 만나 인사를 나눈 적은 있었으나 무릎을 맞대고 양국 간 관심사에 관해 협력을 논의한 것은 40여 년 만에 처음이었다. 두 나라 정상의 만남은 말레이시아가 '경제' 때문에 자존심을 굽히고 싱가포르에 협력을 요청하기 위한 제안으로 성사되었다.

말레이시아는 2020년에는 선진국에 진입하겠다는 국가 목표를 세우고, 이를 위해 국가사업으로 '이스칸다르 개발' 계획을 역점적으로 추진하고자 했다. 말레이시아는 싱가포르와 이웃한 남부 조호르주에 있는 이스칸다르에 싱가포르 국토면적(660㎢)의 3배에 이르는 개발지대를 설정하고, 여기에 외국의 자본과 기업의 유치 계획을 세운 것이다.

말레이시아는 이스칸다르 개발의 성패는 싱가포르의 협조 여부에 달려 있다고 판단했다. 다국적 기업을 5,000여 개 유치해 세계에서 가장 개방된 경제라는 평가를 받는 싱가포르가 참여를 꺼리는 사업에 적극적으로 나설 국가나 자본은 흔치 않기 때문이었다. 이 때문에 말레이시아 압둘라 아흐마드 바다위 총리는 리셴룽(李顯龍) 싱가포르 총리를 유명한 휴양지인 랑카위 섬으로 초청해 경제협력을 요청했다.

싱가포르는 양국 정상회담에서 양국 합동 장관 위원회 설치 등 말레이시아 남부 조호르주 경제 특구 개발에 적극 협력하기로 합의했다. 이로 인해 견원지간처럼 지낸 두 나라는 이제 경제평화 협력을 통해 40여 년간 쌓여 온 문화적 갈등을 점차 해소하며 협력적 관계로 진입하게 되었다.

③ 시사점

유럽의 이민 확대 정책으로 인한 문화차별 사례는, 문화적 충돌을 방지하기 위한 정체성의 일치는 경제평화 문제가 선행되어야 함을 보여 주는 것이라 할 수 있다. 즉 문화평화 우선 추진형 평화체제의 구축은 현실적으로 매우 어렵다는 것을 시사한다고 볼 수 있다. 이 문화 간의 가치·이념 등의 정체성에 대한 동질화가 쉽지 않고, 어렵게 동질화되었다고 해도 경제평화의 문제가 발생하면 다시 악화될 소지가 크기 때문이다.

헌팅턴(S. Huntington) 교수가 주장한 '문화 충돌(clash of civilization)'은 죽어 있는 이슈가 아니라 앞으로도 살아 있는 평화변수가 될 수도 있다. 세계적 차원에서 기독교문화권과 이슬람문화권의 갈등은 '현재 진행 중'이라 할 수 있고, 이것이 지구촌 곳곳에서 폭력의 양상으로 나타날 가능성이 크다.

9·11사건 이후 미국이 벌이고 있는 '테러와의 전쟁'도 그 내면적 이유는 문화 충돌의 연장선상에서 발생했다고 할 수 있다. 동북아의 경우도 세계적 차원의 문화적 갈등은 아니지만 역사와 민족주의가 결합한 정체성 갈등은 당분간 계속될 것으로 보인다.

또 동남아의 싱가포르와 말레이시아는 인종, 종교 등 문화적 이질성에 의하여 분리·독립되었고, 서로 간의 독자성과 자존심 때문에 지난 40여 년간 갈등관계를 빚어 왔다. 싱가포르와 말레이시아 간의 갈등 사례는 문화적 이질성 문제에 의하여 촉발된 것으로 볼 수 있다. 이처럼 문화적 이질성으로 인한 대립과 갈등은 상당히 오랜 기간 유지되는 성향이 강하다. 국내정치적 요인에 의하여 국가지도자가 '굴복'에 가까운 문화적 화해와 교류를 먼저 제안하기 힘들기 때문이다.

동북아의 주요 국가들인 한국과 중국, 일본은 그야말로 문화의 독자성과 자존심이 강하고 국내정치적 요인에 의하여 서로 간의 진정한 화해와 협력이 쉽지 않다. 문화정체성이 상대적으로 강한 국가들

과의 교류는 일방이 아닌 쌍방 교류방식이 존중되어야 하고, 그것도 경제평화 협력을 도모할 수 있는 공동목표의 추구가 선행되어야 할 것이다.

유럽연합도 경제협력을 바탕으로 '하나의 유럽'이라는 공동체의식이 형성되었기에 가능했다. 동북아의 국가들이 평화체제를 구축하여 평화공동체를 구축하기 위해서는 경제평화 협력을 기반으로 하여 오랜 역사와 문화 속에서 각 민족이 공감할 수 있는 공통적 문화가치를 찾아내고 이를 보편화하는 노력이 필요하다.

여기서 한 가지 더 짚고 넘어가야 할 것은 문화평화 우선 추진형과 정군평화 우선 추진형이 대립할 때는 문화평화 우선 추진형이 먼저 추진되는 것이 더 효과적이라는 점이다. 문화평화는 매개적 기능을 갖고 있어 파급효과를 크게 하기 때문에 긍정적으로 작용할 경우 경제평화를 더욱 확대하고, 이를 통해 정군평화까지 유도해 낼 수 있다. 정군평화는 앞에서 살펴본 바와 같이 상호 협력이 매우 어렵고 신뢰관계가 충분히 형성된 이후에야 구체적 추진이 가능하다.

3) 지속 가능형 구축 모델: '경제평화→문화평화→정군평화' 모델

평화체제의 구축에 있어서 '경제평화 우선 추진형 구축 모델' 중 지속 가능형 구축 모델은 경제평화조건을 시작으로 해서 문화평화조건을 거쳐 정군평화조건으로 쌍무적 선순환적 연계에 의해 단계적, 점진적으로 평화체제를 강화시켜 나가는 방법이다.

지속 가능형 모델에 의한 평화체제의 구축은 협력이 가장 용이하고 갈등 해결이 쉬운 분야부터 단계적으로 추진되는 만큼 안정적이고, 관리·예측이 가능하다. 또한 3단계라는 긴 경로를 거쳐 점진적으로 추진되어 다소 시간이 소요되지만 그만큼 평화체제의 구축 강도가 높아진다고 볼 수 있다.

지속 가능형 구축 모델은 분석 단위체 간 상호 적대적이거나 관련성이 없는 경우에 상호 관계를 평화협력관계로 전환하고자 할 때 매우 효과적인 방식이다. 이것은 국가든 개인이든 생존을 위한 (경제평화적) 문제가 의식(문화평화적 영역)과 (정군평화적) 행동을 규제하는 경향이 강하기 때문이다. 즉 인간의 가치와 문화적, 정신적 동기는 경제적, 물질적 토대 위에 존재하는 성향이 강하기 때문이다.

일반적으로 국가 간의 협력확대는 문화평화 분야나 정군평화 분야보다는 경제평화 분야의 협력이 상대적으로 용이하다. 경제평화를 위한 교류와 협력이 문화평화와 정군평화의 협력으로 확대되는 경우가 보편적이기 때문이다.211)

경제적 상호 의존성의 심화가 '파급효과의 정치화' 등으로 지역 내 분쟁이나 갈등을 감소시키는 성향이 강하다. 그러므로 경제평화 협력 분야를 평화선도 및 창출 조건으로 설정하고 덜 민감한 문제의 순서인 문화평화, 정군평화 문제로 순차적으로 확대해 나가는 것이 평화체제의 지속성을 강화한다고 볼 수 있다.

실제로 국민들의 의식도 경제평화가 어느 정도 이루어져야 문화평화나 정군평화에 대한 관심을 갖게 된다. 한국정당학회가 2005년 10월 실시한 여론조사에서 한국 국민의 86.4%가 '민주주의보다 경제발전이 중요하다'고 답했고, '민주주의'라는 응답은 15.3%에 그쳤다. 또 대북지원에 대해서도 '현재 수준에서 축소'(47%) 또는 '전면 중단'(18%) 등으로 나왔다. 이것은 경제평화가 국내외적으로 문화평화

---

211) 기능주의 학자들은 경제와 같은 비정치적 분야에서의 협력이 정치·안보 분야의 협력으로 발전할 것이라고 주장한다.

및 정군평화에 상당한 영향을 끼치고 있음을 의미한다.[212]

한 나라가 군사국가화를 통해 주변 국가의 평화를 위협하고 군비 경쟁을 촉발시키는 유형은 대체로 다음과 같은 경로를 거치게 된다. 즉 먼저 경제적 이익을 확대하기 위해 정군적 지원체계를 강화하고, 폐쇄적 민족주의를 부추겨 적대의식을 조장한다. 이것이 확대되면 그 나라는 정의의 전쟁론을 내세워 '전쟁을 할 수 있는 국가'가 되는 것이다. 이와 같은 국가의 속성과 국가 전략의 총체를 현대의 신제국주의로 파악할 수 있다.[213]

일본의 경우 1980년대 경제가 장기 침체되면서 해외에 진출한 일본의 독점자본, 다국적 기업의 이익을 보호하고 확대하기 위하여 정군적으로 군사대국화, 문화적으로 전쟁국가화를 추구하고 있다.

즉 일본은 경제적 이익을 확대하기 위하여 정치적으로 북한위협론에 이어 중국위협론을 주장하고, 군사적으로 일·미동맹 강화와 유사법제 제정, 자위대의 자위군화 등을 추진하고 있다. 여기에 보수적 민족주의가 신사참배 옹호와 침략의 미화 등을 부추기며 신군사주의화를 강화시키고 있다.

따라서 이러한 전쟁국가화 구조를 평화국가화 구조로 전환하기 위해서는 먼저 착취적 경제구조를 호혜 평등한 경제구조로 전환하여 경제평화를 실현하는 것이 보다 중요하다. 경제평화가 지속 가능해

---

212) 이와 같은 결과는 국회 운영위원회가 한국정당학회와 리서치앤리서치(R&R)에 의뢰해 2005년 10월 21일~11월 8일까지 전국 성인남녀 1,200명을 대상으로 실시한 면접조사에서 드러났다. 『연합뉴스』, 2005년 12월 6일.

213) 레닌의 제국주의론(고전적 제국주의론)은 현대 세계의 불평등성 요인을 독점자본의 국제시장 요구, 국민국가론에 의한 '국민' 형성과 동원, 식민지 영유에 의한 자국자본의 독점적 전개 등을 지표로 삼아 왔다. '영토'로서의 식민지 소멸을 비롯해 제국주의 지표의 애매모호함에서부터 제국주의론의 후퇴가 보였던 것은 사실이다. 그러나 구식민지 또는 경제적 식민지는 현존하며, 새로운 제국주의 개념의 등장 속에 미국을 필두로 하는 제국주의적 국가들의 존재를 의식적으로 파악할 필요가 있다. 纐纈 厚, "東北アジアの平和と平和憲法", 『韓日共同シンポヅウム』(2005年 10月 28日, 日本 広島), 67－70쪽.

지려면 문화평화를 통해 가치·이념을 보편적 가치로 동질화하고 상호 신뢰를 심화시켜 가는 노력이 필요하다. 이러한 경우에 비로소 평화군축을 논의할 수 있는 안보공동체의 형성이 가능해진다. 즉 경제평화를 먼저 실현하고 이를 토대로 문화평화와 정군평화를 실현해 나가야 지속 가능한 평화체제가 구축되게 된다.

인접국가 간의 복합체적 경제평화 교류협력의 확대를 통한 평화체제의 구축 방식은 크게 두 가지로 구분하기도 한다. 하나는 유럽연합(EU), 북미자유무역협정(NAFTA)과 같이 역내 국가 간의 유사한 '제도통합에 의한 경제공동체(institutional economic community)'이다. 다른 하나는 중국·대만·홍콩과 같이 상이한 제도적 차이에도 불구하고 교류협력에 의해 생산요소의 보완적 결합을 통한 경제평화의 통합이 이루어지는 '기능적 경제공동체(functional economic community)'이다.

(1) 사례 1: 유럽국가들의 지역통합

유럽은 제2차 세계대전 이후 경제평화 협력에 이어 정군평화 협력을 추진해 왔으며, 50년 이상 지속된 평화와 경제적 번영, 높은 수준의 통합은 타 지역의 국제협력에 많은 시사점을 주고 있다.[214] 유럽에서 지역통합과 평화복합체적 평화체제의 구축이 시작될 수 있었던 가장 큰 계기는 1950년대 후반부터 추진된 전체 유럽이 아닌 서유럽만의 통합이었고, 정군 분야를 배제한 경제통합이었다.

서유럽은 먼저 1951년 제정된 파리조약에 따라 '유럽 석탄·철강 공동체(ECSC)'를 설립하고 석탄과 철강의 공동생산 및 관리체제를 수립하였다. 이는 군수물자 생산에 필수적인 석탄과 철강시장을 프랑스, 독일, 이탈리아, 베네룩스 3국의 공동관리 체제하에 둠으로써

---

214) 박종철 외(2006), 130쪽.

경제협력을 통해 유럽 내에서의 전쟁위험을 제거하려는 목적이 작용하였다.

유럽은 이어 1957년 로마조약을 체결하여 유럽경제공동체(EEC) 설립의 토대를 구축하였다. EEC는 공동체의 조화롭고 안정된 경제발전을 위해 공동시장을 창설하여 사람, 물자, 자본, 서비스의 자유로운 이동의 보장을 추진하였다. 이는 경제협력을 통해 회원국 간의 상호 의존성을 높임으로써 궁극적으로 하나의 유럽을 창설하여 유럽의 평화를 영구히 하고자 하는 목표를 갖고 있었다.

유럽은 1980년대 중반까지 그동안의 경제협력의 성과를 토대로 정군협력을 경제협력과 연계해 경제협력과 유사한 정도의 발전을 이루려고 시도했지만 잇따라 실패하였다. 실패의 원인은 정군문제가 경제문제보다 국가 주권에 훨씬 민감한 문제로 받아들여졌고, 각 회원국의 타국과의 관계가 경제적인 부문보다 상이했기 때문이었다.

그럼에도 불구하고 유럽은 상대적으로 용이한 경제통합의 강화를 통해 상호 의존성을 높임으로써 역내 안보협력을 증진시켜 왔다. 유럽은 경제협력의 성과가 더욱 확대되고 이로 인해 상호 군사적 신뢰가 형성되면서 경제협력과 정군협력을 한 제도적 틀에서 일관성을 추구하는 것이 효율적이라는 공감대를 이루게 되었다. 이러한 공감대는 1991년 마스트리스트 조약으로 경제협력과 정군협력이 유럽연합이란 단일 제도적 틀로 묶이는 결과를 낳았다.

유럽국가들이 경제협력과 안보협력을 연계할 수 있었던 것은 탈냉전 이후 냉전 시기에 비해 유럽 안보의 대미 의존도가 약화되고, 소련 지역의 불안이 심화되었기 때문이다. 또한 미국이 좀 더 독립적인 파트너로 유럽을 원하게 됨에 따라 유럽의 각국은 모두 공통적으로 안보협력의 필요성을 갖게 되었기 때문이다.

유럽연합은 현재 강력한 초국가 기구의 기능을 근간으로 하는 경제협력의 제도적 기반에 있어서 공동체 방식이라 불릴 정도로 공고화되어 가고 있다. 그러나 각 국가별 입장이 정군 분야에서는 여전히 상이함으로 인해 경제협력과 같은 수준의 안보협력은 이루어지지 않고 있다. 이것은 유럽국가들이 국가주권에 민감한 안보협력에서는 여전히 공동체 방법보다는 정부 간 의사결정 방식을 현실적으로 선호하고 있음을 의미한다.

유럽국가들의 지역통합의 예를 단순화시켜 보면 먼저 경제협력이 구체적으로 시작되고 이런 협력이 다른 영역에 파급효과를 가져와서 상호 협력이 확대, 심화되어 정군적 통합으로 발전하는 경로를 보여준다. 그리고 유럽연합이 어느 정도 형성되면서 문화적 통합에 대한 논의가 이루어지고 있다.

그러나 문화적 통합의 과정에서 상호 이해와 신뢰의 부족으로 유럽통합은 상당한 진통을 겪고 있다. 즉 문화평화에 기반을 둔 문화공동체 의식의 미비 때문이라고 할 수 있다. 따라서 유럽연합이 향후 지속 가능한 평화체제로 구축되기 위해서는 경제공동체 형성에 이어 문화공동체, 정군공동체가 단계적으로 형성되는 것이 필수적이라 할 수 있다.

(2) 사례 2: 중국과 대만의 정경분리

중국과 대만 간에는 정치제도 및 체제의 상이성도 존재하고, 교류협력을 위한 제도적 틀이 부재한 특수한 상황에도 불구하고 경제평화의 영역에서 교류협력의 확대 및 심화가 이루어져 왔다. 중국과 대만의 관계는 지속적인 정군적 갈등구조하에서 활발한 경제평화의 교류와 협력이 심화·확대되어 왔다는 점에서 특이한 양상을 보여 왔다.

즉 중국과 대만은 정치적, 문화적 이질성에도 불구하고 현실적인 경제적 요구를 우선적으로 고려함으로써 인적·물적 교류를 포함한 문화교류 등 비정치적 분야에서 괄목한 관계 발전을 이룩해 왔다고 볼 수 있다.[215]

중국과 대만 간의 경제 교류협력에 의한 경제평화의 확대는 양안 간의 정군적 긴장과 대립을 완화시키며 단계적 통합으로 통일을 추진하는 데 기여하고 있다. 중국과 대만 간에 국가통일과 분리 독립 문제로 정군적 위기의 파고가 때때로 높지만 무력적 충돌로 돌변할 가능성은 거의 없어 보인다. 이것은 중국과 대만이 경제평화적 교류와 협력으로 상호 의존이 매우 심화되었기 때문이다. 그리고 이러한 상호 의존의 심화는 정군적 긴장을 해소하고 평화적 통합과 통일에도 크게 기여할 것으로 보인다.

중국과 대만 간에 협력관계가 창출된 것은 1980년대 이후 중국이 덩샤오핑(鄧小平) 체제 출범으로 개혁·개방정책을 통한 경제발전을 최우선적인 정책목표로 설정하면서부터였다. 즉 중국은 개혁·개방정책의 추진과정에서 무력사용을 통한 대만의 '조기해방'이란 기존 입장에서 벗어나 실용주의적 방향으로 정책을 전환했다. 중국이 양안의 교류와 협력을 통해 자신들의 개혁·개방을 지원하는 동시에 양안관계를 새롭게 정립하기 시작하면서 양안관계는 본질적인 변화를 겪게 되었다.[216]

중국의 경제 중심의 정책변화와 함께 새롭게 형성되기 시작한 중국과 대만의 관계는 적대적 관계 청산과 체제이념의 상호 인정 등의

---

215) 오승렬 외, 『남북교류·협력과 북한의 변화 – 중국과 대만의 경험을 중심으로』(서울: 통일부 통일교육원, 2003), 2 – 7쪽.

216) 오승렬 외(2003), 163쪽.

조치를 추진하면서 경제적으로 밀착되어 갔다. 또한 중국과 대만은 교류·협력의 현실적 제약을 우회하기 위한 정치·비정치 차원과 정부 민간 차원의 분리, 상대방 정권의 권력 주체와 일반 주민의 분리 등을 통해 경제평화 협력을 강화해 나갔다.

중국과 대만은 탈냉전 이후 국내적으로 기존의 정치적, 이념적 요인보다는 분단 당사자 각각의 체제와 이념 그리고 고유의 발전 전략을 유지하면서 상대방의 체제와 이념을 인정하는 평화공존적 관계를 심화시켜 나갔다. 중국과 대만의 이러한 정치와 비정치 분야 그리고 정부 및 민간 차원의 분리를 통한 경제 중심의 교류와 협력의 확대는 정군적, 이념적으로 갈등관계에 있는 분단국 또는 적대국의 한계요인을 극복할 수 있는 요인으로 작용했다.

대만정부는 그 후 경제평화의 협력이 확대되면서 대만인의 친척방문 목적의 대륙방문을 허용했고, 중국정부 역시 이를 적극 환영함으로써 인적 교류도 활성화되었다. 중국과 대만 간의 인적 교류는 단순히 인적 왕래에 그치지 않고, 문화 등 다양한 분야의 교류협력을 확대하는 데 크게 기여했다. 민간 차원의 학술·언론·문예 교류를 적극 추진함으로써 양안 주민 간의 동질성 회복과 경제 일변도의 교류확대에 따른 부작용의 해소를 강구하기도 했다.

결과적으로 양안 간의 경제관계의 발전에 따른 상호간 경제적 의존관계의 심화와 문화적 교류 확대로 인한 동질성의 회복은 정군적 긴장관계를 차단하는 안전판의 역할을 하게 되었다. 이는 중국과 대만 모두가 경제평화 분야에 이은 문화평화 분야가 복합체적인 연계성 증대로 이어져 정군적 대립과 긴장국면의 조성은 쌍방의 중대한 경제적 손실로 귀결될 수밖에 없다는 점에 대해 공감대를 형성하고 있기 때문이다.217)

중국과 대만 간의 경제평화의 교류 확대는 양간경제에 다 같이 긍정적인 효과를 가져왔으며, 이에 대한 실질적인 고려는 양자 간의 합의된 제도적 협력 장치가 부재함에도 불구하고, 지속적인 경제관계의 발전을 가져왔다. 이것은 당국 간 공식적 합의나 협정 없이도 상호간의 신뢰를 바탕으로 실질적 경제평화를 위한 교류협력을 확대시켜 나갈 수 있음을 보여 주는 것이다. 즉 문건상의 합의보다는 실천적 경험을 통한 신뢰구축이 경제평화의 교류와 협력 확대에 있어서 보다 중요한 역할을 할 수 있다는 점이다.

(3) 시사점

평화체제의 구축에 있어서 유럽국들의 지역통합이나 중국과 대만 간의 정경분리정책의 경험은 많은 시사점을 준다.218) 이 두 사례는 역내 국가들의 이해관계가 복잡하고 상반될 경우 평화조건의 분리와 단계적 추진이 효과적일 수 있음을 보여 준다. 경제평화협력과 정군평화협력은 모두 주권국가 간의 합의가 필요하므로 협력의 속도, 정도, 참여범위 차원에서 동시 병행의 추진은 하향 평준화될 가능성이 높기 때문이다.

즉 가장 협력이 어려운 분야의 국가 간의 협력의 선호 차이로 인해 연계된 타 분야의 협력조차 막을 수 있다. 그러므로 가장 낮은 수준의 협력을 원하는 국가를 배려하고, 최소 공통분모를 설정하여 협력 수준을 최소화하여 단계적으로 확대해 나가는 것이 효과적이다.

유럽의 지역통합 사례에서 보듯이 정군평화 분야에선 국가주권의

---

217) 오승렬 외(2003), 165 - 166쪽.

218) 제2차 세계대전 이후 본격화된 유럽의 지역통합은 19세기의 영구평화사상에 그 역사적 근거를 가지고 있다고 볼 수 있다. 즉 유럽통합은 단테, 에라스무스, 생 - 피에르, 루소, 벤담에서 칸트로 이어지는 영구평화론의 연장선에서 추진된 것이다. 최상용, "근대서양의 평화사상", 하영선 편(2002), 34 - 35쪽.

민감도, 각 국가별 힘의 차이 등으로 이견이 강하게 표출될 가능성이 크기 때문에 경제평화 협력과 문화평화 협력의 틀 안에서 덜 민감한 정군평화 문제부터 점진적으로 협력해 가는 방법이 바람직하다. 동북아의 경우 경제평화가 어느 정도 진척되면 에너지협력 분야 등 평화창출사업들을 발굴하여 문화평화와 정군평화를 연계해 갈 수 있을 것이다.

유럽연합이 완전한 평화공동체로 발전하기 위해서는 역사·민족주의 등에 대한 문화적 이질성을 극복하고 정체성의 동질화를 이루는 것이 필수적이다. 유럽은 문화적 정체성의 확보에 있어서 다른 지역보다 좋은 여건을 갖추고 있지만 본질적인 개선은 이루어지지 않고 있다. 이것은 향후 유럽공동체 출범의 최대 장애 요인이 될 것으로 보인다. 유럽이 문화적 통합을 진전시키기 위해서는 단위체들 간의 균형, 특히 경제적 균형이 필요하다.

이질적인 요소가 강한 남한과 북한의 평화체제 구축도 경제평화 우선 추진형으로 중국·대만·홍콩식의 모델을 응용하는 것도 한 방법이 될 수 있다. 남북한 간에 지속 가능한 평화체제를 구축하기 위해서도 경제평화, 문화평화, 정군평화를 각각 분리시켜 경제평화부터 단계적으로 접근해 가는 것이 더 효과적이다. 특히 한반도에는 정군평화가 크게 위축되고 있기 때문에 경제협력과 교류를 통한 경제평화 확대를 매개로 하여 점진적으로 문화평화와 정군평화를 구축해 나가는 것이 바람직하다.

정군평화문제로 인한 대립·갈등으로 긴장이 확대되어도 이것이 경제평화나 문화평화에 대한 영향이 최소화되도록 할 필요가 있다. 철저한 '정경문(政經文)'의 분리원칙에 의한 평화관리를 지속화해야 평화복원력이 강해질 수 있다. 즉 극단적인 정군적 갈등이 고조되어

있는 상황에서는 동시병행형 추진보다는 경제평화 우선 추진의 단계형 접근이 더욱 평화 정착에 기여한다.219) 상호주의에 따른 제재확대는 경제평화와 문화평화까지 축소시키고 결과적으로 지속 가능한 평화체제의 구축은 매우 어렵게 된다.

2. 평화조건 간의 파급효과에 따른 연계와 구축 순서

평화체제의 구축 강도를 높여 지속성을 강화하기 위해서는 평화조건 간의 상대적 비중과 파급효과를 고려할 필요가 있다. 평화조건에 있어서 정군평화의 문제는 '하드 피스(hard peace)', 즉 경성평화의 영역이고, 문화평화의 문제는 '미들 피스(middle peace)', 즉 중성평화의 영역에 해당한다. 그리고 경제평화의 문제는 '소프트 피스(soft peace)', 즉 연성평화의 영역으로 중성평화와 경성평화로 연계, 상승되는 평화선도적 역할을 한다.

하버드대 조셉 나이 교수는 1990년대 초 21세기 정보화세기 세계정치에서는 군사력이나 경제력 같은 하드 파워(hard power) 못지않게 문화 · 가치 · 정책 같은 소프트 파워(soft power)가 절실하게 필요하다고 역설했다. 그는 나아가 21세기 미국의 성공 여부는 하드 파워와 소프트 파워의 균형을 이룰 줄 아는 스마트 파워에 달려 있다고 주장했다. 그러나 평화(peace)는 '외교정책'과는 그 속성, 즉 비중과 파급효과가 다르게 나타나므로 이와 구분할 필요가 있다.

---

219) 서독 빌리 브란트 총리가 1969년 그의 고문 에곤 바르와 구상한 '동방정책'도 일종의 지속 가능형 모델이라고 볼 수 있다. 그러나 서독은 문화평화에는 소홀히 했다. 이로 인해 통일 뒤에 가장 어려운 문제는 경제문제보다도 동포 간의 인간적, 심리적 일체감, 즉 문화평화의 확대였다.

〈표 4-4〉 평화 조건 간의 상호 연계와 평화전이 사례

구 분	APEC	ASEAN	EU
지역적 수준	• 아시아 · 태평양	• 동남아	• 유럽(서유럽→동유럽)
평화조건의 연계 및 전이 경로	• 경제평화→정군평화 - 경제안보복합체	• 정군평화→(문화평화)→ 경제평화→ (정군평화) - 안보경제복합체	• 경제평화→ (문화평화)→ 정군평화 - 경제 · (문화) · 정군 복합체
주요 평화행위자: 정치적 이니셔티브 창출	• 1989년 호주 호크 수상 제안 - 미국 · 일본 등 지지로 창설	• 1967년 태국 제안 - 필리핀 인도네시아 등 참여 창설	• 1957년 프랑스, 독일 등 주축으로 창설 - 역외국 미국 협력
의제와 연계방식	• 경제협력: 무역 및 투자 자유화 • 9 · 11 이후 정군 의제 추가	• 역내 안보위협 공동 대응 • 탈냉전 후 경제협력 확대 • 경제협력 강화 위해 안보협력 강화	• 경제 분야 협력 • 탈냉전 후 안보협력 확대
접근법	• 지방주의적 느슨한 협력체 • 개방적 지역주의 표방 - 전 세계 경제의 개방화 지향	• 협의와 합의에 기초 • '다양성 속의 통일' 추구	• 대화 · 협력 · 제도화 단계 추진 • 기능주의적 · 신기능주의적 통합 • 제도를 통한 통합
특징과 한계	• 패권국 미국에 크게 좌우 • 지역동질성 창출 미흡	• 리더십 부재 • 약소국들의 낮은 수준 협력체	• 가장 강력한 통합체 • 폐쇄적 지역주의

중성평화인 문화평화는 대체로 다른 조건의 평화와 중첩될 때에는 문화평화의 이슈들이 보다 큰 비중을 차지하는 성향이 있다. 문화평화의 문제는 경제평화 문제와 정군평화 문제를 강화시키거나 약화시키는 성향이 강하기 때문이다. 동북아의 국가들처럼 갈등관계가 심한 국가 간의 협력을 강화하기 위해선 정군평화 문제나 경제평화 문제보다 문화평화 문제를 우선적으로 조율할 필요가 있다. 그러나 이것은 현실적으로 매우 접근하기 어렵다.

그런데 평화체제의 구축과정에서 평화조건 간의 경로 이동은 <표

4 – 4>에서처럼 항상 일정한 원칙이 있는 것은 아니다. 다른 조건들, 예를 들면 정치평화의 국가 주권과 군사평화의 통합 문제가 동시에 충족될 때는 매우 강력한 평화체제가 구축될 수 있다. 그러므로 상이한 평화조건들이 협력 또는 갈등을 일으킬 때 가장 중요한 평화확대 또는 평화축소 요인들이 무엇인지 살펴보아야 할 것이다.

그러나 일반적으로 지속 가능한 평화와 평화체제를 구축하기 위해선 평화조건들 간의 상호 연계성을 고려하여 단계적, 점진적으로 확대해 나갈 필요가 있다. 평화체제의 지속성을 강화하기 위해선 평화유지, 평화형성, 평화구축이라는 단계적 심화 작업이 필수적이라 할 수 있다.

유럽통합의 사례, 중국과 대만의 관계 등에서 보듯이 국가 간의 교류협력을 증진하기 위해서는 동시병행보다는 평화조건 간의 분리와 단계적, 점진적인 접근이 보다 효과적이었음을 보여 주고 있다. 따라서 지속 가능한 평화체제와 영구평화를 위해서는 이상에서 논의한 것을 종합해 볼 때 '경제평화 → 문화평화 → 정군평화'의 순으로 단계적으로 추진하는 것이 가장 효과적이라 할 수 있다. 이에 대한 논거를 비중과 가중치, 파급효과 등으로 고려하여 다음과 같이 정리할 수 있다.

첫째, 지속 가능한 평화체제의 구축 시작은 협력이 가장 용이한 저위정치(low politics)의 영역에서 찾는 것이 효과적이다. 하지만 저위정치의 영역 가운데서도 전략적으로 중요한 그리고 가시적인 성과를 조기에 이룰 수 있는 '소프트 피스' 영역인 경제평화창출 분야부터 우선적으로 시작하는 것이 바람직하다.

평화창출 사업을 통한 경제평화 교류협력은 여타 부분의 교류협력 확대에 견인차 역할을 할 수 있다는 점에서 평화공동체라는 고수준의 목표를 전략적으로 달성하기 위해선 매우 유용한 출발경로이다. 역내 국가 간의 평화를 실질적으로 증진시키기 위해서는 정군적, 문화적 요인보다는 구체적이고 가시적인 상호 이익의 관점에서 경제평화창출 사업이 가장 중요한 역할을 한다.

특히 경제평화를 위한 교류협력의 확대는 각국의 정군적, 문화적 존립을 위협하지 않는다는 공동인식의 형성이 비교적 용이하므로 이를 통해 평화관계를 증진시켜 나갈 수 있다. 예를 들어 유럽통합의 경우 석탄과 철강 분야의 협력을 강화한 것이 그 예라고 할 수 있다.[220] 특히 탈냉전 후 세계적 차원의 지역주의와 지경주의 고조 경향은 경제평화조건을 우선적으로 추진하게 하는 중요한 요인으로 작용하고 있다.

더구나 APEC나 아세안처럼 정상적인 경제평화 활동에 미칠 수 있는 부정적 영향을 최소화하기 위해 문화평화문제나 정군평화문제가 논의될 수 있다. 이것은 경제평화의 협력 확대를 위해서는 문화평화와 정군평화의 협력이 수반되어야 함을 의미한다. 그러므로 경제평화조건을 우선적으로 추진하는 것이 가장 효과적인 구축 모델이라고 할 수 있다.

둘째, 상호 이질적인 가치, 이념 등을 동질화할 수 있는 문화평화 영역의 교류협력을 경제평화의 영역과 순차적으로 추진할 필요가 있다. 문화평화의 영역 확산에 의해서 경제평화의 영역이 보다 견고해질 수 있기 때문이다. 그러나 문화평화 문제가 동북아처럼 매우 심각한 경우에는 경제평화가 어느 정도 정착된 뒤에 보편성, 대중성이 강한 문화 영역부터 추진해 나가는 것이 바람직하다.

국가 간의 경제평화를 위한 교류협력이 증진되면서 자연스럽게 인적 교류가 확대되고, 이것은 문화평화 협력의 시발점이자 발전을 촉진시키는 견인차 역할을 한다. 경제평화 협력을 증진시키기 위해서는 철도·도로 등 대중교통을 발달시키고 이와 함께 문화평화 협력을 촉진하면서 문화적 동질성을 확대할 필요가 있다.

---

220) 이향규, 『한반도 평화정착과 유럽연합의 교훈』(서울: 통일부 통일교육원, 2005), 40－54쪽.

역사 및 민족문제를 평화적으로 해결하고 역내 평화를 확대하기 위해선 중국과 대만이 경제협력을 고리로 하여 파국을 막고 있는 방안을 원용할 필요가 있다. 즉 경제평화를 위한 교류협력을 강화하여 상호 의존성과 경제평화를 확대해 나가는 것이다. 이 과정에서 경제적 불평등이나 차별이 나타난다면 문화적 갈등이 다시 야기될 수 있기 때문에 상호간의 형평성을 유지하는 것이 중요하다.

끝으로, 경제평화 영역과 문화평화 영역의 교류협력이 확대되면서 신뢰구축과 함께 정군평화 영역으로 평화의 파급효과가 전이되도록 할 필요가 있다. 이것은 일종의 '평화전이'라고 할 수 있는데 평화전이의 확대에 따라 교류협력은 보다 강화된다. 즉 정군평화는 경제평화와 문화평화의 불가피한 부수 효과로 나타나게 된다.

따라서 일반적으로 평화체제의 지속성을 강화하기 위해서는 '경제평화 → 문화평화 → 정군평화'의 순으로, 즉 지속 가능한 모델로 평화체제를 구축해 가는 것이 효과적이라고 할 수 있다. 이러한 구축 순서는 특히 동북아의 경우처럼 국가 간의 상호 적대성이 큰 경우에 우선적으로 고려할 수 있을 것이다.

다만 여기서 한 가지 유의해야 할 것은 평화체제의 구축 경로는 경우에 따라서 예외적 현상이 발생할 수 있다는 점이다. 앞에서 언급한 것처럼 '동시병행형 구축 모델' 또는 '2단계형 구축 모델'을 통해 추진하면 보다 빠르게 구축될 수 있기 때문에 이의 실현여건이 나타나면 적극 검토해 볼 수 있을 것이다. 또한 냉전, 탈냉전, 9·11 사건, 지역·지경주의 등 세계나 지역의 커다란 사조, 이슈가 등장한다면 이에 따라 우선순위가 바뀔 수도 있을 것이다(<표 4-5> 참조).

<표 4-5> 평화체제 구축의 우선순위에 영향을 주는 주요 동인

차원＼동인	공 통	차원별
세계	**▪ 정군평화 요인** － WMD 개발 및 확산 － 무장테러를 포함한 군사적 위협 － 초국경적 범죄 － 패권경쟁 및 군사주의화	▪ 대미 균형세력의 대두 ▪ 민주주의 확산 ▪ (경제적) 세계화 확대 ▪ 환경 및 자원 관련 갈등 심화

동북아	**▪ 경제평화 요인**
	－ 세계경제구조의 변화
	  (빈부격차 감소 또는 확대)
	－ 석유 등 천연자원의 고갈과 에너지
	  확보 경쟁
		▪ 미중 및 중일 관계(경쟁과 협조)
		▪ 역내 영토분쟁
		▪ 중국－대만 문제
		▪ 경제 급성장과 상호 의존 증대
		▪ 역사문제 및 민족주의 갈등 증대

한반도	－ 환경위험의 확대와 규제 － 자연재해, 전염병의 확산 － 인구의 집중 및 노동력 이동 **▪ 문화평화 요인** － 인종주의 및 민족주의 발호 － 소수민족 독립운동 － 이질적 문화 충돌	▪ 북핵문제 ▪ 북미 및 북중 관계 ▪ 남북관계 ▪ 북한 체제 불안(김정일 정권 미래) ▪ 냉전의식 및 냉전적 제도

이 표는 "박종철 외, 『2020 선진 한국의 국가 전략: 총괄편』(서울: 통일연구원, 2007), 37쪽"의 표를 원용하여 재구성한 것이다.

예를 들어 인류 공동의 위협요소가 등장한다면 지구적 차원의 대책이 모색되어야 하기 때문에 개별국가의 안보, 민족주의 발호 등 국가적 차원의 문제는 크게 축소될 것이다. 또한 앞에서 부분적으로 살펴본 유럽연합이나 아세안, APEC의 출범과 경제평화 영역으로의 연계도 지역이나 국제사회의 새로운 이슈의 등장에 의하여 구축 순서가 결정됐다고 볼 수 있다.

행위논리 차원에서 국가의 대외전략은 대개 자국의 이익을 관철 내지 극대화시킬 수 있는 방안을 모색하는 것이다. 이를 위해서 어떠한 형태, 즉 동시병행형, 정군평화 우선형, 문화평화 우선형, 아니면 경제평화 우선형을 모색하든지 평화를 지속화할 수 있는 방법에

의한 것이어야 한다.

그러므로 한 나라의 힘, 즉 국력이라는 것이 단순히 자국의 이익만을 확보할 수 있는 힘이 아니라 자국과 함께 주변 국가 모두에 이익이 돌아가도록 평화를 창출하는 힘으로 새로 정의되어야 할 것이다. 자국만의 이익은 결국 다른 나라의 손실을 가져올 수 있으며, 이것은 결과적으로 자국의 평화를 위협하는 요인이 될 수 있기 때문이다.

결과적으로 지속 가능한 평화체제는 예외적 요인이 발생하더라도 경제평화의 요인이 가장 큰 변수로 작용할 가능성이 크기 때문에 경제평화, 문화평화, 정군평화의 순으로 구축하는 것이 시행착오를 줄일 수 있어 가장 바람직한 방안이라고 할 수 있을 것이다.

제3절 평화체제의 지속화 요인

1. 평화조건들의 상호 연계와 결합

평화조건들의 확대는 정군 중심의 국가관계에서 벗어나 평화복합체 내의 다양한 평화문제로 관심을 넓게 한다. 정군평화 문제뿐만이 아니라 경제평화, 문화평화 문제까지 상호 결합시켜 평화체제를 구축해 나간다면 정군평화에만 집착할 때보다 지역 및 국제평화의 지속성을 더욱 강화시켜 나갈 수 있을 것이다. 이런 인식하에서 지속 가능한 평화체제를 구축하기 위해서는 전통적, 현실주의적 국가 중심의 사고구조를 새로운 평화복합체적 사고구조로 전환할 필요가 있다.

지속 가능한 평화체제를 구축하기 위해서 무엇보다 중요한 것은 평화조건(경로)들인 경제적, 문화적 평화요인과 정군적 평화요인을 상호 연계, 결합하여 평화를 지속적으로 확대하는 것이다.[221] 즉 경제평화인 분배적 정의와 상호 의존, 문화평화인 가치 등 정체성의 동질화, 정군평화인 평화행위자의 의지를 단계적, 복합체적으로 이행하는 것이 필수적이다. 지속 가능한 평화체제를 구축하여 공동체의 평화통합화를 추진하기 위해선 몇 가지의 평화확대 요인들이 충족되어야 한다.

첫째는 평화조건 간의 부분과 전체 간의 평화 확대를 위한 교류협력과 상호 의존성이 강화되어야 한다.[222] 평화조건 간 교류가 강화되기 위해서는 우선적으로 경제평화의 교류협력을 확대하는 것이 필수적이다. 하나의 단위가 그 구성 조건의 부분으로부터 지지를 받고 있으면 평화가 유지·발전된다. 지지는 복종이나 전체에 대한 부분으로부터의 자원의 헌납과 같은 투입을 형성한다. 갈퉁은 이와 같은 것을 '충성심(loyalty) 모델'이라고 표현했다.[223]

그리고 단위의 존속 여부는 그 조건들에 대해 산출을 제공할 수 있는 단위의 능력에 달려 있다. 이러한 산출은 외적으로부터 보호를 보장하거나 시장성과 같은 생활수준과 같은 경제적 이익을 갖춰 줌으로써 국가 간 또는 국가가 개인들에게 일체감으로 마련해 주는 것을 포함한다. 갈퉁은 이와 같은 것을 '배당(allocation) 모델'이라고

---

221) 연세대 박명림 교수는 한반도 평화의 조건, 경로, 과정으로 제도, 시장, 민주주의, 문화의 문제군들을 열거하고 있다. 박명림, "한국의 평화구상: 정전 50년, 평화 100년", 『정전체제를 넘어 평화체제로』(서울: 학술단체협의회, 2003), 11쪽.

222) 이것은 경제, 즉 시장을 통한 평화라고 할 수 있다. 경제의 교류와 협력 확대로 인한 국가 간의 평화통합의 확대는 전쟁과 갈등을 현저하게 축소한다. 이 글의 앞부분에서 언급한 경제평화론의 핵심 영역이다.

223) Johan Galtung, "A Structural Theory of Integration." *Journal of Peace Research*, vol.5, No.4(1968), pp.375–376.

표현했다. 즉 평화조건에 참여했을 때 정신적 또는 물질적 배당이 확대되어야 평화체제의 구축 강도는 높아지고 지속성이 강화된다.

그런데 경제평화를 위한 교류와 협력은 상호 의존도가 높아질 수는 있어도 이것이 곧바로 국가 간 평화공동체로 이어지지는 않는 경향이 있다. 그러므로 국가 간의 평화공동체가 형성되려면 국가지도자의 정치적 결단에 의한 문화평화와 정군평화 측면의 고려사항, 즉 문화공동체와 정군(안보)공동체를 염두에 둔 경제적 교류가 되도록 할 필요가 있다.

이것은 순수하게 경제평화, 문화평화, 정군평화를 분리하여 먼저 경제평화 영역부터 교류를 시작해야 함을 의미한다. 경제평화의 선행 추진은 궁극적으로 국가 간의 관계가 문화평화 및 정군평화의 신뢰 및 공동체 단계로 발전하도록 초석을 다지게 하는 데 의의가 있다.224)

둘째는 문화평화, 즉 가치의 동질성이 확대되어 '가치의 통합(value integration)'이 이루어져야 한다. 평화의 가치통합이 이루어지기 위해서는 경제평화의 교류·협력과 함께 문화평화의 교류·협력이 확대될 필요가 있다. 문화평화의 가치 동질화는 역사, 가치, 이념 등에 대한 이해와 공유의식이다.

이질적인 문화평화는 배타성을 낳고, 이것은 평화를 위협하는 갈등요인이 된다. 그러므로 역사와 가치, 이념 등이 배타적인 국가들 사이에는 문화적 교류와 협력을 확대하여 가치의 동질적 통합화를 적극적으로 모색하는 것이 바람직하다.

동북아의 경우 역사, 가치, 민족주의 등이 국가 간에 커다란 스펙트럼을 보이고 있다. 이에 따라 국가 간의 갈등이 확대 재생산되는

---

224) 김태효, "햇볕정책기 대북교류협력사업의 회고와 향후 서울-평양간 협력방안의 모색-정치성의 최소화 문제를 중심으로", 한국정치외교사학회, 『한국정치외교사논총(제28집 1호)』 (서울: 한국정치외교사학회, 2006년 8월), 133-136쪽.

경향이 강하다. 한반도 및 동북아의 평화가 확대되고 보다 견고해지려면 문화평화의 확대가 필수적이다. 특히 국가 간의 민주화는 공통 가치를 확대하여 지역의 평화를 지속화하는 데 크게 기여할 것이다.

남한과 북한을 비롯하여 일본, 중국 등이 민주주의를 확대하여 이를 유사 또는 동질개념으로 인식하고 행동한다면 평화가 보다 확대될 것이다. 민주주의라는 보편적 가치의 문화평화를 통한 평화의 확대는 국가 간 관계의 민주화와 국내 민주화라는 이중 또는 다층 관계로 형성되어야 할 것이다.[225] 북한의 민주화는 대내적 경제회복, 인권·자유증진, 대외적 평화공존의 중요한 조건이 된다. 국가 간 수준의 민주화는 한·미관계의 대등화와 북·미관계의 정상화를 의미한다.

물론 경우에 따라서는 문화평화 요인이 정군평화 또는 경제평화 요인보다 평화의 확대에 더 크게 작용할 수 있다. 그러나 이 경우 대부분 평화체제의 구축 강도가 약화될 수 있고, 오히려 평화의 확대 과정에서 갈등을 초래할 수 있다. 즉 문화적 갈등은 정군적 또는 경제적 갈등으로 연계되어 실질적인 평화체제의 구축을 더디게 할 수도 있다. 유럽의 경우 문화평화의 가치인 종교(기독교), 정치제도(민주주의), 유럽주의(공동번영) 등이 일치되어 있어 통합의 속도가 경제평화의 통합이 이루어지면서 가속화되었다.

갈퉁은 가치의 통합 양상과 관련, 두 가지의 모델을 제시하고 있다.[226] 하나는 평등주의적 모델(egalitarian model)인데, 이것은 평화 행위자들이 '일치되는 이해관계(coinciding interest)'를 갖는다는 의미에서의 가치의 통합이다. 다른 하나는 '위계적 모델(hierarchical

---

225) 박명림 교수는 이러한 평화의 조건을 '이중 민주화(double-sided democratization) 프로젝트'라고 표현했다. 박명림(2003), 11쪽.

226) Johan Galtung(1968), Ibid., p.377.

model)'인데, 이것은 주어진 위계질서에 있어서 최상층부의 가치를 취택(取擇)함으로써 갈등이나 분쟁을 종식시킨다는 의미에서의 가치통합을 뜻한다.

셋째는 정군적 평화행위자들의 역할 강화와 평화통합 확대를 위한 의지와 이행이 수반되어야 한다. 다양한 경제적 교류와 협력으로 실질적 이익이 확대되고 이를 통한 문화적 공동가치가 확대될 때 정군적 평화행위자들은 증가하고 특히 국가의 적극적 의지와 역할에 따라 평화공동체의 형성은 한층 강화될 것이다.

평화행위자는 상호 교류를 통해 가치, 지위, 경제적·정치적 구조가 서로 다른 행위자들 사이에서 점차적으로 유사성을 띤 평화행위자로 변화되어 간다. 이에 따라 평화행위자들 간에는 경제적, 문화적, 정군적 상호 의존성이 증가하게 된다. 한 평화조건이나 평화행위자가 다른 조건이나 행위자에게 평화를 전이시켜 주는 경우까지 연계되게 된다. 이처럼 평화행위자들의 평화확대 의지에 대한 역할 강화가 국가 간의 통합력을 높여 주고, 이것이 평화체제의 지속 가능성을 높여 준다.

그런데 평화와 평화체제의 구축 강화를 위한 평화조건 중 어느 것도 그 자체로서 지속 가능한 평화체제 구축의 필요충분조건이 되지 못한다. 평화체제의 구축이란 평화복합체 내의 그 구성 국가들과 그들을 둘러싼 환경 모두가 중요성을 갖는 하나의 과정인 것이다.

평화행위자들의 평화가치가 확고히 통합되어서 '피아(彼我)'가 구분이 되지 않고, 서로 공동번영을 향한 평화공존이 이루어진 경우에만 지속 가능한 평화체제의 구축과정이 완료된 것이라고 할 수 있다. 따라서 지속 가능한 평화체제와 영구평화를 구현하기 위해서는 평화의 조건인 경제평화, 문화평화, 정군평화들을 상호 복합체적으로 연계, 결합하여 지속적으로 평화를 구축해 나가는 것이 필수적이다.

2. 평화와 평화체제의 제도화

평화체제의 구축 과정에서 강화된 교류협력을 지속 가능한 체제로 유지시키려면 평화확대 효과를 제도화하는 것이 필요하다. 개별 국가의 이해관계에 영향을 받지 않는 초국가적 권위체를 창설하여 평화체제의 구축 과정을 관장하고 이를 심화시켜 나가야 하기 때문이다. 초국가적 권위체가 선도적 역할을 수행한다면 평화체제의 구축 확산효과는 더욱 탄력을 받을 것이다.

그러나 남한과 북한 간이나 중국과 대만 간의 관계처럼 특수관계적 성격을 갖고 있는 경우는 합의사항의 이행을 보장할 실질적인 법과 제도를 만들어 운영하는 것이 효과적이다. 다시 말하면 평화체제의 지속성을 효과적으로 강화하기 위해서는 '평화의 제도화'가 필요하다.

제도화의 수준에는 여러 가지가 있을 수 있겠으나, 궁극적으로는 동북아 국가 간에 제도적으로 상설된 평화협력기구를 설치, 운영하는 방안을 강구할 수밖에 없다. 일단 평화협력기구가 설치되면 소속원들은 기구의 존재 이유를 확대 재생산하기 위해서라도 평화협력의 아젠다와 방안을 지속적으로 제안해 냄으로써 모멘텀을 유지할 수 있다.

동북아의 상설 평화협력기구는 비록 초국가적 기구가 가지는 권한과 역할을 기대하면서, 정보의 축적과 업무의 일관성을 구현함으로써 의견의 조정과 합의사항의 시행을 더욱 효율적으로 추진할 수 있다. 그러므로 평화위협을 방지하고 지속 가능한 평화체제를 구축하기 위해서 '전쟁의 제도화'를 폐지하고 '평화의 제도화(institutionalization)'

〈표 4-6〉 국제제도의 차원별 주요 지표

차 원	주요 지표
세 계	■ 국제연합(UN)의 역할 변화(정군, 경제, 문화평화 관리 능력 확대) ■ WTO의 협력 확대(자유무역의 확대) ■ 글로벌 거버넌스의 확대(경제, 환경, 인권) ■ 비확산·반테러 레짐 확산 ■ 세계 동맹구조의 변화 ■ 국제기구·레짐에 대한 중국의 가입 및 영향력 확대 추이
동북아	■ 각국 참여 국제기구·레짐의 현황과 성격 ■ 지역기구·레짐 현황·성격과 변화·신설(안보, 지역공동개발, 환경 및 에너지 협력, 문화) ■ 동맹현황과 냉전 종식 이후 변화 현상 ■ 지역안보문제에 대한 역내 국가들의 대응 방식 ■ 역내 자유무역 협정 체결
한반도	■ 화해·협력→ 남북연합단계 이행 정도 ■ 세계·지역규범과 한반도 규범의 동조화 여부 ■ 남북경제공동체 형성 ■ 남북 문화 및 스포츠, 언론 교류

이 표는 "박종철 외(2007), 37쪽"의 내용을 원용하여 재구성한 것이다.

를 적극적으로 실현해 나가야 할 것이다.[227]

국제질서에 조직적 통제를 가하여 현존의 평화질서를 제도화하기 위해선 지배적, 패권적 지위에 있는 강대국들이 평화행위자로서의 의지를 갖고 행동하는 것이 매우 중요하다. 강대국들이 스스로 평화행위자로서 국제 평화질서에 참여하고, 평화확대를 추진하는 방향으로 노력하지 않는 한 국제평화질서가 평화체제로 구축되기 어려운

---

227) 국제정치에서 평화란 흔히 '전쟁이 없는 상태'를 의미한다. 그리고 이러한 평화는 '제도'에 의해서 유지, 구축될 수 있다는 주장이 제기되고 있다. 이러한 제도주의적 평화론에 있어서 제도란 보통 "특정의 상황에서 특정의 행위자들에게(특정 이슈에 대해 참가국들에) 무엇이 적절한 행위인지를 정의하는 상당히 안정적인 관행이나 규칙의 집합"으로 규정되기도 한다. 또한 제도화(institutionalization)란 "제도의 생성과 구성원들 사이에 이에 상응하는 행위가 체득되어 가는 과정"을 지칭한다. 제도적 접근법은 "조직이나 사회질서 혹은 사회 내에서의 인간행위를 이해하는 데 있어 제도나 제도화의 역할을 강조하는 접근법"이다. James G. March and Johan P. Olsen, "The Institutional Dynamics of International Political Order", *International Organization* 52:4(1988), p.948 재인용.

것이 현실이다.

지배적, 패권적 위치에 있는 강대국에 압력을 가하여 평화질서의 수용을 강제한다는 것은 현실적으로 쉽지 않다. 바로 이러한 불가피성이 때로는 전쟁의 요인이 되기도 한다. 그렇다면 인류사회의 전쟁을 방지하고 평화를 제도적으로 구축하기 위한 방안은 없는 것인가?228)

지속 가능한 평화체제와 영구평화의 구축을 위한 제도화의 방향은 <표 4-6>과 같이 크게 지구적인 것(global), 지역적인 것(territorial), 연합적인 것(associational)의 세 가지 유형으로 구분할 수 있다. 지구적인 것은 전 세계를 하나의 평화공동체로 발전시키기 위한 지구적 제도를 만드는 일이다. 과거의 국제연맹이나 현재의 국제연합이 이에 해당한다. 그러나 이들은 강대국들의 이해관계에 따라 움직이는 성향이 강하기 때문에 그 역할에는 한계가 많다.

국제연합의 평화적 기능 강화를 위한 역할 확대가 새롭게 모색되어야 한다. 국제연합은 특히 주권국가를 단위로 하는 하나의 국제사회를 이룩하는 일을 추진해야 할 것이다. 현재의 무정부적 국제질서를 지양하고 모든 국가들이 함께 존중하는 '평화행위준칙'에 합의하고, 폭력의 공공화(公共化)를 이룩함으로써 국가 간의 무력에 의한 갈등해소를 없애고 국제적 '평화법질서'를 만들어 볼 수 있다.

럼멜(R. J. Rummel)이 "국제평화란 하나의 사회계약이다"229)라고 말한 것처럼 평화를 계약하고, 이행을 위한 법체계를 만들 수 있다. 지구적 기구는 궁극적으로 주권국가를 해체하고, 커다란 지구촌 단

---

228) 전쟁의 비극을 피하기 위한 논의는 여러 가지 방향에서 다양하게 논의되고 있다. Hedley Bull, *The Anarchical Society, A Study of Order in World Politics*(New York: Columbia University Press, 1977) 등 참조.

229) R. J. Rummel, *Understanding Conflict and War*, Vol.1~Vol.5(Berverly Hills: Sage, 1975~1981). R. J. Rummel, *In The Minds of Men: Principles Toward Understanding and Waging Peace*(Seoul: Sogang University Press, 1984), p.211.

일공동체로 개편한다면 지구적 수준의 평화질서는 제도적으로 가장 강력하게 구축될 수 있다.

또한 국가에 의해 강력하게 추진되는 군사화 경향을 막을 통제장치로서 평화의 제도화를 모색할 수 있다. 『유럽혁명』의 저자인 사회학자 틸리(Charles Tilly)가 "국가는 전쟁을 만들고, 전쟁은 국가를 만든다"고 지적했듯이 근대국가의 형성은 폭력적 기원을 갖고 있다. 그런데 이러한 국가의 군사화는 세계화와 탈냉전에도 불구하고 더한층 강화되는 경향을 보이고 있다.

긴장완화와 신뢰구축, 군비통제 등의 전통적인 방식으로는 군비경쟁이나 군사화 경향을 통제하기 쉽지 않다. 유엔 중심의 평화유지군도 문제해결에 큰 도움이 되지 못한다. 그러므로 국가 중심의 안보를 인간 중심의 안보230)로 안보개념을 재구성하고 이를 지구적 수준의 평화공동체를 유지하는 '국제평화법'이란 형식을 통해 구체화시킬 때 군사화의 추세를 제도적, 구조적으로 어느 정도 방지할 수 있다.

그러나 지구적 수준의 평화공동체는 장기적 비전과 전망을 갖고 추진해야 할 인류 최대의 '평화 프로젝트'이다. 지나치게 낙관적이고 이상적인 일면이 있으나 전혀 불가능한 것도 아니다. 미국이 연방주의를 성공시켜 강한 국가로 발전시킨 것처럼 그리고 유럽의 여러 나

---

230) 현대 국제정치 이론의 논쟁에서 큰 줄기를 형성하고 있는 것 중의 하나가 안보개념에 대한 논쟁이다. 제2차 세계대전 이후 냉전기간에는 국가안보가 안보논의의 핵심을 이루었다. 국제정치의 기본단위는 국가이며, 국가의 생존과 번영과 명예를 지키는 것이 국가안보의 모든 것으로 이해됐다. 그러나 세계화와 탈냉전 추세가 확산되면서 국가안보의 독점적인 지위는 도전받았다. 국가안보보다 더 우선적인 것은 인간안보이며, 인간안보 중심으로 국제정치의 패러다임이 바뀌어야 한다는 주장이 대두한 것이다. 인간안보는 인간 개인에 대한 위협을 감소시키거나 제거시키고자 하는 움직임에서 출발하여, 개인들을 결핍과 공포, 억압으로부터 자유를 보장받는 것으로 발전되었다. 유엔과 국제기구, 범세계적 NGO 연대운동에서는 인간안보 문제를 다루고 있다. 이들은 군사 중심의 국가안보 주장자들에게 "국가 구성원인 개인들의 안전과 권리, 평화와 행복을 보장하지 못한다면 국가의 존재가 무슨 소용이 있는가?"라고 심오하게 질문을 던지고 있다.

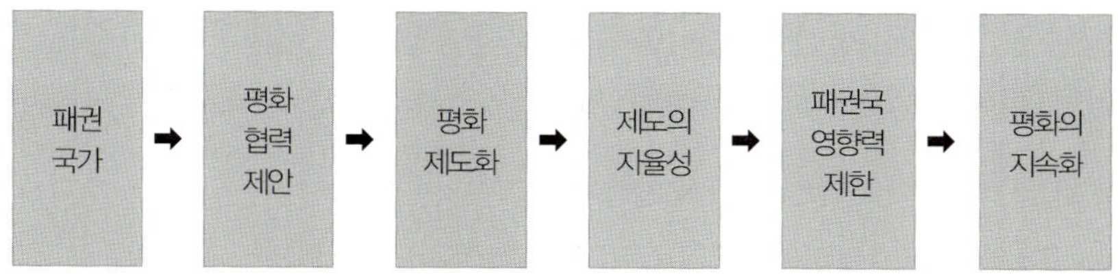

라들이 통합하여 유럽공동체를 구축해 나가는 것처럼 지구적 평화공동체도 평화행위자들이 지도력을 발휘한다면 그 '이상'을 보다 빨리 현실화시킬 수 있을 것이다.

지구적 수준의 평화공동체 구축보다는 보다 현실적이고 실현 가능한 제도적 평화체제의 구축은 지역적 평화의 틀, 즉 평화복합체적 평화체제를 구축하는 일이다. 지역을 단위로 한 평화의 틀인 평화복합체는 이미 유럽에서 어느 정도 성공한 사례가 있고, 동북아 지역에서도 더디지만 꾸준히 제안되고 있어 실현 가능성이 커지고 있다.

국가 간 전쟁을 예방하고 전략적으로 안정을 구축하기 위해서는 관련 국가들 사이에 경제적 협력과 문화적 교류를 통해 먼저 신뢰를 쌓고 군비통제를 통해 평화를 형성해 가는 것이 더 효과적이다. 그리고 이를 바탕으로 지구적 수준과 지역적 수준의 사이에 연합적 평화기구를 모색할 수 있다. 이 평화기구를 통해서 <그림 4-3>에서처럼 참여국들의 적절한 관계설정과 패권국의 역할제한 또는 중립국가의 역할강화를 통해 제도적 평화를 지속화시켜 나갈 수 있다.231)

---

231) 제도의 자율성과 패권국의 영향력 간의 상호 작용에 관한 이론적 틀을 제시한 크라스너 (Stephen D. Krasner)는 제도의 형성과정에 있어서 시간의 경과와 환류라는 변수가 적용됨으로써 제도와 패권국 간의 변화가 발생한다고 주장했다. 이 표는 크라스너의 모델을 다소 변경하여 재구성한 것이다. Stephen D. Krasner, "Regimes and Limit of Realism: Regimes as Autonomous Variables", Stephen D. Krasner(ed), *International Regimes* (Ithaca and London: Cornel University Press, 1983) 참조.

한반도의 지속 가능한 평화체제의 구축을 위해서는 1953년 7월 27일에 체결된 정전협정을 조속히 평화협정으로 전환하여 한반도의 평화를 제도화할 필요가 있다. 한반도의 평화협정은 1991년 12월에 남한과 북한이 체결한 남북기본합의서를 조약화하여 국제적 공인을 받거나 아니면 새로이 평화조약(평화협정의 조약화)을 체결할 수 있을 것이다. 현실적으로 후자보다는 전자가 용이하나 남북기본합의서는 법적 성격의 상실로 실효성이 없다.

그러므로 새로이 남한과 북한이 평화조약을 체결하고 미국과 중국이 이를 보장하는 '2 + 2' 방식으로 제도화하는 것이 바람직하다. 한반도의 평화는 이러한 제도화를 통해서 국내수준에서는 군비축소를 통해 정군적 평화, 지역 또는 국제수준에서는 한반도의 평화보장을 통해서 구축해 갈 수 있다. 그리고 경제평화와 문화평화의 점진적인 발전에 따른 정군평화에 수반되는 각 국가별 이행 보장적 기구의 제도화는 한반도 및 동북아에서의 지속 가능한 평화체제 구축을 위한 효과적인 방안이 될 것이다.

그런데 평화체제를 통해 제도화된 평화의 세계는 인간존엄과 자유가 보장되는 질서이어야 한다. 인간의 존엄성이 보장되지 않고 개개인의 삶이 자유롭지 못하다면 '비전쟁 사회'라 해도 평화의 세계라고 말할 수 없다. 이러한 의미에서 제도적 평화요인을 강화시키는 것은 매우 중요한 일이다.

3. 평화전이와 평화행위자의 전략

인류사회의 평화는 축소와 확대의 역학관계 속에 크게 세 가지의 방향으로 유형화되어 가고 있다. 즉 인류사회의 평화구조는 직선형(liner), 나선형(spiral), Z자형(zigzag) 등 세 가지 방향으로 유동성을 보이며 변화, 유형화되어 간다. 그리고 이러한 평화는 Z자형에서 나선형, 직선형으로 점진적으로 확대, 정착되어 간다고 볼 수 있다.

왜냐하면 전쟁은 그 피해가 막대하기 때문에 인류사회는 평화를 갈구하게 되고, 이것은 상호 의존과 평화공존을 위한 평화통합을 가속화시켜 지역평화복합체를 형성하게 하기 때문이다. 이에 따라 얼마간의 시행착오적 반복현상이 일어나겠지만 종국에는 직선형 내지는 나선형 평화구조를 형성하게 되어 사실상 전쟁은 거의 일어나지 않게 될 것이다.

평화복합체 내의 평화체제의 구축 강도에 따라 평화구조를 세 가지로 유형화할 수 있다. 제1유형은 지속 가능한 평화체제가 구축되어 실질적으로 전쟁의 불안이 완전하게 해소된 경우로 '제1평화권역'이라고 한다. 이 유형은 직선형 평화구조로 평화조건들인 정군평화, 경제평화, 문화평화가 거의 형성되어 국가 간 상호 의존과 평화통합을 통한 협력과 상생으로 평화공동체가 구축되는 특성이 있다.

제2유형은 지속 가능한 평화체제를 구축하려고 노력하고 있는 경우로 '제2평화권역'이라고 한다. 이 유형은 나선형 평화구조로 평화조건들이 부분적으로 이루어지고 있고, 경제공동체, 문화공동체 및 안보공동체가 부분적으로 진행되고 있거나 논의되는 특성이 있다.

그리고 평화복합체 내에 평화체제가 거의 갖추어져 있지 않고, 분쟁이 일어났거나 대립과 갈등이 심화되는 경우로 '제3평화권역'이라고 한다. 이 유형은 Z자형 평화구조로 국가이익이 강조되고 민족주의의 심화로 평화공동체를 구조적으로 어렵게 하는 특성이 있다.

웬트는 국제정치에 있어 3개의 '정치문화'를 구분하여, ①칸트적,

②로크적, 그리고 ③홉스적인 것으로 구분하고 있다. 이를 위의 권역분류와 대응시킨다면 제1평화권역은 칸트적인 평화가 가능한 공간이며, 제2평화권역은 로크적인 평화가 가능한 공간, 그리고 제3평화권역은 홉스적인 무질서의 공간이라고 할 수 있다.

다양한 평화구조의 공간 속에서 평화와 평화체제의 구축 강도를 높이기 위해서는 평화조건 간의 횡적인 연계성이 강화되도록 할 필요가 있다. 평화조건 간의 연계와 결합은 한 조건에서 다른 조건으로 평화확대가 전이되는 것이다.

한 조건의 평화가 확대되면 다른 조건의 평화도 확대되며, 반대로 한 조건의 평화가 축소되면 다른 조건의 평화도 축소된다. 이것은 일종의 '평화전이(the peace transition)현상'이라고 할 수 있다. 평화전이현상은 평화조건이 확대되는 '평화확대전이'와 평화조건이 축소되는 '평화축소전이'로 나눌 수 있다. 조건들 간에 평화와 평화체제의 구축 강도가 높아지기 위해선 평화가 지속적으로 평화확대전이되는 것이 필수적이다.

탈냉전기의 평화전이는 냉전의 종식, 미국의 일방적 패권과 반미 그리고 각 권역 사이에 존재하는 상호 의존의 심화에 따라 새로운 평화구조체제로 이행되고 있다. 동북아에서는 제2평화권역과 제3평화권역의 움직임이 대결하고 있는 양상이다. 즉 동북아에서는 정군적으로 미국의 패권에 중국, 일본, 러시아 등이 도전하고 있으며, 경제적으로 공동체 구성을 모색하며 상호 의존과 협력이 증진되고 있다.

특히 제3평화권역적 요소들인 역내 국가들 간의 군비확장 경쟁, 영토·자원갈등, 분단-통일갈등 등 정군적 문제, 국가 간 빈부격차·불균형갈등 등 경제적 문제, 과거역사·민족주의 갈등 등 문화적 문제와 같은 평화위협 및 축소 요소들이 뿌리 깊게 자리 잡고 있다. 동북아 지역은 여타 지역보다 다양하고 복잡한 갈등요인들이 내재되어 있어, 역내 국가 간의 협력과 경쟁 방식이 향후 지역평화정착에 크게 영향을 미칠 것으로 보인다.

그렇다면 지구촌의 평화확대를 위한 평화전이는 어떻게 이루어야 하는가? 이것은 전 지구적 국제체제 차원에서 강대국들의 평화에 대한 역학관계를 살펴볼 필요가 있다. 브레진스키는 탈냉전 이후의 국제체제를 로마제국 이래 최초인 '단극체제(unipolar system)'로 규정하고 있다.232) 월포스(William Wohlforth)도 현 국제체제가 의심할 여지 없는 미국의 패권체제이며, 미국의 패권체제는 안정적일 뿐만 아니라 오랫동안 유지될 것이라고 주장한다.233)

그러나 헌팅턴은 오늘날 미국이 국력 면에서 압도적이지만 다른 강대국들의 지지 없이는 독자적으로 세계의 평화질서를 관리할 수 없다는 점에서 현 국제질서를 '단일 - 다극체제(uni - multipolar system)'로 진단하고 있다.234)

헌팅턴의 주장은 미국이 초강대국(superpower)이지만, 세계가 단일체제는 아니라는 것이다. 이러한 헌팅턴의 주장은 세계질서에서 정체성과 문명의 대립이 평화위협의 초점이 되며, 특히 탈냉전기는 서유럽과 미국의 문명과 매우 다른 가치관을 지닌 중동, 중국 등 아시아의 다른 문명의 대립으로 특징지어진다는 것이다.

결국 헌팅턴은 국제사회의 위험한 갈등은 사회적 계급, 빈부, 경제

---

232) Zbigniew K. Brzenzinski, *The Grand Chessboard: American Primacy and Its Geostrategic Imperative*(New York: Harper, 1997).

233) William Wohlforth, "The Stability of a Unipolar World", International Security, Vol.24, No.1(Summer 1999), pp.6 - 30.

234) Samuel P. Huntington, "The Lonely Superpower", *Foreign Affairs*, Vol.78, No.2 (March/April 1999), pp.37 - 39. 나이(Joseph Nye) 역시 현 국제질서에 대해서 헌팅턴과 비슷한 분석을 하고 있다. Joseph Nye, "Redefining the National Interest", *Foreign Affairs*, Vol.78, No.4(July/August 1999), p.24.

적으로 정의되는 집단 사이에 나타나지 않고 상이한 문화적 배경에 속하는 사람들 사이에 평화 위협이 확대될 것이라는 주장이다. 즉 상이한 문화나 문명에 속한 국가나 집단 간의 갈등이 국제평화의 가장 큰 위협을 낳게 된다는 것이다.

또한 시카고 대학의 미어샤이머(John J. Mearsheimer) 교수는 1945년 이래의 냉전이 평화위협을 노출시켰다기보다는 그 반대로 평화를 유지하는 데 기여했다고 주장한다.[235] 그는 오히려 1989년 동유럽에서 일어난 상황들로 인해 새로운 국제질서는 훨씬 불안해질 것으로 전망하고 있다.

미어샤이머 교수는 또한 '머지않아 우리가 왜 냉전을 그리워하게 될 것인가'라는 논문을 통해 냉전 이후의 세계정치구도는 양극화→단극화→다극화(multi polar)로 변하게 될 것이라고 전망했다. 그는 이러한 세계정치 구도의 변화는 전 세계적으로 일어나게 될 수많은 분쟁을 막아 내지 못할 것이라고 예고하면서 민주주의가 반드시 평화를 보장하지는 않을 것이라고 주장했다.[236]

헌팅턴과 미어샤이머의 문명과 냉전종식의 변수에 의한 설명은 하지 않더라도 결과적으로 이스라엘-팔레스타인 분쟁, 인도-파키스탄분쟁 등 세계 도처에서 수많은 갈등과 분쟁들이 표출되고 있다. 9·11사건과 같은 세계 초강대국인 미국에 도전하는 현상도 발생하고 있고, 이의 대응으로 테러와의 전쟁인 미국-아프가니스탄 전쟁, 미국-이라크 전쟁 등 국지전이 발발했다.

---

235) John J. Mearsheimer, "Back to the Future: Instability in Europe after the Cold War", *International Security*, Vol.15, No.1(Summer 1990). http://johnmearsheimer.uchicago.edu

236) John J. Mearsheimer, "Why We Will Soon Miss the Cold War", *The Atlantic Monthly* (Aug. 1990). Mearsheimer, J. *The Tragedy of Great Power Politics*(New York: W. W. Norton & Company, 2001).

<그림 4-4> 국가 간의 창조적 평화체제 창출과정

평화 갈등	평화 충돌	평화 창출
○ **일국의 패권주의** - 독점과 지배 - 불균형 심화 - 오만으로 체제 약화	○ **각국의 반대 정책** - 일관성, 고유성 상실 - 언론·정치권 반발 집단화 - 상호 비난전	○ **창조적 상생 발전** - 공동협력, 공동발전 - 호혜적 상호 교류협력 - 공동체적 평화 공유

국지전의 영향으로 평화에 대한 인식이 일시적으로 확산되어 국제적인 협력의 양상이 나타나기도 했다. 그러나 미국 중심의 국제체제는 중국, 일본, 유럽 등의 도전을 받게 되고 결과적으로 세계질서는 당분간 협력과 경쟁 요소 간의 복잡한 상호 관계 속에서 혼란이 심화될 것이다. 이와 같은 현상을 방지하고 평화를 확대하기 위해선 미국의 패권에 의한 일극체제가 아닌 상호 의존을 심화시키는 국제레짐에 의한 다극 중심의 지속 가능한 평화체제를 구축할 필요가 있다.

미국, 중국, 유럽 등 주권국가 행위자를 국제 또는 지역공동체에 참여시켜 상호 협력을 통한 상호 의존을 강화시켜 갈등 요소들을 <그림 4-4>와 같이 힘이 아닌 평화적 수단으로 해결해 나가도록 할 필요가 있다. 세계질서가 민족국가를 단위로 하여 힘에 의한 국가 이기주의를 강하게 추구하게 되면 국제평화는 심각하게 위협을 받을 수 있다.

평화확대전이의 주체는 원칙적으로 개인에서 국제체제 등 모든 단위들이라고 할 수 있다. 그러나 실제로 가장 지배적인 평화행위자는 '국가'라고 할 수 있다. 즉 평화확대전이의 실제적 평화행위자는 국가 또는 국가체제이고, 이를 움직이는 정치지도자들 또는 정책책임자들이다. 특히 정치지도자의 정책결정의 결과가 평화의 확대를 가

져올 때, 그를 '평화행위자(Peace actor)'라고 한다. 그러므로 모든 정치지도자들이 평화행위자가 아니라 평화확대 행위를 했을 때만이 평화행위자가 된다.

국가 또는 국가체제를 움직이는 정치지도자들은 반드시 평화행위자들이 아니다. 역사적으로 정치지도자들은 국가체제 또는 최소한 그 체제의 이미지를 변화시키려는 경향 때문에 그 체제 내에 있는 여러 수단들을 적절히 활용하게 된다. 정치지도자들은 이미지 변화의 수단들로 폭력을 의미하는 군사적 압력이나 경제적 제재 등의 당근과 채찍 그리고 협상 엘리트들을 동원하게 된다.

국가 정치지도자들이 평화행위자가 되기 위해서는 평화적 수단을 전략적으로 활용하여 평화를 확대하는 것이 필수적이라 할 수 있다. 그러므로 지구촌이나 지역평화를 위해서는 국가지도자들의 평화의식과 이를 실천하려는 평화의지가 매우 중요하다.

현대 민주주의 국가에서의 평화는 비국가체제의 평화행위자들의 역할과 평화전략에 크게 영향을 받는다. 비국가체제의 평화행위자들은 역시 모든 국민들, 모든 사람들이 될 수 있다. 그러나 이 경우도 국가체제의 정치지도자들과 마찬가지로 사람들이 항상 평화행위자가 되어 평화확대를 위해 행동하는 것은 아니다. 또한 그들이 사용하는 평화적 수단도 대체로 문화평화뿐이다.

비국가체제의 행위자들 역시 그들의 '망치'는 국가처럼 강력하지는 않지만 세상을 '못'으로 보려는 경향이 있다.237) 그러므로 비국가체제에서 평화확대를 위한 평화행위자가 되려면 국가체제에서의 평화행위자와 마찬가지로 평화의식과 평화실천 의지가 매우 중요하다. 비국가체제의 대표적 평화행위자로는 반전평화단체 또는 그러한 행

---

237) 요한 갈퉁, 이재봉 외 옮김(2000), 30 – 31쪽.

동을 하는 인물, 평화운동단체와 평화운동가들이다.

평화확대전이를 실행하는 주체는 국가 정치지도자만 될 수 있다거나 또는 평화운동가들만 될 수 있다는 것은 전략적 측면에서 중대한 잘못에 직면할 수 있다. 두 가지 성향의 모든 평화행위자들이 결합함으로써 평화확대의 상승효과를 극대화하는 것이 필요하다. 이에 대해선 냉전종식이 한 가지 사례가 될 수 있다. 냉전종식의 중요한 조치들은 특히 헬싱키협상과 관련된 국가체제에 의한 정치지도자들에 의해 취해졌다.

그러나 더욱 중요한 것은 동구에서 스탈린주의 또는 포스트 스탈린주의를 명백하게 불법화시켰던 반체제운동과 동구 및 서구에서 핵을 분명하게 반대하는 평화운동 등 비국가체제의 평화운동가들에 의해 취해진 조치들이었다. 이 두 가지 경향은 고르바초프라는 소련의 국가 정치지도자와 그의 평화행동에 의해 결합되었고, 이는 1989년 가을 지구촌의 평화라는 행복한 열매를 맺게 한 것이다.238) 이러한 평화적 성공이 반복될 수 있도록 전략화할 필요가 있다.

따라서 평화확대와 평화체제 구축에 있어서 기초적이며 가장 근본적인 것은 '나도 잘살고 너도 잘산다'는 상생과 평화공존의 정신이다. '나만 잘살고 너는 죽어야 한다'는 정신으로는 평화확대와 평화체제의 구축이 절대로 불가능하다. 평화를 존중하는 정서와 실천하는 의지를 갖고 평화행동화를 추구하는 일이 중요하다. 상호 교류협력을 강화하고, 이 과정에서 테러나 폭력이 행사되지 않도록 하는 것이 시급한 과제이다. 지속 가능한 평화체제의 구축은 진정으로 평화를 갈망하는 평화행위자들의 잇단 등장과 그들의 지속적인 평화행동화에 있다고 할 수 있다.

---

238) 요한 갈퉁, 이재봉 외 옮김(2000), 31쪽.

제5장

동북아의 평화체제 구축 방안

동북아의 평화체제 구축 방안

제1절 동북아의 평화체제 구축 기본 전략

동북아의 평화체제는 기본적으로 개별 국가의 편견과 자국 이기주의를 초월한 '희생과 참여정신'을 유발시켜 구축해 나가는 것이 필수적이다. 이 때문에 지속 가능한 평화체제를 구축하는 것은 현실적으로 쉬운 일이 아니다. 그러므로 상호 불신과 갈등이 깊은 동북아에서 평화와 공동번영을 위한 지속 가능한 평화체제를 구축하기 위해선 치밀한 평화전략이 요구된다고 볼 수 있다.

동북아에서 지속 가능한 평화체제의 구축에 관한 긍정적인 움직임에도 불구하고 평화체제의 구축 모델을 동북아 지역에 바로 적용시키기에는 여러 가지의 문제점이 있다. 이에 따라 동북아의 지속 가능한 평화체제의 구축에 있어서 참가국, 의제설정, 제도화, 연계와 지속성 등의 문제를 고려한 기본 전략들을 먼저 검토할 필요가 있다.

1. 참가국 문제: 단계적 확대

동북아의 평화체제 구축과 관련하여 참여 범위를 처음에는 제한적, 국지적 성격을 띤 소단위, 소지역평화체제로 좁혀서 출범하고, 단계적으로 확대시켜 나가는 것이 바람직하다. 처음부터 역내의 모든 국가들이 참여하는 것이 가장 이상적이나 이 경우 합의도출이 어렵고 그러면 체제의 안정성이 흔들릴 우려가 있기 때문이다.

우선 경제평화의 구축은 현실적으로 가장 접근이 쉬운 만큼 경제적으로 상호 의존성이 높은 한국·중국·일본 3국이 양자적 자유무역협정(FTA) 협정을 논의하면서 접근해 볼 수 있다. 1997년 동아시아 통화위기가 발생한 이후 동아시아의 지역공동체가 필요하다는 인식이 이들 3국을 중심으로 강하게 제기되어 왔다.

그러므로 한·중·일 3국이 먼저 중심이 되어 동북아 경제공동체 형성에 관한 논의를 적극 진전시켜 가는 것이 중요하다. 이를 위해서는 한·중·일 3국이 관계 복원을 중심에 두고 관련 현안을 해결해 나가야 할 것이다.

둘째, 문화평화의 구축을 위해서는 참가국의 문을 최대한 개방해 놓을 필요가 있다. 중장기적으로 동북아와 동남아를 연결하는 소위 동아시아공동체가 형성되기 위해서는 가치와 이념, 역사에 대한 이해와 공유가 선행되어야 하는데 이에는 많은 시간과 노력이 필요하다.

동북아 소지역과의 이해가 중복되는 지역이나 문화평화 이슈는 상호 유기적인 관계 속에서 해결해 나가야 할 것이다. 또한 이러한 가능성을 제고시키기 위해 역외 대화 파트너로 아세안의 대표가 참석하는 방안도 고려해 볼 수 있을 것이다.

셋째, 정군평화의 구축과 관련해서는 현재 북한핵 문제를 해결하기 위한 다자틀인 '6자회담의 틀'을 고려해 볼 수 있다. 동북아 6개국만이 다자 평화체제를 가정할 때 이는 가장 현실적이며, 한반도와 동북아문제에 관한 주요 이해당사국들만의 모임이란 점에서 문제해결에 효과적일 수 있다.

한반도 문제에 있어서는 남북한 간의 당사자 해결의 원칙을 기본적으로 중시해야 할 것이다. 이러한 전제로 남북한 간의 접촉에 이어 휴전협정 당사자인 미국과 중국이 먼저 참여하고 마지막으로 유엔 또는 일본과 러시아가 후원하는 단계적 '2＋2＋1(2)'인 제안도 대안으로서 고려할 필요가 있다.

그러나 문제는 6개국 간의 대화채널을 동시에 또는 단계적으로 개설한다고 할지라도 과연 북한이 평화협력을 위한 다자적 노력에 참여할 것인가 하는 점이며, 이는 실질적인 평화협력대화의 성공 여부를 좌우하는 중요한 관건이 될 것이다.

또한 중국과 러시아 양국이 기존의 한·미·일 공조체제와 조화를 이루며 이 지역의 신뢰구축과 평화협력에 긍정적인 역할을 다할 수 있을 것인지 장담하기도 쉽지 않다. 따라서 6자회담에 관한 한 우선 한·미·일 간에 시각조화를 이루는 것이 선결문제일 것이다.

넷째, 동북아에 있어서 평화체제는 당분간은 경제적, 문화적 평화의 영역이든 정군적 평화의 영역이든 양자체제와 다자체제를 병행 추진하는 것이 더 효과적이다. 동북아 국가들은 지금까지 양자 차원의 경제협력과 정군협력을 매우 적극적으로 추진해 오고 있어, 결과적으로 지역의 경제 발전과 평화에 크게 기여하고 있다. 따라서 이제는 이를 바탕으로 다자간 방식의 협력체제인 평화체제 구축을 추진할 수 있는 유리한 여건이 형성되었다고 볼 수 있다.

또한 탈냉전기 이후 국제질서는 점차 다변화, 다원화 및 다자화해

가고 있고, 이 과정에서 국가들의 주된 관심사가 정군적 대결보다는 경제발전과 문화향상 등을 공동으로 추구하는 것으로 전환되고 있다. 또한 동북아의 국가들이 자국의 필요에 따라 국가 간의 협력관계를 이전의 양자 차원에서 다자 차원으로 확대하는 것을 저해하는 요소들이 소멸되어 가고 있다.

다섯째, 동북아의 평화체제가 장기적으로 지속 가능한 평화를 목표로 한다면 대만, 몽골, 캐나다, 호주를 포함시키는 문제도 고려해 보아야 할 것이다. 물론 이들 중에서 호주나 캐나다는 경제평화나 문화평화와 다소 비켜선 나라들이지만 동북아의 정군평화에 있어서 핵위협과 군비경쟁의 도래에 결코 무관할 수 없는 나라들이다. 특히 캐나다는 동북아에서 다자간 안보대화 창설의 필요성을 역설해 왔고 군비통제 분야에 있어서도 많은 경험을 축적하고 있다는 점이 고려될 수 있을 것이다.

또한 한반도를 중심으로 장차 경제·문화 평화협력과 비핵화 및 평화군축 개념을 도입하여, 확대 적용할 수 있다면 몽골, 중국, 러시아 동북부, 일본 및 대만 등 동북아 대다수가 이러한 범위에 포함될 것이다.239) 이와 같이 참가국을 10개국 이상으로 확대하는 경우, 장기적으로 4대 강대국 간의 이해대립이나 특정 국가의 영향력을 배제시키는 데 좀 더 유리할 수 있다.

그러나 역외 국가들을 포함시키는 경우는 다자간 안보협력대화가 신뢰안보구축 조치의 시행을 시도할 경우에 한해 가상해 볼 수 있다.

---

239) John Endicott, "International Conflict and Collective Security: Limitations and Prospects", paper prepared for International Conference on "The New World Order and Korea: Challenges and Prospects Towards the Year 2000" by the Korean Association of International Studies(August 26, 1993). 엔디코트가 주장하는 동북아에서의 제한된 비핵지대화의 개념은 몽골, 미, 중, 러, 남북한, 대만, 일본을 포함하여 모두 8개국이다.

현재로서는 한·중·일 3국과 미국·러시아·북한·대만·몽골을 포함한 8개국 이상으로 확대하는 방안은 동북아 소지역만이 가질 수 있는 특수성에 의문이 제기될 수 있다는 점에서 불리하다. 그리고 참가국에 있어서 미국과 일본이 동북아 평화체제의 구축에 실질적인 역할을 할 수 있으므로 두 나라의 적극적인 참여를 유도해 내는 것이 필요하다.

특히 동북아 평화체제의 구축에 있어서 일본의 입장 변화는 매우 중요하다. 동북아에는 역내 국가 간의 상호 이해부족과 상호 불신의 정도가 매우 높은데 이러한 현상의 일차적 원인은 과거 일본의 침략과 식민지배로부터 유래하고 있다.

더구나 일본의 경제적 우위현상 때문에 여타 국가들로 하여금 협력체제 구축 움직임에 부정적으로 작용하고 있다. 그러므로 일본은 과거사에 대한 철저한 반성과 역내 국가들에 대한 경제적 지원을 강화하는 것이 필요하다.

2. 의제 문제: 포괄적 설정

동북아의 평화체제 구축에 대한 의제설정 문제는 경제평화, 문화평화, 정군평화 등으로 평화조건과 의제를 단계적으로 확대해 나가는 것이 바람직하다. 먼저 상호 신뢰구축을 위한 준비과정으로 경제평화적, 비군사적인 측면에서부터 작은 평화협력을 통해 단계적으로 출발하는 접근법을 가정할 수 있을 것이다. 즉 포괄적인 평화개념에 합당한 경제평화 협력문제와 비군사적 의제인 난민문제, 마약문제, 환경보전 및 오염방지, 해상안전감시 및 해적 퇴치 등이 논의될 수

있을 것이다.

그러나 문화평화의 의제인 인권문제, 역사문제, 이념문제 등과 같은 문제는 그 성격상 정군적 영역의 평화와 관련된 내정간섭이라는 비판을 제기할 우려가 있어 평화체제의 의제로 다루기에는 조심스러운 부문이다. 문제는 다자간 신뢰구축의 토대가 없는 동북아 지역에서는 동남아 지역이나 여타 지역과 달리 문화적 평화의제를 다루는 대화의 개시가 기능적인 접근을 통해 정치적인 신뢰로 확산(spill-over)될 가능성이 크지 않다는 점이다.

따라서 동북아 지역에서는 문화평화의 대화를 개시함과 동시에, 지역안전보장에 보다 직접적인 영향을 주는 북한의 핵문제나 미사일 문제 등 정군평화 문제도 함께 논의하는 것이 효율적이다. 정군평화와 관련된 의제문제는 전통적인 평화위협을 우선적으로 해결하려는 접근 방법으로 핵확산금지, 군비통제실시, 무기 및 미사일 수출통제 장치 설치, 군사정보의 투명성, 전환(Conversion) 레짐의 설치 등이 구체적인 의제로 논의될 수 있을 것이다.

동북아 지역에서 거론되고 있는 정군평화를 위한 기초적 신뢰구축 조치의 일환인 지역 무기등록(Regional Arms Register)이나 국방백서(White Paper)의 발간, 군사정보교환, 지역안전을 위한 해상정찰레짐(REMARSSAR, A Regional Maritime Surveillance of Safety Regime) 설치 등의 의제들도 논의될 수 있을 것이다.

그러나 평화체제의 구축을 위해서는 협력대화 자체를 시작하는 것이 가장 중요한 현 상황에서 참가국 중 어느 한 국가라도 반대하는 의제를 다루기는 어려운 실정이다. 이는 1993년 7월 동북아 안보협력회의를 준비하기 위해 모인 미국의 샌디에이고 회의에서 증명되었으며, 대화 개설을 위해 비정치·군사적인 의제만을 다룬다는 방침을 정하였다. 즉 참가국들이 원치 않는 민감한 의제들은 모두 제외시키기로 결정했던 것이다.

유럽안보협력회의(CSCE)도 처음에는 포괄적인 의제를 지향하였고, 어느 정도 대화의 틀이 구성된 뒤에는 특정한 분야로 확대하였다. CSCE의 의제의 포괄성은 동서 양 진영의 이념적 대결에도 불구하고 유럽의 각국이 참여하지 않을 수 없도록 하였으며, 이후 특정한 분야에서 갈등이 발생할 경우에도 참가국들이 쉽게 이탈하지 못하게 한 요인으로 작용하였다.[240]

참가국들 사이에 의제로 갈등이 발생할 때는 각 국가들이 중점을 두고 관철하고자 하는 의제들을 상호 연계시켜 '상생(win - win)'의 결과를 도출하는 것이 중요하다. 의제의 상호 연계와 결합은 일방의 주장 관철과 상대국의 반발을 억제하고, 상호간의 부분 양보를 통한 공동이익의 확대에 적합한 협상 방법이다. 협상의제를 서로 주고받으면서 협상무대가 '제로섬(zero - sum)'적 양상으로 악화되는 것을 막아 주고 대화의 틀에서 이탈하지 못하게 할 수 있다.

동북아의 평화체제 구축을 위한 잠재적인 정군적, 경제적, 문화적 평화의제는 다양하게 제기될 수 있다. 미 국방부와 태평양사령부가 1996년 4월 아시아·태평양 시니어 세미나(Asia - Pacific Senior Seminar)를 개최하여 미국, 캐나다, 호주, 뉴질랜드를 포함하여 22개의 아시아 국가들의 대표들에게 다음과 같이 질의하고 결과를 갖고 토론을 한 적이 있다.[241]

---

240) 손기웅, 『CSCE/OSCE의 분석과 동북아안보협력에 주는 시사점』(서울: 통일연구원, 2004), 46쪽.

241) 송영선, "아·태 지역 다자 안보체제와 한국의 참여", 7 - 9쪽.
http://www.songyoungsun.com/NationalSecurity/study/List.asp(검색일: 2005년 7월 15일)

첫째, 향후 5년 이내에 '아 · 태 지역에 있어서 안보 영역에서 분쟁소지가 높은 이슈(potential issues in Asia – Pacific security)'는 무엇인가에 대한 질문이었다. 그 결과 20여 개의 대답이 나왔는데, 이들 중 주요한 것을 열거하면 다음과 같다.

즉 ①중국 · 대만 간의 갈등, ②군사력 증강과 군비경쟁, ③대량살상무기 확산, ④권력승계 문제 등 국내 정치적 갈등, ⑤배타적 경제수역(EEZ)이나 영토분쟁, ⑥한반도분쟁, ⑦국가 이기주의, ⑧국가 간의 경제적 차이, ⑨국내 지역 간의 소득 불균형, ⑩미 · 일, 미 · 중 관계 와해 등이었다.

이 밖에 소수의견으로 지적된 것은 인구증가, 종족갈등, 일 · 중 경쟁, 해외주둔미군의 감축 · 철수, 경제 · 무역 갈등, 극단주의 운동, 이민증가, 테러, 환경오염, 에너지 수요 증가, 해적, 천연자원경쟁, 에이즈, 천연재해 등이다.

둘째는 이러한 문제발생을 어느 정도 심각하게 생각하느냐고 '문제의 심각성'242)을 물은 결과, 다음과 같은 순으로 12가지가 제시되었다. 즉 ①중국 · 대만 갈등, ②대량살상무기 확산, ③군비증강 · 군비경쟁, ④한반도 갈등 또는 분쟁, ⑤미 · 일, 미 · 중 관계 악화, ⑥배타적 경제수역(EEZ)이나 영토분쟁, ⑦권력승계 등 국내정치 갈등, ⑧해외주둔미군 감축 · 철수, ⑨중국 · 일본 관계 악화, ⑩국가 이기주의, ⑪인구증가, ⑫국내 지역 간 소득 불균형 등이다.

이 조사에서 확인할 수 있는 것은 문제발생이 국가나 지역안보에 미치는 영향이나 이러한 문제발생을 심각하게 인식하는 순서를 살펴보면 군사적, 양자적, 전략적, 지정학적 문제가 상대적으로 상위순위

---

242) 문제의 심각성(Seriousness) = 일어날 가능성 지수(Likelihood) × 지역안보에의 영향지수(Impact), 즉 문제의 심각성은 국가나 지역안보에 영향을 미치는 순서와 거의 유사하게 인식된다. 송영선. 8쪽.

를 차지하고 있다는 점이다.

즉 국가의 중요한 문제는 '다자안보'가 아닌 '양자체제'에서만 가능하다는 인식이 거의 지배적이었다. 그러나 이들 질문에 대해 10여 년이 지난 상황에서 안보이슈들이 대부분 사실화되지 않았고, 오히려 안보 문제화함으로써만 안보이슈로 존재하고 있다.

아·태 지역에서도 동북아 평화와 관련된 문제들을 지역에의 파급효과를 고려하더라도 주된 문제로 인식할 필요는 없다. 더구나 이들 문제들은 현재 활성화되고 있는 아세안 확대외무장관회의(ASEAN - PMC)나 아세안지역포럼(ARF) 등을 통해 집중적으로 논의하고 협력을 구할 수도 있을 것이다. 다만 동북아 평화문제를 집중적이고, 체계적으로 논의하고 협력을 구할 수 있는 미국 주도의 다자안보체제의 발전이 전제되지 않고는 논의의 진전에는 한계가 있다.

그러나 미국과 중국 양 강대국이 점증하는 충돌위기를 관리하기 위해 정군평화와 경제평화를 위한 대화를 강화하고 있어 동북아의 평화체제가 가까운 장래에 보다 구체화될 가능성도 있다. 미국과 중국은 2005년 1월 사상 처음으로 베이징에서 양국 국방정책회의를 갖고 북한과 대만문제 등 지역평화와 관련하여 광범위한 문제들을 논의한 점은 시사하는 바가 크다.

미국과 중국의 정군평화 대화는 미국이 중국을 군사적 위협으로 보고 억제·배척하던 전략에서 아시아 지역 안보확보를 위해 중국과 적극적인 대화를 모색하는 쪽으로 변화하고 있다는 것을 의미한다. 미국과 중국은 현재까지 특정 현안별 대화에 머물었으나 양국 간 군사적 충돌을 예방하기 위한 전반적인 위기관리 체제를 구축하기 위한 대화로도 볼 수 있다. 따라서 미국과 중국을 중심으로 하여 동북아의 평화체제 구축을 논의하는 것도 긍정적으로 기대해 볼 수 있다.

〈표 5-1〉 동북아 지역 설립 및 유치 가능한 다자협력기구(사례)

평화조건	정군평화 관련 기구	경제평화 관련 기구	문화평화 관련 기구	복합체적 기구
협력기구	•동북아 조약기구 (NEATO) •동북아 의회 (NEAP) •동북아 군축센터 •동북아 다자안보협력기구	•동북아 경제협력기구 •동북아 이주노동센터 •동북아 무역기구 •동북아 에너지공동체 •동북아 환경센터	•동북아 인권재판소 •동북아 역사재판소 •동북아 여성인권센터 •동북아 문화협력기구	•동북아 평화센터 •동북아 평화공동체 •동아시아 공동체

동북아의 평화체제 구축을 위한 평화조건과 의제 설정과 관련하여 가장 중요한 것은 각국 간 상호 입장을 이해하기 위해 '대화의 습관'을 증진하는 일이다. 동북아의 평화체제 구축은 궁극적으로 평화와 공동번영이라는 '공동선'을 순기능적으로 창출하는 것이므로 지속적인 대화를 통하여 상호 신뢰구축과 협력이 이루어지도록 해야 할 것이다.

3. 제도화 문제: 점진적 접근

국가 간의 협력체제의 창출, 즉 제도(institutions)를 통한 국제평화의 확대문제는 매우 중요하다. 제도는 국제연맹, 국제연합의 창출에서부터 오랜 연원을 갖고 있는 사고로 지역에 있어서도 협력제도의 창출이 평화를 확대한다고 보는 것이다. 유럽에서의 유럽연합의 창출과 하나의 통화를 바탕으로 한 경제공동체의 운용은 유럽평화의 초석이 되고 있다.

동북아에서도 지역평화를 확대하기 위한 다양한 제도의 창출이 요구되고 있다(<표 5-1> 참조). 평화체제라는 제도의 창출을 위해서는 공동이익을 극대화하기 위한 상호 협력과 대화의 틀인 '협의체'를 만들고, 이를 습관화하여 제도적 '협력체(기구)'의 건설이라는 단계적 과정을 밟는 것이 효과적이다.

제도화는 포괄적인 의제를 중심으로 지속적, 장기적인 대화의 틀을 운용하면서 점진적으로 발전시켜야 공고해진다. 유럽안보협력회의(CSCE)가 1954년 소련이 최초로 제의한 이래 41년 만인 1995년 국제기구인 유럽안보협력기구(OSCE)로 제도화된 것은 커다란 시사점을 준다.[243]

동북아라는 지역을 중심으로 별도의 '제도적인 틀(institutional framework)'을 새롭게 마련할 경우, 국가 단위의 참여를 통해 일단 참여국 대표들 간에 합의하기 비교적 용이한 의제들을 먼저 논의하는 것이 바람직하다. 그리고 경제적, 문화적 평화에 관한 현안들을 해결하고, 이를 토대로 정군적 평화의 현안들을 상호 연계해 단계적으로 해결해 나가야 한다.

제도화에 있어서 또 고려해야 할 사항은 단기간에 완성된 형태의 제도화가 쉽지 않다는 점을 감안하여 이슈별로 하위협력제도를 만드는 것이 필요하다. 공통의 관심사항이면서 이해관계가 대립되지 않는 사안을 중심으로 평화조건에 따른 이슈별로 협력을 제도화하는 점진적인 방법을 택하는 것이다. 이렇게 제한적 또는 사안별 다자주의를 통해 평화조건 간의 하위 레짐이 상호 상승 작용을 일으켜 궁극적으로 하위 레짐을 포괄하는 상위의 안정적인 다자 평화협력체가 구축될 수 있다.

동북아의 평화체제를 구축하기 위한 제도화가 이루어진 이후 경제

---

243) CSCE/OSCE는 1954년 소련이 최초로 제의한 이래 21년 만에 최종의정서가 합의되어 출범했고, 최종의정서 체결 후 15년 만에 진정한 동서화합과 재래식군비감축 등을 이루었고, 5년이 더 지난 1995년 국제기구로 조직화되었다. 손기웅(2004), 51쪽.

평화, 문화평화, 정군평화 등 세 영역으로 나누어 해당 평화의제만을 전문적으로 다룰 새로운 하부기구의 창설도 검토해 보아야 할 것이다. 다자안보기구인 유럽안보협력기구(OSCE)의 경우 군비통제의 문제만을 다룰 하부기구로 안보협력포럼(FSC, Forum for Security Cooperation)을 창설하여 운용한 것을 원용할 필요가 있다.

특히 동북아에서 아직 평화제도가 창출되지 못한 것은 국가지도자들이 평화행위자로서의 리더십을 창출하지 못한 것도 한 요인이 된다. 유럽통합의 추진은 프랑스와 독일이 주도적 평화행위자가 되어 지역의 평화통합의 견인차가 되어 성공할 수 있었다. 동북아에서 평화제도를 창출하기 위해서는 몇몇 주요 국가들의 지도자들이 평화행위자가 되어 선두에서 이끌어 가는 노력이 필요하다.

4. 평화전이와 지속화 문제: 연계적 결합

평화체제 구축의 제도화가 어느 정도 이루어진 이후에 이를 지속화하기 위해서는 파급효과에 따른 '평화확대전이'가 이루어지도록 해야 한다. 평화조건 간의 전이는 한 국가 차원에서만 이루어지는 것이 아니라 지역적, 국제적 차원에서도 이루어지고 있다. 한마디로 평화조건들은 다양한 상호 작용과 연계를 통해 국가 간 협력을 증진시켜 평화를 촉진시키거나 혹은 관계를 악화시켜 평화를 축소할 수 있다.

동북아의 경우처럼 평화문제가 2개국 이상의 행위자가 존재하는 평화복합체 내의 경우에는 평화조건 간의 상호 작용이 서로 연계되어 더욱 복잡하게 나타날 수밖에 없다. 여기에서 중요한 문제는 역내 국가 간 상호 협력의 증진으로 제도가 지속화, 공고화할 수 있도록 평화조건 간 평화확대전이가 이루어지도록 하는 것이다.

평화조건들은 상호 긴밀히 연계되어 있기 때문에 지속적인 파급효과로 평화전이가 이루어진다. 국가지도자의 평화행위 여부에 따라 평화확대전이 또는 평화축소전이가 크게 영향을 받는다. 동북아에서 제도화된 평화체제가 지속화하려면 평화확대전이가 꾸준히 이루어지도록 해야 한다.

전통적인 국가들은 대체로 경제 - 문화 - 정군평화 문제가 상호 연계되어 나타나기 때문에 부국강병을 이상적인 국가목표로 설정하고 경제력을 군사력 강화의 수단으로 삼기도 한다. 이러한 경우는 경제평화가 침해되는 경우로서, 국가 간 갈등이 촉발되어 평화축소전이가 이루어진다.

그러나 동북아 국가들이 지역평화를 강화하려면 전통적 국가관에서 탈피하여 상호 협력을 통해 공동이익을 확대해 나갈 필요가 있다. 경제력을 통한 군사력 강화가 결코 그 나라의 지속 가능한 평화와 발전을 보장해 주지 않는다는 사실을 역사가 가르쳐 주고 있다. 국가 간의 협력과정에 내재하고 있는 각종 장애물을 제거함으로써 제도의 지속화를 통해 참여 국가들에 공동의 이익이 되도록 해야 할 것이다.

즉 평화제도가 지속화되려면 국가 간의 협력 강화가 상호 이익의 증진으로 나타나도록 해야 할 것이다. 평화제도가 특정 국가에 지배되거나 특정 국가에 불이익을 준다면 약화되거나 유명무실해질 수 있다. 평화제도는 상호 협력을 강화할 수 있도록 상호 교류를 통한 불확실성 감소, 협력적 국가에 대한 혜택 확대 등을 통해 자기 강화를 전개해 나가야 한다.

종국에는 복합체적 평화개념을 통해 '평화를 통한 공동번영'과 '공동번영을 통한 평화'를 상호 연계하여 선순환적으로 구축할 필요가

있다.244) 동북아에서는 오랫동안 평화와 번영, 경제와 문화, 안보는 각각 별개의 것으로 인식되어 왔다. 그러나 이제는 평화와 번영은 '복합체적 평화발전'이라는 평화조건으로 존재하고 있다는 것을 분명하게 인식할 필요가 있다.

요컨대 동북아의 지속 가능한 평화체제의 구축은 평화가 번영을 보장하고 번영이 다시 평화를 창출하는 쌍방향 선순환 구조의 복합체적 이행에 있다고 할 수 있다. 동북아의 평화공동체는 단계의 분리와 점진적 연계를 통한 평화조건들의 복합체적 이행으로 달성해 가야 할 목표이다.

제2절 동북아의 평화체제 4단계 구축 방안

동북아의 지속 가능한 평화체제를 구축하기 위한 방안은 여러 가지로 접근될 수 있다. 어떤 한 나라가 이를 주변국에 제안하여 추진할 수 있고, 북한핵 문제 해결을 위해 구성된 6자회담의 틀을 통해 논의할 수도 있다. 그러나 직접적인 방법으로 창안하는 것이 빠른 방법이긴 하지만 충분한 신뢰가 형성되지 않은 상황에서 추진하면 쉽게 해체되거나 유명무실해질 수 있다.

그러므로 역내의 공동이익을 위한 부분을 강조하여 이를 바탕으로 <그림 5-1>과 같이 포괄적, 단계적, 점진적으로 추진하는 것이 바람직하다. 즉 첫째, 동북아의 여러 여건을 감안해서 비정치적이고 비

---

244) 박명림, "동북아 시대, 동북아 구상, 그리고 남북관계", 통일연구원, 『동북아구상과 남북관계 발전전략』(서울: 통일연구원, 2006), 25쪽.

〈그림 5-1〉 동북아의 지속 가능한 평화체제 4단계 구축 방안

단계	제1단계				제2단계				제3단계				제4단계
목표	경제평화 - 경제공동체 -				문화평화 - 문화공동체 -				정군평화 - 정군공동체 -				지속 가능한 평화 - 평화공동체 -
단계별 4대 전략	경제 협력 대화	경제 평화 사업 공동 추진	경제 평화 제도 화	경제 공동 체 형성	문화 협력 대화	문화 평화 사업 공동 추진	문화 평화 제도 화	문화 공동 체 형성	정군 협력 대화	정군 평화 사업 공동 추진	정군 평화 제도 화	정군 공동 체 형성	영구평화 - 공동번영 경제평화 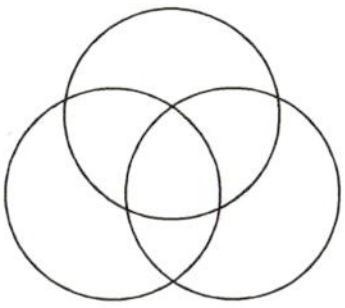 문화평화　정군평화 3위1체화: 평화창출 효과 극대화

- 평화조건 간의 쌍방향(복합체적) 선순환 구조 구축
- 1, 2, 3단계 우선순위는 평화확대전이 촉진 요인 고려
- 평화창출산업 먼저 추진 후 그 기반 위에 추가 병행추진
- 단계별 연계는 평화행위자(국가 또는 국가지도자) 역할 중요

군사적인 분야로 교류와 협력이 가장 용이한 경제평화 분야부터 추진하는 것이 더 효과적이다. 경제평화 분야가 어느 정도 진척되면 이를 심화시키기 위해서 문화평화, 정군평화 분야로 연계, 확대시켜 나갈 필요가 있다.

둘째, 각 평화조건에 대한 의제선정은 동북아 국가들의 공통이익을 최대화할 수 있는 공동 관심 분야를 선정하는 것이 중요하다. 평화행위자는 동북아의 복잡한 평화구조의 특성을 감안하여 먼저 평화창출사업 또는 평화선도 분야를 선정하고 이를 다자간 공동 추진해 나가야 할 것이다.

셋째, 평화의 제도화를 위해 협력대화 및 협의체 건설, 협력기구 출범 등의 단계적, 점진적 과정을 밟아 나가는 것이 바람직하다. 그리고 평화의 제도화가 공고화되기 위해서는 각 평화조건 간의 파급효과가 극대화되어 평화확대전이가 이루어지도록 하는 것이 필요하다.

종국에는 경제평화 구축을 통한 경제공동체 형성, 문화평화 구축

을 통한 문화공동체 형성, 정군평화 구축을 통한 정군공동체 형성을 단계적으로 추진하여 동북아의 지속 가능한 평화체제인 평화공동체를 건설해 나가야 할 것이다. 이러한 점들을 고려하여 동북아의 지속 가능한 평화체제의 4단계 구축 방안과 전략을 모색해 본다.

1. 제1단계－동북아의 경제평화 구축과 경제공동체 건설

1) 목표와 방향

동북아의 지속 가능한 평화체제의 구축을 위해서는 먼저 경제평화를 통한 경제공동체를 건설하는 것이 필요하다. 동북아의 경제평화 실현은 국가 간의 빈부갈등 및 불균형 문제 등을 개선하여 공동발전을 위한 경제공동체를 건설하는 것이다. 동북아의 경제평화 실현을 통한 경제공동체의 형성에 있어서 유럽 지역통합의 경험은 몇 가지 시사점을 준다.

유럽국가들의 지역통합에 크게 기여한 나라는 프랑스와 독일이라고 할 수 있다. 두 나라는 지역평화를 모색하기 위하여 두 차례의 세계대전을 겪은 후 역사적인 적대관계를 청산하고 다시는 유럽에서 전쟁이 발발하지 않도록 경제협력 대화를 통해 제도적 장치를 강구하게 되었다. 이는 1950년 프랑스 수상 모네가 구상하고 외무장관 슈망(Robert Schuman)에 의해 구체화된 프랑스·독일의 석탄·철강 공동관계 계획인 ‘슈망 플랜(Schuman Plan)’으로 구체화되었다.245)

프랑스·독일 간의 슈망 플랜에 따라 전쟁을 미연에 방지하고 기간

---

245) 김양희(2004), 172쪽.

산업의 안정적 발전을 도모할 목적으로 중요 군수물자인 석탄과 철강을 초국가적으로 관리하는 '유럽 석탄·철강공동체(ECSC, European Coal and Steel Community)' 조약이 1951년에 조인되었다. 이후 벨기에·네덜란드·룩셈부르크·이탈리아 등이 협력대화에 합류하여 1952년에 ECSC를 창설하였고, 이는 후에 관세동맹으로 발전, 유럽연합을 태동시킨 주요한 내적 동인이 되었다.

슈망 플랜에 앞서 1947년 미국은 소련의 부상에 대응해 유럽에서 자본주의 체제를 결속시킬 필요에 따라 서유럽 원조계획인 '마셜플랜(Marshall Plan)'을 제안하였다.246) 이는 파리회의에서 승인되었고, 1951년 말까지 서유럽 16개국에 114억 달러가 제공되어 서유럽 부흥에 중요한 역할을 수행하였다. 그리고 이 사업을 관장하기 위해 '유럽경제협력위원회(CEEC)'가 탄생하여 후에 '유럽경제협력기구(OEEC)'로 발전하였다.247)

유럽의 양대 플랜은 전쟁방지를 위한 정군적 목적과 지역경제 부흥이라는 경제적 목적을 상호 연결시킨 지역협력 전략이라는 공통점을 지닌 것이었다. 동북아의 지속 가능한 평화체제 구축은 안보와 밀접히 연관된 분야의 경제협력을 통해서 공동번영과 동시에 역내 평화확대에 기여하고자 한다는 점에서 슈망 플랜을 원용할 필요가 있다.248)

나아가 슈망 플랜에 의해 형성된 ECSC와 그 후 EU로 발전하는

---

246) 마셜플랜의 정식이름은 '유럽부흥계획(European Recovery Program)'이었다. 그런데 이를 제한했던 미국 국무장관 마셜(George C. Marshall)의 이름을 따서 일반적으로 마셜플랜으로 지칭된다.

247) 유럽경제협력위원회 'CEEC'는 Committee of European Economic Cooperation의 약어이고, 유럽경제협력기구 'OEEC'는 Organization for European Economic Cooperation의 약어이다.

248) 김양희(2004), 173－174쪽.

과정은 유사한 과제를 안고 있는 동북아에서도 경제협력대화 및 교류협력 강화, 경제협력의 분야별 혹은 포괄적 제도화가 유용할 수 있음을 보여 준다.

또한 동북아에서 공통의 이해관계를 지니고 있는 역내·외 이해당사자 간의 국제협력을 통해 자체 개발능력이 취약한 북한, 몽골 등 역내 낙후지역 개발을 지원하여 동북아 경제공동체의 토대를 닦아야 한다는 점에서 마셜플랜을 원용할 수 있다. 동북아에서 유럽의 지역통합모델을 원용하여 전쟁을 방지하고 공동번영을 위한 공동체 형성을 성공시키려면 네 가지 방향으로 추진하는 것이 바람직하다.

첫째, 역내 지역통합에 대한 강력한 정치적 의지를 가진 '평화행위자'가 등장하여 구심력과 추진력을 갖추어 주도해 나가는 것이 필요하다. 유럽의 마셜플랜에서 볼 수 있었듯이 유럽의 지역통합 과정에서 역내국인 프랑스와 독일의 역할도 중요했지만 역외국인 미국의 역할도 중요했다.

그러므로 동북아에서도 역내 평화창출사업의 주도국이 역내국인가 아닌가에 의미를 부여하기보다는, 이해관계를 가진 모든 역내외국의 관심과 참여를 유도하여 평화의지를 실행에 옮기는 것이 중요하다.

둘째, 경제적으로 국가 간의 상호 협력과 연계를 강화할 수 있는 평화창출적인 '공동시장'을 만들고, 이를 제도로 발전시켜 나가는 것이 필요하다. 유럽연합은 지역의 전쟁방지와 경제적 공동발전을 촉발시킬 수 있는 평화창출사업으로 석탄과 철광 부문의 공동시장을 만들었다.

이후 이를 토대로 통신, 운송 부문으로 단계적 확대를 통해 공동산업정책, 공동기술개발정책, 공동중앙은행 창출 등에 이르기까지 정책결정을 공동 추진할 수 있는 경제협력기구로 제도화했다.249) 동북아 국가들도 지역평화와 공동발전을 촉발시킬 수 있는 평화창출사업들을 발굴해 이를 토대로 제도화를 추진하는 것이 바람직하다.

셋째, 동북아는 유럽과 달리 상이한 경제체제와 소득격차가 큰 국가들이 공존하므로 유럽의 사례를 원용하되 동북아의 특성에 맞게 창조적으로 접근할 필요가 있다. 유럽의 초기 협력 대상국은 동일한 경제체제와 유사한 경제수준의 나라들이었으므로 ECSC가 역내 평화확대와 공동번영을 위한 유럽통합의 목표를 달성할 수 있는 시발점이 되는 게 가능했다.

그러나 동북아에는 경제평화문제 외에 정군평화의 위협 요인과 문화평화의 위협 요인들이 심화된 상태이다. 그러므로 동북아의 구성 국가들이 먼저 공동의 경제적 이익을 창출할 수 있는 '경제평화 창출사업'을 적극 발굴하는 것이 필요하다.

넷째, 경제평화 창출사업 등을 통해 역내 경제평화가 확대되면 경제공동체를 형성하고, 이를 보다 공고화하기 위해서 문화평화와 함께 정군평화를 연계시켜 나갈 필요가 있다. 국가 간의 경제발전 균형을 통해 경제적 상호 의존도나 무역과 생산의 대외의존도를 심화시켜 협력과 조율을 통해 경제공동체를 촉진해 나갈 수 있다.

견고한 경제공동체로 형성되기 위해서는 상대적 박탈감, 불균형 성장과 분배 등 역내 경제평화위협 요인들을 지속적으로 해소해 나가는 노력이 필요하다. 궁극적으로 동북아 평화공동체의 건설을 위한 경제공동체의 논의는 문화공동체 및 정군공동체, 즉 복합체적 평화체제의 구축과 연계하여 사고하는 것이 필수적이라 할 수 있다.

아직 동북아 경제공동체의 논의는 역내 평화복합체 내의 공동체 형성 논의와 접목되지 못한 채 별개로 진행되고 있다. 따라서 동북

---

249) 이호근, "유럽의 안보·경제협력의 사례", 박종철 외(2003), 110-111쪽.

아의 지속 가능한 평화체제의 구축을 위한 평화공동체 형성 논의는 경제공동체 형성을 중심으로 역내 평화복합체 내의 공동체 형성 전략과 보다 긴밀한 연계하에서 추진해 나가야 할 것이다.

2) 추진 방안과 전략

위에서 언급한 것처럼 유럽은 전쟁방지라는 정군평화를 달성하기 위하여 경제협력대화로부터 출발하여 오늘날의 유럽연합(EU)이 형성되는 단초를 마련하였다. 동북아에서 다자적 접근에 의한 평화체제를 구축하기 위해서도 경제협력대화를 통해 유럽의 ECSC와 같은 평화창출사업을 적극 발굴할 필요가 있다.

평화창출사업은 창조적 평화창출 전략을 통해 역내 국가들의 전쟁방지와 공동이익을 제공하여 궁극적으로 평화확대와 공동번영을 선도적으로 창출하는 공공재 성격의 협력사업을 말한다. 유럽연합의 경우는 석탄·철강, 통신·운송, 기술개발·중앙은행 등을 평화창출사업으로 선정하고 공동사업으로 전개했다.

동북아의 경우도 경제평화 창출사업을 통해 상호 협력과 의존관계가 긴밀해지면 경제평화의 제도화를 통해 경제공동체를 형성해 나가는 것이 중요하다. 그리고 경제평화의 제도화가 어느 정도 이루어져 경제적 신뢰관계가 형성되면 문화평화와 정군평화의 분야로 단계적으로 연계, 전이시켜 추진할 필요가 있다.250) 동북아의 경제평화 구축을 통한 경제공동체 형성 전략을 구체적으로 살펴본다.

(1) 경제협력대화 추진

동북아의 지속 가능한 평화체제를 구축하기 위해서는 먼저 역내

---

250) 김계동(2004), 34 - 35쪽.

국가들과 경제평화의 협력증진을 위한 대화부터 추진하여 공동의 경제평화사업을 모색할 필요가 있다. 동북아의 경제평화를 위한 협력대화의 시작은 다양한 채널로 시작할 수 있다. 동북아의 경제평화 협력을 위한 대화채널은 ASEAN＋3, APEC, 동아시아정상회의 한·중·일 3국 정상회의 등이 있다.

각국 정상 및 각료들이 이들 대화체에 참석하여 양자 간 또는 다자간 대화를 통해 경제교류협력과 공동 경제평화 창출사업 등에 관한 다양한 의제를 논의할 수 있다. 경제평화를 위한 의제로는 환경, 에너지, 식량, 교통 등을 비롯하여 공동 경제발전을 위한 교류협력 강화 등 폭넓게 거론될 수 있다. 어떠한 의제든 대화 참여국들이 공동의 관심을 갖는 포괄적 분야부터 논의하는 것이 합의도출과 협력이 용이하다.

남북한 간의 경제평화 협력을 위한 대화채널은 장관급회담을 비롯하여 각종 차원의 당국 및 민간회담 등이 있다. 남북한 간은 이들 경제협력대화를 통해 교류협력의 활성화 및 지속적 확대를 모색해 나갈 필요가 있다. 경제 관련 다양한 의제들 중 철도 및 도로연결, SOC투자 등 공동사업이 용이한 평화창출사업을 발굴하기 위한 대화를 먼저 진행하는 것이 바람직하다.

(2) 경제평화 창출사업의 공동 추진

동북아의 경제평화 제도화를 위해서는 국가 간의 협력대화가 다양한 경제교류협력 및 경제평화 창출사업으로 연계되도록 할 필요가 있다. 현재 동북아에서 추진 중인 포괄적인 경제공동체 건설을 위한 협력 분야로는 에너지, 환경, 교통 등을 꼽을 수 있다.

동시베리아 개발을 매개로 하는 동북아 에너지협력체, 황사나 산

성비 또는 해양자원확보 문제 등을 공동으로 해결하기 위한 동북아 환경협력체 그리고 남북철도 연결 및 동북아 교통 연계망의 구축 등은 특정 국가가 아닌 동북아 지역 전체의 평화공공재 창출과 유지를 위해 필요한 공동 사업에 해당된다.

동북아의 경제평화를 창출하기 위해 가장 구체화되고 있는 사업의 하나로 남북한 및 동북아 철도·도로망 사업을 들 수 있다. 그리고 한·중·일 3국을 중심으로 역내 국가 간 FTA를 체결하여 공동의 경제발전을 모색할 수 있다. 특히 남북한 간의 경제평화를 위한 남북 평화창출사업은 한반도의 평화뿐만이 아니라 동북아의 평화와 공동번영을 증진시킨다는 점에서 매우 중요하다.

그러므로 남북한의 경제평화 창출사업은 동북아 차원에서 순차적으로 또는 병행하여 추진할 필요가 있다. 즉 남북한 및 동북아 역내 국가 간 다차원적으로 대화와 교류협력을 강화하여 경제평화 창출사업들을 발굴하고 공동으로 추진하는 것이다. 이들에 대해 보다 구체적으로 살펴본다.

① 남북한의 점·선·면 경제평화 창출사업 추진

한반도 및 동북아의 평화를 증진하기 위해서는 우선 남한과 북한이 경제평화를 확대하기 위한 교류협력을 추진하는 것이 필요하다. 남한과 북한의 경제 교류협력은 북한경제의 체질강화와 대외개방을 촉진하고 나아가 동북아의 경제협력 활성화에 기여하게 된다. 남한과 북한의 경제교류협력은 남북관계 개선을 통한 경제공동체 형성과 평화공동체를 가져오게 하여 한반도 및 동북아의 지속 가능한 평화체제의 구축에 기여하게 된다.

남한과 북한의 경제교류협력이 남북한의 균형적 경제발전에 기여하고 동북아 경제의 공동발전을 위한 계기가 되기 위해선 경제적 효율성에 기초하여 상호 보완적 관계를 구축할 필요가 있다. 이러한 관점에서 북한의 특구 중심의 경제협력전략은 핵심적인 평화창출사업으로 규정할 수 있을 것이다.

북한 내 평화거점, 즉 '평화의 점(点)'이 되는 경제평화 창출사업은 북한경제의 현대화를 선도하여 평화확대를 위한 전진기지 역할을 수행하게 되고, 아울러 남북한 및 동북아의 경제공동체 발전을 촉진시킬 것이다.

평화의 선(線, 점의 집합)이 되는 경제평화 창출사업의 대표적인 예로 금강산관광사업과 개성공단개발사업 등을 들 수 있다. 이들 평화창출사업들을 우선적으로 성공시키고, 이를 단계적으로 확대해서 동·서해 양 축을 따라 '평화의 선(線)'을 형성해 나가는 것이 바람직하다. 그리고 양 축의 연결을 통해 남북한 경제평화를 위한 교류협력의 축은 한반도와 동북아를 연결하는 '평화의 면(面)'으로 확대할 필요가 있다.

즉 평화의 점, 선, 면의 방향으로 평화의 영역을 단계적으로 확대해 나가는 것이 중요하다.251) 따라서 남한과 북한의 경제평화를 위한 교류협력을 확대하기 위해서는 제3, 제4의 평화창출사업들을 발굴하고 지속적으로 확대해 나가야 할 것이다.

남북한의 경제평화 심화는 근본적으로 북한핵 문제의 해결과 별개로 남북경제공동체 형성을 가속화할 것이다. 남북경제공동체는 '남북한 간 경제평화 부문에서의 공동체'를 의미한다. 즉 경제 부문에서 남북한이 서로 동질적인 이해관계를 형성하여 단일경제권을 이루는 것을 핵심으로 한다.

---

251) 김승국, "한반도의 평화 로드맵", 『동향과 전망』 63호(2005년 봄호), 190-196쪽.

　남북경제공동체가 물리적으로 급격한 과정을 밟든 점진적이고 완만한 과정을 거치든, 높은 수준의 통합체가 되든 느슨한 연합체가 되든 남한과 북한은 경제공동체를 향해서 나아갈 수밖에 없다. 그리고 남북경제공동체는 동북아경제공동체에 자연스럽게 접목되고, 그 속에 동화되어 가도록 할 필요가 있다.

　독일통일이 유럽의 역내 경제공동체 형성과 어떻게 접목되고 연계되었는지를 살펴보고 이를 남북한 통일에 원용할 수 있을 것이다. 유럽통합 초기 ECSC의 출범은 당시의 냉전구도하에서 소련을 견제하기 위한 수단으로 서독을 미국의 영향권하에 편입시키는 동시에 전범국 독일의 분단을 고착화시키는 틀로 작용했다. 그러나 아이러니컬하게도 동서독 관계의 정상화는 유럽통합을 더욱 촉진시키는 계기가 되었다.

　프랑스를 비롯한 유럽국가들은 독일의 재결합이 더 이상 평화위협이 되지 못하도록 그 과정을 유럽통합의 과정에 녹여내려 했다. 그러나 1990년대 이후 서독은 유럽의 통합과정에서 유럽의 최강 통화인 마르크의 포기에서 단적으로 드러났듯이 희생적이고 모범적인 리더십을 발휘하면서 그 대가로, 독일통일의 지렛대로 유럽통합을 활용하는 커다란 정치적 이득을 챙겼다. 독일은 적어도 사후적으로 유럽통합과 독일통합의 선순환 고리를 만들어 낸 것이다.

　남북한의 경제공동체가 동북아의 경제공동체 형성에 원만하게 작용하기 위해서는 북한경제의 연착륙과 동시에 남북한 간의 경제평화가 구축되도록 할 필요가 있다. 남북한 간에 지속적인 경제교류와 협력으로 신뢰 강화와 상호 의존이 심화되면 남북관계의 제도화를 위해 중국이 홍콩과 2004년 1월 체결한 '경제긴밀강화협정(CEPA)'[252]

---

252) 중국이 홍콩과 2003년 6월 29일 체결한 CEPA(Close Economic Partnership Agreement)

과 유사한 남북경제 협력협정을 체결할 수 있다.

남북한 간의 경제협력 협정체결의 관건은 그간의 상호 불신을 어느 정도 극복하고 국제법적 구속력을 갖는 협정으로 상호간의 약속을 충실히 이행할 것인지의 여부가 된다. 특히 남북한은 동북아의 여타 구성국들이 동북아의 위기관리 차원에서 북한의 개혁개방과 한반도의 원만한 남북평화통합 과정을 지원하도록 유도하는 것이 필수적이다.

② 남북한 및 동북아 철도·도로망 연결사업 추진

남북한과 동북아의 철도 및 도로 연결은 역내 평화 확대를 가져오는 핵심적인 평화창출사업이다. 철도 및 도로 연결은 단순한 물품운송 수단일 뿐만 아니라 사람과 문화교류의 매개체가 된다. 동북아의 철도 및 도로 연결은 서로에 대한 이해와 협력을 강화시키고, 물류발전의 지역협력과 공동번영의 전제조건이 된다.

나아가 동북아의 철도 및 도로 연결 확대는 근대 국민국가의 표상이었던 정군적 영토중심주의에서 지역평화를 강조하는 평화네트워크 패러다임으로 공간개념이 바뀌는 것을 의미한다.253) 한반도 철도사업 등 동북아의 평화를 확대할 물류사업은 천문학적인 비용이 소요되기 때문에 한 국가의 힘으로 감당하기 어려운 만큼 동북아의 규모나 유라시아의 규모에서 공동으로 추진하는 것이 바람직하다.

유럽 지역의 철도교통은 유럽통합을 가속화시켜 평화확대를 가져

는 2004년 1월 1일부터 정식으로 발효되었으며, 상호간 374개 업종에 대한 무관세혜택 및 18개 서비스 분야의 개방이 실시되고 있다. 중국이 홍콩과 CEPA를 체결한 것은 중국이 여타국과의 FTA 체결에 앞서 홍콩기업에 대중 비즈니스의 선점 기회를 제공하기 위한 것이었다. 홍콩기업은 이를 통해 대중 수출품의 가격 경쟁력 향상, 무역·투자 장벽 해소 등을 통해 대중사업의 수익성을 획기적으로 개선하게 되었다.

253) 이철호 부산대 교수는 도시, 시장, 기업이 국가를 대신해 국제활동을 펼칠 시기가 되었다며 동북아 물류체계 변화와 도시협력의 중요성을 강조했다. 『한겨레신문』, 2006년 11월 27일

〈그림 5-2〉 아시아 횡단철도의 기본망

왔다. 유럽철도망(TERN, Trans European Railway Network)은 교통망으로서의 역할뿐만 아니라 유럽의 경제와 문화를 통합하여 유럽연합의 결성을 촉진시켰다. 이처럼 국제철도 연결사업은 한반도 및 동북아는 물론 유라시아 지역을 하나의 지역공동체로 연결하여 교류와 협력을 증진시키고 나아가 평화를 촉진시키게 된다.

<그림 5-2>254)와 같은 남북한 간 및 동북아의 철도연결도 수송비 절감과 수송시간 단축 등의 경제적 지역협력 인프라를 구축함으로써 동북아의 평화와 공동번영을 가져오는 주요한 동인이 될 것이다. 남한과 북한의 철도연결은 유럽 – 아시아 – 태평양을 잇는 '철의 실크로드'를 열고, 협력과 평화기반을 마련함으로써 동북아 지역은 물론 유라시아 지역의 경제·문화 공동체 형성을 촉진시키는 핵심적 네트워크가 될 것이다.

남북한의 철도연결사업은 끊어진 교통기능의 본연을 회복하여 한반도 종단철도(TKR, Trans Korea Railway)를 완성하는 사업으로서 남북한 간의 대립과 갈등을 화해와 협력으로 전환하는 대표적인 평

---

254) 『중앙일보』, 2006년 4월 13일.

화창출사업이다. 남북한의 철도연결은 분단으로 인해 국제철도망에서 분리되어 있었던 한국이 대륙과 다시 이어져 동북아의 물류거점이 되는 데 기여한다는 점에서 경제적 기대 효과도 크다.255)

남북한 교통망의 연결은 그동안 공해와 제3국을 거쳐 연결됐던 남북관계가 비무장지대를 관통, 직접 연결됨으로써 분단을 물리적으로 극복하는 동시에 경제적, 문화적 평화 교류와 협력을 활성화하여 한반도의 평화와 동북아의 공동발전을 가져올 것이다.

남북한 철도가 이미 운행 중이거나 계획 중인 시베리아횡단철도(TSR), 중국횡단철도(TCR), 몽골횡단철도(TMGR), 만주횡단철도(TMR) 등과 연결된다면 단절되었던 동북아 공간이 복원될 것이다. 그리고 남북한 및 동북아의 경제적, 문화적 교류가 활성화되어 남북한 및 동북아의 평화확대에도 기여할 것이다. 동북아의 철도연결은 한반도 횡단철도(KTR)가 복원되고 북한 통과구간의 개혁개방을 촉진시켜 역내 평화에 대한 기대효과도 작지 않다.

따라서 철도연결사업이 남북한 및 동북아, 유라시아 등 세계평화에 기여할 수 있도록 다차원적 평화창출사업으로 추진되도록 할 필요가 있다. 동북아의 다자철도 협의를 통해 철도협의체를 창설하고, 역내 국가 간 협력의 수준을 제고해 나가야 할 것이다.

동북아의 경제공동체 형성을 위해 경제협력과 교류를 발전시키려면 일본에서 한반도를 거쳐 중국과 러시아, 유럽까지 잇는 철도와 육지교통로를 개발하는 것이 필요하다. 일본과 한국을 연결하는 해저터널 구상도 이런 필요성 때문에 적극 추진되고 있다.

---

255) 남북한의 철도연결은 획기적인 물류비 절감, 직교역의 증가, 국제경쟁력의 향상과 남북경제의 균형발전, 남북 간 시설의 표준화 등의 경제적 효과를 가져온다. 이것은 남북한 간의 동질성 회복에 기여하게 되고 신뢰가 구축됨으로써 한반도의 긴장완화와 동북아의 평화확대에도 크게 기여한다.

남북한 및 동북아, 유라시아를 연결하는 철의 실크로드 연결사업은 현재 다양하게 전개되고 있다. 남한과 북한은 1990년대 중반부터 철도연결사업으로 양측이 다 이득을 볼 수 있다는 데 인식을 같이해 오다 2000년 6월 남북정상회담에서 남북한 간 열차운행합의서를 채택했다. 이 합의서에 따라 2002년 9월 남북, 도라산역 – 임진각역 연결공사 등 서울 – 평양 – 신의주 – 중국을 잇는 한반도 횡단철도의 복원공사가 시작되었고, 2007년 5월 남북철도가 첫 시험 운행되었다.

또한 국제적 차원에서 '국제연합 아시아 · 태평양 경제사회이사회(UN ESCAP)'는 수송체계를 통합하고, 세계화함으로써 지역 간 협력을 촉진시키고 있다. UN ESCAP는 2006년 11월 한반도, 중국, 카자흐스탄, 몽골, 러시아, 터키 등을 잇는 '아시아횡단철도(TAR)' 노선 4곳을 확정하여 새로운 전기를 맞게 됐다.

지난 2003년 한 해 동안 시베리아 철도는 블라디보스토크에서 유럽으로 연간 약 12만 개의 컨테이너를 운송했고, 이 중 80%가 가전제품 · 자동차부품이 주종인 한국 화물이었다. 부산항에서 떠난 화물 컨테이너는 블라디보스토크까지 해운으로 간 다음 다시 시베리아 철도로 유럽까지 달려간다. 남북철도 연결 후 TKR과 TSR이 연결된다면 부산항과 광양항은 유라시아 철도망의 기종점이 될 것이다.

특히 극동 개발과 맞물려 유라시아 횡단철도에 가장 적극적인 러시아는 TSR 활성화를 위해 전철화, 화물 위치 추적 같은 인프라 개선뿐 아니라 매년 시베리아철도운영협의회(CCTST)[256]를 개최하여 화주와 운송업자에게 질 높은 서비스를 제공하려고 노력해 왔다.

또한 평화창출사업의 일환으로 국가 간 도로 연결사업도 적극 추

---

256) CCTST는 1993년 설립되어 55여 개 철도운영기관 및 운송업체들이 가입했고, 주요 조직으로 총회, 의장단, 사무국 등이 있다. 주요 업무는 TSR 노선에서 효율적인 화물운송을 위한 협력방안을 강구하는 것이다.

진할 필요가 있다. 남한과 북한을 연결하는 도로사업도 철도사업과 함께 긴장완화와 평화협력을 촉진시킨다. 중국과 인도의 도로연결사업도 두 나라 사이의 갈등을 줄이고 협력을 확대하는 계기가 되었다. 이처럼 철도연결과 도로연결은 관련국의 상호 협력을 강화하고, 나아가 평화를 확대하는 데 크게 기여하게 된다.

③ 동북아의 에너지 평화창출사업 추진

국제 에너지시장은 석유자원의 고갈 가능성, 투기자본의 석유시장 진출, 석유산유국들의 전략화 등으로 점차 불안정성이 커지고 있다. 이와 같은 상황 속에서 한·중·일 동북아 3국의 에너지 소비는 2002년에 각각 세계 10위, 4위, 2위를 차지하였다.

이들 3개국의 전 세계 석유 소비율은 17%이나 생산량과 매장량 비중은 각각 5%, 2%에 불과하다. 이렇듯 높은 에너지 소비율과 적은 매장량, 수입원의 특정지역 의존 등 취약한 에너지 수급구조는 한·중·일 3국의 에너지 평화를 위협하고 있어, 이를 타개하기 위한 대안모색이 절실한 상황이다.

동북아의 에너지 평화창출사업은 그 전략적 중요성을 감안할 때 경제성뿐만 아니라 에너지안보, 대외관계, 환경문제 등을 종합적으로 고려하여 추진해 가야 하는 사업이다. 에너지 평화창출사업은 동북아 지역의 에너지자원을 둘러싼 갈등을 예방하고 역내 에너지자원의 공동개발 및 이용을 통해 경제적이고 안정적인 에너지원을 확보하여 평화를 확대하는 것을 주된 목표로 한다.

특히 에너지 평화창출사업은 역내의 정군평화의 위협을 해소하고, 지역 경제개발과 연계시킴으로써 동북아의 평화번영 실현에 기여하도록 할 필요가 있다. 예컨대 역내·외 이해당사국들이 모두 참여하

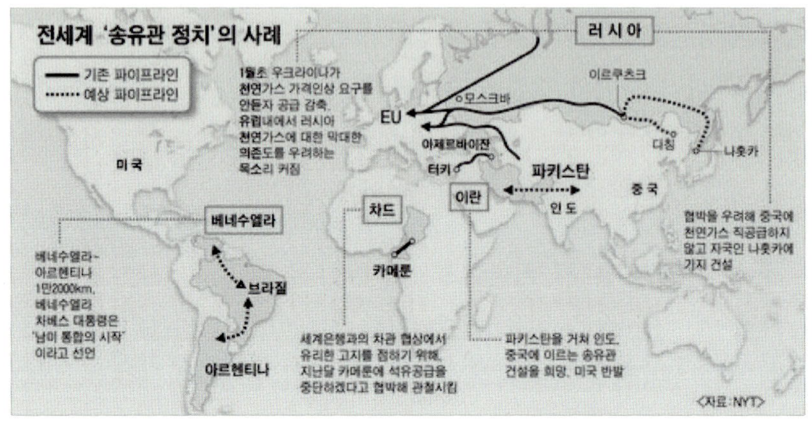

는 '에너지평화협력체제'는 각국에 경제적 이익을 제공하는 동시에 동북아 에너지공동체, 나아가 동북아 경제공동체의 토대가 될 수 있다.

에너지 평화창출사업의 분야로서는 천연가스 파이프라인망 구축, 원유 수입비축 협력, LNG 수입, 전력연계망 구축, 에너지자원 탐사 개발 및 에너지 관련 기술개발 등을 들 수 있다. 이 중 평화창출의 효과 및 관련국의 이해관계 측면에서 볼 때 천연가스 파이프라인망 구축 및 원유수입비축이 우선 추진 대상이 될 것이다.

또한 동북아의 에너지 평화창출사업은 미래의 대안에너지인 수소 중심의 공동 경제체제를 강화시켜 나갈 수 있다. 현재까지 국가 차원의 석유 중심 경제체제가 주류를 이루었으나 무공해·무한 에너지원인 수소에너지 중심의 평화적 경제체제 기반을 위한 종합 프로젝트의 개발과 시행이 필요하다.

한국 등은 이미 2005년에 수소에너지를 국가의 중심에너지원으로 정하고 개발을 추진하고 있다. 이에 따라 동북아 국가들이 공동 프로젝트를 마련하여 추진하는 것도 지역평화체제 구축에 크게 이바지할 것이다. 수소에너지 개발은 그동안 석유에너지를 확보하기 위한 석유전쟁을 예방할 수 있게 된다.

고유가 시대를 맞아 석유나 천연가스를 운반하는 파이프라인을 정치화하는 '파이프라인 정치' 현상(<그림 5 - 3> 참조[257])이 생기는가 하면 각국이 자원을 무기화하는 현상도 나타나 자원 확보전이 더욱 치열해졌고, 분쟁가능성도 확대되고 있다. 세계의 공장으로 불리는 중국은 석유공급선을 확보하기 위해 총력전을 펼치고 있다.

중국의 최대 석유회사인 중국 석유천연가스집단(CNPC)은 2005년 8월 카자흐스탄의 석유회사인 페트로카자흐스탄사(社)를 41억 8천만 달러에 인수했다. 페트로카자흐스탄사가 확보한 석유매장량은 3억 9,000만 배럴에 불과하며 자체의 1일 석유생산량도 15만 배럴 규모이다. 중국이 이 석유회사를 인수한 것은 396억 배럴의 매장량으로 전 세계 매장량의 3.3%를 차지하는 카자흐스탄의 원유에 접근하는 교두보를 마련한 것이다.

중국은 석유수입의 45%를 차지하는 중동지역의 진출을 강화하는 한편 아프리카, 남미와 석유공급선을 확보하려 하고 있다. 이로 인해 세계 석유에너지 확보를 놓고 미국과의 갈등이 예상되고 있다. 중국은 미국과의 갈등으로 인한 해상루트 봉쇄에 대비하여 해군력을 강화하고 있다.

중국 석유수입의 80%가 통과하는 해상 수입로는 인도양의 미군기지인 디에고가르시아～인도해군의 제해(制海)권역～해적 출몰이 잦은 동남아의 멜라카 해협～양안 갈등의 현장인 대만해협으로 이어진다. 이로 인해 세계 석유원유 확보를 둘러싸고 미국과의 갈등 확대가 우려되고 있다. 이러한 석유갈등을 미리 해결하기 위해서는 에너

---

257) 『조선일보』, 2006년 5월 16일.

〈표 5-2〉 RTA의 유형별 체결 현황(2007년 3월 현재)

유형	FTA	서비스협정	개도국 간 특혜협정	관세동맹	합계
건수	117	44	19	14	194

출처: WTO. Regional Trade Agreement Notified to the GATT/WTO and in force

지 평화창출사업을 다자공동으로 추진할 필요가 있다.

④ 역내 국가 간 FTA 체결

동북아의 지속 가능한 평화체제를 구축하기 위해서는 지역 경제공동체를 촉진시킬 수 있는 자유무역지대를 겨냥한 자유무역협정(FTA)을 확대할 필요가 있다. 자유무역협정이란 세계주의 혹은 다자주의와 대조되는 지역주의(Regionalism) 혹은 지역통합(Regional Integration)을 이루기 위한 법적 기초로서의 조약인 '지역무역협정(Regional Trade Agreement)'의 통칭이다. 때로는 FTA가 이렇게 형성된 자유무역지대(Free Trade Area)를 의미하기도 한다.[258]

FTA 혹은 '경제통합'이라는 개념은 통합이 이루어진 당시의 시대적 배경이나 시각의 차이로 인해 매우 다양하기 때문에 일관되게 FTA를 정의하기는 쉽지 않다. 현재 국내에서 FTA를 보는 대부분의 시각은 FTA가 추구하는 지역공동체로서의 이상이나 가치보다는 경제적 동기에 기초한 보호주의적 색채가 짙은 경제블록으로 이해하는 측면이 강하다.[259]

그러나 FTA는 초기단계에서는 경제평화의 통합에서 출발하나 점차 문화평화의 분야와 정군평화 분야의 통합으로 진행될 수밖에 없는 성격을 갖고 있다. 이것은 경제적 상호 의존도의 심화 및 협력의

---

258) 김양희(2004), 176쪽.
259) 김양희(2004), 177쪽.

〈그림 5-4〉 시기별 RTA 체결 현황

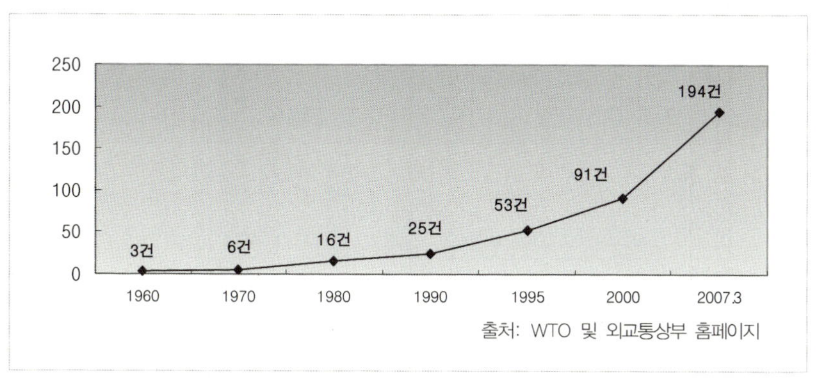

제도화를 통해 역내의 이념, 가치의 문화적 갈등해소와 정군적 긴장 완화로 궁극적으로 지역의 평화통합에 기여하기 때문이다. 그러므로 동북아의 평화체제 구축을 위한 대외정책의 수단으로 역내 국가 간 FTA를 체결하여 동북아 지역의 경제공동체를 형성할 수 있다.

최근 들어 전 세계적으로 '국가 간 자유무역협정(RTA)'[260]의 체결이 증가하고 있는 추세이다. WTO에 따르면 2007년 3월 현재 총 194건의 RTA가 통보되고 발효 중이다.[261] 이 중 <표 5-2>에서 보듯이 가장 많은 비중을 차지하는 것은 FTA로 모두 117건에 달한다. 서비스협정은 44건, 관세동맹은 14건 그리고 권능부여조항에 근거한 개도국 간 특혜협정이 19건이다.

시기별로는 <그림 5-4>에서 보듯이 과거 1955년부터 1990년까지 35년간의 누적건수는 25건에 불과했다. 그러나 1991~1995년에 53건, 1996~2000년에는 91건이 체결되었고, 이후 2001년에서 2007년

---

260) 국가 간 자유무역협정인 RTA는 Regional Trade Agreement의 약자이다.

261) 한미자유무역협정체결지원위원회, 『한미 FTA 관련 통계』(서울: 한미자유무역협정체결지원위원회, 2007), 80쪽. 외교통상부 홈페이지, http://www.fta.go.kr/intro/intro.php WTO (www.wto.org)〉Trade Topics〉Regional Trade Agreements(검색일: 2007년 4월 20일)

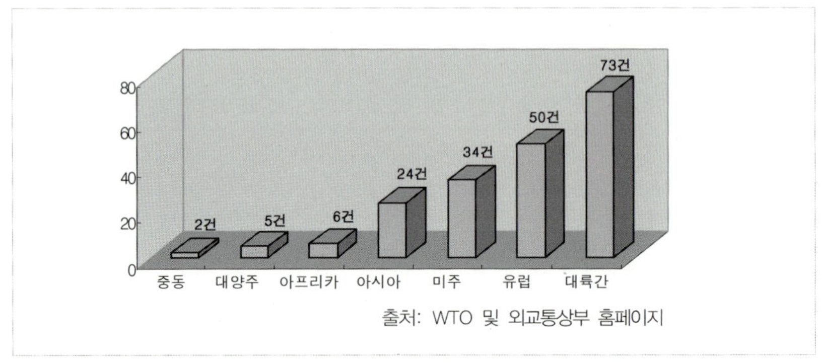

3월 1일까지는 모두 103건이 체결되어 2000년대 들어 급증하고 있다.

현재까지 FTA 체결의 경제적 기대효과에 대해서는 논란이 분분하다. 그럼에도 불구하고 FTA 체결이 급증하기 시작한 배경에는 FTA가 단순히 통상수단만이 아니라 복잡다기한 국제관계와 역학구도 속에서 정군적 동맹을 확보하고자 하는 비경제적 동기가 FTA 체결 배경에 강하게 작용하고 있기 때문이기도 하다. 유럽연합의 결성과정에서도 FTA를 추진한 배경에는 경제적 동기만이 아니라 정군적, 문화적 동기도 크게 작용했다.

NAFTA의 출범 동기에도 멕시코로부터의 불법이민 방지 및 유럽연합에의 대항이라는 정치적 목적도 적지 않게 작용했다. 즉 FTA를 통한 지역안보협력 증대, WTO 등 다자협상 및 국제무대에서의 협상력 제고, 여타 FTA의 심화 확대에 대한 대응심리 등도 복합체적으로 작용하고 있다.

경제공동체 형성은 회원국가의 경제적 상호 의존도를 높이게 되어 원하든 원치 않든 결과적으로 상호간의 긴장완화와 상호 신뢰를 통한 평화확대에 유용하다. 바로 이러한 복합체적인 이유로 인해 FTA

는 세계적 차원에서 당분간 증가추세가 유지될 전망이다.

그런데 전 세계적 RTA 체결의 증가 추세에도 불구하고 동북아를 포함한 아시아 전체의 RTA 체결 움직임은 다른 지역에 비해 저조하다. 지역별 RTA 체결은 <그림 5 – 5>에서 보듯이 2007년 3월 1일 현재 대륙 간이 총 73건으로 가장 많고, 다음으로 유럽 지역이 50건, 미주 지역이 34건을 점하고 있고, 아시아 지역은 24건에 불과하다.

그러나 1998년 외환위기 이후 역내 협력제도화 필요성의 증대, EU · NAFTA 등 세계적인 지역통합의 확대와 심화 추세, 역내 국가 간의 상호 의존도 증대, 중국의 부상과 일본의 경제회복 등의 경제적 요인과 함께 미 · 중 간, 중 · 일 간 역내 패권경쟁 등 문화적, 정군적 요인도 배경으로 작용하여 역내에서도 경제통합의 움직임이 구체화되고 있다.

이에 따라 한 · 중 · 일 3국 간을 비롯하여 동북아 역내 국가 간의 FTA 체결 가능성도 높아지고 있다. 현재 한 · 중 · 일 간 경제협력관계가 강하게 밀착되어 상호 의존이 심화되어 있기 때문에 비교적 쉽게 경제공동체를 형성할 수 있을 것이다. 1999년부터 시작된 한 · 중 · 일 동북아 3국 간 경제협력은 점차 체계화되어 동북아 경제공동체 형성으로 발전할 가능성이 높아지고 있다.

한 · 중 · 일 3국은 경제 규모면에서 15억 명의 소비자, 7조 달러의 GNP, 2조 달러의 무역규모 등으로 EU 및 NAFTA 지역과 함께 세계 3대 경제권에 속한다. 더구나 동북아의 총 교역에서 역내교역이 차지하는 비중이 1990년의 12.5%에서 2002년에는 22.4%로 매년 급증하여 동북아 경제통합의 필요성이 커지고 있다.

한 · 일 간에는 이미 2003년 10월부터 FTA 체결을 위한 접촉이 진행 중이며 한 · 중 간에도 타당성 검토를 교환하고 있다. 동북아 3

〈표 5-3〉 동북아 주요 국가의 RTA 추진 현황(2006년 12월 21일 현재)

국가	타결 수	국가 수	타결국	WTO통보건수
한 국	4	15	칠레, 싱가포르, EFTA(4개국), ASEAN (상품 9개국)	3
일 본	8	8	싱가포르, 멕시코, 필리핀, 태국, 말레이시아, 칠레, 인도네시아, 브루나이	3
중 국	5	14	홍콩, 마카오, ASEAN(10개국), 칠레, 파키스탄	2
미 국	13	19	이스라엘, NAFTA, 요르단, 칠레, 싱가포르, 호주, 모로코, CAFTA-DR, 바레인, 오만, 페루, 콜롬비아, 파나마	9
아세안	3	3	중국, 인도, 한국	2

출처: 외교통상부, 『한미 FTA 관련 통계』, 81쪽

국의 FTA 체결은 한국의 생산기술과 개발경험, 일본의 첨단기술과 자본, 중국의 노동력과 거대한 잠재시장이 상호 보완적 관계를 형성하여 공동이익을 증대시킬 것이다. 더구나 한국과 미국은 2007년 4월 2일 FTA 협상을 타결하여 한·중·일·미 4개국이 상호 연쇄적으로 FTA를 체결할 가능성이 커지고 있다(<표 5-3> 참조).

FTA는 경제평화를 위한 유용한 수단이자 동북아 최대의 현안인 정군적 긴장해소와 이념적 대립으로 인한 문화평화의 갈등완화로 지역평화와 번영에 기여할 수 있다. 그러므로 세계 제조업의 산실 역할을 하는 한·중·일이 경제력에 걸맞은 국제적 위상을 높이고 지역평화를 확대하려면 FTA 체결이 필수적이다.

그리고 장기적으로 한국을 포함하여 중국·일본·미국·러시아 등이 참여하는 다자간 FTA 체결을 추진하여 동북아의 광역 경제통합, 즉 경제공동체가 이루어지도록 하는 것이 중요하다. 경제공동체 건설을 위한 경제평화의 전략은 우선 동북아의 분업질서 정립을 목표로 하여 수립되는 것이 효과적일 것이다.

역내 국가들 간의 심각성이 증대되고 있는 중복투자, 과당경쟁, 과 잉생산 등의 문제를 해결하고, 효율성 있는 동북아 경제협력공동체 환경을 조성하기 위해서는 지역 전체 수준에서의 산업이 구조 조정될 필요가 있다. 이러한 맥락에서 지역 분업구도의 재편을 촉진할 수 있 는 FTA 및 동북아 개발거점 전략을 수립하는 일은 매우 시급하다.

특히 FTA는 경제공동체 구축을 위한 가장 현실적이고 효과적인 도구라는 점에서 동북아 평화구상의 핵심 과제라 할 수 있다.[262] 동 북아 지역 개발거점 전략은 물류, 금융, IT산업의 허브 구축 사업 등 을 포함하는 것이 바람직하다. 한국 정부도 중점적으로 추진하고자 하는 대표적 허브 구축 사업은 물류와 금융이며, 이와 관련된 외자 유치 사업도 적극 전개할 예정이다.

FTA 체결과 관련해서 한국은 기본적으로 역내 어느 국가와의 체 결도 마다하지 않겠다는 입장이다. 다만 체결 가능성이나 효과 측면 에서 그 우선순위가 결정될 수 있을 것이다. 한국은 2006년 12월 현 재 칠레, 싱가포르 등 15개국과 FTA를 체결한 데 이어 유럽연합, 중국 등과 FTA 추진 논의를 활발하게 진행하고 있다.

FTA 추진이 역내의 안정과 평화에 기여하도록 하기 위해서는 경 제통합의 문화적, 정군적 기대효과를 최대화하기 위한 평화의 청사 진이 요구된다. 무엇보다도 역내 경제공동체 건설을 위해서 미·중 및 중·일 간의 패권적 대결구도가 극복되어야 할 것이다. 초강대국 미국과 이에 도전하는 중국의 패권경쟁이 한반도 및 동북아 정세에 미칠 영향과 파장은 매우 크다.

따라서 북한핵 문제 해결 및 동북아의 패권적 대결구도를 해소하

---

262) 최태욱, "동북아 공동체 형성 추진 현황과 향후 과제"(서울: 미래전략연구원 보고서, 2005 년 1월 25일). http://www.kifs.org/new/Dbview.html?sec_sort = 4&no = 1710(검색일: 2005년 1월 15일)

고 평화조성을 위한 평화체제가 정착되도록 역내 국가 간의 관계를 조정할 필요가 있다. 즉 미·중 간 대립구도의 연장선상에서 벌어지고 있는 중·일 간의 군사적 긴장과 패권주의적 경쟁구도를 평화발전의 협력구도로 전환하기 위한 방편으로서도 역내 FTA를 적극 활용하는 것이 바람직하다.

(3) 경제평화의 제도화: 지역 경제평화협력기구의 창설

동북아의 경제협력대화와 교류협력의 결과로 이루어진 평화창출사업 등이 안정화, 지속화, 공고화되기 위해서는 제도화가 필요하다. 현재 동북아의 경제평화를 위한 제도화는 다양한 차원에서 제안되고 논의되고 있다. 동북아 국가 간의 경제협력이 보다 강화되면 조만간에 경제평화를 위한 제도(기구)들이 구체화될 것으로 보인다.

동북아에서 가장 먼저 협의체의 수준을 넘어 제도로 정착될 수 있는 분야가 철도·도로연결사업, 에너지사업 등이다. 이들 평화창출사업들은 어느 정도 진척이 되어 있는 만큼 남북한 간 및 동북아 역내 국가 간에 제도화를 위한 논의가 이루질 것으로 보인다. 남북한 및 동북아의 경제평화를 위한 제도화는 경제평화협의체 또는 경제평화협력기구를 창설하는 것이다.

남북한의 경제평화를 구축하기 위해서는 철도·도로 등 남북교통망 연계, 에너지협력 등 SOC 기반 확충을 추진할 기구를 만들 필요가 있다. 이미 진행되고 있는 개성공단사업을 대폭 활성화하고 제2의 개성공단사업을 추진하는 등 남북경제 평화창출사업을 제도적으로 뒷받침하여 이를 더욱 발전시켜 나갈 필요가 있다.

동북아 차원에서는 평화창출사업인 철도·에너지 협의체나 협력기구를 설립할 필요가 있다. 동시에 동북아 역내 국가 간 FTA 추진을 통해 경제협력과 통합을 촉진해 나가야 할 것이다.

에너지 평화창출사업의 제도화는 유가 상승에 따른 오일쇼크 등 석유위기에 공동 대응하고 각국이 공동 투자하여 에너지원의 다양화에 크게 기여할 수 있다.263) 동북아의 에너지 평화창출 사업에 따르는 불확실성을 제거하고 장차 역내 공동체 형성을 촉진하기 위해서는 동북아 에너지협력에 관한 제도적 장치를 마련할 필요가 있다.

동북아의 에너지협력체 구성을 위해 2003년 4월 러시아 블라디보스토크에서 개최된 동북아 에너지협력 실무협의회에서 이를 정례화하기로 합의했으나, 그 이후 뚜렷한 진전을 보이지 않고 있다. 동북아 국가들은 에너지협력 강화를 위해서 이 문제를 다시 논의하여 제도화를 적극적으로 모색해 나가야 할 것이다.

동북아 국가들은 역내 국가 간의 FTA 추진이 강화되고 있는 만큼 이를 보다 지역평화와 공동발전에 기여할 수 있도록 제도화를 통해 보완할 필요가 있다. 한·미 FTA가 협상 타결된 만큼 이는 한·일, 한·중 및 한·중·일 FTA의 조기 체결을 촉진할 것이다.

한·중·일 FTA가 동북아 경제공동체 구축의 핵심이 될 것임은 물론이다. 동북아 국가들 간의 FTA가 동남아로 연결되어 동아시아 FTA로 확대되고, 이것이 다시 APEC 및 ASEM의 제도적 발전에 도움을 주며, 종국에는 WTO로 대변되는 세계 다자주의 경제체제의 완성에 기여할 것이다.

(4) 경제공동체 형성: 공통화폐 발행

동북아의 경제공동체 형성은 지역 공동 평화창출사업의 안정화, 지속화를 위한 기구(제도)의 창설을 토대로 추진할 수 있다. 남북경

---

263) 국제원자력기구(IAEA) 자료에 따르면, 2002년 당시 경제협력개발기구(OECD) 소속 국가들이 사용한 에너지원 중 석유비중은 40.5%였으나, 1973년 오일쇼크 때는 석유비중이 53%였다.

협이나 동북아 국가 간의 경제협력의 제도화는 경제공동체의 기반을 구축하는 것이다. 또한 동북아 경제공동체의 형성은 역내 국가 간 FTA를 체결하거나 공통화폐의 발행 등을 통해서도 추진할 수 있다.

동북아의 역내 국가 간 FTA 체결과 함께 동북아를 포함하는 동아시아 지역에서 몇 개의 소지역 경제통합 움직임은 동북아 경제공동체 형성에 매우 긍정적으로 볼 수 있다. 동북아의 경제공동체의 형성은 동북아 FTA를 통하든 동아시아 FTA를 통하든 전략적으로 용이한 것부터 접근하는 것이 바람직하다.

동북아 경제공동체의 장기 목표로는 '한·중·일＋ASEAN'으로 구성되는 동아시아 FTA(EAFTA)로 윤곽이 그려지고 있다. 이는 산업구조의 보완성 및 교역의존도, 지리적 근접성에 의거 자연적인 무역파트너의 관계를 형성하고 있는 동아시아가 통합의 경제적 효과를 십분 누릴 것으로 추정되기 때문이다.[264]

정치적으로도 동북아 강대국 간 경쟁의식으로 3자 간 FTA 체결이 쉽지 않은 반면, 동아시아에서는 ASEAN이 일종의 완충 및 촉진 역할을 하고 있다. 이러한 정황을 감안할 때 동북아 3국의 FTA보다는 ASEAN이 합류한 동아시아 FTA가 먼저 체결되거나 전 단계인 소지역 경제통합기구들이 먼저 체결되어 확대될 수도 있다.

중국, 대만, 홍콩, 마카오 등을 통합하는 중화공동체는 경제적 공동가치를 확산시키고, 이를 토대로 역내 국가 간의 최대 이슈의 하나인 '하나의 중국' 문제를 보다 유연하게 해결하는 역할을 할 수 있다. 그리고 한국, 중국, 일본을 주요 참여국으로 하는 동북아 경제공동체도 역내 경제협력 강화를 통해 지역평화확대를 촉진할 수 있다.

---

264) 2004년판 일본 통상백서에 따르면 지난 10년간 한·중·일, 대만, ASEAN 선발 5개국 등 동아시아의 역내 무역비중은 10.0%에서 43.3%로 크게 증가하였다.

동북아 국가들이 유럽연합처럼 동북아 지역 경제협력기구를 설립하고, 동북아 경제공동체의 형성을 앞당기기 위해서는 역내 FTA 추진과 함께 공통화폐를 발행할 필요가 있다. 공통화폐는 한·중·일을 중심으로 한 동북아 공통화폐나 이들 국가들과 아세안을 포함하는 동아시아 공통화폐로 발행되는 것이다. 동북아의 공통화폐 발행은 외환위기 재발을 방지하기 위한 현실적인 대안일 뿐만 아니라 환율을 안정시킴으로써 역내무역을 촉진시키고 경제성장에 기여할 수 있다.[265]

동북아의 단일통화 발행을 위해서는 먼저 외환위기와 같은 충격이 생겼을 때 서로 외환보유고를 사용할 수 있도록 하는 통화협정을 체결하고, 이를 중심으로 상호 협력을 진전시켜 유럽연합위원회와 같은 동아시아 지역 경제평화협력기구를 설립하는 것이 바람직하다.

동북아 지역 경제평화협력기구 설립을 위해서는 한·중·일 3국 재무장관 및 중앙은행 총재 간 회의를 정례적으로 개최하고, 환율안정과 외환위기 등에 공동 대응하여 지역경제안정과 발전을 위한 공통화폐를 발행하여야 할 것이다.

아시아 국가들에 대한 금융지원 업무를 맡고 있는 아시아개발은행(ADB)은 단일통화 발행의 첫 단계로 2006년 3월 한·중·일과 아세안 10개국 등 13개국의 화폐가치를 반영하는 아시아의 가상화폐인 '아쿠(ACU, Asian Currency Unit)'를 만들어 발표하기도 했다. '아쿠'는 당장 쓸 수 있는 실물지폐나 동전이 아니라, 13개국 화폐의 가치, 각국의 국내총생산(GDP) 및 무역규모 등에 가중치를 매겨서 만든 일종의 '가상화폐'다.

---

265) 고민창·조병택, "동아시아 통화동맹의 추진방안에 대한 연구: 통화통합의 무역효과를 중심으로", 『대외경제연구(제10권 제1호)』(서울: 대외경제정책연구원, 2006년 6월), 133쪽.

아쿠가 실제 화폐인 아시아의 단일통화로 등장할 경우 세계는 달러·유로·아쿠 등 3극(極) 통화권으로 분할된다. 그러나 아쿠 설계의 주도권을 잡기 위한 중국과 일본 간의 경쟁이 치열하고, 달러권의 견제도 만만치 않아 아시아 단일통화의 탄생에는 넘어야 할 산이 많다.

유럽연합의 경우도 단일통화 발행을 논의하기 시작한 뒤 유로를 출범시키기까지 30여 년이 걸렸다. 이에 비해 아시아의 경우 역내 국가들의 교역 증가속도가 미국·유럽보다 훨씬 빨라 아시아 국가들이 단일통화로 실제 채택할 가능성은 예상보다 일찍 일어날 수 있을 것이다.

3) 경제평화 구축의 선결 과제

동북아는 역내 국가들이 원칙적으로 다자적 경제공동체의 구성 필요성을 인정하고 있고, 실제로 경제협력의 잠재력도 매우 크다. 이로 인해 조속한 시일 내에 유럽이나 북미지역에서처럼 경제평화를 위한 경제협력체제의 구축이 실현될 것으로 보인다. 동북아의 경제평화를 통한 경제공동체를 건설하기 위해선 유럽연합보다는 훨씬 느슨한 형태의 경제공동체를 목표로 추진하는 것이 바람직하다.

그러나 동북아의 경제평화를 실현하기 위해서는 선결해야 할 과제들이 많다. 이 중 핵심적인 평화과제 사항은 자유무역지대 형성이나 FTA 체결을 계기로 전개될 국내 및 역내 구조조정 과정을 어떻게 평화적으로 이행할 것인가 하는 점이다. 이에 대해서는 대략 세 가지 평화과제가 제시될 수 있다.

첫째는 국내 이해관계 조정을 위한 '국내 평화지원제도'의 구축이다. FTA 등을 통한 경제평화의 기대효과는 우선적으로 시장의 효율

적 자원배분이 촉진되고 그 결과 공동발전이 강화되는 동태적 효과
발생을 중심으로 한다. 이 과정에서 불가피하게 수반되는 국내 이해
집단 간 손익발생의 비대칭성에 대해 경제평화의 순기능을 왜곡시키
지 않으면서 국내의 합의를 도출하기 위해 정부가 인위적으로 개입
하기 위해서는 각기 국내에서 고도의 평화적 조정 능력이 요구된다.

특히 동북아 경제평화의 첫출발이 될 국가 간의 FTA 체결은 협상
과정에서부터 대외협상 못지않게 대내협상이 주요한 변수가 된다.
그러므로 FTA 체결 이후에도 경제평화 효과의 비대칭적 손익 발생
이 사회적 갈등을 초래하지 않도록 세심하게 조정력을 발휘해야 할
것이다.

FTA에 의한 경제통합 과정에서 피해를 보게 될 기업이나 개인,
단체에 대한 보상 및 구조조정 지원을 위한 포괄적 평화지원제도를
마련할 필요가 있다. 이러한 국내 지원제도가 사전에 마련되지 않으
면 동북아의 역내 FTA 체결은 불이익을 받게 될 계층의 반발로 쉽
지 않고 오히려 평화가 위축될 수도 있다.

둘째는 역내 이해관계 조정 및 해소를 위한 '지역평화지원제도'의
구축이다. 양자 간 FTA 체결이 점차 국가 간의 경제평화를 확대하
고 심화되기 위해서는 동북아 역내 국가 간의 소득격차 및 기술격차
등을 고려한 추진 전략이 마련되어야 할 것이다. FTA 체결의 경제
평화의 효과는 체약국 내부에서 각 부문별로 비대칭적으로 발생하나
일차적으로는 국가 간에 비대칭적으로 발생하는 특징이 있다.266)

그러므로 역내 국가·지역을 망라하는 광역의 경제공동체가 되기
위해서는 역내 낙후지역과의 지역격차를 해소할 수 있는 지역평화지
원제도의 구축이 필요하다. 이러한 국가 간의 소득 불균형이 해소되

---

266) 김양희(2004), 182 - 185쪽.

도록 설계되지 않은 경제평화의 추진은 그 자체로 약체국들의 참여 유인을 감소시키며 설령 경제공동체가 형성되더라도 국가 간 빈부격차를 더욱 심화시켜 경제평화를 약화시킬 가능성이 높다.

따라서 경제평화를 위한 경제공동체 형성 과정 및 그 이후에 발생할 수밖에 없는 국가 간 또는 이해집단 간 불균등 배분을 조정하고 재배분하여 경제평화의 정당성을 부여하는 평화지원제도의 마련은 FTA의 순기능 제고에 매우 중요하다. 유럽은 이와 관련 '구조기금(Structural Funds)'과 같은 역내 공동 구조조정기금을 조성하여, 회원국 간 경제적 격차를 줄이고 경제공동체의 단계에 이르도록 하였다.

동북아의 경제평화 구축을 통한 경제공동체 형성의 최대목표는 국가 간의 빈부격차와 무역불균형을 해소하고 평화와 공동번영을 달성하는 것이다. 경제공동체 형성의 논의는 적어도 국가 간의 소득격차가 엄밀한 정의는 아니지만 3배 이하로 줄어들어야 실질적인 협상이 가능하다.

현재 동북아에서 소득이 높은 순서로 미국, 일본, 한국, 중국, 러시아, 북한 등으로 나열되는데, 이때 적어도 최부국과 최빈국이 1 : 3의 비율 정도가 되어야 경제공동체의 형성이 가능하다.267) 동북아의 경제평화를 위해서 이와 같은 빈부격차나 무역불균형을 해소하기 위해서는 유럽의 경우처럼 역내 공동 구조조정기금 운용기구를 구성하여 낙후 국가·낙후 지역을 적극 개발하여 균형발전을 추진해 나가는 것이 필수적이다.

끝으로, 경제평화의 구축을 통한 경제공동체가 지속 가능한 평화

---

267) 이은진, "고립된 지역의 네트워크 공동체로의 통합", 한반도평화운동본부, 『동북아 사회·문화 및 경제공동체 구축방안(한반도 평화포럼 논문집)』(서울: 한반도평화운동본부, 2004), 49쪽.

체제로 공고해지려면 경제평화가 문화평화와 정군평화로 파급되어 상승효과를 가져오도록 할 필요가 있다. 경제평화가 어느 정도 추진되면 이를 보다 안정적으로 구축되기 위해선 경제평화를 저해할 가능성이 있는 역사갈등, 이념대립, 민족주의 갈등 등으로 발생하는 문화평화의 위협요인들을 해소해 나가야 할 것이다. 또한 패권주의나 군사적 긴장고조로 정군평화가 축소되어 경제평화가 침해되지 않도록 하기 위한 대책도 강구되어야 할 것이다.

2. 제2단계 – 동북아의 문화평화 구축과 문화공동체 건설

1) 목표와 방향

동북아의 문화평화 구축 목표는 역사, 이념, 가치 등의 대립과 불신을 해소하고 인권, 자유, 정의 등 보편적 가치를 강화하여 삶의 질을 확대하는 것이다. 지속 가능한 평화체제를 구축하려면 인간의 마음에 평화의 방어벽을 견고하게 구축할 필요가 있다.

정부 간 경제적, 정치적인 합의에 의한 정치경제공동체에 기초한 평화는 국제단위 또는 지역단위에서 지속적으로 일치되고 진정한 지지를 확보할 수 있는 평화가 아니다. 따라서 지속 가능한 평화체제가 유지, 구축되려면 인류적이고 도덕적인, 즉 문화평화의 연대성 속에 건설되어야 할 것이다.

동북아의 문화평화를 촉진하기 위해서는 경제공동체 건설과는 별개로 역내 문화공동체 건설을 위한 분야별 협력기반 마련과 협력의 제도화와 관련된 과제들도 추진되도록 할 필요가 있다. 개별 분야에서의 역내 국가 간 문화평화 협력의 경험이 축적되고, 분야별 네트워크로 체계화되며, 그것이 각각의 제도로 공고화될 때 문화공동체 및 동북아 평화체제의 조기 구축에 상당한 기여를 할 것이다.

그런데 한국, 일본, 대만, 홍콩 등 자본주의권과 중국, 북한, 베트남 등 사회주의권 사이의 문화평화에 바탕을 둔 문화공동체 건설을 위한 교류는 1945년 이후 30년이 넘도록 거의 부재했다. 1970년대 후반에 접어들면서 시작된 교류는 이제 초보단계를 넘어 발전의 단계에 이르고 있다.268)

동북아는 현재 자유무역협정 체결 논의가 본격화되고 있기 때문에 경제공동체의 건설은 조만간에 가시화할 것으로 보인다. 동북아의 경제평화가 어느 정도 구체화되면 문화평화 구축을 위한 의제를 논의하는 것이 필요하다.

문화평화를 위한 교류확대 및 제도화는 효과적인 평화공동체의 건설 사업이 된다. 한국은 현재 동북아 문화정체성의 정립, 동북아 NGO 연계망의 구축, 동북아 미래지도자의 양성 사업 등을 동북아시대 구상의 주요 과제로 선정하여 추진하고 있다.

그러나 동북아의 경우 문화평화에 바탕을 둔 문화공동체 건설을 위한 과제는 매우 복잡하여 쉽게 해결되기 힘들다. 동북아의 주된 국가들인 한국 · 중국 · 일본 3국은 동일한 한자 · 유교문화권을 형성하고 있으면서도 이질적인 역사 · 이념 · 가치 등의 문화구조를 가지고 있기 때문이다.

한 · 중 · 일 3국은 아직 침략과 저항의 과거역사를 제대로 청산하지 못하였다. 그리고 협소한 민족주의를 극복하려는 노력 또한 미미하다. 더구나 현재까지 정군적 평화문제뿐만 아니라 경제적 평화문제 등으로 갈등을 겪고 있다. 3국은 국가가 주도적으로 근대화를 추

---

268) http://www.mct.go.kr/korea/handata/chang/chang28.pdf(검색일: 2006년 12월 30일)

진하면서 국가폭력을 방치해 온 역사를 가지고 있다.

그리고 정도는 달라도 근대초기에 서구 제국주의에 의해 굴욕을 당하였기 때문에 근대화 지상주의를 추종하며 계몽주의적 수단을 통해 산업화를 꾀하였다. 따라서 동북아 평화체제의 구축을 위해서는 새로운 문화평화의 인프라를 형성할 필요가 있다. 그렇다면 어떻게 문화평화 구축을 통한 문화공동체를 건설할 수 있을까?

동북아의 문화공동체를 건설하기 위해서는 우선 '다름과 차이'를 상호 인정하는 문화평화를 형성하는 것이 중요하다. 동북아는 이미 세계화의 흐름 속에서 탈이념적, 탈국가적, 탈민족적 시대를 향해 나아가고 있다. 동북아 국가 간의 국제결혼 비율이 증가하고 있고, 이로 인해 '다문화' 사회로 변화되고 있다. 한마디로 국수주의적 또는 폐쇄적 민족주의는 쇠퇴하고 있는 것이다. 19세기 이래 한 민족이 한 국가를 이룬다는 '민족국가'의 틀과 일국사 · 민족사의 경계를 보편적 가치로 허물어 갈 필요가 있다.

문화적 우월주의나 사대주의로 문화적 갈등이 야기된다면 본질적인 평화의 접근은 힘들어진다. 한 지역의 문화가 우수하다는 자부심이 다른 문화를 무시하지 않도록 문화적 상대주의(cultural relativism)를 구체적으로 정립해 가야 할 것이다. 결국 보편적 인권이 같다는 문화평화의 인식을 바탕으로 '다름' 또는 '차이'를 인정하는 토양이 먼저 형성되어야 문화공동체 건설의 길이 열리게 된다.

동북아의 문화공동체의 건설은 동북아의 지속 가능한 평화체제와 호혜를 실현하는 주춧돌로 동북아 지역 국가 대다수 민중의 평화와 공생 · 공영의 기반을 확장하는 것이다. 동북아의 문화공동체의 건설은 또한 상생과 미래지향적인 문화평화를 구축하는 평화공동체의 위상을 강화해 가는 것이다. 이것은 문화적 이해와 차이를 바탕으로

한 다원적 문화의 공존에 기반을 두고 동북아의 진정한 평화와 상생을 지향하는 문화평화를 창조적으로 생산해 내고자 하는 것이다. 더 나아가 문화평화의 참다운 실현 공간으로서 동북아 문화공동체의 건설을 모색하는 것이다.

동북아 문화평화 또는 문화공동체의 추진에 있어서 유의해야 할 점은 역사, 이념, 가치 등이 경제평화나 정군평화를 촉진하거나 악화시킬 수 있다는 것이다. 동북아의 경우는 유럽과 달리 역사적, 이념적, 가치적 뿌리가 매우 다르며 더구나 대립적 요인도 내재해 있다.

동북아는 유교적 문화의 뿌리가 있다고는 하나 통일적인 지향점으로 설정하기에는 많은 한계가 있다. 동북아 공통의 문화 정체성이 조기에 형성되어야 문화공동체가 실질적으로 건설될 수 있다. 동북아의 문화 정체성을 새롭게 형성하기 위해서는 인류의 역사적 경험을 교훈으로 삼을 필요가 있다.

즉 국가 간의 대결과 갈등, 분쟁보다는 대화와 협력, 평화가 공동발전을 촉진한다는 점이다. 동북아 국가지도자들이 평화의식과 평화가치를 형성하여 평화공존의 길을 적극적으로 모색해야 문화평화를 위한 대화가 활성화되고 이것이 문화공동체로서 뿌리를 내릴 수 있다.

특히 문화평화를 통해 경제평화문제나 정군평화문제에 있어 폭력적, 착취적 요인을 해소해 나가는 것이 중요하다. 그러나 문화평화가 폭력의 정당성이 배태된 반평화성을 갖게 되면 경제평화문제와 정군평화문제를 야기한다. 동북아 및 지구적 차원의 지속 가능한 평화를 위해서는 초국적 평화협력을 발전시켜 나가야 할 것이다.

2) 추진 방안과 전략

(1) 문화협력대화 추진

동북아의 문화평화는 역사에 대한 이해, 자유·인권 등 보편적 가치의 확산, 탈이념의 사회 진입 등으로 점진적으로 확대되고 있다. 그러나 동북아의 핵심 3국인 한·중·일 간에는 여전히 역사, 이념, 가치에 있어서 갈등과 대립이 심각하게 나타나고 있다.

동북아 문화평화의 확대는 정부 간, 비정부 간 등 다양한 채널로 문화협력 대화를 통해 시작할 수 있다. 경제평화를 위한 협력이 어느 정도 이루어지면 이와 함께 문화평화협력과의 연계를 적극적으로 시도할 필요가 있다. 문화평화를 위한 협력대화는 경제평화를 촉진할 뿐만 아니라 정군평화도 확대할 수 있다는 측면에서 매우 중요하다.

동북아의 문화평화를 위한 협력대화의 의제는 대중미디어 및 대중예술 교류협력, 관광 및 스포츠 교류협력, 공동교육, 문화평화 공동시설 건설, 평화도시 연결사업 등 다양하다. 이들은 대체로 문화평화 창출 효과가 매우 크기 때문에 역내 국가 간 공동으로 추진하는 것이 바람직하다.

(2) 문화평화 창출사업의 공동 추진

동북아의 문화평화를 확대하기 위해서는 경제평화 창출사업과 마찬가지로 협력대화를 통해 문화평화 창출사업들을 발굴하여 역내 국가 간 공동으로 추진하는 것이 바람직하다. 동북아의 문화평화 창출사업은 대중미디어, 대중예술 등 대중성을 띤 매체를 통한 접근이 보다 효과적이다. 동북아의 문화평화 확대를 위한 구체적인 문화평화창출 사업과 추진 전략을 논의해 본다.

① 대중미디어의 교류협력과 공동제작

동북아의 문화평화를 위한 동질성을 강화하기 위해서는 TV·신문 등 대중미디어의 역할이 매우 중요하다. 특히 대중미디어는 문화의 상호 이해와 갈등해소 등을 통해 지역평화의 확대에 커다란 기여를 한다. 아시아권은 대중미디어의 교류협력 확대로 자연스럽게 문화적 갈등해소와 상호 이해가 증진되고 있다.

대표적인 예로 한국의 TV 드라마가 일본, 중국, 대만 등에서 방영되어 '한류' 열풍이 확대되고 동북아 문화의 보편화에 긍정적인 작용을 했다. 한국의 TV 드라마가 중국 등 아시아권에 방영되며 한류를 확산시키는 직접적인 계기가 된 것은 1996년 한국에서 폭발적 인기를 끌었던 '사랑이 뭐길래'라는 드라마였다. 이 드라마가 중국에 방영되며 한류열풍이라는 신조어를 낳게 했다. 한국의 TV 드라마는 그 뒤 '겨울연가', '대장금', '올인' 등이 아시아를 비롯하여 유럽까지 진출했다.

중국은 2005년 9월 '대장금'을 중국 전역에 방영하여 13억 인구의 중국대륙을 하나로 묶는 효과를 거두었다. 심지어 후진타오 국가주석 등 정치지도자들도 상당수 시청하여 한·중 간의 문화 교류협력에도 긍정적인 작용을 했다. 중국 언론들은 "대장금은 한국의 역사, 복식, 음식문화 및 민족적 자강(自强) 정신을 보여 줘 한국의 세계화 보증수표가 됐다"고 평가하기도 했다.269)

우즈베키스탄, 카자흐스탄, 우크라이나 3개국은 2004년에 '올인'을 방영했고, 러시아는 2005년 3월에 방영했다.270) 특히 러시아의 한국

---

269) '대장금'은 홍콩에서 시청률 47%라는 홍콩 방송 역사상 전무후무한 기록을 보였다. 중국에 서도 평균 14%대의 시청률을 기록하여 1위를 질주했다. 『조선일보』, 2005년 9월 30일
270) 러시아 민영 NTV는 2005년 3월 14일부터 4월 22일까지 총 24회 방영했다.

TV 드라마 '올인'의 방영은 러시아, CIS 지역에서 이질적인 문화에 대한 인식을 새롭게 하여 지역문화교류와 문화평화의 촉진에 기여했다.

따라서 동북아의 문화평화를 형성하기 위해서는 상호간의 교류협력과 대중미디어를 매개로 한 문화적 평화벨트를 구축할 필요가 있다. 문화적 평화벨트는 대중적 문화공감대 확산을 통해 신아시아문화를 창출하게 한다.

물론 동아시아인들이 즐기며 소비하는 한국의 대중문화는 이윤창출을 위한 기획력과 거대한 자본력을 갖춘 기업화된 최첨단 대중문화로 보는 비판적 시각도 있다.[271] 이러한 자본의 논리에 의한 욕망의 창출과 충족을 소비의 형태로 부추기는 대중문화가 주류를 이루는 한류가 동아시아인들의 정체성 형성에 오히려 부정적일 수도 있다.

그러나 동북아가 나름의 문화평화를 통한 문화공동체를 만들어 가자면 한류 등 초월적 문화를 선호하는 신세대들을 위한 대중문화의 공동제작과 공동방영이 절대적으로 필요하다. 왜냐하면 중심 – 주변의 이분법적 문화이해를 극복하는 동아시아의 '대안적 전지구화 문화'를 만드는 데 대중매체와 더불어 신세대들의 탈이념적 역할이 중요하기 때문이다.

② 대중예술의 교류협력과 문화평화의 확대

영화·음악 등 대중예술의 교류와 협력으로 대립과 갈등을 극복하고 상호 이해와 공유를 확대하여 문화평화를 크게 촉진할 수 있다. 영화 등 대중예술을 통한 국가 간의 교류는 상호 이해와 협력을 촉진하고, 이것은 문화평화로 연결되는 성향이 강하기 때문이다. 대립과 갈등의 역사를 반복해 온 동북아가 평화발전의 시대를 열어 가려

---

271) 김영호, 김관웅의 논문 논평문, 한반도평화운동본부(2004), 82 – 84쪽.

면 대중예술의 교류협력을 통한 상호 신뢰와 정서적 공감대에 기초한 문화평화를 형성하는 것이 중요하다.

한국과 중국, 일본 등 동북아 3국은 그야말로 문화의 독자성과 자존심이 강한 편이다. 문화정체성이 상대적으로 강한 국가들과의 교류는 일방이 아닌 쌍방 교류방식이 존중되어야 하고, 그것도 선린관계를 도모할 수 있는 공동목표의 추구가 병행되어야 할 것이다.[272]

유럽연합도 '하나의 유럽'이라는 공동체의식이 형성되었기에 가능했다. 동북아의 오랜 역사 속에서 각 민족이 공감할 수 있는 공통적 문화평화의 가치를 찾아내고 이를 보편화하려는 노력이 필요하다.

한국은 1965년 일본과 문화협정을 체결한 이래 1991년 몽골, 1994년 중국과 각기 문화협정을 체결했다. 또한 도쿄(1979년), 베이징(1993년), 오사카(1993년) 등 10곳에 문화교류의 전초기지인 해외문화원을 설립하여 운영하고 있다. 그리고 기초단체 및 광역시들도 동북아 지역의 국가들과 많은 수의 자매결연을 통해 선린관계를 유지해 오고 있다. 이와 같은 국가 간의 대중예술의 교류확대는 이질성을 극복하고 문화평화를 촉진한다.

분단으로 이질화된 남북한 간의 대중예술 교류도 동질성을 확대하여 문화평화의 확대에 긍정적 기능을 한다. 2005년 8월 북한 평양에서 개최된 가수 조용필의 '평양 2005' 공연은 남한과 북한의 화해와 협력을 이끌어 내는 데 크게 기여했다.

7,000여 명의 북한 청중들은 공연 처음에는 돌부처 같았지만 흥겨운 리듬이 계속되자 함께 노래하며 기립박수까지 보냈다. 음악을 통해 남한과 북한은 하나임을 확인했고, 서로 함께 정서적 공감대를

---

272) 허권, "동북아 문화협력의 당위성과 선결과제"
　　http://www.ktri.re.kr/database/bokji/145/m145_10.htm(검색일: 2006년 10월 3일)

확대하여 공존할 수 있음을 증명했다. 이처럼 정치영역과 달리 대중
예술은 국가의 간접지원과 민간의 주도하에 교류를 확대할 수 있다.

특히 대중예술은 사람이 살아가는 데 있어서 가장 기초적인 것이
기 때문에 적대적인 가슴을 열고 이해를 통한 화해와 협력을 하는
데 중요한 바탕이 된다. 따라서 동북아의 문화평화를 촉진하여 문화
공동체를 건설하기 위해서는 대중예술의 교류협력을 적극 확대해 나
갈 필요가 있다.

③ 관광·스포츠 등의 교류협력과 문화평화의 창출

동북아의 역내 국가 간 관광교류 확대는 상대방에 대한 문화이해
증진의 계기를 제공하고 차이에 대한 관용의 정신을 제고한다. 동북
아의 관광은 풍부한 자원을 갖고 있는 만큼 향후 문화평화의 확대에
대한 잠재력이 크고 가능성이 아주 높다. 따라서 관광교류의 확대를
통한 문화평화 실현의 제반 조건을 갖추어 광범위한 인적 교류가 가
능하도록 해야 할 것이다.

남북한 간의 금강산관광은 긴장을 완화하고 적대관계 해소의 계기
가 된 것처럼 국가 간의 관광교류는 이질화를 녹여내고 화해와 협력
의 단초를 제공한다. 그러므로 적대관계나 비우호적인 관계일수록
상호간의 화해와 협력, 신뢰회복의 상징으로서 관광, 특히 '평화관광'
은 매우 중요하다. 일본, 남북한, 중국, 러시아 등 동북아 주요 도시
를 순회하는 평화관광은 역내 문화평화의 확대를 촉진하게 된다.

동북아 국가들은 또한 역사적으로 축구 등 스포츠 교류를 통해 상
호 친선을 다져 왔다. 경제발전에 뒤이은 한·중·일의 스포츠 발전
은 종목 표준화와 경기수준의 유사성으로 상호 교류와 협력을 더욱
확대시키고 있다. 동북아 국가들의 스포츠 교류 확대는 우호적이고

평화 지향적인 문화공동체 건설의 토대가 될 것이다.

동북아의 스포츠 교류 활성화는 문화평화를 촉진하고 궁극적으로 문화공동체 건설을 통해 경제평화와 정군평화에도 긍정적인 파급효과를 미친다. 1979년 미·중 간 국교수립의 전기를 만드는 데 기여한 것이 '탁구경기'였다. 1999년에는 미국과 쿠바 간의 '야구경기'를 통한 외교가 40년 만에 재개되어 서구사회에 개방하는 계기가 되었다. 동북아의 역내 스포츠 교류는 스포츠 이벤트를 통한 빈곤퇴치 지원 등을 통해 경제평화 분야에도 긍정적인 영향을 미치게 된다.

④ 인터넷을 통한 국가 간 관용과 문화평화의 증진

인터넷은 세계화를 촉진하여 국가 간의 문화평화를 확대하는 중요한 도구이다. 인터넷은 국가나 시장의 장벽을 초월하여 개인과 개인 또는 개인과 시장, 국가 간의 간격을 밀착시킨다. 다양한 정보를 쌍방향으로 나눌 수 있도록 하여 직접 민주주의를 촉진하고 국가 간의 문화평화를 가져올 희망의 매체로 간주된다.273) 인터넷은 참여와 정보의 교환을 확대하고 상호간의 소통을 원활하게 하여 지역 공동체의 평화담론이 형성되는 '공론의 장(public sphere)'이 될 수 있기 때문이다.

인터넷이 급속도로 발달하면서 개방, 공유, 참여의 광장이 되는 차세대 웹 환경도 잇달아 만들어지고 있다. 즉 기존의 이용자-서버 모델에 기반을 둔 정적인 웹 그리고 주류 미디어에 의해 잠식되며

---

273) 미래학자 앨빈 토플러(Alvin Toffler, 1995)는 "정보기술을 이용한 광범위한 대중의 정치참여 문제가 해결되는 21세기는 소수 엘리트에 의한 정치보다는 일반 대중의 정치참여가 광범위하게 확대되는 반직접 민주주의(semi-direct democracy: 혹자는 전자민주주의 또는 제3의 민주주의)의 시대로 접어들 것"이라고 전망했다. 실제로 세계 각국은 세계화, 정보화가 가속화되면서 인터넷을 이용한 정치참여가 일상화되어 가고 있다. UN은 매년 세계 각국의 전자정부의 수준을 평가하고, 서비스 전달과정과 공공정책 결정과정에서 시민의 전자적 참여 확대를 권장하고 있다.

매스커뮤니케이션과 매스광고에 의해 지배되던 웹이 근본적으로 변화하고 진화한 '웹 2.0' 등 차세대 웹이 잇달아 등장하고 있는 것이다.274) 차세대 웹의 특징은 네티즌들에게 플랫폼, 즉 온라인 공간과 기술만 제공하고 콘텐츠는 네티즌들이 알아서 만들어 공유하는 것이다. 따라서 그 키워드로는 개방, 공유, 참여 등을 들 수 있다.

자유게시판과 댓글, 미니홈피의 수준을 넘은 블로그 등 차세대 웹 공간은 기존 대중시장의 일반 소비자에서 개인화된 시장의 생산소비자(프로슈머)로 진화하고, 권력관계도 중앙집권형에서 분산형으로 바뀐다. 지식 생산도 소수 전문가에서 사용자들의 '집단지성'에 의해 이루어진다. 네티즌들이 일방 수용자에서 콘텐츠를 직·간접적으로 생산해 공유하는 등 일상생활의 혁명적 변화까지 가져오고 있다.

언론이 제공하는 정보에 만족하지 않고 네티즌 개인이 스스로 정보를 생산해 공개하는 블로그는 정보 생산자 대열에 평범한 개인이 참여하는 통로다. 이라크 전쟁 당시 바그다드의 참혹한 상황을 '세계에 고발'한 것은 방송매체 CNN도, 알자지라도 아닌 '평화(Salam Pax)'를 자처하는 '라에드는 어디에(Where is Raed)'라는 블로그였다.275)

'닫힌사회'인 중국도 인터넷이 '열린사회'로 바꿔 놓고 있다. 중국의 네티즌은 공식적으로는 1억 2,300만 명이지만 실제 인터넷을 이용하는 중국 네티즌은 2억 명을 넘어서 미국 네티즌(1억 5,000만 명)을 제치고 세계최대의 집단으로 부상했다. 이와 관련해 홍콩 시사

---

274) 웹2.0시대의 뉴 트랜드. 『국민일보』, 2007년 1월 1일.

275) AP통신 등 세계통신들은 2003년 4월 이라크 바그다드에 거주하는 '살람 팍스(Salam Pax)'란 필명의 청년이 영어로 연재하는 전쟁고발 일기가 전쟁을 반대하는 네티즌들의 잔잔한 감동을 일으키며 반전의식을 강화시키고 있다고 보도했다. 살람 팍스는 아랍어로 '평화'를 뜻하는 말이다. 살람 팍스는 자신의 웹진(http://dear_raed.blogspot.com)을 통해 사담 후세인의 독재와 미-영 연합군의 무차별 폭격을 함께 고발했다. '라에드는 어디 있나?(Where is Raed?)'란 제목을 달고 있는 살람 팍스의 전쟁고발 글들은 무엇보다 바그다드의 생생한 전쟁의 참상을 현장감 넘치게 묘사해 '21세기판 안네의 일기'라는 평가를 받기도 했다.

주간지 아주주간(亞洲週刊)은 2006년 12월 31일자에서 '2006년, 올해의 인물'로 '중국 네티즌'을 선정하기도 했다.276)

이 주간지는 중국 네티즌들을 올해의 인물로 선정하면서 "네티즌이 중국을 '열려 있고, 투명하며, 자유로운' 나라로 변화시키는 주축세력"이라고 규정했다. 이처럼 공산사회주의인 중국을 네티즌들이 블로그 등 인터넷을 통해 여론 주도세력으로 등장하며 열린사회로 변화시키고 있다.

그러나 인터넷은 민주적이고 공동체적인 성격의 매체이면서, 동시에 분열과 갈등을 촉진하는 무정부주의적 속성이 있다. 그래서 인터넷에 참여하는 사람들은 원칙적으로 자유로운 면이 있다. 이들은 이질적인 문화를 디지털매체를 통해서 간접적으로 체험할 뿐만 아니라, 적극적으로 직접체험의 기회를 찾는 데 주저하지 않는 '체험문화'를 주도하는 신인류이기도 하다. 여기서 다양하고 이질적인 타문화와 '화해하고 화합'할 수 있는 관용의 덕목을 지닌 문화평화를 창출할 수 있다.

따라서 인터넷 이용자들, 즉 네티즌들의 의식과 도덕적 규범이 새롭게 형성되는 것이 중요하다. 익명성에 숨어 자신과 의견이 다른 이들에게 언어폭력을 휘두르는 일 등은 문화평화 협력을 저해한다. 자신과 의견이 달라도 이를 포용할 수 있는 관용의 덕목이 강화되도록 하는 것이 바람직하다.

또한 인터넷을 접하는 사람과 그렇지 않은 이들 사이를 가르는 '디지털 디바이드'는 세대와 계층, 지역 및 국가 간의 깊은 갈등의 골로 나누어지지 않도록 하는 것도 필수적인 과제이다. 인터넷이 관용을 통해 인권, 반전, 자유 등 보편적 가치를 공유함으로써 문화평

---

276) 『경향신문』, 2006년 12월 27일

화를 확대하는 방향으로 활용되어 인간들의 삶을 풍요롭게 만드는 수단이 되도록 할 필요가 있다.

⑤ 공동교육을 통한 문화평화의 형성

동북아의 평화체제 구축을 위해 해결해야 할 또 다른 문제는 동북아 3국의 관계 성숙이다. 동북아는 국가 간의 대립과 반목으로 상호 불신이 깊기 때문에 이들을 극복하는 것이 문화평화 형성의 첫 과제이다. 동북아 국가 간의 불신을 극복하기 위해서는 동북아 국가들 간의 역사·민족주의 등에 대한 문화평화를 공유함으로써, 동북아의 지역적 정체성을 함양할 필요가 있다.

동북아의 정체성 함양은 공동교육을 통해서 상대국에 대한 이해와 관용의 정신을 제고하는 것도 하나의 방안이 될 수 있다. 동북아의 공동교육은 인류의 보편적 가치인 인권과 자유, 평화에 대해서 우선적으로 접근할 필요가 있다. 역사와 시대에 따라서 변화될 수 없는 가치들이기 때문이다.

동북아의 공동교육은 문화평화와 문화공동체를 구축하기 위한 모든 전략의 핵심에 위치하고 있다. 교육은 의심, 무지, 편견, 적대적 이미지 등을 제거하고 동시에 평화, 관용, 비폭력, 개인, 집단, 국가들 사이의 상호 이해를 증진시킬 수 있는 중요한 수단과 방법이 된다.

공동교육은 평화가 인류의 기본적 가치라는 신념을 강화시키고, 비폭력적 정신을 만들어 낼 뿐만 아니라 국내적, 지역적, 세계적 차원에서 평화와 관련된 문제들에 대한 책임감과 참여의식을 만들어 낼 수 있다. 평화와 인권에 대한 공동교육을 발전시켜야 할 국가들의 의무는 국제법에 이미 잘 마련되어 있다.

최초의 수단인 '세계인권선언' 제26조 2항에는 다음과 같이 명시

되어 있다. "교육은 인격의 완전한 발전과 인권과 기본적 자유에 대한 존경심을 강화하는 데 초점이 두어져야 한다. 교육은 모든 국가, 사회적, 종교적 집단들 사이의 이해, 관용, 우정을 진작하고 평화의 유지를 위한 유엔의 활동을 촉진시켜야 할 것이다."

유네스코는 모든 회원국들에 세계인권선언의 원칙들이 각 수준과 모든 형태에서 일상적 교육에서 적용됨으로써 문화평화를 위한 인격을 개발하는 데 핵심적 부분이 될 수 있도록 모든 조치들을 취할 것을 요구하고 있다. 특히 온 국민을 '우물 안의 개구리'로 만들고 있는 민족 중심의 국사연구와 교육을 버리고, 동북아 공동체적 관점으로 전환해야 할 필요가 있다.

주변국과의 역사, 민족, 가치갈등을 자국의 국사를 강화하는 기회로 활용해서는 안 될 것이다. 삶의 세계가 전 지구로 확대된 21세기에 '기억의 장'을 민족으로 축소하는 패러다임은 시대착오적이다. 한·중·일 3국의 탈민족주의가 지역평화의 최대 관건이 된다. 동북아는 민족주의에 의해 실재하는 폐쇄된 공간에서 벗어나 공동체적인 열린 사고에 의해 새롭게 창출되어야 할 미래의 공간에 가깝다 할 것이다.277)

⑥ 평화공동시설의 건립을 통한 문화평화의 형성

평화복합체 내의 지역 공동 평화를 구축하기 위해서는 지역적 관계가 깊은 몇 개의 나라들이 공동으로 가칭 국제문화 평화시설을 건립하여 운영하는 것도 갈등을 해소하고 문화평화를 확대하는 하나의 방안이다.

국제적인 공동평화시설은 인류의 보편적 가치인 평화의 소중함을 일깨우고 이를 수호하려는 속성을 강화시킨다. 지속 가능한 평화체

---

277) 김기봉, 『역사를 통한 동아시아공동체 만들기』(서울: 푸른역사, 2006) 참조.

제를 구축하기 위해서는 지역평화를 공동으로 가꾸어 가는 노력이 매우 중요하다. 역내 국가들의 참여로 공동으로 국제평화시설을 건립하는 것은 '평화지대(peace zone)'의 설치를 의미하며, 이러한 문화평화환경의 조성은 결과적으로 전쟁억제의 효과를 가져올 것이다.

평화지대의 설치로 인한 국가적, 지역적 차원에서의 교류가 활성화되면 정신과 물질의 일체화로 동북아의 문화평화를 촉진하고 세계평화의 기반 조성에도 기여하게 된다. 또한 다국적 경제, 문화, 정치의 중심으로 상호간의 이해증진을 도모하며 지속 가능한 평화를 창출하는 중심축이 될 수 있다.

유엔세계평화센터(UNWPC)가 상생 패러다임에 의해 북한·중국·러시아 3국의 국경이 맞닿은 두만강 하구 일원에 건립되는 것은 이 지역의 평화확대에 크게 기여하게 될 것이다.[278] 유엔의 승인하에 순수 민간 차원에서 추진되는 이 사업은 공식적으로 2000년 1월 1일부터 시작되었다. 3국 간의 공동 유엔세계평화센터 건립은 1차 사업으로 중국 훈춘 시 징신(敬信)지역 40만 평 내에 UNWPC 본부 건물이 조만간에 착공될 예정이다.

북한·중·러 접경지역에 추진되는 초대형 문화평화 프로젝트가 완성되면 동북아를 평화의 중심지로 부각시킬 수 있을 것이다. 한·중·러 접경지역에 생태환경보호를 겸한 평화지대의 설치는 이들 국가 간의 문화평화를 확대하고 공동발전의 계기로 작용할 것이다.

⑦ 동북아의 평화도시 건설과 문화평화벨트의 형성

문화평화를 확대하기 위해서는 과거역사에서 폭력이 발생했던 도시들을 평화벨트로 연결하여 평화가치를 확산시켜 가는 것도 필요하

---

278) http://www.unwpc.net(검색일: 2006년 12월 23일)

다. 일본의 히로시마(廣島), 한국의 제주, 중국의 난징(南京) 등은 모두 과거역사에서 폭력이 존재했던 도시들이다. 이 도시들을 평화도시로 조성하고 하나의 동북아 평화벨트로 연결하여 문화평화를 확대할 수 있을 것이다.

평화도시와 관련해서 국제적으로 세계평화도시 시장회의와 유엔평화사절 도시연합회의 등이 있다. 세계평화도시 시장회의는 일본 히로시마에 본부를 두고 있으며 2006년 9월 현재 196개국 1,336개 도시가 가입해 있다. 스위스 제네바에 본부가 있는 유엔평화사절 도시연합회의에는 80여 개 도시가 가입해 있다.

일본의 히로시마는 1945년 8월 6일 오전 8시 15분 인류 최초의 원자폭탄 투하로 괴멸상태에 이르렀으며, 현재에도 도시 곳곳에 전쟁의 잔혹성이 남아 있다. 당시 히로시마의 인구는 약 34만 명이었으나 원폭투하 중심지에서 1.2㎞ 범위 내 사람들의 50%가 당일 사망했고, 1945년 12월 말까지 무려 14만여 명의 시민들이 사망한 것으로 집계됐다.

일본은 이 비극을 되풀이하지 않기 위해 1949년 '히로시마 평화기념도시 건설법'을 제정하여 평화기념공원 조성, 평화대로 건설 등 평화를 중시하는 도시로 정비하였다. 히로시마는 현재 아시아의 대표적인 평화상징 도시로서 인류에게 전쟁이 되풀이되어서는 안 된다는 것을 경고하고 있다.

한국의 제주는 1948년을 전후하여 30만 명의 인구 중 10% 정도인 3만여 명의 무고한 양민들이 대학살된 폭력의 기억을 갖고 있다. 제주는 2005년 1월 4·3사건의 폭력성을 치유하기 위해 국가 차원에서 '세계평화의 섬'으로 지정되었다. 제주의 세계 평화의 섬 지정은 일본 히로시마, 스위스 제네바, 독일 오스나브뤼크 등이 세계 평화도시로 알려져 있으나 국가 차원에서 법적 근거를 갖추고 평화도시로 인정받은 첫 사례라고 할 수 있다.

제주는 평화의 섬으로서 국제적 평화허브로 발전한다는 전략을 구체화하기 위해 제주평화연구원 창설, 제주국제평화센터 개관 등 각종 평화사업을 추진하고 있다. 특히 제주사회를 진정한 평화공동체로 만들기 위한 제주평화헌장 제정과 모슬포전적지를 중심으로 평화테마 관광코스 개발 등 제주평화 대공원 조성사업을 전개하고 있다.

중국의 난징도 세계 3대 대학살로 알려진 폭력의 기억을 갖고 있다. 난징 대학살은 일본군이 1937년 12월 13일 난징을 점령하는 과정에서 중국의 군인·포로·일반시민을 대량으로 학살한 사건이다.[279] 중국 측은 43만 명이 희생됐다고 주장하였고, 극동국제군사재판은 "일본군이 점령하여 처음 6주 동안 난징과 그 주변에서 살해한 총수는 20만 명 이상이며, 그것이 과장이 아닌 것은 매장된 시체가 15만 5,000명에 이른 사실로 증명이 된다"고 판결했다. 난징학살은 무차별사격과 생매장 또는 휘발유를 뿌려서 태워 죽이는 등 극히 잔악한 방법으로 자행되었다. 난징학살의 본질적 배경은 의롭지 못한 침략전쟁을 한 일본군국주의의 소산이라고 할 수 있다.

중국이 아직 사회주의 국가로 평화의 소중함을 정책적으로 뒷받침하고 있지 않지만 난징을 평화도시로 선언하고 일본의 히로시마, 한국의 제주 등과 연결하여 평화벨트를 형성한다면 동북아의 문화평화는 크게 확대될 것이다. 동북아에서 폭력이 발생한 도시들을 거점적인 평화도시로 묶어 폭력에 대한 아픈 과거의 치유 및 발전적 상생의 평화 분위기를 적극 조성해 갈 필요가 있다.

---

279) 야후 백과사전 http://kr.dic.yahoo.com/search/enc/result.html?p(검색일: 2006년 12월 5일)

(3) 문화평화의 제도화: 지역 문화평화협력기구의 창설

동북아 및 남북한 간의 협력대화와 교류협력을 통해서 마련된 다양한 문화평화 창출사업들을 지속적으로 발전시켜 나가기 위해서는 문화평화의 제도화가 필수적이다. 동북아의 문화교류협력을 제도적으로 뒷받침할 '가칭 동북아 문화평화협력기구'를 창설할 필요가 있다.

남북한 간에는 개성공단사업이 어느 정도 안정궤도에 진입한 만큼 남북 경제협의체나 경제협력기구를 창설하여 제도적으로 뒷받침하는 것이 중요하다. 이를 토대로 남북한 간의 체육, 방송, 언론, 학술 교류 등 분야별 인적 교류확대와 접촉도 제도화하여 정례화할 필요가 있다.

나아가 남북한 간의 문화협력 법제를 정비하고, 이산가족 상봉촉진법의 제정도 추진해야 할 것이다. 청소년의 평화교육 및 통일교육을 확대 강화하고, 상호방문도 모색할 필요가 있다. 이를 통해 아직도 잔존하고 있는 냉전적 대립문화를 극복하며, 민족동질성을 적극 유도해 나가야 할 것이다.

동북아의 문화평화 확대를 위해서도 문화협력체나 문화평화협력기구를 창설하여 보다 지속적, 안정적으로 교류협력을 추진해야 한다. 동북아의 대중예술 및 미디어, 방송, 인터넷 등의 교류협력을 정례화하고 문화담론을 공유하기 위한 제도적 장치를 확보할 필요가 있다. 동북아의 문화평화협력기구를 통해 협력증진 프로그램을 가동하는 것도 문화평화를 확대하는 작업이다.

또한 동북아의 역내 관광 및 스포츠 교류를 통한 문화평화의 확대를 위해서도 상호 네트워크와 협력체제를 구축하는 것이 중요하다. 동북아 국가 간 관광협력기구를 창설하고, 동북아 체육교류 협력체제를 제도화할 필요가 있다. 관광과 스포츠 교류의 확대는 동북아 국가 국민들 간의 반목과 질시를 해소하고 평화가치를 형성하여 문화공동체로서의 유대감을 강화시키게 된다.

동북아에서 보편적 가치에 대한 공감대를 형성하기 위해서는 역사에 대한 공동인식을 확대하는 것도 필요하다. 이를 위해서는 '(가칭) 동북아 공동역사위원회'와 같은 역내 기구를 구성하고, 공동역사교과서를 제작하여 공동교육을 실시하는 것도 바람직하다.

동북아 공동역사위원회는 한·중·일 3국이 자국 중심의 편협한 민족주의적 사관을 극복하기 위해 동북아 전체를 공동의 역사인식 범주로 설정하고, 동북아의 지역정체성 확립과 공동의 평화번영을 목표로 새로운 역사기술을 하는 것이 필요하다. 과거 역사에 대한 기술은 진솔한 반성과 화해를 언급하는 것이 중요하다.

동북아 공동역사위원회는 우선 역사문제의 정치적 민감성을 고려하여 민간 차원(Track Ⅱ)에서 조직, 운영되어야 하며, 각국 정부는 이를 적극 후원, 협력하는 방식을 취하는 것이 바람직하다. 민간 차원에서 어느 정도 구체성을 띠고, 성과가 나타나면 정부 간 협상을 통해 공식화, 제도화할 필요가 있다. 이럴 때만이 국가 간의 불신을 해소하고 진정한 협력관계를 만들어 동북아의 문화공동체를 창출할 수 있다.

(4) 문화공동체의 형성

동북아의 문화교류협력이 제도화된 이후 문화평화를 공고화, 영구화해 나가기 위해서는 문화공동체의 형성이 필수적이다. 문화공동체는 인적 자유왕래를 보장하고 보편적 가치를 토대로 문화평화를 구축해 나가는 생활체계이다.

동북아의 문화평화에 기반을 둔 문화공동체는 전쟁을 부인하고, 평화를 옹호한다는 측면에서 매우 중요하다. 그러므로 정군적, 경제

적 경계를 넘어서 가장 근본적이고 우선적으로 요구되는 것이 문화 공동체의 구축이라고 할 수 있다.

문화공동체는 갈등을 최소화하며 평화공존을 최대화하기 위한 지혜를 모색하고 실천하는 기본 토대가 된다. 이러한 면에서 동북아의 평화와 공동번영을 위해서는 문화평화의 소중함을 지각하고 실천해 나가는 평화의지가 요구된다.

문화공동체는 정치적인 타결이나 경제적인 협력으로도 이루기 힘든 인간존중 정신, 평화애호 정신, 평등과 공존의 정신을 배양하고 실천하게 만드는 평화의 모체라고 할 수 있다. 그러므로 문화공동체는 인간사랑, 평화사랑이 내재되어 있고, 이를 존중하고 실천하게 만드는 근원이 되는 것이다.

문화공동체의 원리는 정군적, 경제적으로 지배적인 집단의 문화로 동질화시켜 가는 것이 아니라 다름과 차이를 인정한 바탕 위에서 다양성이 하나의 전체적인 공동선, 즉 평화를 위하여 공존해 가는 것이다.

따라서 동북아가 하나의 기대한 지역적인 문화평화공동체를 이룩해야 한다는 명제는 바로 이 지역의 나라와 민족 집단이 각각의 고유한 전통을 가지면서도 인류의 보편적 가치인 인권존중, 평화사랑, 상호 존중의 철학을 바탕으로 공동발전을 지향해 가는 영구적 생활 토대를 이룩한다는 의미이다.[280]

3) 문화평화 구축의 선결 과제

동북아의 문화평화를 구축하기 위해서는 먼저 한·중·일 3국 간

---

280) 김광억, "문화공동체로서의 동아시아의 필요성과 가능성", 『동아시아 공동체: 비전과 전망』, 346 - 349쪽.

의 역사갈등, 민족주의 갈등을 근본적으로 해결하고 상호간의 신뢰를 강화하는 것이 필수적이다. 이런 맥락에서 동북아 역내 국가 간의 역사갈등 해소를 통한 상호 신뢰를 강화하는 것이 동북아 문화평화 구축의 선결과제가 될 것이다. 동북아 주요 국가 간의 역사갈등을 해소하기 위해서는 반성과 화해, 상생과 협력을 통해 문화평화 형성에 전략적 지혜를 모아야 할 것이다.

동북아 국가는 또한 민족국가의 틀에 고착된 배타적 민족주의를 극복해야 할 필요가 있다. 이를 위해서는 상이한 역사적 경험을 통해 형성된 문화적 차이를 존중하는 열린 자세가 요구된다. 서로 간의 정복이나 독점이 아닌 공존과 상생의 문화평화를 실천하는 태도가 중요하다. 국가 간의 문화평화에 대한 연대가 심화되어야 문화공동체가 건설될 수 있다.

동북아의 역사·민족 갈등을 해소하고 문화평화를 구축하기 위해서는 역내 국가 간의 '창조적 문화평화'의 창출이 필수 불가결하다. 창조적 문화평화의 창출은 국가 간의 협력과 융합을 극대화시켜 시너지효과를 확대하고, 공동의 발전과 번영을 가져오게 하여 상호 공존을 지속화하는 것이다. 이것은 어느 한 나라의 문화지배가 아닌 문화융합을 통한 창조적 문화공존을 이루는 일이다. 한 나라만의 독점적 문화는 문화패권을 낳을 수 있고, 이것은 타국의 고유문화를 침해하여 국가 간의 문화 충돌 내지는 문화 갈등을 파생시킬 가능성이 높아진다.

그러므로 동북아 국가 간의 문화평화의 공존을 위해서는 국가 간의 문화협력과 융합이 중요하다.[281] 동북아 역내의 창조적 문화평화를 촉진하기 위해서는 각국 간의 영화·드라마 등 공동제작 또는 합

---

281) "세계는 창조적 공존으로 간다", 『조선일보』, 2006년 1월 6일

작투자와 각국 간의 문화융합을 적극 유도할 필요가 있다.

한 나라의 문화는 다른 나라의 문화와의 개방적 협력과 융합을 해야 공존하여 지속 가능한 문화평화로 정착할 수 있게 된다. '자신의 문화만이 최고'라는 식의 문화우월주의 또는 문화패권주의는 문화적 충돌을 야기하고, 대립과 갈등을 확대시킨다.

문화는 물과 같아서 창조적인 상호 교류와 협력이 이루어져야 발전하는 속성을 지니고 있다. 문화평화는 창조적 공존을 통해서 융합과 발전을 가져오지만 일방적인 문화패권주의는 거부와 충돌이라는 부작용을 파생시킨다. 국제적 분업과 협력을 통한 문화평화의 창조적 공존이 문화공동체를 확대하고 뿌리를 튼튼하게 한다. 소위 문화적 상생을 위해서는 창조적 문화공존이 불가피한 것이다.

2003년부터 2005년까지 동북아에서 인기의 절정에 이르렀던 한국 문화로 상징되는 '한류열풍'은 각국에서 '혐(嫌)한류', '항(抗)한류' 같은 역풍을 맞기도 했다. 일본에서는 한류의 인기를 거부하는 만화 '혐한류(嫌韓流)'가 인기를 끌어 2005년도에만 무려 30만 부가 넘게 팔리기도 했다.[282]

중국은 한국 드라마의 수입을 제한하겠다고 발표했고, 대만도 방영시간을 조정하겠다고 밝히는 등 아시아 각국으로부터 '항한류'에 직면하기도 했다. 1970~1980년대에 세계적인 인기를 끌었던 홍콩 영화는 우월감에 빠져 자기복제를 양산했고, 질 낮은 콘텐츠로 각국에서 외면을 받아 1990년대 들어 몰락했다.

한·중·일·홍콩 4개국이 공동 투자하여 2007년 1월 개봉된 시대극 영화 '묵공(墨攻)' 제작은 한 나라의 배타적인 지배가 아닌 각국의 문화융합을 통한 창조적 문화평화의 대표적 모범사례라고 할

---

282) 『조선일보』, 2006년 1월 6일

수 있다. 전형적인 아시아 합작영화인 이 영화는 1,600만 달러의 제작비용을 한국 등 4개국의 업체가 정확이 4등분해서 분담했고, 4개국 배우가 출연했다. 그리고 연출·무술은 홍콩, 촬영·조명은 일본, 미술·현장 스태프는 중국이 맡는 식의 철저한 국제분업으로 제작돼 합작 효과를 극대화했다.

특히 영화 '묵공'은 '반전과 평화'라는 아시아 공동의 가치를 주제로 설정하여 동북아의 문화평화의 확대에 긍정적인 작용을 하였다. 물론 4개국이 뭉친 것은 경제적 이익 때문이었지만 이러한 평화 지향적 작품들이 잇달아 성공하게 되면 동북아 문화평화의 창출에 크게 기여할 것이다. 이 밖에 한국-베트남의 합작드라마인 '무이응오가이(고수의 향기)'의 공동제작과 공동방영은 문화 불균형으로 인한 양국 간의 갈등을 축소하고 지속 가능한 문화평화를 창출하게 한다.

창조적 문화평화의 창출은 중국과 일본 등이 주도할 수 있지만 한국이 상대적으로 좋은 조건을 갖고 있다. 한국은 역사적으로 한 번도 주변국들에 위협을 가하거나 패권을 추구한 적이 없다. 또한 상호 패권경쟁관계에 있는 중국과 일본은 한국처럼 중간자 입장에서 역사인식의 공유문제에 대해 이니셔티브를 취하기 어렵다. 더구나 제한적이기는 하지만 나름대로의 개방성과 다양성을 바탕으로 그 역량이 상대적으로 강화된 한국이 새로운 변화를 추동해 낼 수 있을 것이다.

일본은 1970년대부터 아시아개발에 재정지원과 인력파견을 계속해 왔지만 '대동아공영권'의 논리에서 완전히 벗어나지 못하였다. 일본은 무엇보다도 주변국들의 침략과 가학에 대한 충분한 반성과 보상이 동북아의 문화평화 구축의 선결적 과제임을 깨달을 필요가 있다.

그리고 중국은 세계 중심을 포기한다고 하지만 여전히 중화주의에 집착하고 있다. 중국의 동북공정을 통한 고구려사 등 한국역사의 왜곡은 한일 간의 문화평화 갈등과 또 다른 측면의 문화평화 갈등을 야기하는 것이다.

동북아의 문화평화를 통한 문화공동체 창설은 정부 간 비정부 간 복합체적, 중층적으로 추진해야 견고해진다. 비정부 간의 활동은 국가의 비공식적 지원을 받아 시민사회를 중심으로 전개될 수 있을 것이다.

일본의 시민사회는 지방단위에서 강한 풀뿌리를 가지고 있기는 하지만, 근대화 과정에서 저항과 성찰의 기회를 제대로 갖지 못하였다. 일본 국수주의의 발흥과 정치의 보수화는 일본 시민사회의 자기 몰입 및 파편화와 무관하지 않다.

사회주의 체제를 유지하고 있는 중국의 시민사회는 국가의 지원을 받아 사회서비스를 생산하는 초보적 수준에 있다. 그러므로 한국을 중심으로 정부 간 협력과 시민사회의 역량과 정부-비정부 간 전략적 실천력을 강화할 필요가 있다. 동북아 국가들은 이러한 역량강화와 견고힌 언데를 통혜 평화와 공동번영을 추진해 나갈 수 있을 것이다.

3. 제3단계 - 동북아의 정군평화 구축과 정군공동체의 건설

1) 목표와 방향

동북아의 정군평화 구축 목표는 지역패권 갈등, 영토·자원 갈등, 통합·분리갈등 등으로 인한 정군적 대립과 불신을 해소하고 평화와 공동번영의 기반을 마련하는 것이다. 동북아 지역의 정군평화 구축을 통한 정군공동체를 건설하기 위해서는 단계별, 점진적 노력을 통해 접근하는 것이 바람직하다.

먼저 동북아를 중심으로 하여 현재 진행 중인 아시아·태평양 지역에서의 다자간 안보대화를 활성화하는 것이 시급하다. 관련국들을 적극적으로 참여시켜 안보이슈에 대하여 논의하는 틀을 정례화해야 할 것이다. 정례화, 관례화된 안보논의 구조를 보다 발전시켜 정형화된 틀인 다자안보협력기구로 발전시킬 필요가 있다. 동북아 정군공동체의 구축에서 주의해야 할 점은 안보이슈만을 논의해서는 안 되고, 다자간 경제 및 문화협력체와 연결하여 복합체적 평화체제로 확대시켜 나가는 것이다.

다자대화의 참여국들은 포괄적인 의제설정과 공동관심사에 대한 논의를 통해 역내 국가 간의 대화습관을 축적하고 공통규범을 실천하는 것이 중요하다. 정치적 대화의 습관을 시발로 하여 군사적 신뢰구축, 군비통제 및 군비축소 등 쉬운 일부터 단계적으로 정군평화를 이행해 나가야 할 것이다.

동북아의 정군평화를 위해서는 분쟁방지를 위한 예방외교를 목표로 수행하기 위해 주권존중 및 영토보존, 국내문제 불간섭, 불가침과 무력사용 및 위협금지, 분쟁의 평화적 해결, 군비통제와 축소, 평화공존, 민주주의 및 인간존엄성 존중 등의 원칙을 기본 강령으로 채택하여 추진할 필요가 있다.

정군평화의 추진에서 중요한 점은 공동의 경제평화와 문화평화에 복합체적으로 기여하는 방향으로 나아가도록 하는 것이다. 이를 위해서는 경제평화문제와 관련된 환경, 이민, 마약, 무기, 국제인신매매 등 다양한 형태의 초지역적 안보이슈를 공동으로 대처해 나갈 필요가 있다.[283] 경제가 보다 발전하기 위해서는 정군적 지역 안정이 필

---

283) 이호근, "유럽의 안보·경제협력의 사례", 박종철 외(2003), 113쪽.

수적이므로 이를 적극 연계시켜 나가는 것이 중요하다.

경제평화의 협력이 진행되는 과정에서 정군평화의 협력이 경제협력에 도움이 된다는 문화적 가치 인식이 나타나도록 할 필요가 있다. 동맹과 경제협력과의 상관성에 관한 몇 가지 연구는 이러한 문화적 가치 인식이 나타날 수 있는 이론적 근거를 제시해 주고 있다. 즉 안보적 공통의 이해를 가진 국가들 사이에는 오히려 무역의 증대가 공동안보 자체의 힘을 증가시킨다는 인식으로 인해 경제협력에 적극적이게 된다는 것이다.[284]

동북아는 현재 경제평화나 문화평화를 위한 대화의 틀조차 마련되지 않았기 때문에 정군평화의 추진은 아주 낮은 수준에서 협력을 증진시키고, 점진적인 교류와 협력을 통해 상호 신뢰를 강화해 나가는 것이 바람직하다. 동북아에는 현재 북한핵 문제를 비롯하여 영토 및 영유권분쟁, 분단과 통일문제, 군비확장 등 정군평화문제가 심각한 상황이다. 각 국가가 '선경제발전'을 강화하고 있는 만큼 지역의 공동발전을 위한 정군적 위협요인을 제거할 필요가 있다.

특히 동북아의 정군평화를 위해서는 '양자동맹'의 산을 넘는 것이 시급하다. 냉전시기는 공동의 적에 대하여 강한 동맹이 필요했지만 탈냉전과 더불어 동맹구조도 부분적으로 변화되기 시작했다. 유럽의 경우 북대서양조약기구(NATO)가 성격을 바꿔 인권, 환경, 마약 등 포괄적 안보개념을 형성하며 적극적 의미의 평화를 위해 기여하고 있다. 동북아에서도 탈냉전으로 전통적 동맹체제가 해체되고, 새로운 성격으로의 개편이 논의되고 있다.

---

284) 이러한 견해를 나타내는 연구는 다음과 같은 것들이 있다. Edward D. Mansfield and Rachel Bronson, "Alliance, Preferential Trading Arrangements and International Trade", *American Political Science Review*, 91,1(1997); Gowa, Joanne, *Allies, Adversaries, and International Trade*(Princeton, N.J.: Princeton University Press, 1994).

한·미동맹과 미·일동맹에서 한국과 일본은 장기적인 측면에서 대미의존을 벗어나려 하고 있고, 미국은 동북아 지역 전체를 전략적 개념으로 군사적 패권을 유지하려 하고 있다. 중·조동맹 및 조·러동맹도 혈맹관계에서 전략적 제휴관계로 결속력이 이완되었다. 이로 인해 동북아의 동맹구조가 재정립되는 계기를 맞았고, 재편기에 들어가 있다.

현재 한국과 일본은 미국의 안보우산 아래에 있으면서 자주적 국방체계를 강화하고 있다. 중국과 러시아는 경제개혁과 경제발전을 위해 동북아의 안정과 평화유지를 필요로 하고 있으면서도, 미국의 군사패권에는 대항할 태세를 갖추고 있다. 전통적인 동맹관계인 한·미·일과 북·중·러의 삼각동맹체제가 탈냉전 이후 사실상 해체되었으나 신냉전의 도래로 다시 재건될 조짐을 보이고 있다.

그러나 동북아 지역이 군사주의를 강조하여 전통적 군사동맹관계로 회귀한다면 전쟁위기 구조를 고착화시켜 전쟁 불안 속에 빠지게 된다. 현대전은 대량살상능력을 갖춘 첨단무기가 동원되어 엄청난 인적, 물적 피해를 가져온다. 이렇게 되면 동북아는 공멸의 나락으로 떨어질 수도 있다. 동북아가 평화와 공동번영을 추구하려면 역내 국가들이 전통적 군사동맹관계를 해체하고 다자적 안보협력의 틀에 들어와 지속 가능한 평화체제와 평화공동체를 구축하는 것이 필수적이다.

동북아의 다자간 안보협력기구를 통해 상호 신뢰구축이 이루어지면 동맹의 재편과 군비축소 등을 실현하여 평화체제를 구축할 수 있다. 한반도의 경우 다자안보협력의 틀 안에 북한을 참여시켜 정전체제를 평화체제로 전환하고, 주변국 간의 이해관계와 입장을 조정하여 통일에 기여하도록 할 수 있다.

전통적 안보이슈와 새로운 안보이슈가 다양하게 등장하고 있기 때

문에 공통관심의제를 중심으로 안보대화의 틀을 만들어 협력을 강화해 나가는 것이 중요하다. 잠재적인 군사적 대립과 갈등을 예방하고 상호 신뢰를 증진시켜 다원화된 안보협력체를 구성할 필요가 있다. 동북아에서 낮은 수준이기는 하지만 다자간 안보협력체의 필요성이 증대되고 있기 때문에 여건은 어느 정도 성숙됐다고 볼 수 있다.

2) 추진 방안과 전략

(1) 정군 협력대화 추진

동북아 역내 국가 간의 공동이익을 위해서 형성된 경제공동체, 문화공동체가 유지, 발전하기 위해서는 미국을 비롯하여 중국과 일본 등 참여국들이 정군적 패권경쟁을 해소하는 것이 시급한 과제이다. 특히 미국과 일본이 동맹을 강화하고 중국과 러시아, 북한이 연대하여 상호 패권 확보를 위해 군비를 경쟁하는 것을 차단할 필요가 있다.

미·일이 유착되어 중국과의 긴장 수위가 높아지면 19세기 동북아 정세가 재연되어 군사적 충돌의 가능성이 높아지게 된다. 따라서 동북아 지역의 군사적 긴장으로 인한 평화위협을 줄이고, 평화확대를 위한 협력대화 채널을 적극 가동시켜 각종 다자 안보대화를 활성화하는 것이 중요하다.[285]

동북아의 정군평화를 확대하기 위해서는 현재 진행 중인 여러 갈래의 다자 안보대화를 더욱 활성화할 필요가 있다. 즉 안보대화를 정례화하고 상설화하여 국가 간의 신뢰구축을 이끌어 내는 것이 필수적이라 할 수 있다. 현재 동북아의 다자 안보대화채널은 ARF, ARF 산하 국방대총장회의, ASEAN＋3, APEC＋3, CSCAP(아태안보협

---

285) 한용섭, "한반도 안보현안 해결과 평화체제 구축", 박종철 외(2003), 151－156쪽.

력이사회)과 CSCAP 북태평양그룹 등 다양하다.

또한 아시아·유럽정상회의(ASEAM), 유엔의 아시아·태평양지역 군축회의인 카트만두 프로세스 그리고 각 국가들에서 진행 중인 민간 차원의 동북아 다자안보 세미나들이 있다. 아울러 북한핵문제 해결을 위한 6자회담과 이미 진행 중인 다층적 양자협력 등도 있다. 이처럼 다양한 다자 안보대화채널을 활성화하여 지역 다자안보협력을 강화하고 정군적 신뢰를 심화시킬 필요가 있다.

다자안보대화에 참가하는 국가들은 지역의 군사적 신뢰확보를 위한 정군적 이슈에 대하여 논의하고 바람직한 해결방안을 모색해야 할 것이다. 북한이 6자회담을 포함하여 CSCAP 북태평양그룹과 ARF회의 등에 참가하고 있는 만큼 북한핵 해결을 위한 실질적인 합의안을 도출하도록 하여 한반도 및 동북아의 비핵화를 모색할 수 있을 것이다.

북한핵 문제 등을 포함한 동북아의 안보문제 해결에 한·미·일 3국과 중국, 러시아가 건설적인 역할을 하게 되면 자연히 동북아에서는 구체적 이슈를 해결하기 위해 다자간에 안보대화를 수행한 경험과 관례가 쌓이게 될 것이다. 다자간 대화안보가 활성화되어 하나의 틀이 형성되면 정군평화 창출사업을 공동 추진할 수 있고, 다자안보협력기구의 창설도 앞당길 수 있을 것이다.

(2) 정군평화 창출사업의 공동 추진

동북아의 정군평화를 위해서는 다양한 평화창출사업을 발굴하여 공동 추진해 가는 것이 필요하다. 역내의 정군적 평화창출사업은 신뢰구축 조치, 냉전해체, 테러 방지, 북핵문제 해결, 군비통제 등 다양하다.

동북아의 정군평화를 실현하기 위해서는 우선적으로 정군평화 협

력대화를 통해 냉전체제의 잔재인 역내 국가 간의 적대적, 냉전적 관계를 해소할 필요가 있다. 동북아의 냉전체제의 종식은 북한핵을 평화적으로 해결함으로써 시작할 수 있다. 북한핵의 본질적인 문제는 북한의 체제 생존전략에서 나온 것이므로 미국을 중심으로 한 주변국들이 평화보장을 추진함으로써 해결할 수 있을 것이다.

북한핵 문제를 해결하기 위해서 6자회담이 가동 중이므로 이의 역할을 기대해 볼 수 있다. 그러나 6자회담 참여국 간의 상호 불신과 이해관계의 차이로 인하여 많은 시행착오가 예상된다. 북한핵 문제를 조기에 해결하기 위해서는 상호간의 협력적 대화를 강화하고, 이를 통해 합의사항을 적극 실천해 나가야 할 것이다.

동북아의 냉전종식 완결을 위해서는 북한핵 문제 해결과 함께 북한과 미국, 북한과 일본 간의 국교정상화가 이루어져야 할 것이다. 북한의 대미·대일 국교정상화는 결과적으로 동북아에서 미, 일, 중, 러가 남북한을 교차 승인하는 결과를 가져온다. 이렇게 되면 동북아에서 냉전적 대결구도가 해소되고 북한이 참여한 가운데 공통안보 관심사에 대해서 대화할 수 있는 환경이 조성된다.

북·미수교와 북·일수교는 동북아에서 북한위협론을 감소시키고 지역 내 안보협력을 강화시키는 요인으로 작용할 것이다. 그리고 미·중관계 및 중·일관계를 악화시키지 않음으로써 신냉전적 양극체제 형성을 방지하는 역할을 할 것이다. 나아가 한반도에서 남북한을 양축으로 한 적대적 동맹관계의 대립적 요인이 약화됨으로써 다양한 다자간 안보대화가 이루어지게 할 것이다.

(3) 정군평화의 제도화: 지역 정군평화협력기구의 창설

동북아의 정군평화 확대를 위해서는 다자안보대화와 안보협력을 위한 가장 초기적인 단계라 할 수 있는 '동북아 안보협력회의(CSCNEA, Conference on Security and Cooperation in Northeast Asia)'와 같은 안보협력체나 정군평화협력기구를 창설하는 것이 필요하다.

동북아 국가들은 현재 ARF 등을 통해 간헐적으로 다자간 안보협력을 논의해 왔다. 지역 경제공동체가 공동이익과 공동번영을 가져오게 하려면 점진적으로 다자간 안보협의체의 틀을 상설기구로 만드는 것이 중요하다. 이를 통해 역내 국가 간 군사적 신뢰를 구축하고 군비통제를 추진할 수 있다.

동북아 국가들이 상호 불신과 군비경쟁을 지양하고, 다자간 안보협력을 추진해 나가야 한다는 것은 이제 시대적 요청이 되었다. 역내 국가들 간에 경제협력을 촉진하고, 평화와 공동번영을 추구하기 위해서는 군사적 대결과 불신을 제거함으로써 안보협력의 여건을 만들어 가는 일이 필수적이다. 이와 같은 상황에서 한국 등 몇몇 나라들이 다자안보협력기구의 창설을 잇달아 제안하는 것은 고무적이다.

유럽의 다자안보협력기구인 CSCE가 성공할 수 있었던 것은 기존의 정군·경제 분야의 동맹 및 협력관계 등이 '현상 인정'의 바탕 위에서 이루어졌기 때문이다. 안보협력체제는 분쟁을 예방하기 위한 것이므로 갈등이 생길 수 있는 요인을 적극적으로 줄여 나가야 할 것이다.

따라서 동북아에서 기존의 동맹관계, 힘의 역학관계 등을 인정하는 바탕 위에서 단계적으로 다자간 안보협력체제의 창설을 추진하는 것이 바람직하다. 그리고 다자안보협력체제는 복합체적 개념을 갖고 추진하는 것이 효과적이다.286)

동북아에서 현재 진행 중인 다자안보대화의 틀 중에서 상설적 기

---

286) 김계동(2004), 36 - 37쪽.

구로 전환할 수 있는 대표적인 것은 '동북아 안보협력회의(CSCNEA)'라고 할 수 있다. CSCNEA는 유럽의 CSCE와 같이 동북아에서 상호 불신과 대결을 극복할 수 있는 제도로서 활용될 수 있다. 유럽의 CSCE는 역내 모든 국가가 참여하고, 안보증진을 위해 모든 면에서 상호 협력하는 기구가 되어 냉전을 끝내고 평화로운 유럽을 만들어내는 데 결정적인 기여를 했다.

이와 마찬가지로 CSCNEA에서는 국가들 간의 정치적 안보협력, 군사적 신뢰구축과 군비통제의 권장, 대량살상무기의 개발과 수출의 통제, 테러방지와 초국가적 범죄의 억제, 경제와 과학기술 협력의 촉진, 환경문제 해결과 인권의 신장 등 포괄적 안보의 개선과 증진을 도모할 수 있다.

동북아의 다자간 안보협력기구는 예방외교(preventive diplomacy)와 분쟁방지(conflict prevention)에 중점을 두고, 비군사적 분야에서 군사적 분야까지 안보협력을 달성한다는 목표하에 점진적인 방식으로 접근하는 것이 효과적이다.[287]

즉 역내국 간의 주권존중과 국내문제 불간섭, 불가침과 무력사용 및 위협 금지, 분쟁의 평화적 해결 및 평화공존, 인간존엄의 원칙 등을 안보협력기구의 기본강령으로 규정할 필요가 있다. 그리고 의제를 설정할 때는 정군문제를 비롯하여 경제, 문화 등 광범위하고 다양한 분야로 융통성 있게 접근해야 포괄적인 신뢰구축을 이룰 수 있다.

따라서 다자안보협력기구로서 CSCNEA는 우선 동북아 내에 상존하고 있는 냉전적 대결구조를 해체하고 지역의 평화와 공동체를 이루는 방향에 역점을 두어야 할 것이다. CSCNEA는 지역 다자안보

---

287) 이상균, "동북아 다자안보 협력체제 구축방안", 『국가전략(제3권1호)』(성남: 세종연구소, 1997), 199－201쪽.

기구로서 완전 제도화할 때까지 동북아에 존재하고 있는 양자 간의 안보동맹을 인정하고 신뢰구축과 군비통제를 지향하는 기구로 한정할 필요가 있다.

특히 안보협력체나 정군평화협력기구를 조기에 정착하려면 '탈동맹(dealignment)'을 통한 평화군축을 추진하는 것이 바람직하다. 탈동맹은 '포르투갈에서 폴란드까지 핵무기 없는 유럽'이라는 기치를 내걸고 반핵평화운동을 전개해 온 '유럽핵폐기운동(END, European Nuclear Disarmament)'의 평화구상이다.[288]

탈동맹 구상은 동맹의 내용을 바꾸어 가는 과정을 중시하며, 동맹시스템이 지역 정치구조 속에서 주변적인 역할밖에 하지 못하도록 하는 것이 주된 목표이다. 이것은 전후 동서대립에 말려 들어가지 않는 방법으로 추구되었던 중립주의나 비동맹주의와는 다르다. END가 유럽에서 적용했던 운동방식을 동북아에 원용하여 실질적인 평화군축을 다음과 같이 추진하여 실현할 필요가 있다.[289]

첫째는 '탈핵화(denuclearization)'를 추진하는 것이다. 그 구체적인 정책으로서는 미국 등 핵보유국의 선제핵불사용선언(이것은 핵공포를 제거한다), 핵무기의 동결과 외국영토로부터의 핵 철수, 비핵지대화 설정 등이 있다. 이러한 정책들이 동북아와 한반도에서 제안되고 구체적인 정책으로 이행되도록 하는 것이 필수적이다.

둘째는 '탈군사화(demilitarization)'를 추진하는 것이다. 탈핵화가 성공하였더라도 그 대신 재래식 군사력이 강화된다면 블록정치를 초월할 수 없다. 동맹의 내용을 바꿔 가기 위해서는 강대국들의 군사적 역할을 축소해 가는 것이 필요하다. 현재의 동북아 국가들이 보

---

288) 渡辺昭夫 외 엮음, 권호연 옮김(1992), 227쪽.
289) 渡辺昭夫 외 엮음, 권호연 옮김(1992), 227 - 228쪽.

유하고 있는 재래식 무기의 파괴력을 생각해볼 때, 재래식 전쟁에 대한 심리적 공포감을 갖는 것은 당연하다. 그러므로 동북아에서 재래식 전력 감축교섭은 대단히 중요하다.

셋째는 '탈극화(depolarization)'를 추진하는 것이다. 이것은 정책결정에 있어서 미국 등 패권적 초강대국의 영향력을 배제하고 자립하는 것이다. 탈극화는 정부 사이의 화해와 협력도 포함하나, 이보다는 시민 간의 화해와 협력을 더 중시한다. 왜냐하면 정부 간의 화해와 협력은 국가 간의 평화공존에 기여하더라고 시민 간의 화해와 협력은 국가를 초월하는 새로운 평화창출의 협력 네트워크를 만들 수 있기 때문이다.

넷째는 '민주화(democratization)'를 추진하는 것이다. 지금까지 국가와 소수 엘리트 전문가가 독점적으로 결정하고 있었던 안보정책을 앞으로는 시민사회의 참여와 감시로 통제하여 투명화할 필요가 있다. 군사화 현상의 문민통제(civilian control)가 아니라 시민통제(civic control)야말로 중요한 것이다.

다섯째는 '복지화'를 추진하는 것이다. 군비확장 경쟁으로 인한 지나친 군사비 지출을 축소하고 이것을 민생부분의 복지에 확대되도록 해야 할 것이다. 군사비 지출 확대 국가들은 빈부격차나 불균형 등에 투자를 확대하여 구조적 폭력을 적극적으로 줄여 나갈 필요가 있다.

끝으로는 '평화화'를 추진하는 것이다. 탈핵화나 탈군사화의 핵심은 군비축소에 있다. 군축은 제도로서의 전쟁 종식의 시작이고 평화를 제도화하는 출발점이다. 국가의 속성상 일시적 평화가 찾아왔다고 하여 이것이 영구적으로 보장되는 것은 아니다. 개인과 국가에 폭력적 가치나 이념 등이 남아 있다면 언제든 다시 적을 만들고 '총'을 들게 할 수 있다. 그러므로 평화가 지속 가능하려면 평화를 제도

〈표 5-4〉 주요 국제 비확산 및 군축체제[290)

국제기구	국제조약·협약	국제수출통제체제
● 유엔	● NPT(핵무기)	● NSG, ZC(핵)
– 총회	● CTBT(핵실험)	● AG(화학, 생물)
– DC	● CWC(화학무기)	● MTCR(미사일)
– 제네바CD	● BWC(생물무기)	● WA(바세나르체제)
● IAEA(핵무기)	● CCW(재래식무기)	● WMD수출통제기구
● OPCW(화학무기)	● 오타와협약	● HCOC(탄도미사일)

화하고, 이를 구조화시켜 나가는 것이 필수적이다.

평화군축을 위해서는 우선적으로 <표 5-4>와 같은 현행 국제군비통제체제를 적극적으로 활용할 필요가 있다. 즉 핵확산금지조약(NPT), 유엔무기등록제도, 바세나르체제(WA), 대량살상무기(WMD)수출통제기구, 미사일수출통제기구(MCTR), 화학무기금지협약(CWC), 생물무기금지협약(BWC) 등을 재편하여 역내 평화와 안정이라는 당초의 목적에 맞는 실질적인 활동을 통해 군사적 상호 신뢰를 확보하는 것이 중요하다.

또한 확산방지 수준에서 한 걸음 더 나아가 군비경쟁을 억제하고 군비축소를 적극적으로 모색할 수 있는 '국제평화군축기구'의 창설도 추진할 필요가 있다. 특히 동북아의 경우 군비경쟁이 심화되고 있는 만큼 다른 지역보다 역내 군비축소기구의 설립이 절실히 요구되고 있다. 한반도 비핵화를 넘어 동북아 비핵지대를 추진하기 위한 기구도 모색할 필요가 있다.

(4) 정군공동체 형성

동북아의 정군적 안보공동체는 다자안보협력기구가 하나의 틀로

---

290) 국방부, 『2006 국방백서』(서울: 국방부, 2006. 12), 110쪽, 외교통상부, 『2005년도 국정감사 요구자료 Ⅷ』(서울: 외교통상부, 2005), 545쪽 등 참고 재구성.

제도화되고 난 후에 포괄적인 정군평화 협력을 증진시키는 공동체로 발전시켜 나가는 것은 필수적이다. 동북아의 안보공동체는 사실상 경제공동체 및 문화공동체가 어느 정도 윤곽이 잡힌 상태에서 가시권에 들어올 것이다. 즉 동북아에서 경제적 통합 또는 문화적 동질화가 어느 정도 이루어진 연후에야 이를 보호하기 위해서 정군공동체가 보다 구체적인 틀로 자리를 잡아 갈 것이다.

동북아의 다자안보적 또는 평화복합체적 평화체제가 구축될 경우 이 지역의 긴장완화와 평화정착 및 평화협력이 부분적으로 또는 전면적으로 강화될 것이다. 이렇게 될 때 동북아 지역은 탈냉전의 소극적 흐름에서 벗어나 지속적인 평화라는 적극적 목표에 접근하게 될 것이다.

특히 동북아의 정군평화를 구축하고 정군공동체의 형성 방안의 하나로서 '공격적 국방'을 '방어적 국방'으로 전환하는 것이 필요하다. '방어적 국방'은 서독에서 논의된 주장으로 영국에서 제기된 '비도발적 국방'과 유사한 것이다. 이러한 국방은 대규모 전투를 회피함으로써 파괴수준을 낮추어 근본적인 전력 재편성, 즉 군축을 가능하게 만든다는 구상이다. 그렇기 때문에 이 개념들은 군사적 차원보다는 정치적 차원에서 더 큰 의미를 갖는다.[291]

방어적 국방의 대표자인 서독의 아프헬트(Horst Afheldt) 장군은 전차군단에 의한 '전방방위'라는 공격적인 군사구조를 거부하고, 서독 국방군을 수시로 이동 가능하며 대전차 정밀유도무기로 무장한 소수의 테크노군으로 재편성하여, 그 네트워크로써 서독 전토를 방어하자는 주장과 함께, 시민과 도시의 안전을 확보하기 위해 대도시의 무방비선언과 비폭력적인 시민저항을 제안했다. 영국의 노동당이

---

291) 渡辺昭夫 외 엮음, 권호연 옮김(1992), 229 - 230쪽.

1986년 제안했던 국방정책도 이러한 유형이었다고 볼 수 있다.

또한 안전보장의 포괄적인 대안으로 갈퉁이 제안한 '전환형 무기(trans - armament)' 체계의 도입도 필요하다. 전환형 무기란 공격적 무기에서 방어적 무기로 전환하는 것을 의미하며, 재래식 군사력·준군사력·비군사력이 종합적으로 국방력을 이루는 것이다.

갈퉁의 국방구상이 방어적 국방인 것은 무기의 파괴력 도달범위가 단거리이며, 그 충격범위가 매우 제한되는 무기체계를 갖고 있기 때문이다. 이는 적을 공격하는 것이 목적이 아니기 때문에 군사적 수단을 이용하는 국방이라 하더라도 군비경쟁의 원인이 되지 않는다.

3) 정군평화 구축의 선결 과제

일반적으로 지속 가능한 평화체제를 구축하기 위해서는 정군평화의 촉진 요인이 되는 민주적 정치구조를 형성할 필요가 있다.[292] 대외정책을 결정하는 데 있어서 민주적인 결정구조를 갖추면 지도자 개인의 독단적인 판단을 규제하게 된다.

정책결정과정에 주권자인 국민대중의 광범위한 참여를 허용하고, 이를 통해 민주적인 정책결정을 하는 정치구조가 평화의 안정과 확대에 기여한다. 전제적 내지는 독재적 정치구조는 반대의견을 자초하며 나아가서는 갇힌 좌절감이 폭력화할 가능성이 있으며 공동체가 평화위협에 빠질 수 있다.

---

[292] 갈퉁도 민주평화론과 관련하여 오늘날의 민주주의 국가는 반드시 평화를 보장하는 것이 아니라고 주장한다. 즉 국가 내부의 평화가 자동적으로 국가 간의 평화가 이어진다는 가정은 증명하기 힘들고 정당화하기 어렵다고 말했다. 그는 민주주의 국가가 평화를 충만하게 하기 위해서는 첫째, 국가 간의 체제를 더욱 민주적으로 만들어야 하며, 둘째, 국가 내부의 체제를 민주적 방법으로 더욱 평화롭게 만들어야 한다고 밝히고 있다. 요한 갈퉁 지음·이재봉 외 옮김(2000), 23쪽.

특히 정치지도자들이 평화행위자가 되는 정치구조가 평화를 크게 촉진한다. 전쟁은 지도자의 결단과 무기의 동원체계를 의미한다. 그러므로 국가지도자의 강병책과 이에 따른 군비경쟁과 군사력 강화 등은 평화위협과 평화축소의 요인이 되고 나아가 전쟁을 촉진하는 요인이 된다.

평화를 확대하기 위해선 무엇보다도 국가지도자들이 평화행위자가 되어 평화적 수단으로 군축과 평화질서를 확보해 나가는 것이 중요하다. 국제여론도 평화를 중시하고 평화적 수단에 의해 갈등을 해결하도록 압박할 필요가 있다. 특히 일방주의적 패권성향의 강대국 출현은 전쟁을 촉진할 수 있고, 반대로 협력적 지도성향의 강대국 출현은 평화를 확대할 수 있다.

평화위협의 가장 직접적인 요인이 되는 군사적 폭력의 핵심은 군대이다. 폭력적 군대를 성격 전환하고 단계적인 군축을 통해서 '평화군(平和軍)'으로 만드는 것이 필수적이다. 군대는 과거부터 보통 지배계층의 명령에 따라 다른 나라들과 국민들 그리고 다른 계급들을 공격하고, 국내외의 전쟁을 통해 살육과 황폐를 저지르는 등 극단적 폭력을 일삼아 왔다.

군대를 폭력적이고 공격적인 성향에서 준군사적 또는 비군사적 방어와 같이 방위적 수단에 의한 평화적 방어로 대체하는 것이 필요하다. 즉 군은 평화유지군이 되어 공격예방을 위해서만 이용되도록 해야 할 것이다.

평화군은 비폭력 노선, 무기의 불법화, 비폭력 행위들과 아울러 재래식 군사적 요소 및 준군사적 요소를 줄이는 동시에 분쟁지역에서 민간의 평화 유지 및 국제평화단으로 전환되는 비군사적 방어에도 주력할 필요가 있다. 물론 폭력적 군대를 동원한 전쟁을 장기적으로 발생하지 않도록 하는 것이 가장 중요하다.

장기적인 목표로서 노예제도나 식민제도를 철폐했듯이 '제도로서의 전쟁'을 폐지하고 지속 가능한 평화가 되도록 '평화를 제도화'하는 것이다. 평화의 제도화는 인류의 생존과 공동번영을 위해 절대적으로 필요하고 실현 불가능한 목표도 아니지만 상당한 노력이 요구되는 일이다.

4. 제4단계 – 평화복합체적 평화체제(평화공동체)의 구축

자유주의 시각에 의하면 평화복합체적 평화체제인 평화공동체의 구축은 최소한 2단계 과정을 거쳐야 하는 국제 역학관계의 결과이다. 제1단계는 각국의 국내 정책선호가 지역평화체제와 평화공동체의 구축으로 수렴되는 것이다. 즉 관련국들 모두가 지역평화체제와 평화공동체의 구축을 자국의 핵심적 대외정책 기조로 채택하는 것이다. 제2단계는 이러한 국가들이 모인 국제협상 과정에서 평화체제와 평화공동체 형성에 관한 합의와 실천보장이 이루어지는 것이다.

제1단계에서 형성되는 국가 정책선호는 결국 국내정치의 산물이므로 국내정치를 유리하게 이끌 수 있는 적극적인 대내적 지지와 협조 확보는 평화체제와 평화공동체 구축의 가장 기본적인 조건이 된다. 제2단계인 국제협상의 성공은 협상에 참여한 국가들의 국내 정책선호가 평화체제와 평화공동체 구축으로 수렴된 경우에만 가능하므로, 결국 역내 모든 국가들의 내부 지지와 협조 확보가 필수 조건이 된다.293)

---

293) 최태욱, "동북아 공동체 형성 추진 현황과 향후 과제"(서울: 미래전략연구원 보고서, 2005년 1월 25일).
　　http://www.kifs.org/new/Dbview.html?sec_sort＝4&no＝1710(검색일: 2005년 1월 15일)

　따라서 지속 가능한 평화체제와 평화공동체를 구축하기 위해서는 첫째로 국내는 물론 역내국들 모두의 국내정치 결과가 평화체제와 공동체 구축을 선호하는 방향으로 진행될 수 있도록 대내외적 평화공존 의식 확대와 공감대를 형성하는 것이 중요하다.

　여기서의 관건은 각국의 정치지도자와 일반시민들은 모두 평화행위자가 되어 평화여론을 동원하는 일이다. 정치지도자와 일반시민들이 모두 평화행위자가 될 때 비로소 각국 내부의 정치적 지지와 협조가 확보될 것이기 때문이다. 평화행위자들에 의한 대내외적 평화공존 의식 확대와 공감대 형성은 이러한 의미에서 평화공동체 구축의 필수조건이 되는 것이다.

　둘째로 지속 가능한 평화체제를 통한 평화공동체를 구축하려면 평화조건과 경로가 되는 경제공동체, 문화공동체, 정군공동체 등이 견고한 삼각구도로 형성되게 할 필요가 있다. 즉 평화복합체 내에서 평화체제를 구성하는 삼각구도가 유기적, 다층적으로 연결되어야 하나의 견고한 평화구조물인 동북아 평화공동체가 구축될 수 있다.

　동북아의 평화체제는 이 경우에 지역 내 정군적, 경제적, 문화적 평화문제의 갈등으로 인한 평화위협 요인들을 해소하고 평화확대를 통해 공동번영을 위한 기능을 이행해 갈 수 있게 된다.

　셋째로 평화공동체가 지속 가능한 평화체제로 유지되려면 평화복합체 내의 구성국가들 사이에 자기희생의 '보편적 호혜성(diffuse reciprocity)'이 강화되도록 할 필요가 있다. 서로 이득을 주며, 장기적인 이득을 위해서 단기적으로 손해를 볼 수도 있으며, 개별 구성국들의 단기적 희생을 통해 전체가 이득을 볼 수 있어야 된다.

　평화공동체라는 의식을 구성국가나 구성국민들이 가질 정도로 평화조건이 실현되면 무정부 상태의 안보딜레마가 해소될 수 있고, 경제적 분배 균형과 문화적 정체성이 확립되게 된다.

평화공동체는 물질적 이익의 공유와 함께 이념·가치 일체성, 상호 신뢰에 의한 평화위협 해소가 어느 정도 존재해야 가능해진다. 이런 점에서 경제공동체, 문화공동체, 정군공동체가 상호 연계되어 평화복합체 내의 평화공동체로 엮여 있게 된다.[294]

현재 동북아를 유럽과 비교하면 아주 보잘것없는 수준이지만, 과거와 비교하면 급속도로 협력관계와 상호 의존이 심화되고 있다. 동북아가 동아시아 차원에서 하나의 지역통합의 공동체의 길로 접어든 것은 1997년 경제위기를 전후해서 움직임이 나타나기 시작한 만큼 10여 년밖에 되지 않는다. 공식적인 통합 움직임은 미약하지만, 눈에 보이지 않는 연계나 단결력은 상당히 진전되고 있다.[295]

동북아는 경제평화의 측면에서 어느 정도의 공동체가 태동되고 있으며, 머지않은 장래에 자유무역지대를 위한 FTA 체결이 가능할 것이다. 또한 동북아 정상회의를 통해 정군적 상호 신뢰를 강화해 나가고 있으며, 문화교류와 협력 또한 활발해져 새로운 지역 정체성을 형성해 가고 있다.

동북아도 유럽과 같이 결속력이 강한 수준은 다소 시간이 소요되겠지만 평화와 번영을 공동으로 추진하는 느슨한 평화공동체는 머지않아 뿌리를 내리게 될 것으로 전망된다.

---

294) 최영종(2005), 54-55쪽.

295) T. J. Pempel, ed., *Remapping East Asia: The Construction of A Region*(Ithaca: Cornell University Press, 2005). Cohen, Stephen S., "Mapping Asian Integration: Transnational Transactions in the Pacific Rim", *American Asian Review*, 20-3(2003) 등 참조.

제6장
영구평화의 길

영구평화의 길

제1절 요 약

본 저서의 평화연구의 목적은 인류의 염원인 '평화'의 본질을 새롭게 규정하고 지속 가능한 평화, 영구평화를 실현하기 위해 존재론적 영역 접근을 통해 '지속 가능한 평화체제(sustainable peace system)'를 구축할 수 있는 모델 개발과 이의 구축 방안을 제시하는 데 있다. 이러한 연구는 국가적, 지역적, 세계적 차원에서 전쟁의 구조적 잠재력을 해소하고 평화를 증진시키는 중요한 작업이다.

(제1장) 영구평화와 지속 가능한 평화체제의 구축을 위한 접근 논리는 지구적 평화가 서로 관계가 있는 문제라는 사실에서부터 비롯된다. 본 저서의 평화연구에서는 지역평화와 국제평화 모두를 대상으로 설정하고 있지만 우선은 지역평화를 단위로 하였다. 특히 지역평화의 선정에 있어서 유동성과 불안정성이 커 지속 가능한 평화체

제가 시급히 구축되어야 할 동북아 지역을 주요 분석 대상으로 설정하였다.

(제2장) 동북아에서 '지속 가능한' 평화체제를 구축하기 위해서는 평화개념에 대한 전통적 접근을 탈피하여 확장과 변용을 통해 새롭게 접근할 필요가 있다. 전통적인 평화개념은 정치군사(약칭 '정군')적 측면에서의 전쟁의 부재상태를 의미하지만 이러한 평화개념으로는 평화를 지속화할 수 없다. 왜냐하면 전쟁 또는 폭력은 정군적 요인뿐만이 아니라, 경제적 요인, 문화적 요인 등에 의해서도 발발하기 때문이다.

전쟁 또는 폭력이 이들 세 가지 요인에 의해 발발한다는 것은 곧 평화의 지속화를 위해서는 정군평화조건, 경제평화조건, 문화평화조건 등 세 가지 평화조건이 필요 충분하게 이행되어야 함을 의미한다. 즉 평화는 존재론적으로 세 가지 평화조건으로 이루어졌으며, 이들을 '복합체(complexes)'적 접근을 통해 이행해 나가야 중간에 쉽게 파기되지 않고 '지속화'할 수 있게 된다.

'복합체적 접근법(complexes method)'이란 평화의 본질적 속성이 존재론적으로 둘 이상이 복합하여 한 몸을 이루어 서로 관련을 맺고 상호 작용하고 있는 입체적 물체 또는 집합적 현상체라고 인식하고 접근하는 것을 말한다.

즉 복합체적 접근 방법 또는 복합체적 평화연구는 평화를 지속화하기 위해서 전통적 접근방식인 정군적 접근에만 의존하지 않고 경제적, 문화적 평화조건까지 고려하여 이들을 복합체적으로 접근하는 것이다.

지역의 평화연구에 있어서 정군, 경제, 문화의 영역이 지역적, 복합체적으로 상호 연계되어 있기 때문에 한 지역의 평화연구는 지역성과 복합체적 영역을 상호 연계시키지 않으면 평화에 대한 본질적인 파악이 어렵다. 그러므로 평화의 개념도 복합체적 성격에 따라 확장과 변용을 통해 새롭게 정의되어야 한다.

복합체적 의미의 평화는 '인권·자유·정의와 같은 원리에 따라 개인의 삶의 질이 보장되고 인류 공동체의 공동번영을 위하여 국가 간에 경제적 이익과 문화적 가치 추구에 따른 갈등, 정치적 주권침해와 군사적 위협, 착취와 이를 위한 폭력(전쟁)이 없는 상태'이다. 이러한 평화개념은 정군평화조건, 경제평화조건, 문화평화조건 등 세 가지 평화조건을 복합체적으로 이행해 가야 지속 가능한 평화가 가능하다는 것을 뜻한다.

평화의 세 가지 조건에 있어서 정군평화는 갈퉁의 직접적 폭력의 해소와 유사한 개념으로 주권침해와 정치적 탄압, 전쟁·테러 등이 없는 상태를 의미하고, 문화평화는 가치·역사·이념 등의 왜곡·배척 등이 없는 상태이다. 그리고 경제평화는 약탈적 경제구조 형성과 이를 통한 경제적 수탈, 배분의 왜곡 등이 시정된 것을 말한다. 지속 가능한 평화는 이들 세 평화조건들이 실현되어 조화를 이룬 상태이다.

지역평화는 일반적으로 지역을 단위로 하여 근거리에서 복합체적 평화조건에 기반을 두고 서로 얽혀 있는 상호 의존적인 국가 간의 상호 작용에 따라 형성된다. 특히 국가군이 지역을 단위로 하여, 상호 작용을 통해 복합체적 평화조건들을 이행하며 평화체제를 구축해 가는 복합체적 집성체 또는 복합체적 동학을 특히 '평화복합체(peace complexes)'라고 한다.

대부분의 정군적 폭력(전쟁)과 위협들은 원거리보다는 근거리에서 발생하고, 단일한 평화조건보다는 복합체적 조건과 관련된다. 이에 따라 평화복합체론의 핵심 명제는 '평화의 지속화는 지역을 단위로

하여 복합체적 경로(조건)를 통해 실현된다'로 제시될 수 있으며, 이의 분석틀에 있어서 가장 적절한 규모는 '지역적 수준'과 '복합체적 평화조건'이 된다.

동북아 평화복합체 내에서 평화를 지속화하려면 지속 가능한 평화체제를 구축할 필요가 있다. 지속 가능한 평화체제는 평화가 어느 한순간 전쟁과 분쟁 또는 각종 폭력으로 단절되거나 파괴되지 않고 지속적으로 유지, 형성, 구축되도록 하는 정군적, 경제적, 문화적 평화규범과 제도를 비롯하여 이를 포괄하는 체제 또는 원리를 말한다.

(제3장) 동북아의 개념은 지역 내의 갈등과 대립을 해소하고 평화와 공동번영을 위한 지속 가능한 평화체제의 구축이라는 목적을 갖고 접근할 필요가 있다. 동북아는 산적한 평화위협 요인들과 무한한 평화가치를 동시에 복합체적으로 안고 있기 때문에 '동북아 평화복합체'라는 틀 속에서 개념을 새롭게 파악하는 것이 중요하다.

동북아 평화체제를 구축함에 있어서 중요한 질문은 '어느 나라가 동북아에 속하는가?'보다 '어떻게 동북아의 지속 가능한 평화체제를 구축할 수 있는가?'로 모아진다. 이러한 시각에서 동북아를 협의의 지리적 인식으로 남북한을 포함한 한반도와 중국(대만), 일본 등 3개국을 중추로 하는 개념으로 정의하나 정군적, 경제적 현안에서는 '역외국인' 미국을 이에 포함시킬 필요가 있다.

동북아의 평화복합체에 속하는 국가군으로 미국을 포함시킨 것은 미국이 세계 초강대국으로서 동북아 지역의 평화구조 형성에 존재론적으로 커다란 영향을 미치고 있기 때문이다. 미국은 일본과의 동맹을 통해 중국의 패권에 대한 견제와 북한의 정권변화라는 전략적 목표를 추진하고 있어 동북아의 평화체제 구축에 실질적인 영향을 주는 국가라고 볼 수 있다.

동북아의 평화복합체는 세 가지 평화조건들이 복합체적인 상호 작용을 통하여 부정적 극단에는 갈등 또는 대립체제가 형성되고, 긍정적 극단에는 협력과 공존의 평화체제(평화공동체)가 형성하게 된다. 동북아의 지속 가능한 평화체제는 역내 평화갈등 요인을 축소하고 평화협력 요인을 촉진하여 평화와 공동번영을 실현하는 데 필수적이다.

동북아에서 추진되고 있는 평화체제는 크게 소극적 측면에서 다자안보적 평화체제와 적극적 측면에서 복합체적 평화체제 등 두 가지로 구분된다. 소극적 개념의 평화체제는 안보 중심의 평화보장을 확보하기 위한 국가 간 구성에 의하여 이루어진 체제이다. 적극적 개념의 복합체적 평화체제는 전통적 군사안보 분야 외에 정치, 경제, 문화 등 다양한 영역들을 복합체적으로 결합시켜 안보와 복지번영, 보편적 가치의 확대를 추구하는 체제이다.

동북아 지역을 포함한 아·태 지역의 복합체적 평화체제 구축을 위한 구상은 1960년대 경제협력공동체가 제안되면서부터 진행되어 왔다. 소극적 평화체제인 안보협력체는 1980년대를 전후하여 한국, 중국, 일본 및 미국, 러시아 등이 동북아 지역에 새롭게 등장한 긴장요인을 제거하고 안정과 평화를 구축하기 위해 다양하게 제안하고 추진해 왔다. 그러나 동북아 지역에서는 유럽 지역 등과 달리 역사상 평화체제 구축이 긍정적으로 받아들여지지 않았다.

동북아 지역의 평화체제의 구축조건과 관련하여 정군적, 경제적, 문화적 영역에서 평화축소 요인과 함께 평화확대 요인이 다양하다. 동북아는 정군평화의 측면에서 미국·일본과 중국·북한 간의 지역패권경쟁과 국가주권 위협으로 인한 군사화 심화 등으로 인한 갈등과 대립으로 평화가 심각하게 위협받고 있다. 또한 경제평화의 측면에서 국가 간의 빈부격차, 무역불균형 및 상이한 경제체제 등으로

인한 갈등이 나타나고 있다. 문화평화의 측면에서도 역사, 민족주의 등으로 인한 갈등이 야기되어 평화를 축소시키고 있다.

이에 반해 동북아에서는 패권경쟁을 지양하고 평화가치를 확대하여 공동 발전하려는 움직임도 강하게 나타나고 있다. 동북아는 정군평화를 확대하기 위해 군사교류 등 다양한 모색을 시도하고 있다. 즉 동북아의 특수성에 따른 정군평화는 경제평화와 함께 새로운 유형의 '아시아 정군평화론'을 대두시켰다. 이러한 아시아 정군평화론의 대두는 아세안지역포럼의 위상 확대와 함께 한국, 중국, 일본 등도 참여하는 역내 복합체적 평화체제 구축의 방향으로 진전되고 있다.

경제평화의 측면에서도 동북아는 상호 의존과 협력으로 세계의 주목을 받는 역동적 경제권으로 부상하고 있다. 문화평화의 측면에서도 동북아는 대중매체에 의한 커뮤니케이션, 공동의 평화와 인권교육, 각종 교류와 왕래의 확대로 서로 유사하게 되고 상호간의 인식의 거리를 좁혀 동질성이 증대되고 있다. 따라서 동북아의 지속 가능한 평화체제를 구축하기 위해서는 공동의 평화가치를 찾아 이를 복합체적으로 확대해 나갈 필요가 있다.

(제4장) 동북아 평화구조의 변화 방향은 경제평화의 문제, 문화평화의 문제와 이들을 추동해 내는 정군평화에 대한 역내 국가들의 움직임에 따라 구체화된다. 동북아는 앞으로 어떠한 성격을 가지는 평화복합체가 등장하게 될 것인가 하는 것은 평화의 조건들 중 어떠한 유형의 움직임이 보다 강하게 나타나며 또 구체적으로 어떠한 내용을 가지게 될 것인가 하는가에 달려 있다.

동북아에서는 유럽에 비해 복합체적 평화체제의 구축이 부진했다. 그것은 우선 다른 지역보다도 정군적 평화문제와 의제가 경제적, 문화적 평화문제와 의제를 심대하게 압도해 왔기 때문이다. 이에 따라 동북아는 정군적 평화문제가 사실상 지배적 의제였고, 동북아의 질서 형성에 커다란 영향을 미쳐 왔다.

그러나 동북아의 평화체제는 여러 가지 측면에서 부분적인 한계에도 불구하고 그 가능성이 점차 확대되고 있다고 볼 수 있다. 즉 동북아 지역의 평화체제 구축에 대한 공감대가 정부 차원, 비정부 차원과 정군적, 경제적, 문화적 평화의 측면 모두에서 확산되고 있다. 이에 따라 동북아는 과거 어느 때보다 지속 가능한 평화체제 구축 가능성이 점차 커지고 있다.

그렇다면 동북아에서 지속 가능한 평화체제를 어떻게 구축할 것인가? 평화체제의 구축 모델은 다양하게 접근될 수 있다. 평화체제의 구축은 일반적으로 세 가지 평화조건(경로)의 상호 연계성과 추진방식에 따라 그 구축 강도가 결정된다.

평화체제의 구축 강도에 있어서 각 평화조건들의 비중, 가중치는 똑같지 않다. 각 평화조건의 상대적 비중은 평화체제 구축의 기여 정도에 좌우된다. 그러나 평화조건들이 상호 복합체가 될 때는 평화의 파급효과에 따른 상대적 중요성을 고려할 필요가 있다.

평화체제의 지속성을 강화하기 위해서는 세 가지 평화조건인 정군평화, 경제평화, 문화평화조건들을 동시병행 또는 단계적으로 이행하는 방안을 상정할 수 있다. 세 가지 평화조건을 동시병행으로 평화체제를 구축하는 방안을 '동시병행형 구축 모델'이라고 한다.

그리고 세 가지 평화조건 중 평화협력 창출 및 확대에 대한 비중, 파급효과를 고려하여 2단계 또는 3단계로 평화체제를 구축하는 방안을 모색할 수 있다. 이러한 방안을 '단계형 구축 모델'이라고 한다.

단계형 구축 모델 중 평화체제의 지속성을 가장 높이는 것은 '경제평화 → 문화평화 → 정군평화'의 순으로 구축되는 '지속 가능형

구축 모델'이다. 즉 평화체제의 구축에 있어서 평화조건들을 '경제평화 → 문화평화 → 정군평화'의 순으로 단계적, 점진적 접근법에 따라 선순환구조로 연결할 때 평화체제의 구축 강도, 즉 안정성과 지속성이 가장 강화된다고 볼 수 있다. 이의 논거는 다음과 같다.

첫째, 지속 가능한 평화체제의 구축 시작은 협력이 가장 용이한 저위정치(low politics)의 영역에서 찾는 것이 효과적이다. 하지만 저위정치의 영역 가운데서도 전략적으로 중요한 그리고 가시적인 성과를 조기에 이룰 수 있는 경제평화의 영역을 우선적으로 평화체제의 구축 시발점으로 삼는 것이 바람직하다.

경제평화 창출 사업을 통한 교류협력은 여타 부분의 평화협력 확대에 견인차 역할을 할 수 있다는 점에서 평화공동체라는 고수준의 목표를 전략적으로 달성하기 위한 매우 유용한 출발경로이다. 예를 들어 유럽통합의 경우 석탄과 철강 분야의 협력을 강화한 것이 그 예라고 할 수 있다. 특히 탈냉전 이후 세계적 차원의 지역주의와 지경주의 고조 경향은 경제평화조건을 우선적으로 추진하게 하는 중요한 요인으로 작용하고 있다.

더구나 APEC이나 아세안처럼 정상적인 경제평화 활동에 미칠 수 있는 부정적 영향을 최소화하기 위해 문화평화문제나 정군평화문제가 논의될 수 있다. 이것은 경제평화의 협력 확대를 위해서는 문화평화와 정군평화의 협력이 수반되어야 함을 의미한다. 그러므로 경제평화조건을 우선적으로 추진하는 것이 가장 효과적인 구축 모델이라고 할 수 있다.

둘째, 상호 이질적인 가치, 이념 등을 동질화할 수 있는 문화평화 영역의 교류협력을 경제평화 영역과 순차적으로 추진할 필요가 있다. 문화평화의 영역 확산에 의해서 경제평화의 영역이 보다 견고해질 수 있기 때문이다. 그러나 문화평화문제가 동북아처럼 매우 심각한 경우에는 경제평화가 어느 정도 정착된 뒤에 보편성, 대중성이 강한 문화 영역부터 추진해 가는 것이 바람직하다.

국가 간의 경제평화를 위한 교류협력이 증진되면서 자연스럽게 인적 교류가 확대되고, 이것은 문화평화 협력의 시발점이자 발전을 촉진시키는 견인차 역할을 한다. 경제평화 협력을 증진시키기 위해서는 철도·도로 등 대중교통의 발달이 불가피하고 이와 함께 문화평화 협력이 촉진되면서 문화적 동질성도 확대된다.

끝으로, 경제평화 영역과 문화평화 영역의 교류협력이 확대되면서 신뢰구축과 함께 정군평화 영역으로 평화의 파급효과가 전이되도록 하는 것이 필요하다. 이것은 일종의 '평화전이'라고 할 수 있는데 평화전이의 확대에 따라 교류협력은 보다 강화된다. 말하자면 정군평화는 경제평화와 문화평화의 불가피한 부수 효과로 나타나게 된다.

따라서 일반적으로 평화체제의 지속성을 강화하기 위해서는 '경제평화 → 문화평화 → 정군평화'의 순으로, 즉 지속 가능한 모델로 평화체제를 구축해 가는 것이 가장 효과적이다. 지속 가능형 모델에 의한 평화체제의 구축 방식은 단계적으로 추진되는 만큼 안정적이고 또한 다소 시간이 소요되지만 평화체제의 구축 강도가 높아진다. 지속 가능형 구축 모델은 특히 동북아의 경우처럼 국가 간의 상호 갈등과 적대성이 큰 경우에 우선적으로 고려될 수 있다.

특히 평화와 평화체제는 견고하게 구축되지 않으면 다시 파괴될 위협을 받을 수 있다. 이에 따라 평화위협을 방지하고 지속 가능한 평화체제를 구축하려면 '제도화'가 필요하다. 지구적 수준의 평화공동체 구축보다는 보다 현실적이고 실현 가능한 제도적 평화체제 구축을 위해서는 지역적 평화의 틀, 즉 평화복합체 내에서 평화공동체

를 형성하는 일이 중요하다.

그리고 동북아의 지속 가능한 평화체제의 구축을 위해서는 정치지도자들의 평화행위를 통한 평화확대전이가 필요하다. 국가 또는 국가체제를 움직이는 정치지도자들은 반드시 평화행위자들은 아니다. 그러므로 지구촌이나 지역평화를 위해서는 국가지도자들의 평화의식과 이를 실천하려는 평화의지가 매우 중요하다.

(제5장) 갈등관계가 심각한 동북아에서 지속 가능한 평화체제를 구축하기 위해서는 '경제평화 → 문화평화 → 정군평화 → 평화공동체'의 순에 따른 4단계 방안으로 추진하는 것이 바람직하다. 제1단계에선 동북아의 경제평화와 경제공동체를 형성하기 위해 평화협력 대화를 통해 다양한 평화창출 사업들을 추진할 필요가 있다. 동북아 지역의 평화창출 사업은 철도·도로망 연결사업, 천연가스 등 에너지사업, 지역 국가 간 FTA 체결, 지역 경제통합기구 확대, 공통화폐 발행 등을 들 수 있다.

제2단계에선 동북아의 경제평화를 통한 경제공동체가 어느 정도 구체화되면 문화평화와 문화공동체 건설을 추진하는 것이 바람직하다. 문화평화를 구축하기 위해서는 대중미디어 및 대중예술의 평화 역할 확대, 인터넷을 통한 관용과 문화평화 확대, 공동교육에 의한 문화평화 형성, 국제적인 문화평화 공동시설 건설, 평화도시를 연결한 평화벨트 등을 추진할 필요가 있다.

제3단계에선 경제평화와 문화평화의 실현을 토대로 정군평화와 정군공동체를 형성해 나가야 할 것이다. 동북아의 정군평화를 구축하기 위해서는 먼저 동북아를 중심으로 하여 현재 진행 중인 아시아·태평양 지역에서의 다자간 안보대화를 활성화하는 것이 중요하다.

그리고 이를 토대로 안보협력기구를 구성하여 정군공동체를 구축해 나가는 것이 바람직하다. 정군공동체 구축에서 주의해야 할 점은 안보이슈만을 논의해서는 안 되고, 다자간 경제 및 문화협력체와 연결시켜 복합체적 평화체제로 확대해 나가는 것이 필요하다.

마지막 제4단계에선 평화체제의 지속성을 강화하기 위해 평화조건과 경로가 되는 경제공동체, 문화공동체, 안보공동체 등이 견고한 삼각구도로 형성되게 할 필요가 있다. 즉 복합체적 평화체제를 구성하는 이들 삼각구도를 유기적, 다층적으로 연결하여 하나의 견고한 구조물인 동북아 평화공동체를 구축해 나가야 할 것이다.

끝으로, 동북아의 평화체제 구축에서 중요한 것은 역내 국가들의 지도자와 시민들이 평화행위자가 되어 평화를 적극적으로 창출해야 한다는 점이다. 과거의 세기가 전쟁의 세기였다면 21세기 미래는 평화가 제도화되어 지속화되도록 할 필요가 있다. 이를 위해서는 인류가 전쟁을 영원히 종식하고 지속 가능한 평화, 영구평화를 위한 평화의 새로운 패러다임을 준비해야 할 것이다.

제2절 영구평화를 위한 실천 과제

인류의 터전인 지구가 지속 가능한 평화로 영원히 존재할 것인가, 아니면 갈등과 대립 끝에 멸망할 것인가? 이것은 어제의 질문이자, 오늘의 질문이고, 내일의 질문이다. 지구의 종말을 막고 지속 가능한 평화로 인류의 공동발전을 위한 학문적 노력, 실천적 노력이 절실하다.

평화는 인류의 꿈이자 미래이다. 지난 역사가 전쟁의 시기였다면 인류의 미래는 협력과 공동발전을 통한 평화번영의 시대이어야 한다.

인류는 하나이며, 세계는 하나라는 패러다임적 의식의 전환을 통해 하나의 평화공동체를 창출하는 일은 막중하다 할 것이다. 인류에 대한 평화와 공동번영에 대한 비전과 구상은 미래 지향적인 새로운 평화 정체성을 제시하는 것이다.

패권주의나 일방주의에 의한 특정 국가의 독점은 갈등을 야기하고 인류의 평화를 심각하게 위협한다. 모든 인류는 한 동포요, 한 형제라는 초월적 평화주의로 국가 간의 모든 갈등을 해소해 나가는 것이 절실하다. 문제는 과연 인류의 초월적 평화공동체를 어떻게 구축할 것인가 하는 것이다.

인류의 평화공동체의 건설은 지속 가능한 평화체제의 구축을 통해서 접근될 수 있다. 인류의 역사가 전쟁으로 점철되었다고 해도 과언이 아니듯이 전쟁은 인류의 삶을 지배해 왔다. 정군적 폭력(전쟁)과 위협들은 대체로 원거리보다는 근거리에서 발생하고, 그 원인은 단일한 조건보다는 복합체적 요인에 따라 작동한다.

전쟁의 원인은 논자마다 다소 다르나 크게 세 가지 원인, 즉 정군적 요인, 경제적 요인, 문화적 요인에 의하여 발생한다고 볼 수 있다. 그러므로 인류의 파멸을 가져올 전쟁을 방지하고 지속 가능한 평화체제를 구축하기 위해서는 전쟁의 원인이 되는 이들 세 요인을 극복하는 것이 필수적이다.

지속 가능한 평화체제의 구축은 정군평화인 전쟁의 방지만을 실현하였다고 하여 가능한 것이 아니다. 전쟁 등 물리적 폭력과 착취는 경제적, 문화적 평화의 요인에 의해서도 발생할 수 있기 때문에 '복합체적 의미의 평화조건'을 실현해야 가능해진다.

지속 가능한 평화체제는 균등한 경제적 자원의 분배에 의한 경제평화의 실현, 과거폭력에 대한 사과 및 화해와 이념과 가치의 동질화를 통한 문화평화의 실현 그리고 물리적 폭력과 착취의 부재상태인 정군평화의 실현을 단계적으로, 선순환적으로 추진해야 효과적으로 구축된다.

지속 가능한 평화체제의 구축에 있어서 가장 중요한 행위 단위는 '국가'이다. 국가가 평화행위자로서 평화창출에 기여하려면 평화가치를 중시할 필요가 있다. 국가는 현실주의자들이 말하는 국제체제의 민족국가를 포함하나 국가 이기주의에 바탕을 둔 민족주의를 극복하고 자유·민주 등 보편적 평화가치를 지향하는 것이 중요하다.

즉 국가는 공격성과 폭력성 혹은 전쟁정책을 거부하고 평화정책의 결정적인 영향인자로서의 역할을 하는 것이 중요하다. 지속 가능한 평화체제 내의 국가는 '평화 이성(peace reason)'을 가져야 하며, 국가에 대한 하위단위(NGO 등)나 상위단위(국제평화단체 등)들의 평화요구를 수렴, 정책화할 필요가 있다.

특히 인류의 지속 가능한 평화와 평화체제는 국가 지도자들의 평화 리더십에 크게 영향을 받는다. 2004년 12월 동아시아를 강타한 지진해일 참사 때 보여 줬듯이 각국의 지도자들이 새로운 인류의 평화미래를 여는 용기와 의지를 보여 주는 것이 중요하다. 모든 인류는 평등하고 대등한 관계로 상호 협력하는 국제관계와 핵전쟁 등 전쟁의 공포로부터 해방된 국제적 평화체제를 만들기 위한 노력이 필수적이다.

냉전체제의 종식은 우리 인류가 그토록 갈망하던 실질적 평화를 가져오지 못했다. 중동 지역의 걸프전쟁으로부터 발칸반도의 코소보 전쟁에 이르기까지 냉전 이후 터져 나온 다양한 형태의 국제적 분쟁은 평화의 정착이 인류에게 여전히 시급하고도 중대한 과제임을 보여 주고 있다.

우리 인류가 지향하는 평화는 무력사용의 포기와 전쟁의 방지라는 소극적 차원을 넘어, 전 세계의 모든 인류가 군축과 무기의 폐기, 폭력·착취·억압으로부터 해방된 적극적 차원의 평화이다. 따라서 우리 인류의 영구평화를 위해서는 정군평화, 경제평화, 문화평화 등 모든 평화조건들을 '다름'과 '차이'를 인정한 가운데 국가 간 평화협력의 강화를 통해 복합체적으로 이행해 나가는 노력이 절실하다.

세계질서는 지금 전환기에 처해 있다. 미국 중심의 유일 강대국체제 대신 새로운 평화질서의 창출이 필요한 시점이다. 지난날의 전쟁, 폭력, 억압, 착취 등을 종식할 새로운 인류의 비전이 필요하다. 그리고 평화의 미래를 내다보는 비전과 이를 실천할 평화국가 건설과 새로운 리더십이 요구된다.

평화지향국가들이 상호 협력을 강화하여 세계사의 발전과정에서 큰 역할을 하는 것이 필요하다. 21세기는 지역을 넘어 아시아인이며, 세계인이란 것을 자연스럽게 체질화하는 것이 중요하다. 전쟁과 폭력이라는 역사의 포로에서 벗어나 새로운 평화미래를 설계하는 신인류가 나타나야 할 것이다.

인류사회는 열린사회, 열린 시장, 열린 사고를 바탕으로 창조적 평화를 지속적으로 산출해 내야 존립할 수 있다. 지속 가능한 평화체제를 통해 인류의 평화공동체를 구축하기 위해선 국가와 국가지도자들, 시민사회와 시민들이 '평화 거버넌스'를 구성하여 다음과 같은 평화 실천과제를 전략적으로 수행해 나가는 것이 필요하다.

첫째, 평화의 본질인 인권, 자유, 정의가 확보되도록 진정으로 호혜 평등한 국가체계와 국제관계를 형성해야 할 것이다. 모든 국가는 인간의 천부적 권리로서 인권·자유·정의의 준수를 선언하고 이를 이행하기 위한 제도적 장치를 만들어야 한다. 국가지도자들은 '독점'

보다는 '협력'이 자국의 평화발전과 복지번영을 실질적으로 확대할
수 있는 길임을 인식해야 할 것이다.

둘째, 한반도를 포함한 동북아와 아시아, 나아가 전 지구적 차원의
지속 가능한 평화체제를 구축해야 할 것이다. 이를 위해서는 국가
이기주의를 극복하고 인류의 보편적 가치추구에 협력하는 일이 중요
하다. 이를 토대로 이해당사자 모두가 참여하는 국제적 평화기구를
결성하고 항구적 평화를 구축해 나가야 한다. 강대국 위주로 운영되
는 국제연합(UN) 등 국제기구를 혁신하여 진정한 지구촌의 평화가
실현되도록 하는 방안 모색이 요구된다.

셋째, 경제적, 문화적, 정군적 평화의 측면에서 패권추구가 이루어
지지 않도록 해야 할 것이다. 한 나라의 우월적 지위는 패권주의를
파생시키고 국가 간의 갈등을 야기할 수 있다. 국제사회의 경제평화
를 위해서도 국가 간의 균형발전이 중요하다. 문화패권주의는 폭력
과 착취를 정당화하는 기제로 이용될 수 있기 때문에 인류의 보편적
가치를 지향하도록 하는 것이 바람직하다. 또한 정군평화를 위하여
어떤 군사적 동맹이나 블록에도 참여하는 것을 반대하며, 다자적 협
력안보체제를 강화하는 것이 필요하다.

넷째, 전 세계의 모든 평화세력이 상호 연대하여 세계적 차원의
평화정착에 기여해야 할 것이다. 2003년 3월 미국의 이라크침공은
세계적 차원의 '반전평화'운동을 촉발시켰으며, 인류의 새로운 평화
미래에 대한 비전으로 평화의 소중함을 각인시켰다. 평화는 이제 21
세기의 최대 화두가 된 만큼 제도로서의 전쟁과 폭력을 종언하고,
평화의 제도화를 통해 평화가 인류의 복된 삶과 꿈으로 이어지도록
하는 것이 중요하다.

다섯째, 지구적 평화는 지역평화를 전제로 확산해 나가야 할 것이

다. 이러한 의미에서 동북아의 평화복합체 내에서 지속 가능한 평화체제를 구축하는 것은 지구적 평화를 촉진하는 중요한 작업이 된다. 더구나 동북아는 다른 어느 지역보다 갈등과 대립으로 평화가 심각하게 위협받고 있다. 그러므로 동북아 지역에 우선적으로 지속 가능한 평화체제를 구축할 필요가 있다.

동북아의 지속 가능한 평화체제와 평화공동체를 건설하기 위해서는 상당히 긴 시간과 협력이 불가피할 것이다. 그러나 동북아의 평화와 인류의 미래를 위해서 적극 추진해 나가야 할 중요한 과제이다. 이는 결코 쉬운 일이 아니며 풍부한 사회과학적 상상력과 강인한 실천력이 요구되는 것이다.

끝으로 "전쟁이 없는 평화의 세상은 과연 영원히 실현이 불가능한 것인가"라는 평화의 본질적인 문제에 대한 질문을 던져 본다. '전쟁을 준비하는 자에게 전쟁이 찾아오고, 평화를 준비하는 자에게 평화가 찾아온다'는 새로운 인식의 전환이 필요하다. 우리 인류는 이제 전쟁을 영원히 종식시키고 지속 가능한 평화 그리고 영구평화를 위한 평화의 새로운 패러다임을 준비해야 할 것이다.

로마제국의 명장인 베제티우스는 "평화를 원하거든 전쟁을 준비하라(If you want peace, prepare for war)"고 설파했다. 인류는 수천 년 동안 베제티우스의 '주술'에 걸려 전쟁을 준비해 왔고, 그 결과 전쟁이 끊일 날이 없었다. 아직도 지구촌 곳곳에서는 베제티우스의 후예들이 "평화를 원하거든 전쟁을 준비하라"고 외치며 전쟁 준비를 촉구하고 있다.

그러나 전쟁 준비가 결코 평화를 가져다주지 않았다. 오히려 이로 인해 인류의 역사는 전쟁으로 점철되어 온 전쟁의 역사라 해도 과언이 아니다. 이제 우리는 베제티우스의 전쟁 주술을 깨고 영구평화를 적극적으로 준비해야 할 것이다. 그리고 이제부터 우리는 '전쟁' 대신 '평화'로 바꿔 표현하며, 새로운 평화의 역사를 만들어 가야 할 것이다.

"평화를 원하거든 평화를 준비하라(If you want peace, prepare for peace)."

참고문헌

1. 국내 문헌

1) 국문 단행본

강순원, 『평화, 인권, 교육』(서울: 한울, 2000).

과학원어문학연구소 사전연구실(편), 『조선말 사전』(평양: 과학원출판사, 1962).

곽태환 외, 『한반도 평화체제의 모색』(서울: 경남대학교 출판부, 1997).

권태영 외, 『동북아 전략균형 2003』(서울: 한국전략문제연구소, 2003).

국가정보대학원 편, 『동북아 신질서 - 경제협력과 지역안보』(서울: 백산서당, 2004).

국방부, 『2006 국방백서』(서울: 국방부, 2006. 12).

김계동 외, 『동북아 신질서 - 경제협력과 지역안보』(서울: 백산서당, 2004).

김광억 · 전영평, 『동북아 문화공동체 추진의 비전과 과제(Ⅰ)』(서울: 통일연구
　　　원, 2004).

김기봉, 『역사를 통한 동아시아공동체 만들기』(서울: 푸른역사, 2006).

김석용, 『안보기초이론』(서울: 국방대학원, 1994).

김달중 외, 『새천년 한반도 평화구축과 신지역질서론』(서울: 도서출판 오름, 2000).

김익도, 『현대중국정치』(부산: 부산대학교출판부, 1997).

김재한, 『게임이론과 남북한 관계』(서울: 한울, 1995).

김재한, 『동북아공동체』(서울: 집문당, 2005).

김점곤 외 편역, 『세계군축: 이론과 실제』(서울: 전영사, 1991).

김홍수 외, 『국제관계와 한국정치』(부산: 세종출판사, 1999).

마이클 하워드, 안두환 옮김, 『평화의 발명』(서울: 전통과현대, 2002).

민병천, 『평화안보론』(서울: 대왕사, 2001).

박영숙 · 제롬 글렌 · 테드 고든, 『유엔 미래보고서』(서울: 교보문고, 2006).

박종철 외, 『동북아 경제 · 안보 협력의 연계: 4대 분야 협력체 형성 중심』(서울:
　　　통일연구원, 2006).

박종철 외, 『동북아 안보 · 경제협력체제 형성방안』(서울: 통일연구원, 2003).

박종철 외, 『2020 선진 한국의 국가전략: 총괄편』(서울: 통일연구원, 2007).

박종철 외, 『평화번영정책의 이론적 기초와 과제』(서울: 통일연구원, 2004).

사익현 저, 정재남 번역, 『신중국 외교이론과 원칙』(서울: 아세아문화사, 1995).

서강대 철학연구소 편, 『평화의 철학』(서울: 철학과현실사, 1995).

서진영, 『현대중국정치론』(서울: 나남, 1998).

서진영·우철구·최영종 편, 『탈냉전기 동북아의 국제관계와 정치변화』(서울: 오름, 2003).

세계평화교수회 편, 『평화사상의 모색』(서울: 세계평화교수협의회, 1980).

세계평화교수회 편, 『평화사상의 연구』(서울: 일념, 1983).

손기웅, 『CSCE/OSCE의 분석과 동북아안보협력에 주는 시사점』(서울: 통일연구원, 2004).

손병해, 『경제통합의 이해』(서울: 법문사, 2003).

송대성, 『한반도 평화체제』(성남: 세종연구소, 1998).

송대성, 『한반도 평화체제 구축과 군비통제: 2000년대초 장애요소 및 극복방안』(성남: 세종연구소, 2001).

송영선·이홍표·홍규덕, 『동북아 다자간 안보협력 체제』(서울: 한국전략문제연구소, 1993).

송영우·소치형 공저, 『중국의 외교정책과 외교』(서울: 지영사, 1993).

신광영, 『계급과 노동운동의 사회학』(서울: 나남, 1993).

씨셀라 복 지음, 박상섭 옮김, 『평화를 위한 전략』(부천: 도서출판 인간사랑, 1991).

엄태암, 『동북아 안보협력대화의 전망』(서울: 국방연구원 연구보고서, 1995. 5).

오명석 외, 『동북아 문화공동체 형성을 위한 협력적 아시아 인식의 모색』(서울: 통일연구원, 2004).

오승렬 외, 『남북교류·협력과 북한의 변화』(서울: 통일부 통일교육원, 2003).

요한 갈퉁 지음·이재봉 외 옮김, 『평화적 수단에 의한 평화』(서울: 들녘, 2000).

외교통상부, 『2005년도 국정감사 요구자료 Ⅷ』(서울: 외교통상부, 2005).

윤응진, 『기독교 평화교육론』(오산: 한신대학교출판부, 2001).

이리에 아키라, 이종국·조진구 옮김, 『20세기의 전쟁과 평화』(서울: 을유문화사, 1999).

이상우, 『국제관계이론』(서울: 박영사, 1987).

이상우·하영선 편, 『현대국제정치학(개정증보판)』(서울: 나남출판, 1994).

이상현 편, 『한국의 국가전략 2020 - 외교·안보』(성남: 세종연구소, 2005).

이서항, 『동북아 및 아·태 지역 다자간 안보협력 추진방향: 개념 및 접근 방법』(서울: 외교안보연구원, 1993).

이 석, 『북한경제의 대외의존성과 한국경제의 영향력』(서울: 통일연구원, 2006).

이수훈, 『세계체제, 동북아, 한반도』(서울: 아르케, 2004).

이영주, 『중국의 신외교 전략과 한중관계』(서울: 나남, 1995).
이종원, 『유럽통합의 이해를 위한 유럽연합론-유로화와 EU확대 그리고 비즈니스』(서울: 해남, 2001).
이향규, 『한반도 평화정착과 유럽연합의 교훈』(서울: 통일부 통일교육원, 2005).
이호재 편, 『한반도평화론』(서울: 법문사, 1989).
임강택, 『한반도 경제통합 모형의 이론적 모색』(서울: 통일연구원, 2006).
일본평화학회 편집위원회 편, 이경희 역, 『평화학-이론과 실제』(서울: 문우사, 1987).
임용순, 『신국제질서와 한반도의 통일』(서울: 성균관대학교 출판부, 1993).
조한범 외, 『동북아 평화문화 비교 연구』(서울: 통일연구원, 2004).
최상용, 『평화의 정치사상』(서울: 나남출판, 1997).
최상용 편, 『현대 평화사상의 이해』(서울: 한길사, 1976).
최송화·권영설 편저, 『21세기 동북아문화공동체의 구상』(서울: 법문사, 2004).
최영종 외, 『동아시아 공동체: 비전과 전망』(서울: 한양대학교 출판부, 2005).
최종기, 『현대국제관계론』(서울: 박영사, 1982).
최춘흠, 『중국과 한반도 평화과정』(서울: 통일연구원, 1999).
최호근, 『제노사이드』(서울: 책세상, 2005).
통일부, 『통일부 30년사』(서울: 통일부, 1999).
통일연구원, 『동북아 구상과 남북관계 발전 전략』(서울: 통일연구원, 2006).
통일원, 『북한의 평화협정제의 관련 자료집』(서울: 통일원, 1994).
하영선 편, 『21세기 평화학』(서울: 풀빛, 2002).
한반도평화운동본부, 『한반도평화포럼논문집(동북아 사회·문화 및 경제공동체 구축방안』(서울: 한반도평화운동본부, 2004년).
한신대학교 평화연구소 편, 『평화: 이론과 실천의 모색』(서울: 삼민사, 1992).
한용섭, 『한반도 평화와 군비통제』(서울: 박영사, 2004).
한용섭, 『한반도 평화체제 구축과 국회의 역할』(서울: 국회 통일외교통상위원회, 2005. 12).
함택영 외, 『21세기 안보위협과 전쟁양상』(서울: 한국국방경영분석학회, 2002).
황병무, 『전쟁과 평화의 이해』(서울: 오름, 2001).
황병무, 『21세기 한반도평화와 편승의 지혜』(서울: 도서출판 오름, 2003).

2) 국문 논문류

강성학, "한반도의 군축을 위한 신뢰구축 방안", 이호재 편, 『한반도 군축론』(서울: 법문사, 1989).

고민창·조병택, "동아시아 통화동맹의 추진방안에 대한 연구: 통화통합의 무역
　　　효과를 중심으로", 『대외경제연구』 제10권 제1호(서울: 대외경제정책연
　　　구원, 2006년 6월).
권기수·김봉석, "1990년대 중국의 대한반도 정책", 『한국정치학회보』 제30집
　　　1호(서울: 한국정치학회, 1996).
김계동, "다자안보기구의 유형별 비교연구: 유럽 통합과정에서의 논쟁을 중심으
　　　로", 『한국정치학회보』 28집 1호(1994).
김계동, "동북아질서와 세력균형의 변화", 국방정보대학원 편, 『동북아 신질서-
　　　경제협력과 지역안보』(서울: 백산서당, 2004).
김광억, "동북아의 존재양식: 현실과 상상의 사이", 최송화·권영설 편저, 『21세
　　　기 동북아문화공동체의 구상』(서울: 법문사, 2004).
김광억, "문화공동체로서의 동아시아의 필요성과 가능성", 최영종 외, 『동아시아
　　　공동체: 비전과 전망』(서울: 한양대학교 출판부, 2005).
김규륜, "아시아 지역협력의 발전추세와 한국의 정책방향", 통일연구원 정책시리
　　　즈(2006. 4).
김덕영, "국가안보의 경제적 쟁점: 경제안보 이론체계의 구상", 『국방연구』 제43
　　　권 제1호(서울: 국방대학교 안보문제연구소, 2000. 6).
김득갑, "통일 후유증과 독일 경제개혁의 현주소", 『글로벌 이슈(제7호)』(서울:
　　　삼성경제연구소, 2004년 11월 2일).
김명기, "한국 평화조약체결에 관한 연구", 『국제법학논총』 제31권 제2호, 1986.
김석근, "한국 전통사상에서의 평화 관념", 하영선 편, 『21세기 평화학』(서울:
　　　풀빛, 2002).
김석우, "민주적 평화와 안보협상", 『국제정치논총』 제37권 제1호, 1997.
김성주, "마르크스주의의 전쟁과 평화의 정치경제학", 『이론(제11호, 1995년 봄/
　　　여름호)』(서울: 새길, 1995).
김승국, "한반도의 평화 로드맵", 『동향과 전망(63호)』(2005년 봄호).
김양희, "동북아경제공동체 형성을 위한 시론", 『동북아 사회·문화 및 경제공
　　　동체 구축방안(한반도 평화포럼 논문집)』(서울: 한반도평화운동본부, 2004).
김유남·노병렬, "동북아 안보레짐의 형성 및 가능성: 다자간 안보협의체와의
　　　상호 보완성 연구", 『국제정치논총』 제39집 1호, 1999.
김　인, "김대중 대통령의 방중과 한중관계 전망", 『월간 아태지역동향』제84호
　　　(서울: 한양대학교 아태지역연구센터, 1998).
김태효, "햇볕정책기 대북교류협력사업의 회고와 향후 서울-평양간 협력방안의
　　　모색-정치성의 최소화 문제를 중심으로", 한국정치외교사학회, 『한국정
　　　치외교사논총(제28집 1호)』(서울: 한국정치외교사학회, 2006년 8월).

김학성, "유럽안보협력회의를 중심으로 본 한반도 평화체제", 민화협, 『민족화해 (통권 24호)』(서울: 민화협, 2007년 1 - 2월호).

구본학 · 오관치,『동북아 지역 군비통제조치에 관한 연구: 한 · 미 공동연구』(서울: 한국국방연구원, 1995).

류제곤, "근대 한국 평화사상연구", 『한일관계사연구』 15(2001. 10).

문광훈, "전쟁과 평화 그리고 세계시민적 질서", 『아세아연구』, 46권 3호, 2003.

문정인, "21세기 세계평화는 과연 올 것인가", 『신동아(통권 509호)』(서울: 동아일보사, 2002년 2월호).

문정인 · 이정훈, "아 · 태질서의 변화와 재조명", 김달중 외,『새천년 한반도 평화구축과 신 지역질서론』(서울: 도서출판 오름, 2000).

미야지마 히로시, "일본 동아시아 공동체론의 현주소", 『역사비평』 통권 72호, 2005 가을(서울: 역사문제연구소, 2005).

박두복, "최근 중국의 대한반도정책 조정과 한국의 대중국정책 방향", 『외교』 제47호(서울: 외교안보연구원, 1998).

박명림, "동북아 시대, 동북아 구상, 그리고 남북관계", 통일연구원,『동북아구상과 남북관계 발전전략』(서울: 통일연구원, 2006).

박명림, "한국의 평화구상: 정전 50년, 평화 100년", 『정전체제를 넘어 평화체제로』(서울: 학술단체협의회, 2003).

배긍찬, "한 · 중 · 일 3국 협력의 도전과 과제", 한반도평화운동본부,『한반도평화포럼논문집(동북아 사회 · 문화 및 경제공동체 구축방안』(서울: 한반도평화운동본부, 2004년).

배긍찬 외, "동아시아 지역협력의 주요과제: 한국의 이니셔티브를 중심으로"(서울: 외교안보연구원, 2004).

박인휘, "한반도 평화체제 구축을 위한 정책과제와 전망", 『동북아 및 한반도의 평화정착과 재외동포의 역할(통일문제 세미나 자료집)』(서울: 평화문제연구소, 2006 8월 28일).

박종철, "동북아 다자안보협력 방안", 통일연구원,『동북아 안보 · 경제협력체제 형성방안』(서울: 통일연구원, 2003).

신욱희, "다변화된 2차적 상징: 민주평화론과 동북아시아", 『한국사회과학(제28권 제1 · 2호)』(서울: 서울대학교 사회과학연구원, 2006).

양현수, "동북아 안보협력체 논의의 개념적 재구성"(한국정치학회, 1999년도 춘계학술회의 발표논문).

엄태암, "한반도안보와 동북아 6자회담", 『국방정책연구(제45호)』(서울: 한국국방연구원, 1999, 여름).

외교안보연구원, "아 · 태 지역 다자안보대화 전망: 제3차 ARF를 계기로", 『주요국제문서분석』, 1994. 9. 7.

이상균, “동북아 다자안보 협력체제 구축방안”, 『국가전략(제3권1호)』(성남: 세
종연구소, 1997).

이삼열, “한국 사회와 평화운동”, 『기독교사상』, 1985. 8.

이은진, “고립된 지역의 네트워크 공동체로의 통합”, 『동북아 사회 · 문화 및 경
제공동체 구축방안(한반도 평화포럼 논문집)』(서울: 한반도평화운동본부,
2004).

이홍영, “중국의 장래와 對한반도 정책”, 『국제지역문제연구』 제16권 제1호(부산:
국제지역문제연구소, 1998).

이정윤, “한반도 주변국간의 다자안보협력기구에 관한 연구”, 『군사논단』 제19
호(서울: 한국정치학회, 1999).

이혁섭, “동북아다자간안보협의체의 21세기적 현실성”, 『국제정치논총』 제36집
3호, 1997.

장영권, “남한과 북한의 평화통합에 관한 연구”, 『한국사회정책학회 학술대회논
문집』(서울: 한국사회정책학회, 2005).

장영권, “한반도 평화체제 구축: 대안과 이행전략”, 『남북기본합의서와 한반도평
화체제 구축(토론회 자료집)』(서울: 평화통일시민연대, 2005).

정성자, “문화 민주화의 진행”, 『국회도서관보(2007년 1월호)』, 제44권 제1호
통권332호.

정준호, “국가안보개념의 변천에 관한 연구”, 『국방연구』, 제35권 제2호(서울: 국
방대학원 안보문제연구소, 1992. 12).

조 민, “평화경제론”, 통일연구원, 『통일정책연구(제15권1호)』(서울: 통일연구
원, 2006).

최영종, “동아시아 공동체에 대한 이론적 검토”, 최영종 외, 『동아시아 공동체:
비전과 전망』(서울: 한양대학교 출판부, 2005).

최영종, “비교지역통합연구와 동아시아 지역협력”, 『국제정치논총』 40집 1호(서
울: 국제정치학회, 2000).

최영종, “한반도 평화체제에 대한 이론적 고찰”, 『탈냉전기 동북아의 국제관계와
정치변화』(서울: 오름, 2003).

최태욱, “동북아 공동체 형성 추진 현황과 향후 과제”(서울: 미래전략연구원 보
고서, 2005년 1월 25일).

현인택, “동북아의 미래 – 불안한 평화, 어려운 선택”, 『본질과 선택』 2005 가을
창간호(과천: 본질과현상사, 2005).

현인택, “탈냉전과 평화”, 이상우 · 하영선 공편, 『현대국제정치학』(서울: 나남,
1992).

2. 외국 문헌

1) English Books

Alexlord, Robert, *The Evolution of Cooperation*(New York: Basic Books, 1984).

Amoreso, Buruno, *On Globalization: Capitalism in the 21th Century*(New York: Palgrave, 1998).

Amsden, Alice, *The Asia's Next Giant*(New York: Oxford University Press, 1989).

Anderson, Peter J., *The Global Politics of Power, Justice and Death: An Introduction to International Relations*(London: Routledge, 1996).

Anheier, Halmt, Marliers Glasins, and Mary Kaldor, eds., *Global Civil Society 2000*(Oxford: Oxford University Press, 2001).

Arendt, Hannah, *The Human Condition*(Chicago: The University of Chicago Press, 1958).

Arendt, Hannah, *On Violence*(New York: Harcourt, Brace & World, 1970).

Armstrong, David, Theo Farrell and Bice Maignashea, eds., *Governance and Resistance in World Polities*(Cambridge: Cambridge University Press, 2003).

Aron, Raymond, *Paix et guerre entre les nations*(Paris: Calmann－Levy[1962], 1984).

Axelrod, Robert, *The Evolution of Cooperation*(New York: Basic Books. 1984).

Barash, David F. ed., *Approaches to Peace: A Reader in Peace Studies* (Oxford: Oxford University Press, 2000).

Barber, Benjamin, *Strong Democracy: Participatory Politics for a New Age*(Berkeley: University of California Press, 1999).

Barkin, J. Samuel and Shambaugh, George E., eds., *Anarchy and the Environment: The International Relations of Common Pool Resources*(New York: State University of New York Press, 1999).

Barry, Jan A., *Citizen's Guide to Grassroots Campaigns*(New Brunswich: Rutgers University Press, 2000).

Baylis, John and Steve Smith, eds., *The Globatization of World Politics: An*

Introduction to International Relations(Oxford: Oxford University Press, 1997).

Beer, Francis A., *Peace Against War*(San Francisco: W. H. Freeman and Company, 1981).

Bellah, Roberto N., Richard Madsen, William M. Sullivan, Ann Swidler, and Steven M. Tipton, *Habits of the Heart: Individualism and Commitment in American Life*(Berkeley: University of California Press, 1985).

Bello, Walden, *Deglobalization: Ideas for a New World Economy*(Dhaka: University Press, 2002).

Boulding, Kenneth. E., *Conflict and Defence: A General Theory*(Harper & Row, 1962).

Boulding, Kenneth. E., *Stable Peace*(Austen: University Texas Press, 1978).

Boutros‒Ghali, Boutros, *An Agenda for Peace: Preventive Diplomacy, Peacemaking and Peacekeeping*(New York: United Nations, 1992).

Brzenzinski, Zbigniew K., *The Grand Chessboard: American Primacy and Its Geostrategic Imperative*(New York: Harper, 1997).

Bull, Hedley, *The Anarchical Sociey: A Study of Order in World Politics* (New York: Columbia University Press, 1977).

Buzan, Barry, Ole Wæver and Jaap de Wilde., *Security: A New Framework for Analysis*(Boulder: Lynne Rienner Publishers, 1998).

Buzan, Barry, *People, State and Fear: An Agenda for International Security Studies in the Post‒Cold War Era.* 2d ed.(Boulder: Lynne Rienner, 1991).

Cohen, Jean L. and Andrew Arato, *Civil Society and Political Theory*(Cambridge, Mass.: MIT Press, 1992).

Dasgupta, Sugata, *Problem of Peace Research: A Third World View*(New Delhi: Council of Peace Research, 1974).

Deutsch, Karl et al., *Political Community and the North Atlantic Area*(Princeton: Princeton University Press, 1957).

Freire, Paulo, *Pedagogy of the Oppressed*, translated by Myra Bergman Ramos (New York: The Seabury Press, 1970).

Friedman, Milton, *Capitalism and Freedom*(Chicago: University of Chicago Press, 1982).

Fullinwider, Robert K., ed., *Civil Society, Democracy, and Civic Renewal* (Lanham: Rowman & Littlefield, 1999).

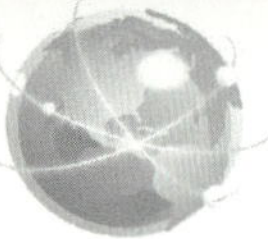

Gaddis, John Lewis, *The Long Peace*(New York: Oxford University Press, 1987).

Galtung, Johan, *Peace By Peaceful Means: Peace and Conflict, Development, and Civilization*(London and New Delhi: PRIO, 1996).

Chalk, Peter, *Non−Military Security and Global Order: The Impact of Extremism, Violence, and Chaos on National and International Security* (New York: St. Martin's Press, London: Macmillan Press, 2000).

Gilpin, Robert, *War and Change in World Politics*(New York: Cambridge University Press, 1981).

Gourevitch, Philip, *We Wish to Inform You that Tomorrow We Will Be Killed with Our Families: Stories from Rwanda*(New York: Earrar, Straus and Giroux. 1988).

Gowa, Joanne, *Allies, Adversaries, and International Trade*(Princeton, N.J.: Princeton University Press, 1994).

Gowa, Joanne, *Ballots and Bullets: The Elusive Democratic Peace*(Princeton: Princeton University Press, 1999).

Hegel, G. W. Friedrich, *The Philosophy of Right*, tr. T.M. Knox(Oxford: Clarendon Press, 1942).

Held, David, Anthony McGrew, David Goldblatt, and Jonathan Perraton, *Global Transformations: Politics, Economics and Culture*(Stanford: Stanford University Press, 1999).

Hoffmann, Stanley, *Gulliver's Troubles, or the Setting of American Foreign Policy*(New York: McGraw−Hill, 1968).

Jordan, Amos a. et. al., *American National Security: Policy and Process* (Baltimore and London: The Johns Hopkins University Press, 1989).

Kant, Immanuel, *Perpetual Peace*, ed. Lewis White Beck(New York: Liberal Arts Press, 1957).

Keane, John, *Civil Society: Old Images, New Visions*(Stanford: Stanford University Press, 1998).

Keohane, Robert O., *After Hegemony: Cooperation and Discord in the World Political Economy*(Princeton: Princeton University Press, 1984).

Keohane, Robert O., & Joseph S. Nye, *Power and Interdependence: World Politics in Transition*(Boston: Little, Brown and Co, 1977).

Keohane, Robert O., *International Institutions and State Power: Essays in International Relations Theory*(Boulder: Westview Press, 1989).

Kim, Samuel S., *The International Relations of Northeast Asia*(Lanham: Rowman and Littlefield Publishers, 2004).

Klare, Michael T.(ed.), *Peace & World Security Studies* 6th ed.(London: Lynne Riienner Publishers, 1994).

Krasner, Stephen D.(ed), *International Regimes*(Ithaca and London: Cornel University Press, 1983).

Kuhn, Thomas S, *The Structure of Scientific Revolution*(Chicago: University of Chicago Press, 1962).

Levy, Jack, *War in the Modern Great Power System 1495－1975*(Lexton: University Press of Kentucky, 1983).

Mack, Andrew and Ravenhill, John(eds.), *Pacific Cooperation*(New York: Allen & Unwin, 1994).

Mandel, Robert, *The Changing Face of National Security: A Conceptual Analysis*, Westport: Greenwood Press[Contributions in Military Studies; no. 156], 1994.

Marshall, M. G. and T. R. Gurr, *Peace and Conflict 2005: A Global Survey of Armed Conflict, Self Determination Movement and Democracy.*, Center for International Development and Conflict Management, University of Maryland, College Park, 2005.

McNeil, E. b, *The Nature of Human Conflict*(Prentice－Hall, 1965).

Mearsheimer, J., *The Tragedy of Great Power Politics.*(New York: W.W. Norton & Company, 2001).

Mitrany, David, *A Working Peace System*(Chicago: Quadrangle Books, 1966).

Nye, Joseph S. Jr., *Bound to Lead: The Changing Nature of American Power*(N.Y.: Basic Books, 1990).

Olson, Mancur, *The Logic of Collective Action*(Cambridge: Harvard University Press, 1971).

Paige, Glenn D., *Nonkilling Global Political Science*(Philadelphia: Xlibris, 2002).

Pempel, T. J. ed., *Remapping East Asia: The Construction of A Region* (Ithaca: Cornell University Press, 2005).

Rosen, S. J and W. S. Jones, *The Logic International Relational*, 3rd ed., 1980.

Rummel, R. J., *In The Minds of Men: Principles Toward Understanding and Waging Peace*(Seoul: Sogang University Press, 1984).

Rummel, R. J., *Understanding Conflict and War*, Vol.1－Vol.5(Berverly

Hills: Sage, 1975 - 1981).

Russett, Bruce M., *Grasping the Democratic Peace: Principles for a Post - Cold War World*(Princeton: Princeton Press, 1993).

Russett, Bruce M., *International Regions and the International System*(Chicago: Rand McNally & Company, 1967).

Stockholm International Peace Research Institute, *SIPRI Yearbook 2005: Armaments, Disarmament and International Security*(New York: Oxford University Press, 2005).

Stockholm International Peace Research Institute, *SRIPI Yearbook 2006: Armaments, Disarmament and International Security*(SRIPI, 12 June 2006).

Sullivan, Michael P., *International Relations: Theories and Evidence*(Englewood Cliffs: Prentice - Hall, 1976).

The International Institute of Strategic Studies, *The Military Balance 2004 - 2005*(London: IISS, 2004).

The International Institute of Strategic Studies, *The Military Balance 2005 - 2006*(London: IISS, 2005. 10).

Thomas, Daniel C., *Global Governance, Development and Human Security: The Challenge of Poverty and Inequality*(London: Pluto Press, 2000).

Wade, Robert, *Governing the Market: Economic Theory and the Role of Government in East Asian Industrialization*(Princeton: Princeton University Press, 1990).

World Bank, *World Development Report 2005*(New York: Oxford University Press, 2004).

Wright, Quincy, *A Study of War*(Chicago: University of Chicago Press, 1965).

Wright, Quincy, *A Study of War*, 2nd edition(Chicago: University of Chicago Press, 1965). endix XX and C.

2) English Articles

Adler, Emanuel, "Seizing the Middle Ground: Constructivism in World Politics", European Journal of International Relations, Vol.3, No(1997).

Albert, Mathias and Tanja Kopp - Malek, "The Pragmatism of Global and European Governance: Emerging Forms of the Political 'Beyond

Westphalia'", *Millennium: Journal of International Studies* , Vol., No.3(2002).

Albin, Cecilia, "Negotiating International Cooperation: Global Public Goods and Fairness", *Review of International Studies*, Vol.29(2003).

Axelrod, Robert, & R. O. Keohane, "Achieving Cooprration under Anarchy: Strategic and Institution", *Neorealism and Neoliberalism: The Contemporary Debate*, ed. by D. A. Baldwin(N.Y.: Columbia Univ. Press, 1993).

Ayoob, Mohammed, "Inequality and Theorizing in International Relations: The Case for Subaltern Realism", *International Studies Review*, Vol.4, No.2(2002).

Barber, Benjamin, "Clansmen, Consumers and Citizens: Three Takes on Civil Society", in *Civil Society, Democracy, and Civic Renewal*, ed. Rober K. Fullinwider(Lanham: Rowman & Littlefield. 1999).

Beck, Wrich, "World Risk－Society as Cosmopolitan Society: Ecological Questions in a Framework", *Theory, Culture and Society*, Vol.13(1996).

Beitz, Charles, "What Human Right Mean", *Daedalus*, Winter 2003.

Bellamy, Alex J., "Humanitarian Responsibilities and Interventionist Claims in International Society", *Review of International Studies*, Vol.29(2003).

Bendana, Akjandro, "Conflict Resolution: Empowerment and Disempowerment", *Peace and Change*, Vol.2, No.1(1996).

Bendana, Thorsten, Wolfgang H. Reinicke and Jan Martin Witte, "Multisectoral Networks in Global Governance: Towards a Pluralistic System of Accountability", *Government and Opposition*, Vol.39, No.2(2004).

Bobbio, Norberto, "Gramsci and the Concept of Civil Society", in *Civil Society and the State*, ed. John Keane(London: Verso, 1988).

Brown, Bernard E., "NATO Hits a Land Mine", *American Foreign Policy Interests 22*(February, 2000).

Buzan, Barry, "Regional Security as a Policy Objective: The Case of South and Southwest Asia", in A. Z. Rubinstein(ed.), *The Great Game: The Rivalry in the Persian Gulf and South Asia*(New York: Praeger, 1983).

Buzan, Barry, "The Level of Analysis Problem in International Relations Reconsidered", in Ken Booth and Steve Smith(eds.), *International Political Theory Today*(London: Polity Press, 1994).

Christensen, Thomas, "Chinese Realpolitik", *Foreign Affairs*, vol.75, no.5, 1996.

Cohen, Stephen S., "Mapping Asian Integration: Transnational Transactions in the Pacific Rim", *American Asian Review,* 20－3(2003).

Frey, Bruno, "The Public Choice View of International Political Economy", *International Organization*, vol.38, no.1, 1984.

Gaffanney, Timothy J., "Citizens of the Market: The Un－Political Theory of the New Right", *Polity* 32(Winter), 1999.

Galtung, Johan, "A Structural Theory of Integration." *Journal of Peace Research*, vol.5, No.4(1968).

Galtung, Johan, "Cultural Violence", *Journal of Peace Research* 27(1990).

Galtung, Johan, "Violence, Peace and Peace Research", *Journal of Peace Research* 6(1969).

Gartzke, Erik, Quan Li and Charles Boehmer, "Investing in the Peace: Economic Interdependence and International Conflict", *International Organization*, Vol.55, No.2(2001).

Gordenker, Leon, and Thomas G. Weiss, "Pluralizing Global Governance: Analytical Approaches and Dimensions", in *NGOs, the UN, and Global Governance*, eds. Thomas G. Weiss and Leon Gordenker(Boulder: Lynne Rienner, 1996).

Habermas, Juergen, "Discourse Ethics: Notes on a Program of a Political Ethic", in *Moral Consciousness and Communicative Action*(Cambridge, Mass.: MIT Press, 1990).

Hoffmann, Stanley, "The Crisis of Liberal Internationalism", *Foreign Policy Number* 98(Spring), 1995.

Hoshino, Toshiya, "Mulitateralism in East Asian Security Order: Track Ⅰ and Ⅱ Experiences", Kwang Il Baek, ed., *Comprehensive Security and Multilateralism in Post－Cold War East Asia*(Seoul: Korean Association of International Studies, 1998).

Huntington, Samuel P., "The Clash of Civilization", *Foreign Affairs*, vol.72, no.3(Summer 1993).

Huntington, Samuel P., "The Lonely Superpower", *Foreign Affairs*, vol.78, no.2(March/April 1999).

Huntington, Samuel P., "The West: Unique, Not Universal", *Foreign Affairs*, vol.75, no.6(November /December 1996).

Huntley, Wade L., "Kant's Third Image: Systemic Sources of the Liberal

Peace", International Studies Quarterly 40, 1996.

Katzenstein, Peter J., and Hemmer, "Why Is There No NATO in Asia?: Collective Identity, Regionalism, and the Origins of Multilateralism", *International Organization*, Vol.56, No.3(Summer 2002).

Katzenstein, Peter J., Robert O. Keohane, and Stephen D. Krasner, "International Organization and the Study of World Politics", *International Organization* 52(Autumn), 1998.

Keohane, Robert O., and Lisa L. Martin, "The Promise of Institutionalist Theory", *International Security* 20(Summer), 1995.

Kim, Chae－Han, "Forecasting New Regional Order in Northeast Asia: Realignment, Denuclearization and Cross－Recognition", *Korean Journal of International Studies*, vol.22, no.4, 1991.

Kim, Myongsob, "Reexamining Cold War History and the Korean Question", *Korea Journal*, vol.41 no.2(Summer 2001).

Krasner, Steven, "Structural Causes and Regime Consequences: Regimes as Intervening Variables", in Steven Krasner, ed., *International Regimes* (Ithaca: Cornell University Press, 1983).

Kurth, James R., "The Pacific Basin versus the Atlantic Alliance: Two Paradigms of International Relations", *The Annals*, vol.505(September 1989).

Lergo, Jeffery W., and Andrew Moravcsik, "Is Anybody Still a Realist?", *International Security* 24:2(1999).

Levy, Jacs S., "Democratic Politics and War", *Journal of Interdisciplinary History*, 18－4(Spring 1988).

Lock, Peter, "Peace Research in the Changing European Contest: The Case of Germany", Korean National Commission for UNESCO, *Peace Studies in the Post－Cold War Era*, Korea Press Center, Seoul, November 20－21, 1998.

Mack, R. W., and R.c. Snyder, "The Analysis of Social Conflict: Toward an overview and synthesis", *Journal of Conflict Resolutio*n, No.1, 1957.

Mansfield, Edward, D. and Rachel Bronson, "Alliance, Preferential Trading Arrangements and International Trade", *American Political Science Review,* 91,1(1997).

March, James G., and Johan P. Olsen, "The Institutional Dynamics of International Political Order", *International Organization* 52:4(1988).

Markovitz, Irving Leonard, "Civil Society, Pluralism, Goldilocks, and other Fairy Tales in Africa", in Contested Terrains and Constructed Categories: Contemporary Africa in Focus, eds. George Bond and Nigel Gibson(Boulder: Westview Press, 2000).

Mearsheimer, John J., "Back to the Future: Instability in Europe after the Cold War", *International Security,* Vol.15, No.1(Summer 1990).

Mearsheimer, John J., "Why We Will Soon Miss the Cold War", The Atlantic Monthly(Aug. 1990).

Mesquita, Bruce Bueno de, and Chae－Han Kim, "Prospects for a New Regional Order in Northeast Asia", *Korean Journal of Defense Analysis*, vol.3, no.2, 1991.

Mesquita, Bruce Bueno de, and Randolph M. Siverson. "War and the Survival of Political Leaders: A Comparative Study of Regime Types and Political Accountability", *American Political Science Review 89,* 1995.

Mesquita, Bruce Bueno de, Jamnes D. Morrow, Randolph M. Siverson, and Alastair Smith. "An Institutional Explanation of the Democratic Peace", *American Political Science Review 93,* 1999.

Mesquita, Bruce Bueno de, Randolph M. Siverson, and Gary Welter, "War and the Fate of Regimes: A Comparative Analysis", *American Political Science Review 56,* 1992.

Mintz, Alex and Nehemia Geva, "Why Don't Democracies Fight Each Other?", *The Journal of Conflict Resolution,* 37－3(September 1992).

Moravcsik, Andrew, "Preference and Power in the European Community: A Liberal Intergovernmental Approach", *The Choice for Europe*(Ithaca: Cornell University Press, 1998).

Mouritzen, Hans, "Selecting Explanatory Levels in International Politics: Evaluating a Set of Criteria", Cooperation and Conflict, 15(1980).

Nye, Joseph, Jr., "The Case for Deep Engagement", *Foreign Affairs,* vol.74, no.4, 1995.

Olson, Mancur, and Richard Zeckhauser, "An Economic Theory of Alliances", *Review of Economics and Statistics,* vol.48, 1966.

Oneal, John R. and Bruce Russett, "Assessing the Liberal Peace with Alternative Specifications: Trade Still Reduces Conflict", *Journal of Peace Research,* Vol.36, No.4(1999).

Polachek, Solomon W., "Conflict and Trade", *Crossroads,* Vol.5, No.3(2005).

Powlick, Philip, "U.S. Public Opinion of the Two Koreas", in Tong Whan Park, ed., *The U.S. and the Two Koreas: A New Triangle*(Boulder: Lynne Rienner Publishers, 1998).

Rogers, Paul, and Oliver Ramsbotham, "Then and Now: Peace Research－Past and furore", *Political Studies,* ⅩLⅦ(1999).

Rosecrance, Richard, and Arthur Stein, "Interdependence: Myth or Reality", *World Politics,* vol.ⅩⅩⅥ, No.1, October 1973.

Ruggie, John, "Multilateralism: The Anatomy of an Institution", John Ruggie, ed., *Multilateralism Matters: The Theory and Praxis of an Institutional Form*(New York: Columbia University Press, 1993).

Russett, Bruce, and John Sullivan, "Collective Goods and International Organization", *International Organanization,* vol.25, 1971.

Snidal, Duncan, "International Cooperation among Relative Gains Maximizers", *International Studies Quarterly,* vol.35, no.4, 1991.

Stein, Arthur, "Coordination and Collaboration: Regimes in Anarchic World", *International Regimes,* ed. by S. D. Krasner(Ithaca: Cornell Univ. Press, 1983).

Stephenson, Carolyn M., "Peace Studies, Overview", Lester Kurtz ed., *Encyclopedia of Violence, Peace, & Conflict,* vol.2(London: Academic Press, 1999).

Steve, Chan, "In Search of Democratic Peace: Problems and Promise", *Mershon International Studies Review 41,* 1997.

U.S. Dept of Defense, "Annual Report on the Military Power of the People's Republic of China", July. 12. 2002.

Walt, Stephen M., "The Renaissance of Security Studies", *International Studies Quarterly,* 35:2(1991).

Wang, Jianwei, "Territorial Dispute and Asian Security: Sources, Management, and Prospects", in Muthiah Alagappa(ed.). *Asian Security Order: Instrumental and Normative Features*(Stanford: Stanford University Press, 2003).

Weck－Hannemann, Hannelore, and Friedrich Schneider, "Determinants of Foreign Aid Under Alternatives Institutional Arrangements", in Ronald Vaubel and Thoman Willett, eds., *The Political Economy of International Organizations*(Boulder: Westview Press, 1991).

Wendt, Alexander, "Anarchy Is What State Make of It: The Social Construction of Power Politics", *International Organization,* Vol.46, no.2(1992).

Wiseman, Geoffrey, "Common Security in the Asia－Pacific Region", *The Pacific Review*, vol.5, no.1(1992).

Wright, Quincy, "How Hostilities Have Ended: Peace Treaties and Alternatives", *The Annals*(Nov.1970).

3) 日文類

石田雄, 『平和の政治學』(東京: 岩波書店, 1968).

星野昭吉, 『グローバル社會の平和學』(東京: 同文館出版, 2005).

增田俊男, 『日本經濟大好況, 目前!』(東京: アスコム, 2005).

佐佐木 寬, "平和研究の理論的地坪", 『平和研究』第20號 (1996).

纐纈 厚, "東北アジアの平和と平和憲法", 『韓日共同シソポヅウム』(2005年 10月 28日, 日本 廣島).

4) 中文類

夏潤元, "朝鮮半島形勢的新變化", 『國際政治』(北京: 中國人民大學 書報資料中心, 1999).

中華人民共和國 國務院新聞辦公室, "中國的和平發展道路"(北京: 中華人民共和國 國務院新聞辦公室, 二○○五年十二月).

3. 기타

1) 국내외 간행물

『경향신문』
『국민일보』
『동아일보』
『세계일보』

『연합뉴스』
『조선일보』
『한국일보』
『한겨레』
『Foreign Policy』
『The New York Times』

2) 각급 기관 홈페이지

http://ko.wikipedia.org
http://www.cidcm.umd.edu
http://www.epsusa.org
http://www.fta.go.kr/intro/intro.php
http://www.kida.re.kr
http://www.kifs.org/
http://www.ktri.re.kr
http://www.mct.go.kr/

 ## 한국평화미래연구소

151-848 서울시 관악구 봉천7동 1621-24호　　□ 홈페이지 www.ourkipf.org

□ 한국평화미래연구소 설립 취지와 참여 안내

평화를 준비해야 평화가 찾아온다

"평화를 원하거든 평화를 준비하라(If you want peace, prepare for peace)."

이 말은 "평화를 원하거든 전쟁을 준비하라"는 로마제국의 장군인 베제티우스의 유명한 금언을 '전쟁' 대신 '평화'로 바꿔 표현한 것이다. 인류는 수천 년 동안 베제티우스의 '주술'에 걸려 전쟁을 준비해 왔고, 그 결과 전쟁이 끊일 날이 없었다.

아직도 지구촌 곳곳에는 베제티우스의 후예들이 "평화를 원하거든 전쟁을 준비하라"고 외치며 전쟁준비를 촉구하고 있다. 인류의 역사는 오히려 이로 인해 전쟁으로 점철되어 온 전쟁의 역사라 해도 과언이 아니다. 이제 우리는 베제티우스의 전쟁 주술을 깨고 평화를 준비해야 한다. 그리고 이제부터 새로운 평화의 역사를 만들어 가야 한다.

21세기 시작과 함께 발발한 최강대국 미국의 아프가니스탄 침공은 '평화의 세기'를 갈구했던 전 세계에 충격과 동시에 평화의 소중함을 절실히 깨닫게 해 주었다. 그러나 21세기의 전쟁은 그것이 끝이 아니라 또 다른 전쟁의 시작이었다.

전쟁 없는 평화의 세상은 영원히 실현 불가능한 것인가? '전쟁을 준비하는 자에게 전쟁이 찾아오고, 평화를 준비하는 자에게 평화가 찾아온다'는 새로운 인식전환이 필요하다. 우리 인류는 이제 전쟁을 영원히 종식시키고 지속 가능한 평화 그리고 영구평화를 위한 새로운 패러다임을 준비해야 한다.

<한국평화미래연구소>는 이와 같은 취지에서 인류가 대립과 갈등, 폭력 및 착취, 전쟁으로 인한 공멸을 막고 평화가 미래인 세상을 만들기 위해 설립된 순수 비영리 민간연구기관이다. <한국평화미래연구소>는 독자적으로 창안한 평화이론인 '상생평화국가론'과 '평화복합체론(Peace Complexes Theory)'을 토대로 3대 '평화조건', 즉 경제평화 – 문화평화 – 정군평화를 이행하며 지속 가능한 평화와 평화체제를 구축하는 방안을 중점적으로 연구하고자 한다.

상생평화와 영구평화를 실현하려면 우선 일정한 지역을 단위로 하여 참여하는 단위(지역, 국가, 국제사회)들이 평화조건들을 이행하며 지속 가능한 평화체제를 구축하여 평화공동체를 형성해야 한다. 특히 지역을 단위로 하여 구성국가들이 평화조건을 복합적으로 이행해 가는 역학을 '평화복합체(peace complexes)'라고 한다. 그러므로 우리에게 중요한 것은 평화복합체 내에서 상생을 위한 평화조건을 이행하는 적극적인 평화행위자가 되어 상생평화국가를 건설하고, 평화공동체를 구축하는 것이다.

<한국평화미래연구소>는 모든 사람들이 영구적인 상생평화를 위한 지속 가능한 평화체제를 구축하기 위해 평화연구, 평화운동, 평화교육, 평화언론, 평화대화 등의 활동을 적극적으로 전개하는 평화의 기관차가 되고자 한다.

평화를 사랑하는 여러분의 적극적인 참여와 성원을 기대한다.

2010년 8월 1일
한국평화미래연구소 연구위원 일동

21세기 한반도 평화번영시대를 창출한다

우리 대한민국은 분단을 극복하고 남북통일을 이루어 대륙으로 진출하지 않고서는 도약하기 어렵다. 분단으로 인한 민족적 갈등과 모순을 해소하고 국가적 도약을 위해서는 대륙진출이 우리의 유일한 대안이다. 우리는 한반도통일을 통해 대륙으로 진출하고 동북아 평화번영의 시대를 창출해야 한다.

대륙진출의 길은 부산, 목포에서 출발하여 서울과 평양을 경유하고, 만주를 거쳐 중국과 중앙아시아로 달리거나 시베리아를 거쳐 러시아와 유럽으로 달리는 '대륙종단철도'를 건설하는 것이다.

소위 '유라시아 평화프로젝트'를 통해 물류혁명을 일으켜 제2의 산업혁명을 추진하는 것이다. 국제사회가 평화협력을 통해 에너지와 자원을 공동 개발하고 지구촌의 지속 가능한 개발을 통해 평화공동체를 만들어 가야 한다.

21세기는 소위 세계화, 정보화, 지식화, 복합화라는 인류 역사상 최대의 혁명적 변화시대에 돌입하고 있다. 이와 같이 급변하는 21세기에 대한민국의 비전과 도약을 위한 도전과제는 '한반도통일의 실현과 지속 가능한 동북아 평화의 구축'이라 할 수 있을 것이다.

<한국평화미래연구소>는 21세기 한반도통일과 동북아 평화를 통한 인류의 평화발전이라는 비전과 목표를 향하여 여러분과 함께 힘차게 정진하고자 한다.

✍ 주요 사업 및 활동

○ 상생평화국가 건설

'평화국가(peace state)'란 평화행위자로서 평화가치를 지향하는 국가를 말한다. 평화국가는 '전쟁국가(war state)'의 상대 개념이다. 역사적으로 국가는 전쟁 속에서 탄생했다. 그러므로 국가는 기본적으로 전쟁 지향적이었다. 그러나 민주주의 국가일수록 평화를 지향하는 속성이 강하다. 이러한 의미에서 평화국가란 국가의 기본 운영원리가 평화를 지향하는 나라라고 할 수 있다.

- 상생평화국가론 이론화
- 평화국가에 대한 비전, 구상, 전략 제시
- 평화국가 실현 활동화

○ 지속 가능한 평화체제 구축

항구평화를 위해서는 지속 가능한 평화체제가 구축되어야 한다. 지속 가능한 평화체제를 구축하기 위해서는 평화의 3가지 조건인 경제평화, 문화평화, 정군평화가 단계적 또는 복합체적으로 이루어져야 한다. <한국평화미래연구소>는 경제평화, 문화평화, 정군평화에 대한 다양한 연구를 통해 지속 가능한 평화체제를 적극적으로 구축하고자 한다.

- 3대 평화조건(경제평화, 문화평화, 정군평화)과 평화복합체론에 의한 상생평화공동체 실현

○ 평화복합체론에 의한 상생평화연구

영구평화와 지속 가능한 평화체제의 구축을 위한 접근 논리는 지구적 평화가 서로 관계가 있는 문제라는 사실에서부터 비롯된다. 세계체제에 있는 모든 국가들은 평화의 상호 의존이라는 지구적 평화의 네트워크에 얽혀 있기 때문이다.

그러나 대부분 정치군사적 폭력(전쟁)과 위협들은 원거리보다는

근거리에서 발생하고, 단일한 평화조건보다는 복합체적 평화조건에 따라 작동하기 때문에 전쟁에 대한 불안은 종종 지리적 근접성과 복합체적 평화조건과 관련된다.

즉 다양하고 무정부적인 국제체제에서 상호 의존적인 평화의 전형적인 형태는 지역적, 복합체적 평화조건에 기반을 둔 국가군이며 이를 평화복합체(peace complexes)라고 규정한다. 평화복합체를 형성하는 역학관계와 구조는 그 복합체 내의 국가들, 즉 서로에 대한 국가들의 평화의식과 상호 작용에 의해서 발생된다.

평화복합체로 형성된 평화체제는 정치군사적 우호성(정군평화), 경제적 상호 의존성과 배분(경제평화), 역사·가치·이념 등 문화적 동질성(문화평화) 정도에 따라 독특한 지역적, 복합체적 평화조건을 야기하는 국가 간의 평화관계의 상대성에 따라 그 강도가 결정된다.

<한국평화미래연구소>는 지속 가능한 평화체제를 구축하기 위해 3대 평화조건인 정군평화, 경제평화, 문화평화에 대한 심층적인 연구를 수행하고자 한다.

〈경제평화〉

경제평화는 분배적 정의, 빈곤추방 및 빈부격차 해소, 국가 간 무역 불균형 해결 등을 통해 공동번영을 이루어 가는 것을 의미한다. 경제평화를 통하여 상호 의존성의 심화와 통합화로 평화발전을 이루어 가야 한다.
- 국가 간 빈부격차 및 무역 불균형 해결
- 사회적 분배 정의 실현 및 빈곤추방

〈문화평화〉

문화평화는 역사, 가치, 이념 등에 대한 갈등과 대립을 해결하는 것을 의미한다. 남북 간의 문화평화를 위해서는 화해와 협력을 통해 이념과 가치, 역사적 화해를 통해 동질성을 확대해야 한다.

동북아의 문화평화를 위해서는 역사에 대한 용서와 화해를 통해 가치, 이념에 대한 차이를 인정하고 서로 존중해야 한다. 특히 문화평화에서 중요한 것은 폭력과 착취의 습성을 평화의 습성으로 전환하여 평화의 가치를 확산하는 것이다.

- 침략과 약탈의 역사에 대한 사죄와 용서를 통한 화해
- 인권, 민주, 자유 등 인류의 보편적 가치 중시

〈정군평화〉

정군평화는 상대국에 대한 주권의 상호 존중과 군사적 위협, 테러·전쟁 등 직접적 폭력의 방지를 핵심 목표로 한다. 비핵화, 군비축소, 비군사화 등을 통해 지역 간, 국가 간 비폭력과 평화공존체제를 구축해야 한다. 정군평화를 위해서는 한반도의 평화협정 체결과 동북아 다자안보기구를 구성해야 한다.

- 신뢰구축 및 군비축소, 다자적 안보협력기구 구성

○ 평화활동 – 평화운동, 평화교육, 평화언론, 평화대화

평화활동에서 가장 중요한 것은 평화적 방법에 의한 평화의 확장이다. 평화적 방법에 의한 평화의 확장을 위해서는 평화운동, 평화교육, 평화언론, 평화대화가 동반되어야 한다. 평화의 소중함을 일깨우고, 이를 전파하는 것은 평화를 보다 풍요롭게 한다.

평화연구는 다른 연구와 달리 기본적으로 가치 지향적 실천을 전제로 하고 있다. 평화연구가 기본적으로 평화운동, 평화교육, 평화대

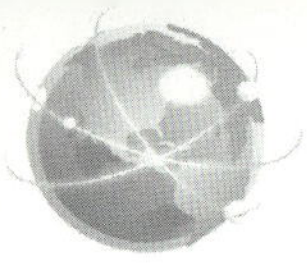

화를 동반하고 있는 것은 바로 이 때문이다. 실천 없는 평화연구는 아무 의미가 없다.

평화는 연구, 운동, 교육, 대화 등의 순환 속에서 꽃이 피고 열매를 맺는 나무라고 할 수 있다. 우리 연구소의 평화운동, 평화교육, 평화대화 등 다양한 평화활동에 대한 관심과 참여를 기대한다.

- 평화운동과 평화교육을 위한 한국미래연대, 관악미래연대 등 활동조직 구성 및 지원
- 평화언론과 평화대화를 위한 대중매체인 평화미래신문 창간 및 운영

□ 한국평화미래연구소 참여 및 후원

○ 참여안내

"함께 아름다운 평화세상을 만들어 갑시다."

평화는 참여와 행동입니다. 우리 한국평화미래연구소는 문이 활짝 열려 있습니다. 누구든지 참여를 환영합니다. 평화의 역사를 만드는 데 적극적으로 동참해 주시길 기대합니다.

- 문의 이메일: jangyk21@korea.com

○ 후원안내

"평화의 나무에 물을 주십시오."

우리 한국평화미래연구소는 '평화가 있는 미래'를 위해 적극 앞장서고 있습니다. 든든한 후원자가 되어 평화세상을 함께 만들어 가길 기대합니다.

☞ 후원방법 = 후원계좌로 계좌이체

본인이 직접 통장과 도장(서명)을 가지고 은행에 직접 가서 계좌
이체 약정서를 작성하면 됩니다.
  - 입금 계좌번호: 국민은행 816901 - 04 - 090092
  - 예금주: 한국평화미래연구소(장영권)

□ **한국평화미래연구소** □
- 151 - 848 서울시 관악구 봉천동 1621 - 24
- 홈페이지: www.ourkipf.org
- 이메일: jangyk21@korea.com

저자 장영권 소개

▌약 력

장영권(張榮權)은 1959년 충남 보령에서 태어났다. '대한민국의 미래는 교육에 있다'고 생각하고, 고려대 사범대 국어교육과에 입학했다. 대학 졸업 후 일선 교단에서 입시 위주의 교육에서 벗어나 창의성, 국제 감각, 리더십, 역사 통찰력, 통일 미래관 등을 갖춘 글로벌 인재상을 강조하는 등 참교육을 실천하다가 학교에서 해직되었다.

그 뒤 '교육이 바로 서려면 언론이 바로 서야 한다'고 판단하고 신문기자가 되었다. 경기일보, 국민일보 기자로 활동하며 언론의 공익 역할을 강조하고 언론개혁에 앞장서기도 했다. 그는 특히 언론인의 통일관, 세계관을 강조하고 언론이 함께 사는 평화공동체 만들기에 적극 노력할 것을 주문하기도 했다.

1999년에는 보다 실질적인 국가 개혁과 변화를 위하여 당시 '제5의 힘'으로 등장한 시민단체에 들어가 시민운동가로 활동했다. 시민단체의 맏형 격인 경제정의실천시민연합을 비롯하여 참여연대, 평화연대 등에서 활약하며 한반도 통일, 경제정의, 교육 및 언론개혁운동 등에 참여했다.

1990년 고려대 정책대학원에 입학하여 국제관계를 전공하며 한반도 통일과 동북아의 평화를 위해서는 대한민국의 외교 패러다임을 바꿔야 한다고 주장했다. 그는 미국 의존적 안보 중심의 외교에서 벗어나 상생평화와 경제협력외교, 지역평화체제 구축 등 신외교를 추진할 것을 역설했다.

2000년 이후 한반도 통일 및 평화운동을 이끌기 위해 한반도평화연대의 결성을 추진했으며, 전문성을 강화하기 위해 성균관대학교 대학원 박사과정에 진학했다. 그의 박사학위논문「지속 가능한 평화체제 구축 모델과 방안 - 동북아 지역 분석」은 이러한 노력의 결실이다.

지금까지 인재교육, 공정언론, 경제정의, 국가전략, 국제외교, 지방자치, 국제평화 등 소위 7대 국정과제를 통해 일관되게 대한민국의 항구적 평화미래를 모색해 온 저자는 『지속 가능한 평화론』을 통해 인류의 지속 가능한 평화를 위해서는 모든 국가가 상생평화국가를 지향하고, 평화공동체 건설을 위해 공동 협력해야 한다고 주창하고 있다.

현재 한국평화미래연구소 대표로 일하며 교육과 언론, 시민사회를 넘어 정치결사체를 통해 대한민국과 인류의 평화미래를 연구, 설계하고 이를 대한민국에서 먼저 실현하려고 노력하고 있다.

▌주요 논문 및 저서

저서로 『시민이 세상을 바꾼다』(도서출판 청어), 『상생평화국가와 한국외교강국론』(늘품플러스), 『대한민국, 그 미래를 말하다』(디자인통)가 있으며, 논문으로 「남한과 북한의 경제협력 확대 방안과 전략」(고려대 평화연구소) 외 다수가 있다.

(현) 한국평화미래연구소 대표
홈페이지: www.ourkipf.org
이메일: jangyk21@korea.com

지속 가능한 평화론

동북아의 평화체제 구축 모델과 방안

초판인쇄 | 2010년 8월 30일
초판발행 | 2010년 8월 30일

지 은 이 | 장영권
펴 낸 이 | 채종준
펴 낸 곳 | 한국학술정보㈜
주   소 | 경기도 파주시 교하읍 문발리 파주출판문화정보산업단지 513-5
전   화 | 031) 908-3181(대표)
팩   스 | 031) 908-3189
홈페이지 | http://ebook.kstudy.com
E-mail | 출판사업부 publish@kstudy.com
등   록 | 제일산-115호(2000. 6. 19)

ISBN   978-89-268-1462-8 93340 (Paper Book)
            978-89-268-1463-5 98340 (e-Book)

내일을여는지식 은 시대와 시대의 지식을 이어 갑니다.